위즈덤하우스는

새로운 시대를 이끌어가는

지혜의 전당입니다.

한국기업의 글로벌 경영

한국기업의 글로벌 경영

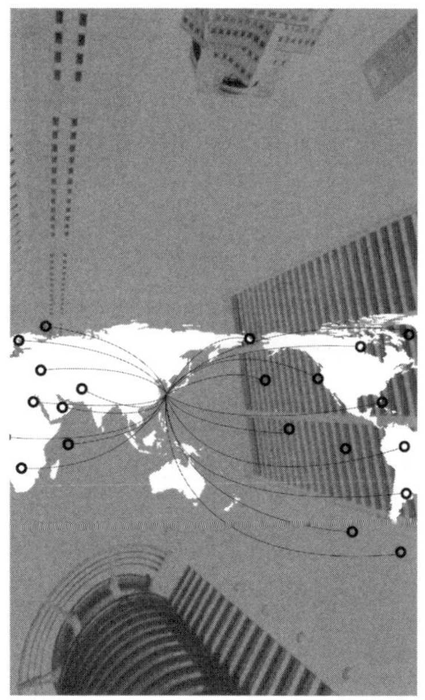

정구현 · 삼성경제연구소 소장

위즈덤하우스

글로벌화의 대장정에 바쳐진
한국기업의 고난과 역경을 생각하며

기업의 글로벌화는 결코 쉬운 일이 아니다. 우선 지식에 기반을 둔 뚜렷한 우위가 없으면 해외에 나가 사업을 해서 성공하기가 쉽지 않다. 해외에 현지법인을 두고 주재원을 보내는 데는 비용도 많이 든다. 해외거점이 많이 생기면 전체 조직이 시너지를 내도록 조직을 구축하고 관리하는 데도 상당 기간 우왕좌왕을 해야 한다. 또한 생산과 물류 등 효율적인 시스템(SCM)을 구축하는 데도 많은 비용과 노하우가 요구된다. 나아가 진정한 글로벌 기업이 되려면 다양한 국적과 배경의 인재를 활용할 수 있어야 한다. 제대로 가동되는 글로벌 기업을 만드는 데는 수십 년의 투자와 노력, 그리고 많은 시행착오를 겪어야만 한다.

그런데 한국기업이 본격적으로 글로벌 경영을 추진한 것은 길게 잡아도 20년이 안 된다. 1960년대와 1970년대 중반까지의 수출은 주로 해외의 바이어에 의존해서 했기 때문에 해외에 자체 판매조직도 없었다. 1970년대 중반부터 종합상사를 중심으로 해외 판매와 유통망을 만들었으나, 많은 부실 재고와 채권을 발생시켰고 두고두고 해당 기업에게 부담이 되었다. 해외 직접투자는 1990년대 초부터 본격화되었으며, 이를 바탕으로 한국기업은 불과 20여 년이라는 짧은 기간에 상당한 수준의 글로벌화를 성취하였다. 하지만 아직도 글로벌 기업이라고 할 만한 기업은 열 개가 되지 않으며, 이들 기업도 아직 갈 길이 멀다.

그러나 한국은 이제 더 높은 수준의 개방경제로 나아가고 있다. 한미 FTA가 비준되고 한 · EU FTA가 타결되면 한국기업은 세계 양대 선진시장에 무관세 접근이 가능하게 될 뿐만 아니라, 국내시장을 이들 나라의 기업에게 활짝 열어야 한다. 2012년경이면 한국은 거의 모든 주요 교역 대상국과 자유무역협정을 체결하게 될 것이다. 국내시장이 완전 개방되면 기업은 더욱 능동적으로 해외로 나갈 수밖에 없다. 그런 환경에서 최근에 전통적인 내수기업들이 적극적으로 글로벌화를 추진하고 있는 것은 너무나 당연한 일이다. 이들 기업에게는 조금 앞서 나간 제1진 글로벌 기업의 경험과 시행착오가 많은 도움이 될 것이다.

이 책은 2007년의 시점에서 한국기업의 글로벌 경영의 현황을 알아보고 이들 기업이 당면한 문제를 제시하는 내용을 담고 있다. 책의 내용은 크게 이론과 사례의 2부분으로 구분되는데 이론 편에서는 한국기업의 글로벌 환경과 전략, 시스템을 개관하고, 사례 편에서는 국내외 대표적인 기업들의 글로벌화 사례를 기술했다.

이론 편은 지난 20년 동안 전개된 세계경제의 글로벌화 추세 속에서 한국의 경제가 어떻게 개방되어 왔으며 기업이 어떻게 성장해왔는지를 살펴보는 것으로 시작한다. 이어 한국의 대표기업들이 글로벌화를 위해 선택한 전략들을 알아보고, 이것이 최근 글로벌화에 박차를 가하고 있는 국내 2진 글로벌 기업들 그리고 인도, 중국 등 신흥국가 글로벌 기업들의 전략과 어떤 유사점과 차이점을 갖는지를 검토해본다. 그리고 글로벌 경영에서 가장 중요한 과제로 대두되고 있는 글로벌 인재의 확보 및 관리를 한국기업의 실상에 비추어 살펴본다. 이론 편의 마지막에서는 글로벌 기업의 사회관리를 다루고 있다. 최근 거부할 수 없는 물결로 다가오고 있는 글로벌 CSR의 중요성과 추세를 알아보고 다양한 사례들을 통해 한국기업에 주는 시사점을 제시한다.

사례 편은 2008년 현재의 시점에서 기업의 글로벌화라는 시대적 현상을 가장 특징적으로 보여주는 국내외 12개 기업 사례로 구성되어 있다. 이 부분은 동시대의 글로벌화가 갖는 다양한 면모를 드러내기 위해 삼성전자, LG전자, 포스코와 같은 대표적인 국내 글로벌 기업뿐 아니라 노키아, 애플 같은 해외 대기업을 비롯해 두산중공업, 아모레퍼시픽, 휴맥스 등 최근 글로벌화에 박차를 가하고 있는 국내 제2세대 글로벌 기업들과 홍콩의 무역회사인 Li & Fung의 사례도 담고 있다. 독자들은 이러한 사례들을 책의 앞부분에서 제시된 글로벌 기업의 전략과 시스템에 관한 이론들과 함께 이해함으로써 오늘날의 기업 글로벌화 현상에 대한 보다 뚜렷한 그림을 떠올릴 수 있게 될 것이다.

이 책의 저술에는 다양한 학계 인사들과 연구에 몸담은 업계의 전문인력 및 실무 책임자들이 참여해주었다. 기업의 글로벌화는 결코 쉽게 정리할 수 있는 현상은 아니며, 또한 거의 언제나 실천이 이론을 앞질러왔다. 글로벌 경영자들과 실무자들의 상상력이 학자들의 그것을 한 발 앞서고 있다고나 할까. 오늘날 전 세계를 활동무대로 포괄하는 글로벌 기업의 면모를 한눈에 파악할 수 있는 있는 이론적 틀의 존재는 많은 학자들의 노력에도 불구하고 여전히 아쉬움으로 남아 있는 상태다. 그런 관점에서 이 책의 접근방법은 실제 기업의 사례를 제시함으로써 한국기업이 글로벌 과정에서 부딪치고 있는 다양한 과제를 제시하고 대안을 생각해보자는 것이다.

이 책은 본래 본인의 회갑을 기념하고자 연세국제경영연구회(YIBS)를 중심으로 제자들이 기획한 것이었다. 그러나 전형적인 기념책자와는 달리 좀더 실용적인 측면에서 글로벌 기업의 연구에 기여할 수 있는 내용들을 담고 싶었고, 그러한 본인의 뜻에 필자들이 기꺼이 참여해주었다. 그렇기에 이 책은 다음 세대에도 끊임없이 이어질 한국기업의 글로벌화라는 대장정을 위해 바쳐지는 책이라 감히 말하고 싶다. 바쁜 연구와 업무의 와중에 시간을 할애하여 본 연구에 참여해준 필자 여러분들에게 마음으로부터 감사의 뜻을 표한다. 아울러 이 책의 출판을 기꺼이 수락해준 위즈덤하우스의 경영진과 편집실 여러분께도 깊은 감사를 표한다.

2008년 4월
정구현

차례

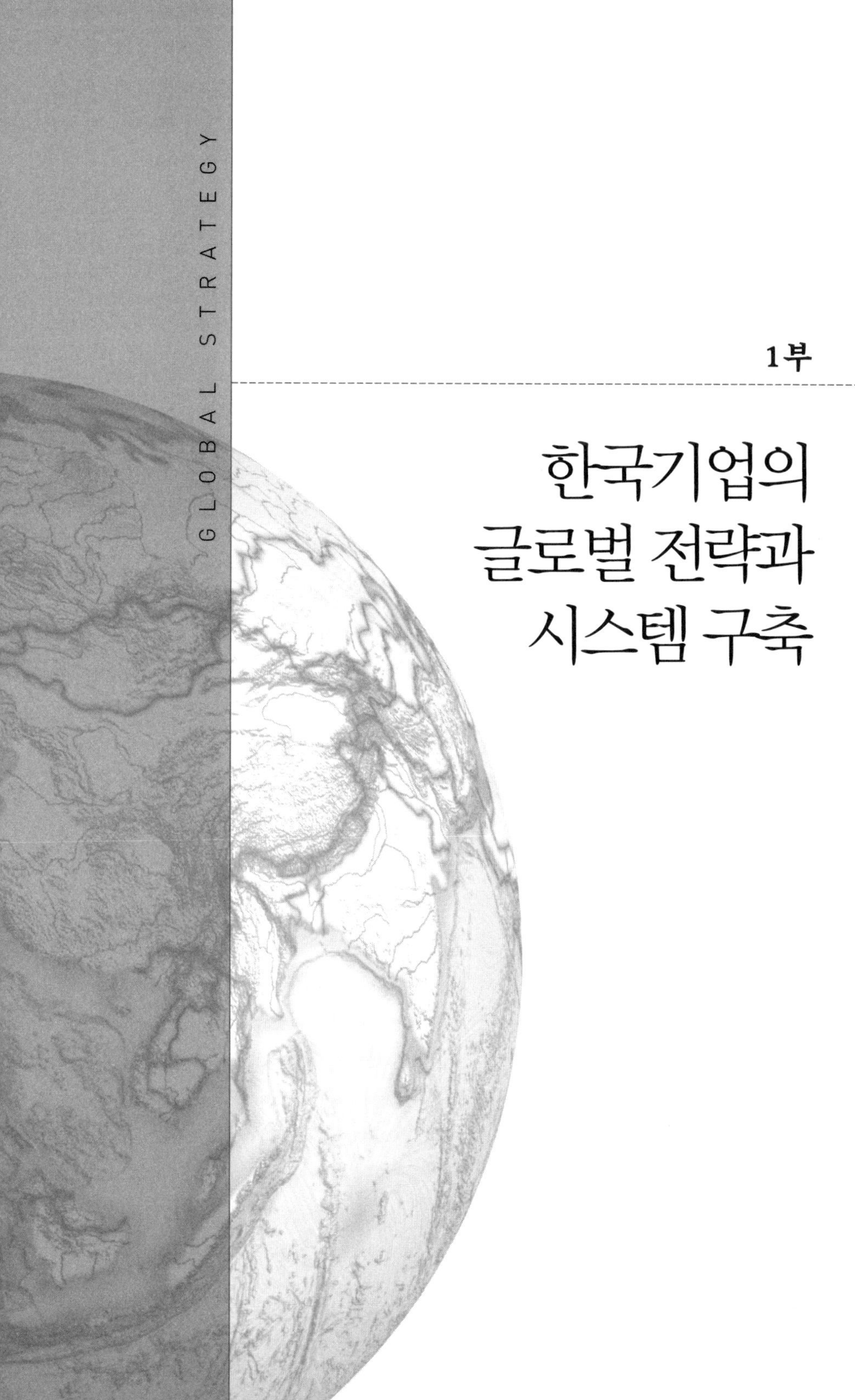

1부

한국기업의
글로벌 전략과
시스템 구축

1. 지금 우리는 어떤 시대에 살고 있나

세계 역사에서 지난 20년은 어떻게 기록될까? 냉전이 끝나고, 무역 및 투자의 자유화가 급속히 확산되었으며, 미국이 유일 초강대국으로서 세계질서를 주도한 시기로 기록될 것이다. 한국은 이 과정에서 무역 및 투자와 금융의 자유화에 잘 적응하면서 세계적으로 무시할 수 없는 나라 가운데 하나로 자리 잡았다.

9 · 11인가, 11 · 9인가?

21세기를 열던 첫해인 2001년에는 여러 가지 일들이 있었지만, 가장 큰 사건을 꼽으라면 단연 그해 9월 11일, 뉴욕 맨해튼의 세계

무역센터에 대한 알카에다의 테러 공격을 들 수 있을 것이다. 2001년 9월 11일 오전, 미국의 뉴욕과 워싱턴의 심장부를 겨냥한 대규모의 테러 공격이 있었다. 오전 9시경, 납치된 두 대의 아메리칸항공 여객기가 맨해튼의 110층짜리 쌍둥이건물에 충돌하여 두 건물이 무너져 내렸다. 나중에 집계된 바로는 세계무역센터에서의 희생자가 소방관 343명을 포함해서 2,819명에 달했다. 워싱턴 펜타곤에서의 폭발로 인해 추가로 189명이 희생되었으며, 또 다른 한 대의 비행기 납치사건으로 44명이 희생되었다. 이 테러로 인한 물질적 피해는 약 300억 달러로 집계되었다.

9 · 11테러는 그해 1월에 미국 대통령으로 취임한 조지 W. 부시에게는 크나큰 시련이었음에 틀림없으나, 또 한편으로는 그로 하여금 강력한 리더십을 발휘하게끔 한 사건이 되기도 했다. 테러의 주범으로 지목된 알카에다와 이슬람 과격분자에 대한 부시의 대응은 바로 9월 15일의 대 아프가니스탄 전쟁 선포와 10월 7일의 아프간 공격으로 이어졌다. 이어서 2002년 부시 대통령은 연두교서에서 이라크와 이란, 북한을 '악의 축'으로 규정하고, 테러범 및 테러범 은닉 정권에 대한 선제공격을 감행하겠다고 선언했다. 2003년 3월 20일, 부시는 이라크전쟁 개전을 선언하고 바그다드에 대한 폭격 개시로 이라크를 침공하였다.

이렇게 해서, 21세기의 첫 10년은 9 · 11테러와 그에 이은 이라크전쟁, 이를 둘러싼 추가적인 무력 분쟁과 미국 내의 갈등 그리고 테러 대응과 이라크전 참전을 둘러싼 국제적인 갈등으로 연결된다. 어떻게 보면, 21세기 첫 10년의 세계는 유일 초강대국에 대한 대규모

테러와 그에 대한 미국의 대응 그리고 그 후유증으로 점철되었다고 할 수 있다.

그러나 지금 우리가 사는 이 시대를 상징하는 사건으로 2001년 9월 11일의 테러와 1989년 11월 9일에 일어난 베를린장벽의 붕괴를 비교한다면, 과연 어느 것이 더 큰 의의를 갖는 것일까? 적어도 세계의 정치질서나 경제변화의 면에서 본다면 베를린장벽의 붕괴로 상징되는 냉전의 종식이 오히려 더 큰 의의를 갖는다고 하겠다. 베를린장벽의 와해와, 그에 이은 독일의 통일(1990년), 소련의 해체(1991년)는 제2차 세계대전 이후 세계질서의 특징이었던 냉전체제의 종식을 가져왔다. 냉전의 종식은 자본주의체제의 승리를 의미하며, 자유시장경제와 민주주의가 인류의 보편적인 가치이자 제도임을 방증하는 역사적인 의의를 갖는다. 그러므로 '11 · 9'는 1945~1990년의 45년간 유지된 세계질서의 개편을 상징하는 커다란 사건이었던 셈이다.

냉전의 종식이 바로 세계 전체의 무역 및 투자의 자유화로 이어진 것은 우연이 아니다. 1992년에 우루과이라운드(UR)가 성공적으로 타결되고 자유무역이 더욱 확대되며 1995년에 세계무역기구(WTO) 체제가 정식으로 출범했다. 1992년에 유럽연합(EU) 단일시장이 완성되고, 마스트리흐트 조약(Maastricht Treaty)[1]을 통해 유럽 단일통화인 유로의 출범이 예약된 것도 이때의 일이다. 또한 1992년에는 북미자유무역협정(NAFTA)도 타결되었으며, 바로 다음 해에 NAFTA가 정식으로 출범한다.

이 같은 일련의 세계적인 자유화와 지역주의 못지않게 중요한 것이 구사회주의 시장의 개방이다. 중국이 1978년부터 경제개혁과 개방을 시도했다고는 하지만, 1992년에 와서야 해안지역에 대한 전면적인 개방을 단행할 수 있었고, 중국 경제성장의 견인차 역할을 한 외국인 투자의 급증도 1992년 이후에 본격적으로 이루어지게 된다. 유럽의 여러 나라들과 러시아 그리고 기타 구소련의 공화국들도 냉전 종식 후에 경쟁적으로 시장경제를 받아들이고 경제를 개방하게 된다. 인도와 같이 사회주의 노선을 추구하던 경제권도 자유시장경제의 철학과 제도를 적극적으로 수용하기 시작한다. 결과적으로 냉전 종식 후에 북한, 미얀마와 같은 극소수의 나라를 제외하고는 전 세계가 자유시장경제를 수용하게 된 것이다.

전 세계적인 개방의 물결은 그에 수반해서 위험요소를 안고 있다. 1997년 7월에 태국에서 시작된 아시아 경제위기도 급속한 개방의 과정에 적응하지 못하거나 시스템이 미비하기 때문에 발생한 것으로 이해할 수 있다. 그러나 1990년대에 전 세계적으로 자유주의가 확산되면서 나타난 가장 괄목할 만한 일은 많은 개발도상국들이 경제성장과 번영에 합류하기 시작했다는 점이다. 미국은 2000년에 소위 'IT버블'이 꺼지면서 단기적인 경기침체가 있었으나 2002년부터 세계경제는 확장 국면에 접어들게 되었다.

그 후 계속된 5년간의 호황은 세계적인 유동성 확대에 힘입은 것이 사실이다. 그러나 1960년대 이후 최장의 호황 국면에서 전과는 다른 현상은 중국과 인도를 포함하는 소위 신흥시장(emerging market)이 세계 경제성장의 한 축을 맡고 있다는 점이다. 특히 2007년에 부동산시장 침체로 인해 미국의 경제성장이 둔화되었음에도

불구하고, 세계경제가 5%대의 성장세를 유지하고 있는 것은 전에
는 볼 수 없던 현상이다.

　이렇게 볼 때, 1990년대 냉전의 종식으로 인해 자유시장경제 시
스템이 전 세계로 확대되고, 그러한 제도의 변화가 전 세계적인 경
제호황으로 이어졌다는 점을 고려한다면, 특히 경제 측면에서는
9·11테러보다 1989년 11월 9일로 상징되는 냉전의 종식이 더욱
큰 의미를 갖는다는 주장이 가능하다. 이러한 변화는 한마디로 '글
로벌화'라고 표현되며, 1990년부터의 시기는 역사에서 글로벌화가
급진전되면서 세계 정치와 경제의 대변혁기인 동시에 번영을 구가
하던 시기로 기록될 가능성이 크다. 글로벌화는 기업경영에도 당연
히 심대한 영향을 미치고 있으며, 또한 대한민국의 경제발전에도
근본적인 영향력을 미치게 된다.

2. 글로벌화의 정의와 원인

☐1 글로벌화의 정의

　글로벌화의 개념에 대해 여러 사람이 동의할 수 있는 정의를 도
출해내기란 쉬운 일이 아니다. 그러나 그 개념에는 몇 가지 공통적
인 요소가 들어가야 한다고 생각된다. 하나는 지구라는 공간에서
의 정보화와 글로벌화 추세에 따라 세계의 기본 구성단위인 민족
국가(nation-state)의 영향력이 약화되고 있다는 점이다. 1648년의
'웨스트팔리아 조약' 이후 지난 수백 년간 근대국가가 등장하면서

우리는 동질적인 문화를 공유하는 민족이 주권국가를 만들어 자기네 국민과 영토에 대해 배타적인 지배권을 갖는다는 것에 익숙해져 왔다.

그러나 최근에는 민족국가의 배타적 지배권을 제약하는 많은 일들이 일어나고 있다. 무역이나 외환거래에 대한 국제적인 규범과 기구들이 국가적 행동에 대해 제약을 가하고 있다. 다국적기업들은 국가보다도 더 많은 자원과 권력을 가지고 때로는 국가와의 협상에서 유리한 위치를 점하고 있으며, 나아가 국가를 규율하기도 한다. 특히 글로벌 자본시장은 막강한 힘을 가지고 국가의 운명을 좌우할 수 있다.

또한 과거처럼 한 나라의 힘만으로는 많은 문제들을 해결할 수 없는 상황이 되어가고 있다. 기후변화와 같은 지구 차원의 환경문제와 국경을 넘는 오염문제, 마약과 국제적인 조직범죄, AIDS와 같은 전염병, 불법 이민, 빈곤 퇴치 등 많은 난제들이 민족국가의 범위를 넘어 지역이나 글로벌 차원에서의 문제 접근을 요구한다. 또 세계무대에서의 영향력 강화를 위해 일부 국가들이 모여 자발적으로 자신들의 주권을 상당 부분 포기하면서까지 경제공동체를 만들기도 한다. 글로벌화는 이처럼 민족국가의 힘이 상대적으로 약화되고, 따라서 국경이 낮아지는 과정으로 이해할 수 있다. 이런 의미에서 혹자는 글로벌화를 초국경 내지는 무국경(borderless)이라는 말과 동의어로 쓰기도 한다. 이러한 개념의 정의로는 숄트(J. A. Scholte)를 들 수 있다.

글로벌화란 국경이 없어지고 영토의 개념이 사라지는 과정으로서, 그 결과 사람들 간에 거리와 국경을 뛰어넘는 관계들이 형성되어 가는 것이다.[2]

여기서 국경이 아주 없어진다기보다는 국경의 장벽이 낮아져 간다고 보는 것이 옳겠으며, 따라서 영토는 글로벌화 되어가는 세상에서도 여전히 중요한 의미를 지니지만 과거와 같이 세계라는 공간의 구성요소로서 절대적 위치를 차지하지는 않는다는 뜻으로 이해할 수 있다. 특히 무국경의 개념은 규제완화와 깊은 관련이 있다. 국경의 경제적 의미는 상품과 자원의 이동을 제약하는 것인데, 무역 및 투자의 자유화에 따라 상품과 자원, 심지어 사람의 이동에 대해서도 규제가 점차 낮아짐에 따라 국경의 의미가 약화되어 가는 것이다. 여기서 유의할 점은 규제완화(deregulation) 또는 자유화(liberalization)는 인위적이라는 점이다. 그것이 다자간의 협약에 의한 것이든, 아니면 일방적인 것이든 간에 미래에 다시 반대의 방향, 즉 규제강화나 제한조치의 부과 쪽으로도 갈 수 있다는 사실이다.

글로벌화의 또 하나의 중요한 개념은 시간과 공간의 축소에서 찾을 수 있으며, 이는 바로 기술변화에 기인한다. 1980년대 이후 폭발적으로 일어나고 있는 정보통신기술(ICT)의 발전은 통신비용을 저렴하게 만들고 있으며, 이로 인해 원격지 간에 정보를 교환하거나 의사소통을 하기가 매우 용이해졌다. 이제는 언어와 시차만이 통신의 장애가 되는 시대가 된 것이다. 글로벌화는 이처럼 시간과 공간이 축소되면서 사람들이 지구 반대쪽에서 일어나는 일들을 바로 알게 되고 또 영향을 받게 되는 과정으로 이해할 수 있다. 기술변화로 인한 시공의 축소에 초점을 맞춘 정의로는 헬드(David Held) 등 학자들의 예를 들 수 있다.[3]

글로벌화란 사회적인 관계와 거래에 있어서의 공간구도의 대전환 과정으로서, 국가 간 및 지역 간에 자원의 이동, 네트워크의 확장과 권력의 상호작용과 행사의 증가를 수반한다.

이는 사회학자의 정의답게 시공의 압축이 인간관계 및 사회질서의 변화를 가져오는 데 초점을 맞추고 있다. 다시 정리해본다면, 글로벌화의 개념에는 영토 내지 국경의 의미 약화, 자유화와 규제완화, 기술변화로 인한 시공의 압축과 그로 인한 인간관계 및 사회관계의 변화요인들이 포함되어 있음을 알 수 있다. 이 개념들을 연결해서 이 책에서는 글로벌화를 다음과 같이 정의하기로 한다.

글로벌화란 국경이 낮아지고 시간과 공간이 축소되어 지역 및 국가 간에 상호 연관관계가 증가하며, 거래 및 왕래의 빈도 및 양이 급증하고, 이에 수반하여 다양한 네트워크가 구축되어 인간관계, 경제사회 구조 및 국제질서가 크게 변화하는 과정이다.

② 글로벌화의 이유

앞에서 이미 부분적으로 지적하였지만 글로벌화 현상이 나타나는 이유로는 대체로 다음과 같은 몇 가지 요인을 지적할 수 있다.

첫 번째는 규제완화가 거래, 특히 무역과 투자를 촉진시켰다는 점이다. 제2차 세계대전 이후 미국의 주도 하에 서방 선진국들은 무역장벽 없는 상품과 서비스의 자유로운 유통을 목표로 GATT를 창설하였고, GATT의 기치 아래 120여 개가 넘는 회원국들은 여덟 번에 걸쳐 협상 테이블을 만들었다.

그중 가장 최근의 성공적인 협상이 바로 1992년의 우루과이라운드였다. 우루과이라운드 협상을 통해 특허, 등록상표, 저작권 등의 지적재산권에 대해 더욱 강력한 보호가 약속되었고, 확대된 국제무역을 감독하기 위해 WTO가 창설되었다. 이러한 노력에 힘입어 선진국들의 평균 관세율은 1950년대의 20% 수준에서 2000년에는 3.9%로 떨어지게 되었고, 많은 나라들이 외국인투자에 대한 규제를 급속히 완화해갔다. 이러한 법적·제도적 규제의 완화는 시장의 글로벌화와 생산의 글로벌화를 촉진시켰다.

두 번째로 기술, 특히 정보통신기술이 시간과 공간을 축소시켰다. 무역장벽의 완화가 시장과 생산에서의 글로벌화를 가능케 했다면, 기술의 발전은 그것의 실현을 뒷받침할 수 있게 했다. 마이크로프로세서의 등장은 낮은 가격에 높은 성능으로 계산능력을 혁신적으로 증가시켰고, 이를 기반으로 첨단 원거리통신기술이 급속도로 발전하여 현재의 위성통신, 광섬유, 무선통신기술 그리고 인터넷과 웹(world wide web)의 기반이 조성되었다. 무엇보다도 인터넷의 발전은 충격적일 만큼 혁신적이라고 하겠는데, 1990년에 100만 명 미만의 접속자 수를 보이던 인터넷에는 2000년에 이르러 1.5억 명 이상의 세계 인구가 접속했으며, 2007년 말에는 무려 12.6억 명이 인터넷 사용자가 되었다. 이는 2007년 말 현재 세계 인구 66억 명의 19.1%에 해당하는 비율이다. 이러한 인터넷의 발달로 세계를 하나로 묶는 정보의 대동맥이 형성되었다.

세 번째로 냉전의 종식이 글로벌화에 기여하였다. 제2차 세계대전 이후의 세계질서를 특징지었던 자본주의와 공산주의 진영 간의 대결은 1990년을 전후해서 공산권의 몰락으로 막을 내리게 되었다. 공산권의 맹주였던 소련이 와해되어 15개의 독립국가로 분화되면서 사회주의권은 급속히 몰락하였다. 동중유럽의 과거 소련 위성국들은 앞 다투어 시장경제 시스템을 도입하고 EU의 회원국이 되었다. 공산권이 몰락하고 자유시장경제의 이데올로기가 지배하는 새로운 세계질서는 유일 초강대국인 미국에 의해 주도되게 되었다.

냉전시대에도 미국은 '개방된 패권주의' 정책을 견지해왔다. 즉 동맹국들에게 상당한 행동의 자유를 주면서 자발적인 참여를 유도하였다. 새로운 세계질서 속에서도 미국은 가능한 한 규칙에 의해 게임이 이루어지도록 하기 위해 IMF나 WTO와 같은 다자간 기구를 통해 여러 나라를 규율하려고 하며, 또 한편으로는 G8과 같은 모임을 통해 집단의사결정의 모양새를 갖추고 있다. 따라서 21세기 초 세계질서는 미국이 주도하는 자유시장경제의 시스템 안에서 미국의 가치관과 전통에 근거한 규범과 룰에 따라 게임이 진행되는 양상을 보이고 있다.

글로벌화의 촉진요인으로서 다국적기업을 빼놓을 수 없다. 다국적기업은 글로벌화에 영향을 미치기도 하고 글로벌화에 의해 여러 가지 기회를 맞이하기도 한다. 글로벌화의 주요 동인인 규제완화와 정보기술의 발달은 기업에는 다시 없이 좋은 사업기회를 제공한다. 특히 경쟁력이 있는 기업은 자신이 가진 소위 핵심역량을 해외에서 활용할 수 있는 좋은 기회를 맞게 되었다. 지식정보사회에서 기업경쟁력의 원천은 지식을 기반으로 하는 무형의 자산이다. 이들 지적자산을 핵심역량으로 가진 기업은 해외시장에서 크게 비용을 부담하지 않고도 사업을 확장할 수 있게 된다.

일찍이 버논(Raymond Vernon)이 지적하였듯이 무국경화, 즉 주권의 약화는 바로 권력이 민족국가로부터 다국적기업으로 이전됨을 의미한다. 다시 말해 글로벌화는 경쟁력을 가진 세계적 기업에는 더 없이 좋은 추세인 반면, 경쟁력이 약하고 그동안 관세나 정부의 보호에 의지해왔던 기업에는 크나큰 위협이 된다. 한편 다국적기업은 규모의 경제를 통해 원가우위를 달성하기 위해서 가능한 한 세계적으로 표준화 전략을 추구하게 되는데, 이는 세계 여러 나라에서 같은 제품, 브랜드, 광고활동을 하게 됨을 의미한다. 그 결과 소비자들은 세계 각국에서 같은 상품과 광고에 노출되며, 이는 소비문화의 동질화 현상을 낳게 된다. 예를 들어 맥도날드 햄버거에 의한 세계시장의 동질화 현상이 글로벌화를 더욱 촉진하게 되는 것이다.

경쟁력 있는 소수의 기업이 세계시장의 많은 부분을 차지하는 현상은 산업의 글로벌화로 이해할 수 있으며, 이는 여러 산업에서 과점화 현상을 낳고 있다. 그러므로 10개 이내의 소수 기업이 전 세계 시장의 절반 이상을 차지하는 결과를 낳게 되는 것이다. 경쟁력이 있는 기업이나 개인은 점점 더 높은 수익을 올리고, 그렇지 못한 기업이나 사람은 실패와 빈곤의 나락으로 빠지는 것이 바로 글로벌화의 냉혹한 단면 중 하나이며, 이로 인하여 글로벌화에 대해서는 만만치 않은 반대세력이 형성되고 있다. 그럼 여기서 글로벌화의 영향과 사회복지적인 기능을 살펴보기로 하자.

3. 글로벌화의 영향

1 국제금융시장의 활성화

앞에서도 지적하였듯이 아시아 경제위기의 한 원인은 1997년 하반기에 국제적인 단기유동자금(hot money)이 일시에 이들 아시아 국가를 빠져나갔기 때문으로 인식되고 있다. 실제로 무역 등 실물거래와는 상관없이 엄청난 규모의 돈이 외환시장과 국제금융시장에서 매일 거래되고 있으며, 그 결과 세계 금융시스템은 항상 불안요인을 안고 있다.

1970년대 이전, 즉 각국 경제가 상대적으로 폐쇄적으로 운영되었을 때는 정부가 모든 것을 좌지우지했다. 한 나라의 금리수준은 대개 그 나라 정부의 통화정책에 따라 정해졌고, 한 나라의 재정정책 운영도 자유로운 편이었다. 그러나 1970년대부터 자본통제 장치들이 하나 둘 제거되면서 기술, 금융, 정보의 국제화가 진척되었고, 그러다가 결국 냉전체제가 종결되며 자원의 이동에 있어서 인위적인 장벽들이 대폭 제거되었다. 그러자 전 세계에 뿔뿔이 흩어져 있던 투자가 집단이 한데 뭉칠 수 있게 되었고, 이들이 모여서 마음껏

활동할 수 있는 거대한 글로벌 금융시장이 생겨나게 된 것이다. 그리고 이 거대한 자본이 종국에는 인터넷이라는 강력한 터보엔진을 장착해 사이버스페이스로 한층 영역을 확장하게 되었다.

이러한 토대 위에 세계 금융산업은 지난 20년 동안 폭발적으로 성장하였다. 2003년 기준으로 세계 자본시장 규모(주식시가총액, 채권잔액과 은행융자잔액의 합계)는 실물경제의 약 3.6배인 130.3조 달러에 이르는 것으로 집계되어 있다. 같은 해 미국의 자본시장 규모는 GDP의 약 3.7배였고, 일본의 자본시장 규모는 GDP의 4.7배였다. 이런 거대한 규모의 세계 금융시장에서 '전자장비로 무장된 첨단군대'와도 같은 직업적 금융투기집단들이 24시간 내내 수익성 높은 곳을 찾아 온 지구를 몇 바퀴씩 돌고 있다. 이 전문적 금융투기자들은 글로벌로 연결된 전자정보망을 하루에도 수십 번씩 빛의 속도로 움직인다.

예를 들어 미국달러를 엔화로 바꾸고, 곧이어 스위스 프랑과 바꾸고, 또다시 미국달러를 되사는 식으로, 불과 몇 분 사이에 금융투기자들은 한 시장에서 다른 시장으로, 뉴욕의 한 딜러에게서 런던이나 홍콩의 다른 거래 상대에게로 날아다닌다. 일반 화폐 이외에도 자그마치 7만 가지가 넘는 유가증권이 전자통신망을 통해 세계의 국경선을 넘어 거래되고 있는 것이다. 국제금융시장이 이런 방식으로 움직이고 있기 때문에 각 민족국가들과 정부는 엄청난 불안정성 속에서 고전을 면치 못하고 있다. 특히 2002년 이후의 저금리시대에 지나치게 과도한 유동성의 증가로 인하여 엄청난 규모의 투기자본이 세계경제를 불안하게 만들고 있는 셈이다.

② 민족과 문화적 정체성

글로벌화는 사람들의 고향, 가족, 국가에 대한 귀속감을 약화시키면서 불확실성을 증가시키고 경쟁을 촉진시켜 사람들로 하여금 더욱 큰 스트레스를 받게 한다. 세계는 참으로 다양한 모습의 전통과 습관, 소망과 꿈을 가지고 살아가는 사람들로 구성되어 있다. 각 민족에게 있어 그들의 독특한 정체성과 귀속감은 삶의 바탕을 이루며, 세상에서 그들이 차지하는 위치와 의미를 말해준다.

그리고 이들에게 심리적인 안정감과 항상성을 제공해준다. 각자가 속한 가족, 지역사회, 민족과 종교는 개개인이 쉼을 얻는 곳들을 상징하며, 타 민족과 마주치거나 협력할 때 자신감과 안도감을 갖도록 해준다. 또한 가정의 따스함, 독특한 의식에서 오는 동질감, 사적인 인간관계에서 얻는 친근함 등을 느끼게 해준다. 그런데 이러한 자기정체성이 박탈되었을 때 사람들은 강한 분노를 맛보게 된다. 자신이 편히 돌아가 쉴 수 있는 안식처를 잃어버린 것과 같은 고통을 느끼기 때문이다.

사람들은 많은 대가를 치르면서까지 이러한 정체성을 지키려고 노력한다. 정체성은 육체적인 양식만큼이나 사람의 마음속에 생존에 필수적인 자긍심과 소속감을 안겨주기 때문이다. 이러한 이유 때문에 글로벌화의 소용돌이 속에서 민족국가의 존재는 약해진다 할지라도 결코 완전히 사라지기는 힘들 것이다. 민족국가는 바로 언어적·지리적·역사적으로 개개인이 어디에 속해 있는가를 보여주는 귀중한 증표이기 때문이다.

글로벌화로 인하여 세계문화가 과연 동질화되는가에 대해서는 학자들 간에 반드시 의견의 일치를 보이고 있는 것은 아니다. 레빗 (Theodore Levitt)과 같은 사람은 그렇게 생각하지만 다른 생각을 가진 사람도 많다. 소비문화가 동질화되는 반면에 오히려 옛것을 더 찾으려는 노력도 나타난다고 볼 수 있다. 그러나 적어도 겉으로 드러난 바로는 세계적으로 미국식 대중소비문화가 특히 젊은이들 사이에서 크게 유행하고 있는 것이 사실이고, 또한 중상류층의 소비문화도 상당히 유사해져 간다고 할 수 있을 것이다. 그런 점에서 민족이나 지역사회를 규정하는 문화적 특징이나 정체성이 위협받는다는 주장은 분명히 근거가 있다.

다른 한편으로 국제적인 왕래의 증가와 네트워크의 증대는 부정적 면에서도 동시에 일어나고 있다. 마약, 범죄, 성매매, 질병, 음란물 등 사람들에게 해를 끼치는 각종 해악들이 국경을 넘어서 급격히 확대되고 있다. 예를 들면 불법이민이 점차 증가하고, 매춘이 국제화되면서 에이즈와 같은 전염병도 확산되고 있다. 이러한 현상도 전통적인 사회와 가치관을 위협하는 요인이 된다.

그리고 미국이 주도하는 글로벌화는 미국의 가치관과 소비문화를 전 세계적으로 확산시키며 여러 민족국가가 가진 전통문화와 가치관을 위협하고 있다. 특히 모든 것을 표준화해버리는 기술과 힘을 가진 다국적기업은 세계 도처에서 동일한 기업문화를 요구하는 경향을 보이기도 하며, 그 결과 과도한 외래문화의 유입이 민족문화의 정체성을 약화시켜 전 세계를 서구화시키고 있다.

③ 형평성과 소득불평등의 악화

글로벌화는 이미 존재하고 있는 소득격차를 더 악화시키는 듯하다. 1990년대 이후, 즉 글로벌화 체제가 냉전체제를 대체한 시기에 선진산업국에서 가진 자와 못 가진 자 사이의 소득격차는 그전에 비해 더 벌어졌다는 주장이 많이 제기되고 있다. 이 점에 대해서는 통계적으로 양론이 있는 것이 사실이나, 국가 간 및 국가 내의 소득계층 간에 소득불균형이 더 악화되고 있는 것이 지난 20년간의 대체적인 추세다. 경제학자들은 이렇게 소득격차가 벌어지는 것에 대해 여러 가지 이유로 설명하고 있다. 효율성 추구를 위한 기업들의 끊임없는 구조조정, 미숙련 노동자에 비해 지식근로자에 대한 보상이 갈수록 커지도록 유인하는 급속한 기술변화, 노조의 세력약화, 특정 직종의 임금하락으로 개발도상국에서 선진국으로의 이민 증가, 확대된 무역 등 각종 변수가 제시되고 있다.

하지만 오늘날 세계 도처에서 벌어지는 공통적인 현상은 바로 '승자가 싹쓸이하는 현상(winner-take-all)'이다. 이는 오늘날 어느 산업에서든 1등은 거대한 글로벌 시장을 판매영역으로 확보함으로써 큰돈을 버는 반면, 이들보다 경쟁력이나 명성이 떨어지는 기업은 판로에 제약을 받아 매출이 뒤떨어지고 적은 돈밖에 벌지 못하는 현상이다. 글로벌화는 지구 규모의 승자독점시장을 창출함으로써 불균등 확대에 중대한 몫을 하고 있는 것이다. 관세 및 비관세 장벽이 낮춰지거나 아예 제거되고 여행비용이 획기적으로 저렴해진데다, 경쟁을 제한하던 각종 규제가 완화되고 온갖 정보가 국경을 초월해 저렴한 비용으로 자유롭게 확산됨에 따라 통합된 단일 글로벌 시장이 점차 확대되고 있다.

이러한 글로벌화 현상이 두드러지게 나타나는 부문이 대표적으로 스포츠산업이다. 예를 들어 프로야구를 보자. 미국과 한국의 프로야구를 비교해보면, 한때는 박찬호 한 선수의 소득이 한국 프로야구팀 전 선수의 연간 급여를 합친 것과 유사할 정도로 두 나라 선수 간에는 커다란 소득격차를 보였다.

그러니 1등에게 조금 뒤지는 2등은 둘 사이의 실력차이를 훨씬 능가하는 소득격차를 감수해야 한다. 그리고 그보다 훨씬 뒤떨어진 선수, 예를 들면 한국 프로야구의 2군 선수는 매우 형편없는 소득과 명성에 만족해야만 한다. 따라서 1등과 2등의 격차는 갈수록 더 커지며, 1등과 꼴찌의 격차는 경악할 수준으로 계속 벌어질 것이다. 물론 많은 분야에서 승자가 반드시 한 명뿐인 것은 아니지만, 정상에 오른 소수가 전체에서 차지하는 몫이 상대적으로 과도한 것은 마찬가지다. 각종 분야의 시장과 산업이 속속 글로벌화 됨에 따라 더 많은 산업이 승자독점시장으로 편입되고 소득불균형은 더욱 심화된다.

바로 이 소득불균형이야말로 글로벌화 체제의 가장 불안한 사회적 부산물이다. 1999년 유엔(UN) 보고서에 따르면, 세계에서 소득수준이 가장 높은 나라에 살고 있는 20%가 세계 GDP의 86%, 세계 수출시장의 82%, 해외직접투자의 68%, 세계 전화회선의 74%를 보유하고 있다. 세계에서 가장 빈곤한 나라에 살고 있는 20%의 세계 인구는 이 모든 분야에서 각각 1% 정도만을 갖고 있을 뿐이다. 1960년대만 해도 부유한 나라에 사는 세계 인구 20%의 소득은 빈곤국에 사는 세계 인구 20% 소득의 30배였다. 그러나 이것이 1995년에 이르러서는 82배가 되었다. 그만큼 소득편중도가 심화된 것이다.

2006년 유엔 인간개발보고서(UN Development Report)에 따르면, 하루에 1달러 이하로 살아가는 세계 최하위 빈곤층 20%는 전 세계 소득의 1.5%를 차지하고 있으며, 하루 2달러 이하로 살아가는 하위 빈곤층 40%는 전 세계 소득의 5%를 차지하고 있다. 한편 부자 나라들인 OECD 회원국 인구의 90%는 전 세계 소득분배 상위 20%에 속한다.

한편 세계경제를 주도하고 있는 미국의 빈부격차는 선진국 중에서는 매우 나쁜 편이다. 미국의 전체 소득에서 상위 1% 소득층이 차지하는 비중은 1980년 8%에서 2004년에는 16%로 증가하였다. 반면에 최하위 소득층 20%가 전체 소득에서 차지하는 비중은 1980년 6.8%에서 2004년에는 4.9%로 감소하였다. 1995년 이후 생산성 향상으로 인하여 근로자들은 10년 전보다 30%를 더 생산하지만, 중산층 근로자의 실질임금은 1995년 이후에 6%, 2000년 이후에는 1%밖에 증가하지 않았다. 인터넷은 글로벌 네트워크로서 세계 모든 사람들을 빠르게 연결시키고 있긴 하지만, 여전히 이의 이용자는 대부분 부자 나라들에 집중되어 있다.

앞서 언급한 2006년 유엔 인간개발보고서에 따르면, 고소득 OECD 국가 국민의 56%가 인터넷을 사용하고 있지만, 최빈국의 경우에는 1% 미만의 인구만이 인터넷을 사용하고 있다. 휴대폰의 경우는 OECD 국가 인구의 77%가 사용하고 있는 반면, 남아시아는 인구의 4.2% 그리고 최빈국은 인구의 2.8%만이 휴대폰을 사용하고 있다. 물론 최근에 50달러짜리 저가 휴대폰이 널리 보급되어 저소득층의 휴대폰 구입이 급속히 확대되고 있는 것은 사실이나, 개도국의 빈곤층에게는 이 가격에도 휴대폰 구입이 쉽지 않다. 웹사이트의 거의 80%는 영어를 사용하고 있지만, 전 세계 인구 중에서 영어를 사용하는 사람은 10명당 1명이 채 되지 않는다. 산업선진국은 전 세계 특허의 97%를 보유하고 있다. 이러한 디지털 격차는 시간이 지날수록 더욱 벌어질 것이며, 이와 함께 빈부격차도 커질 것이다.

위와 같이 글로벌 자본주의는 세계 여러 나라에서 가진 자와 못 가진 자 사이의 소득격차에 분명 커다란 역할을 하고 있다. 하지만 자본주의의 세계적 확산은 인류의 평균적인 생활수준을 유례없이 끌어올린 것도 사실이다. 글로벌 자본주의는 또한 많은 빈민층을 중산층으로 끌어올렸다. 비록 빈부격차가 확대되고 있긴 하지만, 빈민층의 최저생활수준 역시 꾸준히 향상되고 있다. 오늘날 글로벌화 시스템에서 우승한 자들이 그렇지 못한 사람들로부터 급속히 멀어져 가고 있을 뿐이다. 다시 말해, 상대적 빈곤 현상은 많은 나라에서 계속 심화되고 있지만, 절대적 빈곤은 꾸준히 줄어들고 있다.

또한 글로벌화는 개발도상국에 대한 다국적기업의 투자를 증가시켜 고용을 증진시키고, 소득을 높여준다. 2007년 국제연합무역개발협의회(UNCTAD)의 '세계투자보고서(World Investment Report)'에 따르면 다국적기업의 고용은 세계적으로 1982년의 2,150만 명에서 2006년에는 7,260만 명으로 3배 이상 증가하였다. 2006년 기준으

1. 글로벌화와 한국의 개방

로 다국적기업은 세계 GDP의 10%, 총고용의 3%를 기여하고 있다. 같은 보고서에 따르면, 다국적기업의 현지법인 수는 2006년 기준으로 선진국에 26만 개, 개발도상국에 40만 개, 구사회주의국가에 11만 개가 있는 것으로 집계되어 있다. 다국적기업의 비중이 점점 커짐에 따라 이들 기업이 현지국가의 경제에 기여하는 비중도 점차 커지고 있다. 수출, 고용과 부가가치에서의 비중도 점차 커지고 있으며, 현지기업보다 더 높은 임금을 지불하고 있고, 기술이나 경영 노하우의 이전에도 크게 기여하고 있다.

또한 외국기업들은 국내기업들에 비해 훨씬 더 많이 수출하는 경향이 있다. 1996년 아일랜드에서 외국기업들은 전체 산출물의 89%를 수출했다. 이에 비해 자국 내 기업들은 총생산량의 고작 34%만을 수출했다. 네덜란드는 이 비율이 64% 대 37%, 프랑스는 35.2% 대 33.6%, 일본은 13.1% 대 10.6%로 나타났다. 외국인투자의 이와 같은 혜택은 OECD 회원국 중에서도 상대적으로 국내시장이 협소한 나라들의 경우 훨씬 큰 것으로 조사되었다.

지난 20년간 가장 성공적으로 외국인투자를 유치한 나라는 중국이다. 중국은 1992년부터 본격적으로 다국적기업에 대한 문호를 개방하였으며, 1995년 이후에 매년 500~600억 달러 규모의 외국인직접투자를 유치하고 있다. 중국의 개방은 2001년 WTO 가입 이후에 더욱 가속화되었으며, 21세기에 들어와 거의 두 자릿수의 높은 경제성장률을 기록하고 있다. 중국이 개방하여 글로벌화의 물결을 타지 않았다면 이런 고도성장을 달성할 수 없었을 것이다.

④ 독과점과 효율성

개방과 자유화는 상품, 서비스, 자본과 다른 생산요소의 국가 간 이동을 촉진시켜 세계수준에서의 효율을 증진시킨다. 오늘날 모든 상품과 서비스의 잠재적 시장이 전 세계에 걸쳐 전혀 끊긴 곳 없이 하나로 연결되어 있다. 이러한 고도의 개방성과 자유로운 이동기회는 기업, 산업, 전문가들로 하여금 세계시장으로 진출해 각 지역을 섭렵할 수 있도록 해줄 뿐만 아니라 또 그렇게 하도록 적극 권장하고 있다. 자신이 그렇게 하지 않으면 다른 누군가가 반드시 그렇게 할 것이기 때문에 선택의 여지가 없는 것이다.

예를 들어 아주 희귀한 병에 걸린 사람의 경우, 이제는 인터넷을 통해 다른 나라의 의사와도 병에 대해 상담할 수 있게 되었다. 또한 주가가 부진을 면치 못하고 있는 대기업의 경우, 세계 곳곳을 뒤져 유럽 지역으로부터 최고의 경영자를 영입할 수 있게 되어 제한적이던 회사 내의 인력 시스템에 구속받지 않아도 되게 되었다. 다국적 기업의 활동도 같은 맥락에서 세계적 수준에서의 효율을 증가시키고, 많은 개도국에서 고용기회를 제공한다.

또한 글로벌화는 세계수준에서의 독과점을 증가시킨다. '국경을 넘는 M&A(Cross-border M&A)'는 1999~2000년에 한 차례 크게 증가한 바 있으며, 최근인 2006~2007년에도 다시 한 번 크게 증가하였다. 1987년 745억 달러에 달했던 국제 M&A의 규모는 1999년에는 7,660억 달러에 달했고, 2006년에는 8,804억 달러에 달했다. 건당 10억 달러 이상의 대규모 국제 M&A 건수는 1987년에는 14건이었으나, 2006년에는 172건으로 증가하였다.

글로벌화의 강력한 터보엔진이라고 할 수 있는 인터넷을 통한 정보통신기술의 발전에 의해 급속한 기술변화가 전 세계 모든 산업부문에서 일어나고 있다. 이는 기업으로 하여금 기술적 혁신의 필요성을 더욱 절감하게 하였다. 기술혁신 비용을 줄이고 새로운 기술자산을 빨리 얻기 위해 거대 규모의 국제적 M&A가 일어나게 된 것이다.

그런데 이러한 M&A의 결과 많은 산업에서 몇 개의 회사가 전 세계 시장을 장악하는 현상이 나타나고 있다.

글로벌 경제에서 전략적 제휴나 M&A를 거쳐 국제적 연구개발을 통한 새로운 제품의 생산이 독과점으로 연결되는 것은, 그것이 일시적일 경우 정당한 대가로 인정될 수 있고 사회적으로도 필요한 현상이다. 기업의 속성상 독과점 구조를 형성하여 시장을 지배하려는 성향을 가지고 있다. 그러나 세계적으로 한 산업 내에서 경쟁기업의 수가 축소되고 있다는 것은 잠재적으로 비효율을 가져올 수 있다.

이러한 독과점의 폐해를 억제하려는 것이 바로 정부의 독과점 규제 또는 공정거래와 관련된 규제다. 동일산업 내에서의 M&A는 해당 정부의 공정거래위원회로부터 인가를 받아야 하는 경우가 많지만, 국경을 자유롭게 넘나드는 글로벌 기업에 비해 공정거래당국 간의 국제적 협조는 초기단계이기 때문에 규제가 비효과적일 때가 많다. 왜냐하면 국가 간에 외국자본을 서로 유치하려고 경쟁을 해야 하는 상황에서 지나치게 엄격한 규제는 해당 국가에 불리하게 작용하기 때문이다. 경쟁자의 수가 줄어드는 것이 반드시 경쟁 정도의 약화를 의미하지는 않는다는 주장도 있으나, 이는 산업별로 연구가 필요한 사안이다.

4. 지금의 글로벌화는 역사상 처음 있는 현상인가

1990년 이후의 글로벌화나, 조금 길게 보면 1960년 이후 지금까지 이어지고 있는 세계경제의 지속적인 개방과 번영의 시대는 과연 인류 역사상 처음 있는 일인가? 글로벌화를 연구하는 학자들은 지금과 같은 높은 수준의 글로벌화가 이미 약 100년 전에도 진행되고 있었다고 주장한다. 우리가 여기서 이런 질문에 관심을 두는 이유는 과연 지금의 글로벌화가 앞으로도 계속될 것인지, 아니면 어떤 외부적인 충격이나 여건의 변화가 글로벌화의 추세를 되돌릴 수 있게 될 것인지를 알아보고 싶기 때문이다.

정확한 시기를 잡기는 어려우나, 세계경제는 대체로 1870년경부터 시작해서 제1차 세계대전이 발발했던 1914년까지 약 50년간 매우 높은 수준의 개방과 경제통합의 시기를 거쳤다고 한다.[4] 이 시기에는 어떤 변화가 있었을까? 이 시대는 제2차 산업혁명으로 새로운 산업이 나타나고, 교통혁명으로 인하여 거리가 급속히 축소되던 시기였다. 18세기의 제1차 산업혁명이 주로 영국에서 섬유와 철강, 증기선과 같은 분야에서 기술혁신이 있었던 것에 비해, 19세기에 접어들면서 기계·산업, 철도의 보급 확대, 해상운송의 발달과 같은 기술발전이 다른 산업으로 확대되었다.

무엇보다도 미국과 독일 등의 국가들이 19세기 중반에 석유화학, 전기, 내연기관(자동차), 통신과 같은 새로운 분야에서 영국을 능가하는 산업을 일으키면서 1870년경부터 20세기 초까지 대서양을 끼고 유럽과 북미에서 기술혁신을 바탕으로 한 신산업이 대거 등장하게 된다. 1900년의 영국의 산업화 수준을 100이라고 했을 때, 유럽 9개국의 평균 산업화지수는 1860년의 14에서 1913년에는 57로 발전하였으며, 미국의 산업화지수는 같은 기간에 21에서 126으로 오히려 영국을 앞지르게 되었다(독일은 15에서 85로 발전).[5]

같은 기간에 당시의 제3세계(중국, 인도, 브라질, 멕시코)의 산업화지수는 4에서 2로 하락하였다. 이 자료에 의하면 1800년경만 해도 유럽과 아시아나 중남미의 주요 국가 간에 산업화의 차이가 그다지 크지 않았으나(영국을 제외하면 거의 모두 10 이하), 그 격차는 19세기 중엽을 거치면서 크게 벌어지게 된다. 그런 점에서 19세기 중반부터의 약 50년의 기간은 제2차 산업혁명이 유럽과 미국으로 확산되면서 지금의 선진국 클럽이 형성된 시기라고 하겠다. 반면에 대부분이 식민지였던 당시의 후진국들은 선진국에 원자재를 공급하는 역할을 하면서, 공업이 오히려 후퇴하는 양상을 보였다.

1870~1914년의 시기를 제1차 글로벌화 시기라고 부른다면, 이 시기 또 하나의 특징은 무역의 확대다. 대규모 무역은 19세기에 처음 등장하였는데, 이는 대량생산과 운송비의 하락이라는 요인이 크게 작용하였다. 특히 해상운송비는 1830~1880년 사이에 반으로 줄었고, 1880~1914년 사이에 다시 반으로 줄었다. 1815~1914년까지의 100년 동안 세계무역은 40배나 성장했다고 하는데, 그전

100년 동안에는 세계 무역량이 2배밖에 성장하지 못했다.[6] 이 시기의 전반기(1840~1880년경)에는 자유무역이 확대되었으나, 그 이후에는 영국을 제외한 대부분의 유럽 국가와 미국은 다시 보호주의 정책을 채택하였다. 영국은 1815~1914년에 이르는 100년 동안 자유무역정책 기조를 유지하였던바, 이는 당시 세계 주도국으로서 영국의 위상과 이해를 반영하는 정책이었다. 후발 산업화 국가들이 유치산업 보호를 위해 일부 보호주의적인 무역정책을 채택했음에도 불구하고, 대부분의 유럽 국가들은 GDP에서 수출입이 차지하는 비중이 1870~1910년 기간에 증가하였다.[7]

1차 글로벌화 시기의 가장 두드러진 현상은 국제 자본이동의 급증과 자본시장의 통합이었다. 이 시기는 금본위제도가 안정적으로 유지되어 환리스크가 거의 없었고 외환거래가 자유화되어 있었기 때문에 대규모의 자본이동이 있었다. 자본이동의 한 지표로서 경상수지 대 GDP를 사용했을 경우, 1890~1913년의 자본이동 규모는 2차 글로벌화 시기인 1989~1996년보다 상대적으로 더 컸던 것으로 집계된다. 이 시기에는 특히 영국을 비롯한 유럽에서 신대륙 쪽으로 대규모의 자본이동이 있었으며, 특히 직접투자의 비중이 매우 높았다. 한 연구에 의하면, 19세기 자본이동의 3분의 1 정도가 직접투자였으며, 이때 투자대상 산업은 광산을 포함한 자원개발 분야였고 철도와 사회간접자본 분야도 투자가 활발하였다. 대규모 자본이동과 자본시장통합의 부산물 중 하나로 '금융위기'를 들 수 있는데, 1차 글로벌화 시기인 1870~1914년 기간에 세계적으로 총 22회의 금융위기가 있었다는 주장도 있다.[8]

1차 글로벌화와 2차 글로벌화는 그 촉진요인으로서 기술혁신으로 인한 거리의 축소와 안정적인 세계정세, 그리고 무역 및 투자의 자유화라는 공통점도 있으나 차이점도 많다. 무엇보다도 1차 글로벌화 시기의 가장 큰 특징은 대규모 인구이동이었다. 인구이동은 특히 1880~1914년 기간에 집중되었으며, 물론 구대륙(유럽)에서 신대륙(북미와 남미)으로의 대규모 이민이 바로 그것이었다. 나라에 따라 다르지만, 이 기간 중에 많은 유럽 국가의 경우 매년 인구의 2~5%가 해외로 영구 이주했다고 한다. 한 자료에 의하면, 1876~1895년의 20년 동안에는 연평균 60만 명의 유럽인이 신대륙으로 이동하였으며, 1896~1914년의 20년 동안에는 매년 평균 100만 명 이상의 인구이동이 있었다. 신대륙 중에서도 가장 인구유입이 많았던 미국의 인구변화를 보면, 1870년에 3,981만 명이던 인구가 40년 만인 1910년에는 9,223만 명으로 증가하였다.[9]

또 하나의 차이점은 19세기의 글로벌화는 원자재, 공산품과 같은 재화와 사람과 돈이라는 생산요소의 이동에서는 높은 수준이었으나, 아직 지식이나 노하우의 이동에서는 제한적이었다는 점이다. 반면에 20세기 말의 글로벌화는 정보와 지식의 폭발적 증가를 바탕으로 한 것이었다. 20세기에 들어와서 해상운송과 특히 항공운송도 크게 증가하기는 했으나, 가장 놀라운 변화는 통신의 속도와 비용이 감소한 것이었다.

세계은행 자료에 의하면, 해상운송비는 1920~1990년 기간에 100에서 30으로 감소하고 항공운송비는 1930~1990년 기간에 100에서 18 정도로 감소한 반면, 전화요금은 1950~1990년 기간에 100

1부 · 한국기업의 글로벌 전략과 시스템 구축

에서 거의 0으로 줄어들게 되었다. 1990년은 인터넷이 아직 광범위하게 보급되기 전인 만큼, 1990년 이후 지금까지 통신의 변화(인터넷과 이동전화)를 감안한다면, 통신비용이 거의 들지 않는 이 시대의 정보 축적과 이동은 과거 어느 시기와도 비교할 수 없는 새로운 현상이라고 하지 않을 수 없다.

1차 글로벌화와 지금의 가장 큰 차이는 참여하는 국가와 사람들의 범위다. 1차 글로벌화는 거의 유럽의 산업선진국과 신대륙 간의 교류확대였던 반면, 1990년 이후의 글로벌화는 전 세계의 거의 모든 나라가 참여하고 있다는 점에서 아주 다르다. 특히 1차 글로벌화가 당시 선진국의 공업화와 후진국의 탈공업화, 즉 후진국의 자원을 선진국이 가져다가 가공해서 소비하고 일부를 다시 후진국에 수출하는 전형적인 제국주의적 교역형태를 띠었던 데 비해, 최근의 글로벌화는 반대로 신흥시장의 급격한 산업화와 선진국의 탈산업화(부분적으로 공동화)를 수반한다는 점에서 매우 대조적이다. 아직도 대규모의 빈곤이 세계 곳곳에 널려 있는 것은 사실이지만, 1990년 이후 세계에서 가장 인구가 많은 두 나라(중국과 인도)가 빠른 산업화와 경제성장을 통해 세계경제에 급속히 통합되고 있다는 점은 지금의 글로벌화의 범위를 보여주는 가장 좋은 증거다.

그러나 19세기 후반 맹렬하게 진행되었던 구미경제의 개방과 교류가 전쟁과 그에 이은 보호주의, 대공황과 또 한 차례의 전쟁으로 크게 후퇴했던 역사적 사실을 놓고 볼 때, 지금 진행되고 있는 글로벌화도 후퇴할 가능성은 있다. 1차 글로벌화의 전반부는 확고하게 영국의 리더십에 의해 세계질서가 유지되던 시기였다. 18세기에 시작되었던 앞선 산업화로 인하여 영국의 세계지배는 1880년경 절정에 달해 영국의 국기(Union Jack)는 해가 지는 것을 모른다고 할 정도였다. 이 시기 이후에 미국과 독일의 산업화가 급진전되면서 영국의 독보적인 리더십이 흔들리기 시작했으나, 영국은 개방적인 정책을 제1차 세계대전까지 유지하였다.

이에 비해 지금의 글로벌화는 미국이라는 유일 초강대국에 의해 유지되고 있다는 점에서는 유사하지만, 한편으로는 WTO나 IMF와 같은 다자간 국제기구가 규칙을 만들고 어느 정도 규칙의 준수를 감시하는 역할을 한다는 점에서는 지금의 글로벌화가 더 제도화되어 있는 셈이다.

과연 지금의 세계질서가 흔들리게 될 개연성은 얼마나 있으며, 있다면 시기는 언제쯤일까? 제2차 세계대전 이후 미국이 중심이 되어 만들어놓았던 바탕 위에 1990년 냉전 종식 이후 형성된 세계질서의 지속성은 일단 미국의 위상이 어떻게 되느냐에 달려 있다. 결론적으로 말한다면, 미국의 위상은 적어도 2020년경까지는 유지될 것으로 예상된다. 군사, 외교, 경제, 기술, 오락, 교육, 사상 등 거의 모든 분야에서 미국의 역할은 압도적이다.

잠재적인 경쟁자는 EU이지만 정치적인 결속력이 약하고, 경제의 역동성도 미국만 못하다. 중국이 급성장하고 있지만, 적어도 앞으로 15~20년 안에 미국을 추월하기는 어려울 것이다. 중국의 경제 규모는 급성장하겠지만, 다른 소프트 역량과 정치적 안정성 등에서 중국이 당면한 과제는 매우 많다. 이렇게 볼 때, 지금의 글로벌화는 앞으로도 상당 기간 더 계속될 것으로 보인다.

적어도 1990~2020년에 이르는 30년은 유일 초강대국 미국이 주
도하는 세계질서 속에서 디지털 혁명을 기반으로 거리가 사라지고
세계가 그야말로 하나의 시장으로 급속하게 전환되는 시기로 기록
될 가능성이 크다. 일부에서는 대규모의 테러나 대대적인 질병이
발생하면 글로벌화가 후퇴할 수도 있다는 의견이 제시되기도 하나,
9·11테러나 조류독감의 예에서 보듯이 인류는 아직까지는 이런
위협에 그런대로 잘 대처해왔다. 단, 기후변화는 앞으로 매우 심각
하게 인류의 미래를 위협할 수 있는 요소다.

5. 한국 개방의 짧은 역사

1988년 이후 지난 20년간 한국의 개방과 발전 궤적은 매우 인상
적이다. 1960년대 초 이후 한국의 경제성장은 정부 주도 하에 자원
을 특정 산업과 기업에 몰아주는 방식으로 이루어졌다. 특히 1970
년대 초 이후에는 중화학산업의 육성이 경제정책의 우선과제였으
며, 이를 위해 정부는 소수의 기업에만 산업에 대한 진입권을 부여
했고, 이들 산업에 대해서는 수입에 대한 규제와 외국인투자 억제
를 통해 국내시장에서 독과점적인 시장 위치를 부여하였다.

유치산업(infant industry) 육성 논리에 의해 수입과 외국인투자를
억제하는 폐쇄적인 경제정책은 1980년대 중반부터 수정되기 시작
했으며, 특히 1988년 서울 올림픽을 전후해서 본격적인 개방의 물
결을 타기 시작한다. 보호주의적인 폐쇄경제에서 개방경제로 전환

한 1987∼1988년 이후의 한국 개방의 역사는 다음과 같은 세 시기로 나누어서 살펴볼 수 있다. 첫째는 1990년을 전후한 무역 및 투자 자유화와 여행 자유화 시기이며, 둘째는 1997년 이후 IMF와의 협의하에 단행된 자본시장에서의 개방기다. 셋째는 2007년 현재 진행 중인 개방의 시기로서, 특히 미국과의 FTA 체결이 이 시기를 상징한다.

첫 번째 개방의 시기는 올림픽이 개최되었던 1988년부터 한국이 OECD 회원국이 된 1996년까지로 잡을 수 있다. 이 시기에는 세계적인 자유화의 물결을 타면서 수입, 여행, 외국인투자 자유화 등의 조치가 단행되었다. 이러한 조치는 한국을 '개방형 소규모 경제(open small economy)'의 모습을 갖게 하였고, 1996년 12월 'OECD 가입'이라는 사건으로 이 시기는 정리된다. 한국정부는 1980년대 들어서면서 그전 시대의 경제운용방식을 조금씩 변화시키기 시작하였다. 1983년부터 수입자유화와 관세인하 조치를 취하기 시작하였으며, 1988년에는 모든 공산품을 완전히 수입자유화 하는 조치를 취한다. 이 시기의 수입개방 조치는 미국의 압력과 경제운용방식의 전환 필요성을 느끼기 시작했기 때문으로 해석된다.

미국은 1980년대 중반부터 한국에 대해 시장개방 압력을 넣기 시작한다. 예를 들면 1985년 9월 미국은 한국의 보험시장을 대상으로 통상법 제301조를 발동하였고, 한국은 1986년 7월 국내 생명보험 시장을 개방하게 된다. 같은 시기에 미국과 일괄적인 한미통상협정을 타결한 한국정부는 1988년에 피아노, VTR 등 10개 품목의 대미 수출을 소위 '자율규제' 하기로 합의한다. 특히 1985년 9월 플라자

합의 이후에 일본의 엔화가 대폭 절상하면서 한국경제는 소위 '3저 호황'을 맞이하게 된다. 낮은 원유가와 낮은 국제금리 그리고 엔화 절상으로 인하여 한국은 수출이 급증하면서 1986년부터 1988년까지 3년간 역사상 경험하지 못했던 대규모의 경상수지 흑자를 보게 된다.[10]

이러한 수출의 급신장 덕택에 한국경제도 이 3년간 연평균 10.8%의 경제성장을 이룩하게 된다. 한국이 경상수지 흑자 국가가 되자 국제수지를 이유로 물량적 수입규제(quota)를 할 수 없게 되었고(GATT 18조 근거), 미국과 다른 교역 대상국으로부터 GATT 원칙에 의한 상호주의적인 수입개방 압력을 받게 된다. 같은 맥락에서 미국은 1988년에 한국을 포함한 아시아 신흥공업국들을 GATT의 일반특혜관세제도(GSP) 대상국에서 졸업시킨다.

이 시기에 있었던 또 하나의 개방 조치는 해외여행 자유화였다. 올림픽을 성공적으로 치름으로써 자신감이 생기고 외환 면에서도 여유를 가지게 된 정부는 1989년 1월 해외여행 전면 자유화 조치를 취하게 된다. 그 결과, 해외여행객 수는 1989년에 처음으로 100만 명을 넘었고, 그 후에도 1997~1999년을 제외하고 계속 증가하여 2005년에는 드디어 1,000만 명이 넘는 국민이 해외여행을 한 것으로 집계된다. 특히 2000년 이후에는 원화가치의 상승과도 맞물려 해외여행객이 급증하였다.

여기서 재미있는 통계는 인구 1,000명당 해외여행객 수인데, 한국은 2006년 기준으로 240명으로서, 일본의 137명보다 훨씬 많으며, 미국의 213명보다도 많고, 호주의 239명과 비슷하다. 글로벌화를 반영해서 미국이나 호주의 해외여행객이 꾸준히 증가하는 반면에 일본의 경우는 2000년을 정점으로 정체 내지 감소를 보이고 있다. 한국인들이 이렇게 대규모로 해외여행을 하는 것은 분명히 국민의 의식변화를 초래할 것이다. 한국인이 가장 많이 방문하는 중국에 단기간 여행을 한다고 해도, 빠르게 변하는 중국의 모습을 보는 국민들은 여러 가지를 느끼게 될 것이다. 해외여행은 글로벌화에 대한 국민의 태도변화를 가져올 것이고, 국민을 훨씬 더 개방적으로 유도할 것으로 짐작할 수 있다.

이 시기의 개방 조치에는 수입자유화 이외에도 외국인투자에 대한 자유화 조치와 금융시장 개방 등이 포함된다. 1992년 1월에 제한된 범위에서나마 최초로 국내 주식시장에 대한 외국인 주식투자가 허용되었다. 또한 직접투자에 대해서도 1992년을 기하여 허가제가 신고제로 바뀌면서 대폭적인 자유화 조치가 취해진다. 외국인의 국내 채권시장에 대한 투자도 1994년 6월에 허가된다. 1990년대 초는 세계적으로도 WTO의 출범과 NAFTA의 체결 그리고 구공산권 시장의 개방이 동시에 진행되었던 시기로서, 한국도 더욱 본격적인 개방을 추진하였으며, 나아가 OECD 가입을 목표로 추가적인 자본시장 개방 조치를 취하게 된다.

1995년 10월 정부는 자본시장 자유화 방안을 발표하여 외국인 주식투자 한도를 확대하고 외국기업의 국내 주식시장 상장을 허용하는 등의 추가적인 자유화 조치를 단행한다. 1988년부터 시작된 일련의 무역, 직접투자 및 자본시장 개방 조치들로 인해 한국의 개방 정도는 OECD 회원국에게 요구되는 수준에 이르렀으며, 드디어

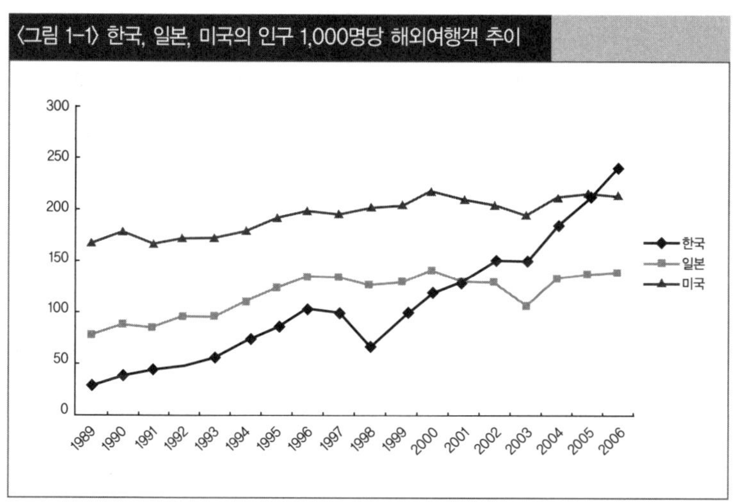

자료 : Office of Travel and Tourism Industries, *U. S. Department of Commerce National Statistics*, 2006.

한국은 1996년 12월 OECD의 회원국이 된다. 그러나 한국은 그로부터 정확하게 1년 후에 외환위기를 맞이하는데, 이는 바로 한국의 개방정책, 특히 자본시장 개방에서 적절한 감시와 리스크 관리기능이 결여되었음을 보여준다.

두 번째 개방의 시기는 외환위기가 발생한 1997년 11월 이후, 특히 IMF와의 협약에 의해 자본시장과 기업의 지배구조를 개혁한 시기다. 대체로 1998~2000년에 이르는 이 시기 개방의 핵심은 자본시장 개방이라고 하겠다. 외국인의 주식시장 투자가 자유화되어 한국 주식시장에서 외국인투자자가 차지한 비중은 한때 43% 수준까지 증가하였다. 또한 주식시장에서 적대적 M&A가 가능하게 되었고, 실제로 한국 주식시장에서 외국계 헤지펀드와 사모펀드의 경영간섭활동이나 인수압력도 가중되었다. 미국식 기업의 지배구조 시스템이 도입되었고 이사회의 권한이 강화되었으며 사외이사제도도 도입되었다. 주주 권한이 강화되면서 여러 이해 당사자 중에서 특히 주주의 이익을 존중하는 방향으로 기업경영이 크게 수정되었다. 기업경영이 성장보다는 수익성 위주로 전환되면서 매우 보수적인 경영 관행도 나타나기 시작했다. 기업들은 차입금을 대폭 축소하였으며 부채비율도 선진국 기업보다 더 낮은 수준으로 유지하게 되었다. 투자도 내부 유보금의 범위 내에서 단행할 정도로 보수적인 재무구조를 유지하게 되었다. 위기과정에서 부실기업을 정리하면서 부실자산을 갖게 된 은행에는 정부가 자본금을 보전해주면서 은행의 건전화는 강화되었으나, 일부 은행은 소유권이 정부로 이전되기도 하였다.

세 번째 개방의 물결을 어느 시기로 잡을지는 애매하나, 2002년 칠레와의 자유무역협정(FTA) 타결이나 2007년 한미 FTA 협상의 성공적인 완료를 하나의 시점으로 잡을 수 있다. 사실 한국은 GATT와 WTO를 중심으로 한 다자간 무역자유화에 열심히 참여해왔으나, 지역경제통합에는 매우 소극적이었다. 한국이 위치해 있는 동아시아 경제는 냉전이 종식되었던 1990년경까지는 일본이 주도해왔으나, 일본은 자체 규모가 워낙 큰데다가 지역 내의 다른 경제권보다 기술이나 소득수준이 앞서 있었기 때문에 지역통합의 이니셔티브를 발휘하지 않았다. 냉전 종식 이후 중국이 본격적으로 개방을 추진했으나, 2000년 WTO에 가입하기 전까지는 중국이 역내의 무역질서 구축에서 리더십을 발휘하기는 어려웠다.

그러나 일찌감치 고도의 지역경제통합을 이룩한 EU는 말할 것도 없고, 1994년 이후 NAFTA까지도 지역경제통합의 긍정적인 효과를 보게 되자, 동아시아 국가들도 마침내 적극적인 FTA 전략을 추구하게 되었다. 이러한 맥락에서 한국도 조심스럽게 FTA 전략을 추진하여 비교적 영향이 적을 것으로 예상되는 남미의 먼 나라인 칠레와 FTA를 체결하게 되었다. 그 후 싱가포르와 FTA를 체결하고, 2003년 말에는 일본과의 FTA 협상을 시작하였다.

일본과의 FTA 협상이 중단된 2004년 말에 한국의 FTA를 통한 개방전략은 잠시 중단되는 듯했다. 그러나 한국은 2006년 2월 미국과의 FTA 협상 시작을 선언하면서 적극적인 개방정책을 추진하게 되었다. 미국 의회가 행정부에 부여한 무역촉진권한(TPA)으로 인하여 2007년 3월 말로 시한이 제한되어 있었던 점이 오히려 협상과정을 단축시키게 되면서, 두 나라는 2007년 4월 2일(한국시간)에 협상을 성공적으로 타결하게 된다. 한미 FTA는 두 나라 의회의 비준을 받아야만 발효되기 때문에 아직 완전하게 마무리된 것은 아니지만, 여러 면에서 큰 의의가 있다.

미국 입장에서도 NAFTA 이후 가장 비중이 큰 FTA임에 틀림없으나, 한국에는 세계 최대시장에 무관세로 접근할 수 있다는 커다란 혜택이 있을 뿐만 아니라, 미국 내의 사정상 다른 동아시아 국가들에 비해 당분간은 유리한 시장접근을 할 수 있게 된다. 또한 날로 비중이 커지고 있는 중국시장에 대한 의존도를 어느 정도 견제할 수도 있게 되었다. 경제적인 효과 이외에 안보, 문화, 인적 교류 등 다른 분야에 미치는 긍정적인 효과도 상당히 크다. 그러나 가장 획기적인 사실은 한국이 세계 최대의 경제대국과 자유무역을 추진할 만큼 자신감을 갖게 되었다는 점이다. 이는 개방의 긍정적인 효과에 대해 국민들이 이제 어느 정도 확신을 갖게 되었다는 것을 의미한다.

한국은 미국과의 FTA 협상이 타결되자마자 바로 EU와의 협상에 돌입하였으며, 늦어도 2008년 상반기까지는 이 협상도 완결하겠다는 목표를 가지고 있다. 만약 그렇게 된다면 한국은 세계에서 가장 큰 두 선진국시장에 대해 무관세 시장접근을 확보하게 된다. 동시에 이들 국가에 대해 국내시장을 개방하게 된다. 계획대로라면 한국은 2012년경까지 주요 교역 대상국과 자유무역협정을 체결하면서 국내시장을 거의 완전히 개방하게 될 것이다. 이는 한국이 1988년부터 본격적인 개방을 추진하게 된 후 25년 만에 세계에서 가장 개방된 나라 중 하나가 된다는 것을 의미한다.

6. FTA와 기업전략

2006년 초 대한민국 정부가 세계 주요 통상 상대국과 모두 FTA를 체결하겠다는 소위 '전방위 개방전략'을 채택했다는 것은 불과 20년이라는 짧은 한국의 개방 역사를 생각해볼 때 획기적인 일이다. 더군다나 당시 대통령과 집권당의 성향을 '진보적'이라고 보는 시각에서 더욱 그러하다. 지금의 시점에서 세계적인 이념 논쟁은 사실상 '글로벌화'를 어떻게 바라보는가가 핵심이며, 진보나 좌파의 입장은 글로벌화가 혜택보다 부작용이 더 많다고 보기 때문이다. 그런 정부가 어떤 이유에서 전방위 개방정책을 채택하게 되었는가에 대해서는 앞으로 더 자세히 조명이 될 것이다. 여기서 우리의 관심은 그러한 정책이 계획대로 집행되었을 때, 과연 기업에 미치는 영향이 무엇인가에 맞춰져 있다.

FTA 자체가 기업에 미치는 영향은 사실 상당히 제한적이다. 아무래도 무역업에 종사하는 기업에는 영향이 더 클 것이고, 그중에서도 수출기업에 유리하게 작용할 것이다. 반면에 내수기업, 특히 수입상품과 경쟁하는 국내 생산기업에는 불리하게 작용할 것이다. 또한 특정 FTA 협상 국가를 대상으로 어떤 산업이나 상품에서 관세를 인하하는가에 따라 영향이 다르게 나타날 것이다. 선진국의 경우 이제는 평균 수입관세율이 2~3% 수준으로 매우 낮기 때문에 FTA로 인해 우리의 수출업자가 가격우위를 크게 기대할 수는 없다. 다만 섬유류와 같이 쿼터나 차별적인 수입규제가 있는 경우는 다르다. 한미 FTA가 발효되면 섬유류와 자동차(승용차의 경우 관세가 8%)의 대미 수출이 증가할 것으로 기대된다거나, 중단된 한일 FTA에서는 농수산품이나 섬유류의 수출증가가 기대된다는 식이다.

또한 수입 면에서 보면, 한일 FTA에서는 기계류와 자동차산업의 국내 기업경쟁력 악화가 우려되며, 한미 FTA의 경우는 국내 제약산업이 피해를 입을 것으로 전망되는데, 이는 관세문제가 아니고 글로벌 제약회사에 대한 지적재산권 보호 때문이다. 따라서 앞으로 전개될 전방위 FTA시대에 대비해 개별 산업이나 개별 기업 입장에서 각 협정별, 나라별로 혜택과 피해를 면밀히 검토해보아야 할 것이다.

여기서 강조하고 싶은 것은 FTA가 우리 경제 전체의 개방수준을 한 단계 높이는 중요한 변화라는 점이다. FTA란 상호주의이기 때문에 협상 상대국의 관세 및 비관세 장벽이 낮아지는 만큼 우리나라의 무역장벽도 낮아지게 된다. 특히 최근의 FTA 협상에서는 상품에 대한 장벽은 물론 서비스, 지적재산권, 정부구매, 직접투자, 인력이동에 이르기까지 경제활동의 거의 모든 분야가 협상에 포함되기 때문에 이제 FTA는 경제 전체의 개방문제다. 특히 미국이나 유럽과 같은 선진국은 상품에서의 경쟁력보다 금융이나 교육, 문화, 의료와 같은 서비스 부문에서 더 경쟁력이 크기 때문에 아무래도 협상에서 이러한 비상품 부문에 주력하게 된다. 그렇다면 한국 입장에서는 왜 이러한 포괄적인 개방을 하려고 하는가?

한국이 1987년 이후 급속하게 개방의 길을 걸어온 것은 사실이나, 이 시기에 한국보다 더 성공적으로 개방을 진행한 나라는 중국이다. 중국은 1978년부터 개방을 시작했다고 하나, 실제로 본격적인 개방정책을 추구한 것은 냉전이 끝난 1992년 이후였으며, 특히 2001년 WTO 가입 후에 그야말로 글로벌스탠더드를 대폭 수용하게 되었다. 동시에 5년 연속 10% 이상 두 자릿수의 경제성장을 구가하면서 대국화의 길로 빠르게 나아가고 있는 것이다. 중국의 고도성장과 대국화의 영향을 가장 크게 받을 위치에 놓여 있는 한국으로서는 중국보다 더 빨리 경제의 효율성을 높여 성장의 모멘텀을 유지하고 경제를 선진화해야 국민의 삶의 질을 높일 수 있다.

흔히 '샌드위치 위기론' 이라는 것이 바로 이것이다. 한편으로는

19세기 후반에 이미 개방을 하고 상당한 수준의 산업화를 달성하였으며 경제와 사회 여러 면에서 성숙된 국가이면서 동시에 여전히 세계 제2의 경제대국인 일본이 있고, 또 한편으로는 무서운 속도로 산업화를 추진하면서 경제 및 군사대국으로 향해 나아가고 있는 중국 두 나라 사이에 끼어 있는 한국의 살길은 무엇인가? 여기에 대한 답은 한국이 더욱 빨리 개방을 해서 경제의 효율을 높이는 길뿐이다.

시장경제에서 효율성을 확보할 수 있는 최선의 방법은 경쟁을 촉진하는 것이다. 그러나 인간이나 기업은 경쟁을 하지 않으려는 속성이 있다. 기왕이면 스트레스를 받지 않고 편하게 지내려는 것이 인간의 속성이다. 대표적인 것이 바로 조직의 평가와 보상제도다. 외환위기 전만 해도 국내기업들은 연공제(年功制)에 의해 연한이 차면 승진하고 급여가 인상되는 방식을 택했다. 그러나 그런 방식으로는 사원들에게 열심히 일할 인센티브를 충분히 주지 못한다는 것이 이제는 명백해졌다.

기업도 마찬가지다. 가능하면 독점을 유지하려 하고, 경쟁보다는 담합에 의해 시장의 질서를 유지하려는 경향이 있다. 그래서 나온 제도가 공정거래제도로서, 독점과 담합에 대해 엄격한 규제를 하는 것이다. 이러한 제도가 있음에도 불구하고 어느 사회든지 오랜 전통에 의해 이해관계가 형성되어 있고, 기득권을 가진 사람들이 자기들의 이익을 보호하기 위해 여러 장치를 마련해놓고 있다. 사업자단체나 노동조합도 그러한 예다. 국내에 강하게 형성되어 있는 이러한 기득권자들의 반대를 무릅쓰고 경쟁을 도입하는 가장 좋은 방법이 바로 개방이다. 그래서 개방을 '외부 지렛대(external leverage)'라고 부르는데, 이는 외부시장의 힘을 빌려 국내시장에 경쟁을 도입하고 나아가 경제의 효율을 높이는 것이 효과적일 때가 많다는 뜻이다. 다시 말하면 중국과 일본 사이에 끼어 있는 한국이 앞으로 잘살기 위해서는 이 두 나라보다도 더 빨리, 더 효과적으로 개방을 할 수밖에 없다는 것이다. 국내 여러 기득권자와 이해단체들의 반대와 저항에도 불구하고 근본적으로 개방을 해야만 장기적으로 나라의 미래를 기약할 수 있는 것이다.

이렇게 보면 전방위 FTA가 우리 기업에 주는 메시지는 명백해진다. 바로 우리 기업이 뿌리를 두고 있는 한국시장에서의 경쟁이 앞으로 점점 더 거세질 것이라는 점이다. 다시 말하면 주요 교역 상대국과 거의 모두 FTA가 체결되는 2012년경이면 한국은 세계적으로도 가장 앞선 '개방경제' 국가가 되는 것이며, 국내시장에서 외국기업의 위상은 더욱 강해질 것이라는 점이다. 국내 승용차시장에서 점차 높아지고 있는 외국차들의 비중을 보면 이러한 현상을 피부로 느낄 수 있다. 국내시장이 국내기업을 특별히 보장해줄 수 없는 완전 개방된 시장이 된다면, 국내기업들은 어떻게 해야 하는가? 답은 명백하다. 외국시장, 세계시장에 더욱 적극적으로 진출하는 수밖에 없다. 다음 장에서 더 자세한 설명이 있겠지만, 한국기업들이 수출이 아닌 직접투자를 통해 해외거점을 만들어 사업을 추진한 역사는 이제 20년 정도밖에 안 된다. 그런데 기업이 해외에 나가 사업을 성공적으로 한다는 것이 결코 쉬운 일이 아니라는 점은 더 이상 설명할 필요가 없다. 이제 국내시장이 완전히 개방되는 시대가 오면서

우리 기업의 해외사업 역량이 어느 때보다도 절실하게 필요한 시기
가 되었다. 이 책은 바로 이런 목적으로 쓰였다. 지금까지 우리 기
업의 글로벌 경험을 통해 간접학습을 하여 앞으로의 글로벌 전략과
시스템 구축에 도움이 되었으면 하는 뜻에서이다.

주

1 유럽의 정치통합과 경제 및 통화 통합을 위한 유럽통합조약.

2 Scholte, J. A., *Globalization : a Critical Introduction*, Palgrave Macmillan, 2000.

3 Held, D., McGrew, A., Goldblatt, D. and Perraton, J., *Global Transformations-Politics, Economics and Culture*, Cambridge : Polity Press, 1999.

4 Richard E. Baldwin and Philippe Martin, "Two Waves of Globalization : Superficial Similarities, Fundamental Differences", NBER Working Paper 6904, January 1999.

5 앞의 자료, 4쪽의 〈표 2〉에서 인용.

6 앞의 자료, 11쪽.

7 반면에 미국은 이 기간 중에 무역의존도가 다소 감소하였음.

8 Charles Kindleberger, *Manias, Panics and Crashes*, New York : Wiley, 1996, p. 203.

9 Barry Chiswick and Timothy Hatton, "International Migration and the Integration of Labor Markets", in Michael Bordo, et al(ed.), *Globalization in Historical Perspective*, University of Chicago Press, 2003, pp. 65-120.

10 한국은 1985년까지는 만성적인 경상수지 적자국이었으나, 1986~1988년의 3년 간 총 293억 달러에 달하는 흑자를 보게 되는데, 이는 당시 GDP의 평균 6.9%에 해당하는 대규모 흑자이다.

한국기업의 글로벌화 02

지난 20년간 글로벌화의 와중에 '한국 글로벌 기업(Korean Global Corporations)'이 탄생하였다. 세계적인 네트워크가 있으며 브랜드가 널리 알려진, 그리고 해당 산업 경쟁력이 세계적으로 선두그룹에 속해 있는 기업이 탄생한 것이다. 특히 삼성전자와 LG전자의 성장은 디지털화라는 기술변화를 잘 활용한 결과라고 볼 수 있으며, 그 외 현대자동차나 포스코와 같은 회사를 포함하는 한국의 모든 글로벌 기업은 1990년 이후 새롭게 열린 시장에 성공적으로 진출했기 때문에 글로벌 기업이 되었다.

한국의 대기업들이 수출을 통해 어느 정도 해외시장을 개척하고 처음으로 해외투자를 하기 시작한 1980년 전후만 해도 한국기업의 주요 진출 대상지는 미국이었다. 그러나 미국이나 서유럽 등 선진국에는 이미 시장을 선점하고 있는 다국적기업들이 포진하고 있었기 때문에 시장을 개척하기가 어려웠다. 그런 면에서 볼 때, 1980년대의 대표적인 해외투자 사례였던 현대자동차의 캐나다 공장 투자(브로몽)나 삼성전자나 LG전자의 미국기업 인수가 모두 좋은 성과를 거두지 못한 것은 지금 와서 보면 그다지 놀랄 일이 아니다. 기술수준도 충분하지 못하고 해외에서 기업을 경영한 경험이 없는 상태인데도 불구하고 선진국에서 시장을 선점하고 있는 세계적인 기업과 경쟁하는 것은 결코 쉬운 일이 아니었다.

그러나 1990년대에 접어들면서 상황이 바뀌었다. 적어도 세 가지의 유리한 환경변화가 있었다. 구사회주의국가 시장의 개방, 디지털 기술로 인한 새로운 사업기회 그리고 일본기업의 상대적 약화가 그것이었다. 일본경제는 1989~1990년에 자산 버블이 붕괴되면서 장기침체 국면으로 들어가게 된다. 자산가치의 급락으로 인하여 일본기업은 대차대조표를 수선해야 했고, 따라서 부채를 축소해 부채비율을 다시 어느 수준까지 끌어내려야 했다. 그러다 보니 대규모 투자를 하기가 어려웠고, 또한 새로운 시장에 대한 과감한 투자를 단행하기가 어려웠다.

1990년대 일본기업의 이러한 소극적인 경영이 한국기업에는 오히려 기회가 된 것이다. 한국의 산업화는 처음부터 일본을 벤치마킹했기 때문에 한국이라는 '학생'이 일본이라는 '선생'을 따라잡기는 어려웠으나, 일본이 쉬는 동안 한국은 상당히 빨리 일본을 추격하게 된 것이다. 이 장에서는 1990년 이후 한국에서 글로벌 기업이 나오게 된 배경, 아울러 그 뒤를 잇고 있는 '제2세대' 한국기업들의 글로벌화와 현재 한국의 글로벌 기업들이 당면한 과제를 살펴본다.

1. 한국 글로벌 기업의 성장 배경과 전략

1 한국기업의 글로벌화

한국기업 최초의 해외직접투자는 1968년 한국남방개발(주)의 인도네시아 삼림개발투자를 효시로 한다. 그 이후 1980년대 초반까지 만성적인 국제수지 적자의 상황 속에서 우리나라의 해외직접투자는 저조했다. 1978년 처음으로 해외직접투자 누계액이 1억 달러를 초과했으나 1980년대 중반까지는 규모가 미미하고 진출동기도 주로 해외자원 확보에 국한되어 있었다.

1986년 우리나라의 경상수지가 흑자로 전환되고[1] 원화절상, 임금 및 지가 상승, 선진국의 수입규제 강화, 세계경제의 블록화 심화 등의 환경요인이 대두되자 한국기업의 해외직접투자는 연평균 50%를 상회하는 급속한 증가세를 보이기 시작했다. 이러한 상황에서 국내기업의 해외자금 직접차입능력이 향상된 점은 기업들의 해외진출을 촉진하는 역할을 했다.

특히 1990년대 들어서 외환규제의 완화, 기업규모 확대, 국가위험(country risk) 감소 등으로 국내기업들의 현지 외자조달능력이 크게 향상됨으로써 대규모 해외진출을 가능하게 하는 주요인으로 작용했다. 1990년 1,000만 달러 이상의 대규모 해외투자는 37건이었으나 1996년에는 245건으로 크게 증가했다. 이 기간 대기업은 중화학공업, 전자, 반도체, 자동차, 철강 등의 산업에 집중적으로 진출하였으며, 인수합병에 의한 해외시장 진입이 새로운 투자방식으로 등장하였다. LG전자의 제니스(Zenith), 삼성전자의 AST, 현대의 Maxtor, Symbios 인수 등은 한국기업이 행한 대표적인 인수합병형 해외진출 사례들이었다.

1990년대에는 제조업이 해외직접투자의 주력으로 부상하기 시작했다. 1985년의 경우 산업별 투자비중[12]을 보면 광업(62.8%), 제조업(18.6%), 무역업(9.7%) 순이었으나 1996년의 경우 제조업(52.7%), 무역업(22.4%)으로 나타나고 있다. 이 무렵부터 한국기업의 해외진출은 생산비용 절감을 위한 개도국 진출과 선진시장에의 접근 및 기술습득을 목적으로 한 선진국 진출로 구분되는데, 이는 해외진출의 전략적 동기가 다양화되기 시작했음을 의미한다.

1990년대 한국기업의 해외진출은 장기적인 투자의 관점 또는 향후 벌어질 경쟁을 대비한 교두보 확보라는 측면에서 다양한 시행착오를 겪으면서도 과감하게 추진되었다. 그러나 해외진출 경험이 미흡한 한국기업의 글로벌 경영활동은 대체로 국내에서 행하던 경영방식의 틀을 벗어나지 못했다. 기술, 브랜드 등의 기업적 우위(firm-specific advantage)가 결여된 상태에서 종래 국내에서 해오던 경영방식을 해외 현지에서 재현하는 데 주력했던 것이다.

1997년 말 찾아온 외환위기는 아직 초보적 단계에 머무르고 있던 한국기업의 해외사업에 심대한 충격을 안겨주었다. 기술력, 경영능력, 자본력이 충분하지 못한 상황에서 성급하게 추진된 해외직접투자가 사업의 부실화로 귀결되는 경우가 적지 않았기 때문이다. 외환위기 이전까지 국내기업에 만연했던 높은 차입성향은 해외진출의 경우에도 그대로 적용되었는데, 금리가 싼 현지 금융기관으로부터 자금을 조달하여 부채비율이 높은 편이었다. 이런 경우 자회사의 신용이 부족하여 모기업으로부터 지급보증을 받는 것이 관행화되어 있었다.

더욱이 1990년대 들어 경쟁적으로 수행한 대규모 해외 M&A는 소기의 성과를 거두지 못한 채 모기업에 부담을 안겨주고 있었다. 인력, 기술, 마케팅 등 어느 한 부문에서도 경쟁우위를 확보하지 못했던 한국기업이 피인수기업을 통해 부가가치를 창출하기란 쉽지 않다는 냉엄한 현실을 체험하게 되었다. 이런 상황에서 외환위기의 역풍을 맞게 되자 기업들은 혹독한 구조조정을 수행하면서 부실 해외사업 및 자산을 일제히 정리하기 시작했다.

한국기업들은 소유경영에서 비롯된 CEO의 강력한 리더십과 '망할 수도 있다'는 위기의식, 특유의 스피드를 바탕으로 단기간에 어느 나라 기업도 해낼 수 없었던 큰 폭의 구조조정을 단행할 수 있었다. 해외사업에 대한 대대적인 구조조정은 외형적인 해외진출보다 글로벌 수준의 경쟁력을 구축하는 방향으로 한국기업의 글로벌화 정책을 선회하도록 유도하였다. 기업들은 해외직접투자를 자제하는 대신 글로벌스탠더드의 도입 등을 통해 제품, 서비스 품질 및 경영방식을 글로벌 수준으로 끌어올리는 데 노력을 경주하기 시작했다. 투자에 대한 판단에서도 장기적인 전망보다는 단기적인 수익성을 우선적으로 고려하기 시작했다.

이 같은 구조조정의 방향은 장기적으로 한국기업의 글로벌화에 굳건한 토대를 마련해주었다. 해외시장 점유율 확대와 가격경쟁에만 몰두하고 있었던 한국기업들은 외환위기의 역풍 속에서 글로벌화의 새로운 방향을 향해 나아가기 시작했다. 결과적으로 본다면 이러한 구조조정 활동을 통해 한국기업은 저가로 글로벌 시장에 진출하는 개도국 기업들과는 차별화하면서도 장기침체에 빠져 있던 일본의 전자 및 자동차 업체들이 만들어낸 공백을 효과적으로 공략할 수 있었다.

외환위기 이후 한국기업의 해외진출은 외형적·양적 성장에서 탈피하여 질적 효율화 전략으로 전환했는데, 이에 따라 수익성 제고, 글로벌 네트워크의 체계적 수립, 대기업과 중소기업의 동반진출, 지역적 차별화, 해외 자회사의 현지화, 현지 인력의 교육 및 훈련 강화, 해외 현지법인에 대한 지급보증 축소, 해외 자회사를 포함한 결합재무제표 작성 의무화 등이 과제로 대두되었다. 또한 현지 파견인원을 최소화하고 기존 투자에 대해서도 타당성을 엄격하게 평가하게 되었다. 이러한 것은 모두 기존의 방만한 해외투자를 지양하고 효율화를 도모하기 위한 것이었다.

이 같은 노력의 결과 한국기업은 세계시장에서 점유율을 높이고 선진 글로벌 기업과도 거의 대등한 경쟁을 벌이게 되었다. 기존에 취약했던 제품의 품질과 디자인, 브랜드력도 점차 향상되어 선진국 시장은 물론 신흥시장에서도 글로벌 기업들과 치열한 각축을 벌이게 되었다. 외형 면에서도 성장을 거듭하여 2007년 11월 현재 〈포춘〉 글로벌 500대 기업에 포함된 한국기업은 삼성전자, 현대자동차

〈표 2-1〉〈포춘〉 500대 기업 중 한국기업 (단위 : 백만 달러)

1997년			2007년		
기업명	순위	매출액	기업명	순위	매출액
대우	24	65,160	삼성전자	46	89,476
선경	46	44,031	LG	73	68,754
삼성	71	34,287	현대자동차	76	66,666
쌍용	90	30,531	SK	98	59,002
현대	109	27,279	한국전력	228	28,708
삼성전자	124	24,710	삼성생명	229	28,639
삼성생명	212	17,530	포스코	244	27,068
LG종합상사	216	17,311	국민은행	349	20,224
LG전자	270	14,766	한화	374	19,086
현대자동차	278	14,491	KT	388	18,598
한국전력	282	14,394	현대중공업	422	17,298
포항제철	371	11,990	삼성물산	436	16,779
교보생명	449	10,163	SK네트웍스	438	16,734
			S-오일	491	15,246

주 : 순위는 전년도 매출액 기준
자료 : 〈포춘〉 각 호

를 비롯하여 총 14개다.[13] 〈표 2-1〉에서 보듯이, 1997년 〈포춘〉 500에 포함된 한국기업 리스트에는 대부분 종합상사가 상위를 점하고 있는 반면에 2007년에는 삼성전자를 포함한 글로벌 제조기업이 상위를 점하고 있다.

또한 한국의 일부 대표기업은 각 업종에서 글로벌 선두자리를 차지하며 수익성에서 앞서가고 시가총액도 크게 증가했다. 1996년 한국의 대표기업들은 시가총액과 ROE 측면에서 글로벌 기업과 비교

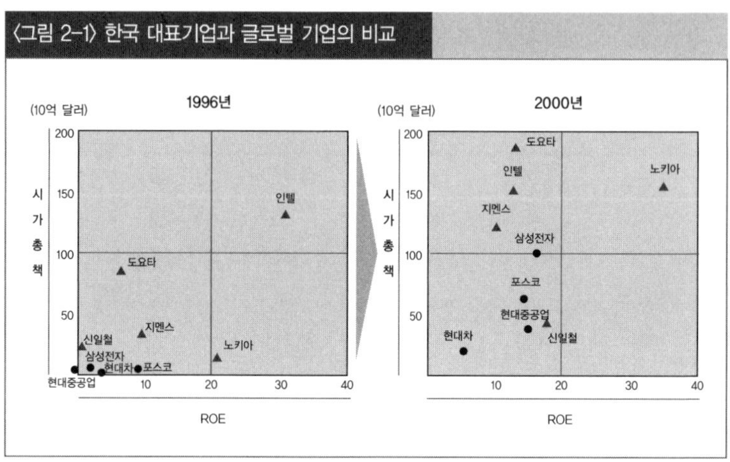

주 : 1. 시가총액은 1996년 말(현대중공업은 상장연도인 1999년 말 수치), 2007년 10월 말 기준
　　 2. ROE(자기자본이익률) = 순이익/2개년 평균 자기자본
자료 : 한국신용평가, 'KIS-Value' DB, Thomson Datastream DB

하기 어려울 정도로 왜소한 모습을 보였으나, 2006년에는 시가총액에서 격차를 많이 줄였음은 물론 ROE 측면에서는 글로벌 일류기업들과 비교해도 거의 대등할 정도의 면모를 보이고 있다.

이상에서 살펴본 한국기업의 글로벌화는 원가우위단계에서 출발하여 품질우위, 브랜드/디자인 우위를 지나 글로벌 운영체제 구축단계로 진화하고 있는 것으로 평가된다.[14] 원가우위란 임금과 환율 등에서 비롯된 국가의 비교우위에 기초한 것이며, 품질우위란 저원가를 앞세운 후발국의 추격으로부터 스스로를 차별화하려는 노력으로서, 이 단계에서는 수출이 아닌 현지생산이 가능해지게 된다. 제품의 높은 품질을 바탕으로 브랜드/디자인 우위가 축적되면 이를 기반으로 글로벌 과점경쟁에 참여할 수 있게 된다. 글로벌 운영체제는 기업우위(firm-specific advantage)와 현지의 입지우위(locationspecific advantage)가 결합된 것으로 지역 간 시너지 발휘를 통해 전사적인 생산성 향상 및 기술혁신을 달성하는 단계다.

현재 한국의 대표적인 글로벌 기업들은 브랜드/디자인 우위를 달성한 단계에 있는 것으로 보인다. 그러나 인력구성과 조직, 경영시스템 등의 측면에서는 여전히 글로벌 기업보다는 로컬 기업의 특성이 강하게 나타나고 있다. 경영의사결정은 여전히 본국 중심으로 이루어지고 있으며, 현지 채용인의 비중은 높으나 CEO 및 주요 임원은 대부분 한국인으로 구성되어 있다. 즉 한국의 글로벌 기업들은 종래 국내 또는 기업 내부에서 축적한 경쟁우위를 해외에서 구현하는 데 성공하고 있을 뿐 현지의 입지적 우위를 활용하는 단계에까지는 이르지 못하고 있는 것으로 생각된다.

한국기업의 글로벌화를 언급할 때 또 한 가지 주목할 것은 SCM

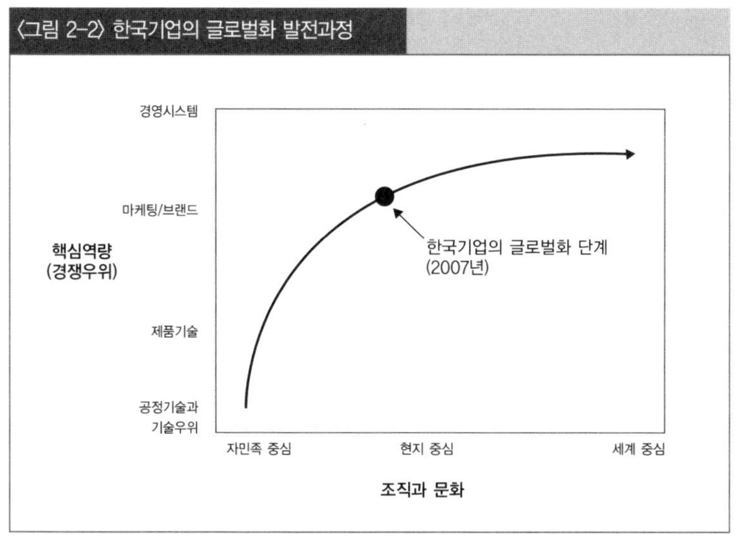

〈그림 2-2〉 한국기업의 글로벌화 발전과정

등 탁월한 IT인프라다. 1990년대 중반 디지털로의 기술전환이 시작되었을 때 한국기업은 제품 및 사업라인뿐 아니라 경영을 글로벌화하는 인프라로서 IT기술을 적극 활용한 결과, 이 부분에서 주요 경쟁자인 일본기업을 따돌릴 수 있었던 것으로 평가된다.

현재 삼성전자 등 IT인프라 측면에서 선두를 달리고 있는 국내의 글로벌 기업들은 D+3[15] 단위로 회계결산을 수행할 수 있다. 제조공장과 글로벌 공급업체, 유통업체와 매장을 포괄하는 글로벌 SCM 체제는 제품의 개발, 생산 의사결정이 거의 자동화된 시스템 안에서 전개되도록 지원하고 있다. IT인프라는 한국의 글로벌 기업들이 신속하고 유연한 경영방식으로 전환하는 중요한 계기가 되었으며, 특히 외환위기 이후에는 경영의 투명성을 제고하는 데도 크게 기여했다.

② 한국기업 글로벌화의 시대적 배경

한국기업이 글로벌 기업으로 본격적인 도약을 시작한 것은 1990년도 이후의 일이라고 볼 수 있다. 한국기업은 이미 1960년대부터 정부의 강력한 수출 드라이브 정책에 힘입어 해외수출에 힘써왔고, 1970년대에는 중동의 오일머니를 겨냥하여 현지 건설업에 진출하기도 했으며, 1980년대 들어서는 전자 · 자동차 · 철강 등을 필두로 몇 건의 해외직접투자(FDI) 활동을 수행해왔다. 그러나 이러한 진출 활동은 대부분 OEM방식의 수출이나 저렴한 인건비를 앞세워 건설공사를 시행하는 수준에 머물렀다. 더욱이 1980년대에 수행된 FDI 방식의 해외진출은 대부분 실패로 끝나고 말았다. 기술 등 기업의 차별적인 경쟁우위가 없는 상태에서 해외경영의 경험마저 없다 보니 해외진출은 결코 쉽지 않은 과제였던 것이다.

1990년대는 여러 가지 측면에서 한국기업이 해외로 진출하는 좋은 계기가 되었다.[16] 우선 대외적으로 본다면, 1980년대 말 소련을 비롯한 사회주의권이 붕괴되어 이들 국가가 새로운 시장으로 부상했다. 또한 BRICs로 대표되는 신흥시장(emerging market)이 세계의 경제성장 대열에 합류하면서 매력적인 시장으로 등장하기 시작했다. 더욱이 주력산업에서 한국기업의 가장 강력한 경쟁자였던 일본기업들이 1980년대 말 시작된 버블 붕괴의 충격을 이기지 못하고 장기침체 국면을 맞이하고 있었다. 한편 한국정부는 대외적으로 금융자유화와 경제개방화를 표방하고 있었으며, 우루과이라운드 등으로 세계 각국 또한 개방화의 급물살을 타고 있었다. 이러한 대외적인 여건들은 모두 한국기업의 해외진출을 자극하는 역할을 했다.

대내적으로도 한국기업들이 해외로 진출해야 할 이유들은 많았다. 1987년 6·29선언 이후 산업민주화의 물결 속에서 근로자들의 인건비가 상승했고, 토지·부동산 가격도 높은 상승폭을 기록하여 기업들은 이전과는 달리 상당한 원가부담을 떠안아야 했다. 정부의 수많은 정책규제는 자유로운 기업활동에 걸림돌이 되고 있었으며, 이념성향이 강한 노조의 압력 또한 기업으로서는 매우 부담스런 것이었다.

이러한 환경 속에서 많은 기업들은 해외진출을 선택했다. 그러나 이러한 선택은 비단 외부적 환경의 영향에만 기인한 것은 아니었다. 한국기업은 이미 오랜 기간 대외의존형 경제환경 속에서 활동하며 해외시장에 대한 지식을 상당히 축적한 상태였다. 기업들은 오랜 수출을 통해 해외시장에 진출하고 있었으며, 특히 1975년에 출범한 종합무역상사의 해외시장 지식과 해외거점들은 한국기업이 본격적으로 해외로 진출하는 견인차 역할을 담당했다. 주요 대기업들은 그룹 내 종합무역상사의 인력과 거점을 주요 제조업체의 해외진출을 위한 교두보로 활용했던 것이다.

한국기업의 해외진출은 1990년대 중반 새로운 물결로 도래한 디지털 대전환이라는 기술적 변수에 의해서도 많은 영향을 받았다. 디지털 기술은 제품품질 향상과 신제품의 개발, 경영스피드 측면에서 한국기업이 세계시장에서 경쟁자를 앞지를 수 있는 절호의 기회를 제공했다. 삼성전자, LG전자 등은 새로운 기술적 조류에 과감히 편승함으로써 아날로그 기술에 집착하여 신규투자를 꺼리던 일본의 경쟁자들을 단숨에 추격할 수 있었다. 한국기업이 일본기업을 추격하고 일부 제품에서 추월한 것은 당시 과점화 되어가던 세계시장의 관점에서 매우 중요한 사건이었다. 이것은 곧 한국기업이 세계정상의 경쟁력을 지닌 기업으로 부상하게 되었다는 뜻이고, 글로벌 기업으로 성장할 수 있는 결정적 발판을 마련하게 되었음을 의미했다.

이상에서 열거한 대내외적 환경요소들은 종래 수출에만 주력해오던 한국기업들이 해외시장을 대상으로 FDI를 본격화하는 전기를 제공하였다. 한국기업의 FDI를 촉진케 한 환경요소를 크게 요약해 본다면, ①경쟁자의 약화 : 일본기업의 잃어버린 10년, ②국내 경영여건의 악화 : 원가, 규제, 노조, ③신시장의 출현 : 구사회주의

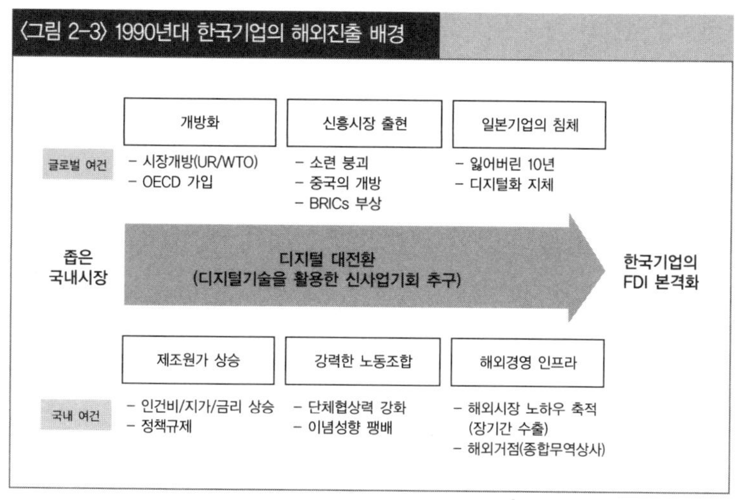

권 및 신흥시장, ④기술적 전환의 계기 : 종래의 기술적 우위를 무효화하는 디지털 신기술의 출현 등이다.

③ 한국기업의 글로벌화 전략

한국기업의 글로벌화 전략은 대기업과 중견/중소기업 간에 상당한 차이를 보이고 있다. 즉 대기업들은 특정 사업이나 지역에서 글로벌 우위를 점한 후 타 사업이나 지역으로 확산시키는 전략을 채택한 반면, 중소기업들은 진출지역의 입지우위(location advantage)를 추구하는 데 주력하는 모습을 보였다.

우선 대기업들의 글로벌화 전략은 특정한 기능(function), 사업/제품(business department or product line), 지역(region)에서 확보한 우위를 타 기능·사업·지역으로 확대해나가는 '우위확산 전략(advantage spillover strategy)' 이었다. 기능적 측면에서 가장 우선적으로 글로벌 수준에 도달한 것은 제조(manufacturing)부문이었다. 제조부문의 기술혁신, 공정혁신을 통해 한국기업은 가장 먼저 글로벌 수준의 경쟁력을 확보할 수 있었으며 이를 기반으로 마케팅, 브랜드, 디자인 등에서도 점차 글로벌 수준에 접근해갈 수 있었다.

즉 제조부문에서 프리미엄 제품급 품질을 확보하게 됨에 따라 타부문에서도 점진적으로 그에 부합하는 경쟁력을 갖추어가게 되었던 것이다. 제조부문의 혁신에서 최대 경쟁자는 일본기업들이었는데, 전자산업의 경우 일본기업과의 경쟁에서만 이기면 세계시장 석권이 가능한 상황이었다. 때마침 디지털 기술전환은 후발자인 한국이 제품 및 공정 혁신에서 일본을 추격할 수 있는 좋은 발판을 마련해주었다. 한국의 전자업체들은 디지털 신제품 라인의 구성에 총력을 집중함은 물론 강력한 IT인프라 구축을 통해 단기간에 일본기업의 아성을 무너뜨릴 수 있었다.

사업 및 제품 측면에서도 한국기업은 한 사업에서의 글로벌화 성공 노하우를 타 사업이나 제품으로 확산시킴으로써 글로벌화 과정을 성공적으로 수행할 수 있었다. 즉 한 제품이 글로벌화에 성공하면 그 제품 브랜드를 발판으로 전 제품라인 및 사업을 글로벌 브랜드의 우산 속으로 신속히 정렬하는 방식을 구사했던 것이다. 가령, 삼성전자의 경우 D램 반도체라는 글로벌 브랜드를 휴대폰, LCD/PDP TV, 디지털 카메라 등으로 확대시켜 나갔으며 휴대폰, 에어컨, 냉장고 등의 제품 분야별로 순차적으로 글로벌화 해나간 LG전자의 경우도 마찬가지였다. 이 과정에서 기업들은 제품 및 사업부 간의 상호경쟁을 독려했으며 내부 벤치마킹을 장려하기도 했다.

지역 측면에서 한국기업은 1차적으로 선진국시장을 목표로 정하고 여기서 거둔 성공을 신흥시장으로 확산하는 전략을 수행했다. 1980년대 한국기업의 선진시장 진입은 1990년대 초반 무렵에 이르러 대부분 실패로 판명 나고 있었다.[17] 그러나 디지털 대전환이 일어나던 1990년대 중반 이후 디지털 신제품과 신기술로 무장한 한국기업은 미국 등 선진국시장을 재진입 목표로 삼았다. 비록 외환위기의 역풍 속에서 좌절을 겪기는 했지만 2001년까지 한국기업은 미국, EU 등 선진시장 진입에 상당한 성공을 거두고 있었다.

한국기업이 어려움을 무릅쓰고 과감히 선진시장을 1차 공략 목표로 선정한 것은 당시 과점화 되어가던 세계시장의 판도를 염두에 둔 것이었다. 시장이 과점화 되어갈 경우 초기의 주도권 선점이 이후의 경쟁판도를 좌우하게 되며, 글로벌 시장의 경우 주도권은 선진시장에서 결판이 난다. 결과적으로 한국기업의 이러한 판단은 정확한 것이었다. 선진시장에 성공적으로 진입한 한국기업은 이후 신흥시장에서도 선진시장에서 축적한 누하우와 브랜드 이미지를 배경으로 성공적으로 자리 잡을 수 있었다.[18]

한국의 대기업들이 글로벌화를 위하여 채택한 우위확산 전략은 이들이 국내시장에서 성장하기 위해 채택해온 '안행형 성장모델(Flying Geese Model)'과도 동일한 맥락에서 이해할 수 있다. 안행형 성장모델이란 여러 사업부 중 핵심적인 사업부가 경영체제 및 재무적 측면에서 전체를 리드해나가는 방식을 일컫는 말이다. 이는 우위를 지닌 사업의 노하우 및 자원을 타 사업으로 확대, 이전해나간다는 점에서 일종의 우위확산 전략이라 할 수 있다. 이것은 한국 대기업의 독특한 '그룹형 경영방식'에 의해 가능한 전략이라 할 수 있다.

한국 중견·중소기업의 글로벌화는 대기업 의존형이거나 지역우위 추구형으로 요약될 수 있다. 이들은 대기업에 비해 글로벌화 경험이나 자원적 역량이 부족하므로 비교적 소극적·수동적 입장에서 해외진출을 시작했다. 한국 중견·중소기업의 해외진출은 국내의 경영여건이 악화되고 시장에서의 원가경쟁이 치열해지는 데 따른 결과인 경우가 많았다. 특히 중국이 세계의 생산기지로 부상하면서 강력한 원가우위를 무기로 시장을 잠식해 들어오자 중국산 제품과 대등하게 경쟁하기 위해 중국, 베트남을 비롯한 여타 동남아 지역으로 FDI를 수행하였다. 즉 한국 중견·중소기업의 해외진출은 기회추구형 진출이 아니라 열세탈출형인 셈이다.

그 밖에 선진지역으로의 진출도 다수 있었는데, 이는 대부분 대기업의 공급업체로서 대기업과 동반진출한 경우였다. 대기업들은 현지의 조달률을 높이기 위해 국내 공급업체를 동반하여 해외에 진출했는데, 가령 현대차는 인도에 생산거점을 마련하면서 국내 17개 협력업체와 동반진출했으며 LG전자(폴란드), 기아차(슬로바키아), 한국타이어(중국) 등도 마찬가지였다. 이들 대기업은 협력사와 현지 동반진출을 하면서 경영 노하우를 전수함은 물론 공장건설, 정책지원, 기술개선을 지원했다.

2. 제2세대 한국 글로벌 기업의 글로벌 전략 유형

종래 한국기업의 글로벌화는 삼성전자, 현대자동차, LG전자, 포스코 등 업계를 대표하는 소수의 기업들에 의해 주도되어 왔다. 이것은 이들 기업이 속한 업종의 특성 때문이기도 하다. 전자, 자동차, 철강 등은 전형적인 글로벌 산업(global industry)으로서[19] 글로벌 과점 경쟁에서 생존하기 위해서는 글로벌화가 필수적이다. 그러므로 이들을 제외한 타 대기업들은 기업규모가 커도 대부분 전형적인 내수업종으로 분류되어 글로벌화 전략을 적극적으로 추진하지 않았다. 그러나 2000년 이후 국내에서 '2세대 글로벌 기업군'이 등장하기 시작했다. 이들은 국내 선발 글로벌 기업들과는 차별화된 전략을 구사하며 한국기업 글로벌화의 새로운 장을 열어가고 있다.

이러한 2세대 국내 글로벌 기업군은 크게 2가지 유형으로 구분된다. 첫째 유형은 전형적인 내수기업으로 인식되었으나 국내시장이 포화상태에 도달하고 경쟁이 치열해짐에 따라 국내시장에서 축적한 실력을 바탕으로 글로벌화를 추진한 기업으로, 아모레퍼시픽, SK텔레콤, CJ 등이 대표적인 예다. 두 번째 유형은 시장, 기술 등의 여건상 처음부터 글로벌 기업으로 출발하는 경우인데, 두산중공업, 휴맥스 등이 대표적이다. 이들 기업에 글로벌화는 곧 핵심적인 성장전략이었다. 즉 이들은 국내시장의 협소함, 디지털 신기술의 출현이라는 환경적 요인들을 능동적으로 활용함으로써 단기간에 글로벌 강자들과 어깨를 나란히 할 수 있었다.

① 내수탈피형 글로벌화 : 아모레퍼시픽, SK텔레콤, CJ

내수탈피형 글로벌 기업들은 전통적인 내수업종이면서도 글로벌화에 성공한 사례들이다. 이들 대부분은 국내시장이 포화상태에 이르거나 해외경쟁자의 진출에 따른 경쟁격화 등으로 시장여건이 악화되는 데 따른 대응방안으로 글로벌화를 선택했다. 이들은 내수를 기반으로 성장한 기업답게 진출지역을 제2의 내수시장으로 인식하고 철저한 현지화를 전략적 목표로 삼는 경향이 있다. 또한 국내시장에서 검증된 성공요소들을 현지 실정에 맞도록 변형하여 적용함으로써 현지진출에 따른 리스크를 최소화하고는 한다.

■ 아모레퍼시픽

전형적인 내수업종이었던 아모레퍼시픽의 해외진출은 국내시장이 포화상태에 이른 데 따른 불가피한 선택이었다. 1990년대 들면서 랑콤, 샤넬, 에스티로더와 같은 해외 명품 브랜드가 국내시장의 30% 이상을 점유하여 국내업체들을 압박했으며, 더욱이 에이블씨앤씨(미샤), 더페이스샵 등 저가 브랜드의 출현으로 국내시장에서도 가격경쟁이 치열해져 메이저 업체들마저 초저가 상품시장에 휩쓸리는 상황이 전개되었다.

이러한 상황을 극복하고자 아모레퍼시픽은 해외시장 진출에 박차를 가했는데, 선진국(미국, 프랑스)과 후진국(중국, 동남아) 시장을 동시에 공략하는 전략을 선택했다. 선진국시장 진입을 통해 업계에서의 위상을 높이고 후진국시장에 진입함으로써 향후 성장시장에서 주도권을 확보하자는 의도에서였다.

아모레퍼시픽의 해외진출 전략은 시행착오를 통한 지속적 학습과 철저한 현지화에 기반을 둔 것이었다. 아모레퍼시픽의 해외진출은 1988년 프랑스시장에 기초화장품 'SOON'을 내놓은 것이 시발점이었다. 그러나 'made in korea'라는 원산지를 부착했던 SOON은 한국이라는 후진국 이미지를 극복하지 못하고 실패했다. 1990년에는 'Lirikos'라는 기초화장품을 프랑스 현지에서 생산하여 판매에 들어갔으나 그릇된 제품 선정, 조직 운영의 불협화음으로 인해 역시 실패하고 말았다.

아모레퍼시픽의 성공은 1997년 프랑스에서 출시한 '롤리타 렘피카'에서 비롯되었다. 아모레퍼시픽은 기초화장품 부문에서 집중적인 투자로 짧은 시간에 성과를 낼 수 있는 제품(향수)으로 주력분야를 변경하고 초기 과정부터 철저한 현지화 전략을 구사했다. 즉 현지에서, 현지인을 통해, 현지인에게 적합한 화장품을 개발한다는 전략에 충실했던 것이다. 유능한 현지경영자와 현지전문가를 채용했고 제품개발, 디자인, 마케팅 등 모든 부문을 현지에서 독립적으로 수행했으며 본사는 재무, 핵심인력 채용, 신제품 개반방향 설정 등에만 관여했다. 롤리타 렘피카는 진출 2년 만에 현지 시장점유율

<표 2-2> 아모레퍼시픽 해외매출액 추이

연도	2003	2004	2005	2006	2007
해외매출액(억 원)	850	990	1,180	1,689	2,123
총매출액 대비 비중(%)	7.7	8.8	10.0	13.2	15.9

주 : 2007년은 추정치

5위에 올랐으며 2004년에는 4위에 올랐다. 2005년에는 '엘(L)'을 출시하여 연이은 성공을 거둠으로써 2006년 35%의 외형성장을 달성할 수 있었다.

현재 아모레퍼시픽은 전 세계를 대상으로 다브랜드 전략을 구사하고 있는데, 유럽에서는 롤리타 렘피카, 중화권에서는 한류를 앞세운 라네즈, 기타 지역에서는 모체 브랜드인 아모레퍼시픽으로 차별화하며 메가 브랜드를 육성 중이다.

■ SK텔레콤

SK텔레콤의 해외진출도 국내시장 포화에서 비롯되었다. 통신서비스의 가입자 수는 포화상태에 이르렀는데 경쟁은 갈수록 치열해져 국내시장에서 더 이상의 성장을 기대하기는 어려웠던 것이다. SK텔레콤의 해외진출은 중국, 베트남, 미국을 중심으로 전개되어 왔는데 동사의 현지시장 진입전략은 국내에서 성공한 서비스를 현지에 이식하는 것이었다.

SK텔레콤은 2006년 5월 미국의 어스링크사와 합작하여 '힐리오(Helio)'라는 합작회사를 설립했다. 이후 힐리오를 통해 자사의 특화된 서비스를 제공하고 특화된 단말기를 출시하여 진입초기 시장의 주목을 받았다. 특히 한국에서 충분히 검증받은 위치정보 서비스, 음악 검색 및 뮤직 콘텐츠 이용, 휴대폰 꾸미기 서비스, 모바일 게임, 모바일 싸이월드, 대기화면에 최신뉴스를 제공하는 H.O.T 등을 현지에 도입했으며 모토로라 및 삼성전자와 함께 이들 서비스에 특화된 단말기를 제공했다. 힐리오는 2007년 현재 약 13만 명의 누적 가입자를 확보했는데, 어스링크의 경영포기로 인해 SK텔레콤의 소유 기업이 되었다.

SK텔레콤은 베트남에서도 한국에서 애용되고 있는 컬러링이나 통화음 변경, 모바일 인터넷 등의 서비스를 제공하고 7가지의 선택 요금제를 도입하는 등 고객의 입맛에 맞는 이동통신 서비스를 제공함으로써 서비스를 개시한 지 6년 만에 현지 4위의 통신사로 자리잡게 되었다.

> 싸이월드나 멜론, 위성DMB인 TU미디어 등 세 개의 비즈니스 모델은 전 세계가 주목할 정도의 뛰어난 사업이므로 향후 이런 사업들을 시작할 때는 처음부터 글로벌화를 전제로 추진할 것이다. (김신배 사장)

한편 SK텔레콤은 2004년 4월 중국의 CDMA 사업자로 선정된 차이나유니콤과 합자기업 UNISK(유니에스케이)를 정식으로 출범시켰다. SK텔레콤은 장기적으로 합작기업을 통한 무선인터넷과 콘텐츠 비즈니스 사업, 우루무치 공장을 통한 단말기 생산으로 중국시장을 공략할 계획이다. 경영방식에서는 기업문화와 사업모델을 본사와 공유하지만 중국인에 의한, 중국 SK를 위한 경영방식을 도입하여 철저히 현지화된 방식을 구사하고 있다.

■ CJ

식품, 사료, 홈쇼핑채널 등 전형적 내수업종을 거느린 CJ의 글로벌화는 주로 M&A에 의해 수행되고 있다. 국내시장 포화라는 문제에 대한 해답은 글로벌화이며, 글로벌화를 해결하기 위한 해답은 M&A인 셈이다. CJ는 현지법인 CJ아메리카를 통해 식품, 제약, 바이오 등 200여 제품을 유통시키고 있다. 식품에 앞서 해외시장에 진출한 사료사업부문은 이미 상당한 성과를 거두고 있는데, 1991년 인도네시아에 라이신 공장을 설립한 데 이어 중국, 필리핀, 베트남, 터키, 브라질 등에서 사료 및 라이신을 생산하고 있다.

CJ 계열사들도 한결같이 글로벌화를 목표로 한다. CJ엔터테인먼트는 영화의 해외 배급망 강화, 해외 공동제작, 영화 이외의 엔터테인먼트 콘텐츠 제공 등을 추진하고 있는데, 이를 통해 아시아 최고의 스튜디오로 도약하겠다는 목표를 세우고 있다. CJ푸드시스템은 해외 공항 식음료 사업 진출을 추진하고 있으며, 중장기적으로는 해외 테마파크, 리조트 등으로 입점영역을 확대하는 방안을 구상하고 있다. 또한 CJ홈쇼핑은 2004년 중국법인을 설립하여 동방CJ홈쇼핑을 개국하고 해외 유통사업 확대를 모색하고 있다.

CJ의 글로벌 사업은 2000년을 기점으로 무게중심이 변화하고 있다. 2000년 이전까지는 라이신, 사료 등 소재 위주의 글로벌화를 중점적으로 추진했으나, 2000년 이후는 홈쇼핑, 베이커리, 외식, 물류, 엔터테인먼트 등 글로벌화 대상이 그룹 내의 전 사업분야로 확대되었다. CJ의 글로벌화는 미국과 중국시장을 양대 축으로 하여 동남아, 유럽, 중남미 등 다양한 지역을 대상으로 전방위적으로 추진되고 있다. 또한 진출방법도 매우 다양하게 구사하고 있는데 현지공장, 법인설립뿐 아니라 미국에서는 M&A를 선호하는 반면, 중국에서는 제휴를 활용하는 데 역점을 두고 있다.

연도	지역	사업현황	업종(생산제품)
1991. 1	인도네시아	파수루안 공장	라이신
1996. 12	중국	칭다오 공장	육가공
1996. 5	인도네시아	파수루안 공장	사료
1997. 10	인도네시아	세랑 공장	사료
1997. 10	필리핀	CJ 필리핀	사료
1998. 3	인도네시아	좀방 공장	핵산
2000. 9	호주	오드리버 원당공장	원당
2001. 3	베트남	비나아그리 공장	사료
2002. 4	중국	칭다오 공장	다시다
2003. 3	중국	청두 공장	사료
2003. 8	중국	상하이 둥팡 CJ홈쇼핑	홈쇼핑
2004. 1	중국	선양 공장	사료
2004. 5	중국	칭다오, 구이양, 정저우, 난징	사료
2004. 5	미국	LA 뚜레쥬르	베이커리
2004. 12	터키	부르사 공장 인수	사료
2005. 1	중국	베이징 베이커리	베이커리
2005. 5	중국	요성 공장	라이신
2005. 6	브라질	상파울루	라이신
2005. 12	미국	Annie Chun 인수	식품 유통법인
2006. 6	홍콩	CJ Global holdings 설립	홍콩투자지주회사
2007. 1	미국	CJ Omnifood 인수	식품 제조법인

② 성장전략으로서의 글로벌화 : 두산중공업, 휴맥스

국내 제2세대 글로벌 기어의 또 다른 유형은 태생적으로 글로벌

화를 추진한 기업들이다. 이들은 탄생 초기부터 국내시장보다는 세

계시장을 겨냥한 기업들로, 대규모 M&A를 통해 세계적 과점경쟁 체제에 곧바로 진입하거나 신규기술에 올인함으로써 세계시장을 리드하는 형태를 띤다. 가령 두산중공업은 국내기업 사상 초유의 대형 M&A를 성사시킴으로써 단기간에 글로벌 기업으로 재탄생했으며, 휴맥스는 디지털 기술로의 전환기에 세계시장을 겨냥한 신제품인 셋톱박스를 개발함으로써 세계시장 점유율 1위를 달성할 수 있었다. 이들 기업들의 성장은 곧 글로벌화를 의미했다.

■ 두산중공업

두산의 글로벌화는 공격적 M&A를 통해 이루어지고 있다. 거칠 것 없는 M&A 전략으로 한국의 해외 M&A 역사를 새롭게 써가고 있는 두산그룹이 두산중공업과 두산인프라코어를 앞세워 중후장대형 기업으로의 변신에 성공한 데 이어 유럽시장 공략을 통한 글로벌 기업 도약을 꿈꾸고 있다.

맥주, 음료수 등을 판매하던 전형적 내수기업이었던 두산은 1990년대 중반 구조조정을 시작한 이래 10년 만에 세계 10위권의 중공업 그룹으로 재탄생했다. 이 과정에서 국내 재계 서열 20위권이었던(공기업 제외) 기업 위상도 10위까지 상승했으며, 2002년 1조 원대에 불과했던 두산그룹의 시가총액은 20조 원을 넘어섰다.

2007년 7월 두산인프라코어는 미국기업인 잉거솔랜드의 보브캣(Bobcat) 건설중장비, 기계부속장치, 유틸리티 등 3개 사업부문을 49억 달러에 인수했다. 이것은 국내업체가 해외기업을 상대로 벌인 M&A 중 최대 규모였다. 두산은 다양한 국적의 해외기업을 과감히

〈표 2-4〉 두산의 M&A 실적

인수업체	연도	인수가격(억 원)
한국중공업	2001	3,057
고려산업개발	2003	3,364
대우종합기계	2005	16,880
미국 AES	2005	60
루마니아 크베너MGB	2006	146
연합캐피탈	2006	680
영국 미쓰이밥콕	2006	1,600
중국 옌타이유화기계	2007	26
미국 CTI	2007	58
미국 잉거솔랜드(3개 사업부)	2007	45,000

M&A함으로써 별도의 글로벌화 프로그램 없이도 타 기업보다 신속하게 글로벌화를 실행하고 있다. M&A 역량이 곧 글로벌화 역량인 셈이다.

현재 두산중공업은 M&A를 통해 대규모 담수설비와 발전시설을 턴키베이스로 건설할 수 있는 세계적 수준의 경쟁력을 확보했는데, 이것은 처음부터 국내시장을 염두에 둔 전략이 아니었다. 2006년 현재 두산중공업의 담수설비는 중동시장 점유율 100%, 세계시장 점유율 42%로 세계 1위를 차지하고 있다. 두산인프라코어는 중국 굴착기시장의 20%를 차지하고 있는데 2006년 중국에 지주회사를 설립하면서 시장공략에 더욱 박차를 가하고 있다. 이는 두산의 글로벌화가 국내시장을 기반으로 점진적으로 수행되는 것이 아니라 M&A라는 보다 과감한 방식을 통해 단숨에 글로벌 과점시장의 한

축을 담당하는 형태로 진행되었음을 의미한다.

두산 M&A의 성공비결은 우수한 인력과 노하우에 있다. 맥킨지 등 외국계 컨설팅 회사와 회계법인 출신의 CFP(Corporate Financing Project)팀은 M&A에 관한 한 업계 최고의 역량을 갖춘 것으로 평가된다. 더욱이 최고경영자는 신속한 의사결정으로 M&A의 성공가능성을 높이고 있다.

두산의 M&A 전략은 중국 및 인도의 경제성장과 중동지역의 플랜트 건설 붐에 힘입어 큰 성공을 거두었다. 또한 2000년 이후 세계적 유동성 증가는 M&A에 필요한 자금을 저렴하게 조달할 수 있는 기회를 제공하였다.

■ 휴맥스

휴맥스는 기술 트렌드가 아날로그에서 디지털로 전환되던 1990년대 중반 매출액의 20% 이상을 시장의 새로운 니즈를 반영한 기술개발에 집중 투입함으로써 단기간에 글로벌 기업으로 성장했다. 휴맥스는 당시만 해도 국내시장이 거의 형성되지 않았던 셋톱박스(STB) 시장에 역량을 집중함으로써 단기간에 노키아 등 세계 유수의 글로벌 기업들과 어깨를 나란히 할 수 있었다.

1989년 (주)건인시스템으로 창업된 휴맥스는 사업초기에 영상자막 편집보드 비디오 믹스와 영상 가요반주기를 출하하는 기업이었으나, 1994년 디지털가전으로 사업분야를 결정하고 그해에 CD반주기를 출시했으며 1996년에는 아시아 최초로 디지털 위성방송 셋톱박스 개발에 성공했다. 당시 국내는 디지털 방송인 스카이라이프

(Skylife)의 수요가 적고 KT를 통해 정부 주도 하에 운영되는 등 셋톱박스 시장이 성숙기에 진입하지 않은 상황이었다. 세계적으로도 셋톱박스 개발기술을 확보한 회사는 영국의 페이스사와 핀란드의 노키아 두 군데뿐이었다.

휴맥스는 셋톱박스를 통해 글로벌 마켓에 성공적으로 진입한 이후 회사 전체 매출의 90%를 수출을 통해 달성하며 셋톱박스 세계시장 점유율 1위를 차지했다. 휴맥스는 뛰어난 기술과 조직화된 네트워크 시스템을 바탕으로 지속적으로 해외시장을 개척했는데 이 과정에서 자체 브랜드의 필요성을 인식하여 1998년 (주)휴맥스로 상호를 변경했다. 2000년 두바이, 독일, 미국 등에 현지법인을 설립하고 수출 1억 달러를 달성했으며 2001년, 2002년, 2003년 일본, 영국, 인도, 이탈리아 등지에 현지법인을 설립하여 명실상부한 글로벌 기업으로 재탄생했다.

이후 셋톱박스 제조기술이 확산되고 중국 등지의 후발기업들이 진입해오자 디지털 TV로 제품라인을 다각화했는데, 휴맥스가 보유한 최첨단 디지털 기술은 완벽한 영상의 재현에서 강점을 보였다. 휴맥스는 삼성, LG, 소니 등 대형 가전업체가 주도권을 쥐고 있는 대형 TV가 아닌 2nd TV 시장을 집중 공략하여 성공을 거두고 있다. 또 기존의 셋톱박스 기술과 디지털 디스플레이 영상을 접목한 디지털 TV를 내놓아 선명한 화면, 넓은 시야각과 PC와의 호환, PIP(picture in picture)를 이용한 인포테인먼트까지 다양한 첨단기능을 부가하여 시장에서 호평을 받고 있다.

③ 국내 2세대 글로벌 기업의 전략적 특징

'제2세대 한국 글로벌 기업' 들이 2000년 이후 적극적인 글로벌화의 길을 선택한 것은 ①좁은 국내시장의 한계, ②국내 선발 글로벌 기업들의 높은 성과, ③경영 및 인력수준의 향상 등이 복합적으로 작용한 결과다. 이들은 대부분 국내시장의 포화상태를 회피하기 위해 글로벌화를 선택했다는 점에서 공통점을 갖는다.

2세대 글로벌 기업의 대부분은 전통적으로 내수업종으로 간주되던 제품, 사업들을 보유하고 있는데, 시장개방과 국내기업 간 경쟁 격화로 국내시장이 포화상태에 이르자 내수업종이라는 인식을 극복하고 해외시장의 개척에 나서고 있는 것이다.

제2세대 한국 글로벌 기업들이 글로벌화에 나서는 또 다른 이유는 삼성전자 등 국내 선발 글로벌 기업들이 해외시장을 대상으로 높은 성과를 거두었기 때문이다. 선발 글로벌 기업들의 성공적인 모범사례는 2진 글로벌 기업들에 상당한 자신감을 주었으며 동시에 글로벌화에 대한 큰 자극이 되었을 것으로 생각된다. 특히 2004년 삼성전자는 10조 원을 넘는 순이익을 거두었는데, 이것은 세계시장의 2%밖에 되지 않는 국내시장만으로는 도저히 달성할 수 없는 성과였던 것이다.[20]

또한 국내 선발 글로벌 기업들은 초기에 필요한 글로벌 자원을 스스로 육성, 창출해야 했으나, 2세대 글로벌 기업들은 선발기업들로부터 인재를 영입하는 방식으로 비교적 쉽게 기술 및 경영 노하우를 확보할 수 있었다. 같은 국내기업이라는 여건을 활용하여 선발기업들에 비하여 낮은 원가로 글로벌 자원을 확보하고 있는 셈이다.

제2세대 한국 글로벌 기업의 글로벌 전략은 삼성전자 등 대표적 글로벌 기업들과 비교했을 때 나름대로의 독특한 특징을 갖는다. 우선 이들은 후발자로서 신속한 글로벌화를 추진하기 위해 M&A, 제휴 등 과감한 수단을 적극 활용하는 경향이 있다. 이것은 글로벌 과점시장에 주도적으로 참여할 기회를 잃지 않기 위해 글로벌화의 스피드를 높이려는 의도에서 비롯된 것으로 보인다. M&A, 제휴 등은 보다 위험성이 높은 전략이기도 하지만 성공을 거두었을 때는 단기간에 전략적 성과를 거둘 수 있기 때문이다. 이들이 이러한 전략을 선택할 수 있는 것은 최근 이러한 전략수단들이 국내시장에 많이 노출되었고, 따라서 이를 학습할 수 있는 기회, 가용자원 등이 풍부해졌기 때문이다.

한편 2세대 글로벌 기업들도 주력사업의 글로벌화를 성공시킨 후 그 노하우를 타 사업, 타 지역으로 확산시킨다는 점에서는 선발 글로벌 기업과 같은 행태를 보였다. 이것은 글로벌화에서도 선택과 집중, 내부경쟁과 내부 벤치마킹의 요수를 적절히 배합하고 있다는 의미이기도 하다.

국내 2세대 글로벌 기업은 선발 글로벌 기업들에 비해 보다 다양한 지역과 전략수단의 포트폴리오를 구성하고 이를 멀티태스킹(multi-tasking)하는 경향이 있다. 선발기업들이 해외진출 초기에 제품, 사업과 진출지역의 선정에서 철저히 집중화 경향을 보인 반면, 이들은 보다 향상된 글로벌 경영관리역량을 기반으로 다원화된 지역과 기능을 관리하고 있다. 이것은 이들이 외환위기 이전 선발 글로벌 기업들이 보였던 불안정한 모습에서 탈피하여 보다 안정적으로 위험을 관리하고 있다는 의미이기도 하다.

3. 신흥시장 글로벌 기업의 성장과 한국기업

① 신흥시장 글로벌 기업의 성장

1990년대까지만 해도 FDI는 선진국의 전유물로 인식되어 왔다. 그러나 2000년 이후 개도국들의 FDI도 빠르게 증가하는 추세다. 최근 글로벌 시장경쟁에서 가장 두드러진 특징 중 하나는 BRICs 글로벌 기업의 출현이다. 이들 신흥 글로벌 기업은 자국의 높은 경제성장률을 배경으로[21] 단기간에 글로벌 경쟁구도에 진입하고 있다. 그 결과 〈포춘〉 글로벌 500대 기업 중 BRICs 기업들이 차지하는 수도 2000년 16개에서 2007년에는 39개로 급증하였다.[22]

BRICs의 신흥 글로벌 기업들은 저마다 상이한 국가적 특성을 반영한 글로벌화 전략을 수행하고 있다. 중국은 1990년대 거의 외자유치 일변도의 정책을 구사했으나, 최근에는 기업들의 적극적 해외진출 전략을 독려하고 있다. 중국의 FDI는 2001년 18억 달러였으나 2003년에는 28.5억 달러, 2005년 1~11월에는 56.5억 달러로 급증하는 추세를 보이고 있다.[23]

중국기업의 FDI는 1980년대 말까지만 해도 금융, 무역, 해운, 요식업, 철강 등의 업종에 한정되어 있었다. 그러나 1990년대 중반 이후 내수시장 부진, 기업 간 경쟁격화, 에너지자원 부족 현상이 심각

〈표 2-5〉 2007년 〈포춘〉 글로벌 500대 기업 중 BRICs 기업의 수

국가	중국	러시아	인도	브라질	합계
개수	24(+4)	4(−1)	6(0)	5(+2)	39(+5)

주 : ( ) 안은 전년도와 비교

해지면서 해외자원 개발, 농업협력, 철강, 백색가전 등의 분야로 다변화되었다가 1990년대 말 이후에는 자동차, 반도체, 통신, 정밀전자, 온라인 게임 등 첨단분야로 확대되었으며 진출지역도 북미, 유럽, 동남아 등지로 다각화되었다.[24]

FDI의 주체도 다변화되는 추세다. 1990년대 중반까지만 해도 FDI의 주체는 주로 정부기관이나 국유기업이었으나, 1990년대 후반부터는 레노보(聯想) 같은 주식회사 형태의 국유기업, 하이얼(Haier)과 같은 도시 대형 집체기업, 와하하(娃哈哈)·화웨이(華爲)와 같은 민간 대기업 그리고 나스닥 상장을 겨냥한 IT벤처 등으로 다양화되었다.[25]

최근 중국기업의 글로벌화는 특히 급성장하는 가전업체들에 의해 주도되는 양상인데 하이얼, TCL, 레노보 등의 적극적인 글로벌화 전략은 메이디(美的), 창홍(長虹) 등 후발 가전업체는 물론이고 전 중국 제조업체의 벤치마킹 대상이 되고 있다. 이들 글로벌화 주도 기업은 주로 연해지역에 집중되어 있는데, 이 지역에 FDI를 할 수 있는 자원개발, IT, 금융, 무역 등의 업종에 종사하는 우량 대기업과 민간기업들이 많이 자리 잡고 있기 때문이다.

중국의 FDI는 아시아 지역이 가장 큰 비중을 차지하고 있는데,

2004년 FDI 총액의 38.6%인 13.96억 달러가 아시아 지역에 투자되었다. 그중에서도 가장 큰 비중을 차지하는 국가는 태국, 인도네시아 등인데, 이들 지역이 선호되는 이유는 무엇보다 이 지역에 거주하는 5,000만 명에 달하는 화교(華僑) 네트워크를 활용할 수 있기 때문이다. 태국, 말레이시아, 싱가포르 등 동남아 국가의 대중투자 확대, 중국과의 무역 및 경제적 유대 강화도 중국기업들로 하여금 동남아 지역에 투자를 늘리도록 자극하는 원인이 되고 있다.[26]

중국기업의 글로벌화는 1990년대 말까지만 해도 그린필드형 투자가 주종을 이루었다. 그러나 2002년도 이후에는 M&A방식의 채택이 급증하고 있다. 그 이유는, 첫째 중국 대기업은 자금력이 풍부하고 정부의 지원을 받을 수 있으며, 둘째 신속한 시장진입이 점차 중요해지고 있기 때문이다. 중국은 2004년 12월 레노보가 IBM의 PC부문을 인수한 것을 비롯해 IT, 가전, 철강, 천연자원, 섬유, 자동차, 제약의 전 부문에 걸쳐 활발하게 해외기업들을 인수하고 있다. 향후 선진기술, 브랜드, 규모의 경제를 확보하거나 신속한 해외시장 진입을 위한 중국기업의 M&A는 증가할 전망이며, 더욱이 위안화가 평가절상될 경우 해외기업의 인수가격이 더욱 낮아지므로 M&A 규모는 갈수록 대형화할 것으로 예상된다.

중국과 달리 경제성장의 주도권을 민간이 쥐고 있는 인도에서는 기업의 해외진출이 주로 M&A를 통해 이루어지고 있다. 인도기업의 대표적 M&A 사례는 2006년 초 인도계 철강왕 락시미 미탈이 이끄는 미탈스틸이 세계 2위 철강업체인 아르셀로를 무려 383억 달러에 인수한 것이다. 2006년 말에는 타타스틸이 유럽시장 2위의 철강업체인 코러스(Corus)그룹을 81억 달러에 매입했다. 인도기업은 글로벌 M&A를 통해 2006년 150여 개의 해외기업을 인수했으며 인수 총액은 200억 달러를 넘어섰다. 인수분야도 철강뿐 아니라 IT, BT, 가전, 에너지, 자원 등 다양한 분야를 망라하고 있다.

인도가 해외기업을 대상으로 왕성한 M&A 활동을 전개할 수 있는 까닭은 지난 2003~2006년 동안 4년 연속 8% 이상의 경제성장률을 달성한데다 해외자금 유입으로 국내주가가 크게 상승하여 기업들의 재무상황이 호전되었기 때문이다. 더욱이 국가의 외환보유고도 2006년 1,665억 달러에 달해 기업들의 글로벌 M&A 활동에 든든한 배경이 되고 있다. 더욱이 인도정부는 기업들의 해외투자 상한액(1억 달러)을 사실상 폐지하고, 순자산의 200%까지 자유롭게 투자할 수 있도록 하여 기업들의 M&A 활동을 지원하고 있다.

인도기업이 M&A에 적극적으로 나서는 것은 경제개발이 본격화되면서 철강, 에너지와 같은 인프라 자원을 조기에 확보하고자 하는 의도에서다. 그렇기 때문에 2000년 이후 실행된 인도기업의 글로벌 M&A 중 가장 많은 액수가 철강과 에너지 부문에 집중되어 있다. 또한 단기간에 브랜드와 기술력을 확보하여 글로벌 시장에 참여하기 위한 수단으로 M&A를 선호하고 있다.

그러나 인도기업들의 적극적인 M&A 전략은 높은 위험을 수반하고 있다. 국제신용평가기관인 S&P는 2006년 한때 공격적인 M&A 전략에 앞장서고 있는 타타의 신용등급을 '안정적'에서 '부정적'으로 하향 조정했다. 코러스 인수로 인해 최대 100억 달러의 자본유출이 발생할 수 있는데, 이것이 장기적으로 기업의 재정상태에 악영향을 미칠 수 있다는 판단에서였다.

러시아기업의 해외진출은 대기업[27]에 의해 주도되어 왔다. 석유, 가스, 금속산업의 대기업들이 막대한 수출흑자를 기반으로 해외자원 확보 등을 겨냥하여 활동을 강화해왔다. 러시아기업이 수행한 FDI의 가장 중요한 특징은 석유/가스부문이 전체 FDI의 60%를 차지하고 있다는 점이다. 가장 중요한 진출지역은 유럽 남동부 지역과 CIS 지역으로 주로 자원채굴을 위한 목적이지만 현지시장도 함께 겨냥하고 있다.

브라질은 1982년 외채위기 이전까지는 개도국 중 가장 많은 FDI를 수행한 국가였다. 이 무렵 브라질이 개도국의 총 FDI 금액에서 차지하는 비중(누적 기준)은 60%를 상회[28]하기도 했으나 외채위기를 맞이하면서 브라질의 FDI는 크게 후퇴했다. 그러나 1990년대 경제자유화 정책이 실행되고 글로벌화가 진전되면서 기업들의 해외진출이 점차 상승하기 시작했다. 2000년 이후 국내경제가 안정되자 FDI도 비약적으로 증가하여 1990년대 10억 달러 미만이었던 FDI 규모가 2004년에는 사상 최고치인 95억 달러에 달했다.

브라질기업의 FDI는 전통적으로 그린필드 방식에 의해 수행되어 왔으나 2000년 이후는 M&A를 통한 진출도 증가하는 추세다. 2001년 브라질 시멘트 제조회사인 Votorantim은 캐나다 시멘트 회사인 Blue Circle Industries를 7.2억 달러에 인수했으며, 2003년 브라질 석유공사(Petrobras)는 아르헨티나의 석유회사인 Perez Compac를 10억 3,000만 달러에 인수했다. 2004년에는 국내기업으로서 세계 5위의 맥주 제조업체인 앰베브(AmBev)가 세계 3위의 맥주 제조업체인 벨기에의 인터브루(Interbrew)와 전략적 제휴를 통해 합병하기도 했다.

2004년 현재 브라질의 FDI 누적규모는 660억 달러로 개도국 중에서는 중국/홍콩, 싱가포르, 대만에 이어 4위이나, 브라질을 대표하는 글로벌 기업은 많지 않은 편이다. 2004년 〈비즈니스 위크〉지가 선정한 세계 1,000대 기업(시장가치 기준) 중 브라질기업은 5개에 불과했다. 2002년 기준으로 중남미 100대 글로벌 기업 중 브라질기업의 수는 28개로 멕시코의 30개에도 미치지 못했다.

② 한국 글로벌 기업과의 유사점과 차이점

BRICs로 대표되는 신흥시장 글로벌 기업들은 크게 국유기업형과 민간기업형으로 구분된다. 중국과 러시아는 국가가 지원하는 국유기업이 주류를 이루고 있는 데 반해 인도와 브라질은 민간기업이 주류를 이루고 있다. 국유기업이 해외에 진출하는 경우에는 정부재정 활용에 따른 외화의 가용성 등 거시적 요인을 기반으로 하고 있을 뿐 기업 특유의 우위가 결여되어 있기 때문에 해외에서 발생하는 외국인 비용(cost of foreigner)을 극복하기 어려울 것으로 예상된다.

더욱이 해외 M&A를 시도하는 경우에도 마치 중국이나 러시아 정부가 현지기업 인수에 개입하는 듯한 인상을 주게 되어 현지사회의 반발을 초래할 가능성이 크다. 따라서 BRICs 글로벌 기업 내에서도 국유기업형 글로벌 기업은 민간기업형 글로벌 기업에 비해 해외진출을 위한 전략수단의 활용가능성은 낮은 반면, 고위험을 감수할 가능성이 클 것으로 예상된다.

신흥시장 글로벌 기업들이 글로벌 시장에서 단기간에 급성장할 수 있었던 요인은 ①저렴하고 풍부한 국내자원, ②자국시장에서의 높은 인지도, ③국가적 지원, ④M&A 등을 통해 다양한 글로벌 자원을 적극 활용한다는 점에서 찾아볼 수 있다. 즉 이들은 국내적 우위(country-specific advantages)를 글로벌 자원 운용 노하우와 적절히 결합함으로써 선진 글로벌 기업이 갖출 수 없는 독특한 경쟁우위를 지닐 수 있었다. 특히 이들이 글로벌 기업으로서 경쟁의 한 축을 구성할 수 있게 된 데는 M&A 및 글로벌 아웃소싱이 큰 몫을 담당했다. 이들은 M&A를 통해 글로벌 수준의 기술과 브랜드를 단기에 확보할 수 있었으며 마케팅, 인력 등의 분야에서 글로벌 소싱을 통해 안정적인 경영체제를 구축할 수 있었다.

BRICs 글로벌 기업들은 한국 글로벌 기업들과 몇 가지 유사점을 갖는데, 우선 초기 브랜드 이미지의 취약성을 원가경쟁력으로 보완했다는 점이다. 이것은 글로벌 후발 기업들이 공통적으로 갖는 특성으로 생각된다. 또 한 가지는 신흥국가에서 신흥국가로 활발하게 진출한다는 점이다(South-South FDI). 이는 이들이 신흥국가 시장을 아직까지 시장주도권이 확립되지 않은 틈새시장으로 여겨 기회를 창출하려는 의지를 지녔기 때문이다. 또한 한국 글로벌 기업과 BRICs 글로벌 기업은 대부분 마케팅 부문의 취약성을 공통적으로 보유하고 있다. 제품과 기술에 대한 지식을 확보했어도 해외시장에 대한 경험과 지식은 단기간에 축적될 수 있는 것이 아니므로 이러한 단점은 당연한 것이라 할 수 있다.

반면에 한국 글로벌 기업과 BRICs 글로벌 기업은 뚜렷한 차이점

1부 · 한국기업의 글로벌 전략과 시스템 구축

을 보이기도 한다. 우선 한국 글로벌 기업에 비해 BRICs 글로벌 기업들이 글로벌화의 수단으로 M&A를 더욱 선호하는 경향이 있다. 특히 이들은 개도국뿐 아니라 선진국 기업들에 대해서도 공격적으로 M&A를 시도하고 있다. 또한 한국 글로벌 기업들에 비해 BRICs 글로벌 기업은 글로벌 무대에서 단명한다는 특징을 갖고 있다. 한국의 경우 1990년대 '대우' 이후 글로벌 무대에서 퇴출된 글로벌 기업은 거의 없는 반면[29] BRICs 글로벌 기업들은 그다지 장수하지 못하는 편이다. BRICs 기업들은 한국기업들보다 후발자이므로 열세를 만회하기 위해 보다 위험이 큰 전략을 선택한 결과로 볼 수 있다.

③ 한국기업의 글로벌화가 신흥 글로벌 기업에 시사하는 점

■ 영미식 글로벌스탠더드의 수용(연봉제, 구조조정)은 불가피한 선택이다

오늘날 글로벌 기업이 된다는 것은 글로벌스탠더드(global Standard)를 수용한다는 의미이기도 하다. 때로 기업은 글로벌스탠더드를 수용하지 않더라도 글로벌 기업의 대열에 참여할 수 있다. 실제 많은 신흥 글로벌 기업들이 글로벌스탠더드를 갖추지 않은 채 M&A 등 과감한 방법을 구사하여 규모나 활동영역 측면에서 글로벌 기업의 대열에 오르기도 한다.

그러나 글로벌스탠더드를 수용하지 않으면 장기적으로 글로벌 경쟁의 한 축을 담당하기 어렵다. 왜냐하면 글로벌스탠더드는 경쟁력 관점에서 오랜 기간 숱한 검증을 거친 유일한 대안이기 때문이다. 진정한 글로벌 기업은 본국 중심 또는 특정한 현지 중심의 경쟁력이 아니라 전 세계 공통으로 수용될 수 있는 글로벌스탠더드에 입각한 경영시스템과 문화를 갖추어야 한다.

최근 부각되기 시작한 일부 신흥 글로벌 기업은 초기에 국가기반 우위(country specific advantage) 또는 입지기반우위(location specific advantage)를 바탕으로 글로벌 경쟁력을 확보하는 경향이 있다. 이들은 기존의 글로벌 기업들이 소유하지 못한 현지시장에 대한 이해, 현지정부와의 긴밀한 커넥션, 현지자원의 활용, 현지사회에서의 인지도 등을 기반으로 글로벌 기업으로 성장한다. 그러나 점차 과점화·동질화되는 글로벌 시장환경 속에서 이들도 장기적으로 글로벌스탠더드를 수용하지 않을 수 없다. 향후로도 글로벌 환경의 변화는 더욱 강력하게 기업들로 하여금 글로벌스탠더드를 구축하도록 압박하게 될 것이다. 글로벌화에 성공했던 한국기업들은 글로벌스탠더드를 수용함으로써 국제적인 신인도를 제고할 수 있었고 (금융비용 절감), 실질적으로 기업경쟁력도 제고할 수 있었다.

■ 글로벌 리스크 관리를 통해 단명화(短命化) 경향을 극복해야 한다

기업의 글로벌화는 기업이 보다 많은 위험에 노출됨을 의미한다. 글로벌화는 단순한 지역적 확대가 아니라 시장, 기술, 경쟁자라는 다양한 측면에서 질적인 위험을 감수해야 하는 과정이다. 따라서 이러한 위험에 올바르게 대처하지 못하면 단기간에 글로벌 기업의 대열에 참여할 수 있을지는 몰라도 장기간 머무르기는 어렵다. 더욱이 후발 글로벌 기업들은 선발기업들을 추격하는 과정에서 보다 과감하게 위험을 감수하는 경우가 빈번하다.

가령 글로벌 시장 점유율 등 특정한 목표를 향해 무리한 자원집중을 하게 될 경우 경영의 전반적인 균형을 무너뜨림으로써 장기적으로 자신의 입지를 취약하게 만들어버리는 결과를 초래할 수 있다. 특히 최근 인도, 중국 등에서 부상하는 신흥 글로벌 기업들은 M&A와 같은 리스크가 매우 높은 글로벌화 전략을 즐겨 구사하고 있다. 이 경우 리스크 발생에 대한 철저한 대응책이 마련되어야 한다. 지나친 성장 일변도의 전략은 이에 수반되는 위험을 소홀히 하기 쉬우므로 글로벌화를 지향하려는 기업은 전방위적인 위기관리 체제를 구축하지 않으면 안 된다. 최근에는 각종 위험요인은 물론 위험의 파급효과도 전 세계적으로 신속하게 증폭되고 있어 기존 글로벌 기업조차도 위기관리에 실패하는 경우가 적지 않다.

이 때문에 많은 글로벌 기업들은 종래 금융기관들이 구축해오던 위기관리시스템을 제조업부문에까지 확대 적용하여 보다 체계적인 수준에서 위기관리를 하고 있다. 글로벌 기업은 위험의 접점이 국내기업보다 훨씬 광범위하므로 리스크 관리를 경영의 일상적 부분으로 간주하고 CRO(Chief Risk Officer) 등을 통해 전문적인 수준에서 상시적으로 점검해야 한다. 기업수명이 오래된 기업이 단기간에 몰락하는 것은 대개 리스크 관리에 실패했기 때문이다.

■ 내부 경쟁, 내부 벤치마킹을 활용한 우위확산 전략을 활용하라

한국기업들이 후발자의 위험을 감수하면서도 글로벌 기업으로 변신할 수 있었던 것은 이들이 우위의 확산이라는 비교적 안전한 전략기조를 선택했기 때문이다. 이들은 제품, 지역, 기능 측면에서 가장 우위가 있는 부문을 파악하고 이를 기반으로 글로벌 전략을 전개해나갔다. 이미 기존에 거둔 성공사례를 타 사업이나 지역으로 확대해나가는 것은 글로벌화에 들이는 시간과 자원을 절약시킬 뿐 아니라 위험마저도 감소시켜 주는 탁월한 전략이었던 것이다.

이러한 우위확산 전략(Advantage spillover)을 통한 글로벌화는 반드시 사업부제를 채택한 복합기업의 경우에만 가능한 것은 아니다. SK텔레콤의 사례에서 보았듯이 국내시장에서 성공을 거둔 제품, 서비스를 점차적으로 현지에 이식하는 방안도 훌륭한 글로벌화 전략이 될 수 있다. 아모레퍼시픽의 경우도 초기의 실패에도 불구하고 '롤리타 렘피카'의 성공을 통해 기업 내에 해외진출이 성공할 수 있다는 자신감을 확산시켜 이후의 글로벌 전략 추진에 크게 기여했다. 물론 이 경우에도 최초로 글로벌화에 성공하는 사업, 기능은 존재해야 하는데, 이를 위해서는 선택과 집중 전략, 일정한 위험의 감수는 불가피한 것으로 생각된다.

■ 선진시장, 일류시장을 우선적인 공략목표로 선정하라

신흥 글로벌 기업들은 대개 선진시장보다 타 신흥시장을 진출목표로 하는 경우가 많다(South-South FDI). 최근 BRICs 등 신흥시장이 부상하는 환경에서 이는 매우 유용한 전략으로 생각된다. 이미 기존 글로벌 기업들에 의해 지배된 시장보다 새롭게 출현하는 시장은 신흥 글로벌 기업들이 진입하기에 보다 용이하기 때문이다. 그러나 장기적인 관점에서 본다면 신흥시장만을 대상으로 한 글로벌화는 성공을 기약할 수 없다. 현재의 글로벌화 추세를 감안할 때 신흥시장은 빠른 속도로 기존 글로벌 시장으로 통합될 것이며, 이렇게 되면 선진시장에서 생존할 수 없는 기업은 존립기반을 확보할 수 없게 될 것이기 때문이다.[30]

신흥 글로벌 기업들이 신흥시장에서 성공을 거두는 것은 기존 글로벌 기업들이 시장에 적응하지 못하는 기간에 국한된다. 즉 기존 글로벌 기업들이 신흥시장 환경에 적응하기 시작하고 시장 자체가 글로벌 시장과 통합되기 시작하면 신흥 글로벌 기업들이 지닌 장점이 소멸하면서 기존 글로벌 기업과의 전면적인 경쟁에 돌입하게 될 것이다. 즉 신흥 글로벌 기업은 신흥시장으로의 진출을 통해 기존 글로벌 기업과의 경쟁을 유예 받고 있을 뿐이다. 그러므로 신흥 글로벌 기업은 현 상태에 안주할 것이 아니라 부단히 글로벌 수준의 경쟁력 확보에 힘써야 하는데, 그 첩경은 다름 아닌 선진시장으로의 진입이다. 외환위기 이후 어려움을 겪던 한국의 삼성, LG, 현대자동차 등이 돌파구를 연 것도 미국, 유럽 등 선진시장에서 통용될 수 있는 우량한 품질의 제품을 생산하기 시작하면서부터였다.

시장이 통합되고 기업, 제품에 대한 정보가 완전하게 갖추어질수록 선진 일류시장에서 생존할 수 없는 기업의 입지는 좁아진다. 현재 손쉬운 시장도 언젠가는 글로벌 시장에 통합되고 글로벌 기업의 각축장으로 변하게 된다. 그러므로 기업에 중요한 것은 언제 어디서나 통용될 수 있는 글로벌 경쟁력을 확보해두는 일이다.

11 1986년부터 1989년까지 4년 동안 무역수지가 흑자를 기록.

12 당해 연도 총투자 금액 기준.

13 1997년에도 13개사가 등재되었으나 상당수가 종합상사여서 실질적인 성적표로 보기는 어렵다.

14 정구현 · 김동재, "동아시아 기업의 글로벌화 발전과정", 《연세경영연구》 제41권 제2호.

15 거래발생일로부터 3일 후를 의미.

16 1990년대에는 전 세계적으로 해외직접투자가 급증하던 시기였는데, 1990년 3,956억 달러였던 전 세계의 FDI 합계금액이 1996년에는 6,960억 달러로 증가했다. 이것은 구소련과 동구권시장의 개방, 중국의 본격적 대외개방에 주로 힘입은 것이나, 각국 정부가 외국인투자를 적극적으로 유치하기 위해 노력한 결과이기도 하다. 각국 정부가 외국인투자를 유치하기 위해 맺는 쌍무적 투자협정(BIT : Bilateral Investment Treaty)의 경우 그 수효는 1990년도 초반 400개 미만이었으나 1996년 말에는 1,330개로 급격히 증가했다(UNTAD, *World Investment Report*, 1997).

17 1993년 삼성의 이건희 회장이 자인했듯이 한국의 전자제품들은 미국의 판매점 구석에서 먼지를 뒤집어쓴 신세로 외면당하고 있었다.

18 한국기업의 글로벌 시장공략의 이면에는 생산기지 역할을 충실히 수행한 중국과 동남아가 있다. 중국과 동남아는 한국 내 생산여건이 악화된 1980년대 말부터 한국기업이 생산부문을 이전하는 대안입지로 부상하기 시작하여 한중수교가 체결된 1992년 이후 한국기업의 진출 러시 속에 전략적 생산기지로 자리 잡게 되었다.

19 글로벌 시장이 쉽게 형성되는 산업을 의미하며 이와는 반대되는 산업, 즉 글로벌 시장이 좀처럼 형성되지 않는 산업을 다국가적 산업(multidomestic industry)이라 한다.

20 2002~2007년 삼성전자 매출에서 해외매출이 차지하는 비중은 80~90%에 이른다.

21 골드만삭스는 2039년 BRICs 네 나라를 합친 경제규모가 현재의 주요 선진국인 G6(미국, 일본, 독일, 영국, 프랑스, 이탈리아)를 합친 경제규모를 추월할 것이라고 전망(시장분석보고서, 2003. 10).

22 컨설팅사 액센추어(Accenture)는 이 수치가 향후 2015년까지 100개가 될 것으로 예상.

23 동년 12월 말이면 62억 달러를 넘을 것으로 추정됨(김익수, "중국기업의 국제화 전략 : 추진배경, 기대효과 및 한계", 2006).

24 김익수, "중국기업의 국제화 전략 : 추진배경, 기대효과 및 한계", 2006, pp. 18.

25 ibid., p. 19.

26 2004년 중국기업의 한국투자는 총 72건, 3억 200만 달러로 누계 투자액수 면에서 7위(2.95%)를 차지하고 있다.

27 Gazprom, Lukoil, Norilsk, Nickel, RUsal 등.

28 1980년까지 브라질의 해외직접투자 누적규모는 385억 달러.

29 대우의 경우도 대우종합기계, 대우일렉트로닉스, 대우중공업처럼 대부분 글로벌 기업으로 생존하고 있다.

30 시장규모로 보아도 미국, EU, 일본 등 선진국시장이 세계 전체시장의 3분의 2 이상의 비중을 차지하고 있다.

03 글로벌 인재 확보와 관리

1. 글로벌 인재 확보의 필요성

국가와 기업을 막론하고 지금 세계는 인재 확보를 위한 총력전을 펼치고 있다. 국가 차원에서는 전 세계의 대다수 국가가 국가발전 전략 관점에서 이민정책을 수립·실행하고 있다. 미국, 영국, 호주 등 주요 선진국의 경우 과거의 양적·국적별 통제를 위주로 한 전통적인 이민정책에서 탈피하여 전문인력 유치를 촉진하는 질적 통제 중심의 적극적인 이민정책으로 전환한 지 이미 오래다. 기업 차원에서도 치열한 글로벌 경쟁에서 살아남기 위한 전제조건으로 민족과 인종 그리고 국경을 초월하여 글로벌 핵심인재를 확보하고 유지하는 데 전력을 다하고 있다. 특히 주요 글로벌 기업들은 글로벌 핵심인재를 유치하기 위한 전문조직과 인력을 대폭 강화하는 한편, 핵심인재의 경쟁사 유출을 막기 위해 소송도 불사하는 적극적인 움직임을 보이고 있다.

이처럼 국가와 기업 차원에서 글로벌 인재 확보 경쟁이 심화되고 인력의 글로벌 이동이 활성화된 데에는 여러 가지 요인이 작용하고 있다.[31] 우선, 세계적으로 고령화가 진행되고 저출산 추세가 나타나, 특히 선진국들을 중심으로 부족한 인력을 보충하고 국가 경제발전에 핵심적인 역할을 할 수 있는 글로벌 인재를 확보해야 할 필요성이 크게 증대되었다. 2000년 세계인구 전체의 10%를 차지했던 60세 이상 인구 비중은 2050년 22.1%로 대폭 늘어날 것으로 추정된다. 더욱이 우리나라는 이미 2004년에 65세 이상 고령인구 비중이 7.1%에 달해 고령화사회로 진입했고, 2026년에는 20%를 넘어 초고령사회에 들어설 것으로 전망된다.

둘째, 국가 간 및 지역 간 자유무역협정과 경제의 글로벌화가 가속화됨에 따라 상품과 서비스의 이동뿐만 아니라 인적자원의 이동이 매우 용이해졌다. 특히 WTO가 추진하고 있는 서비스 부문 협상(GATS의 MODE 4 : 자연인의 이동)이 타결되면 인적자원의 세계적 이동은 현저하게 증가할 전망이다. 게다가 글로벌화의 진전으로 과학, 기술 및 제품 등 각 분야에서 세계적인 표준화가 진행되고 있는 반면, 국가 간 임금격차는 현격하여 글로벌 인재들의 이동을 더욱 부추기고 있다.

셋째, 지식정보화 사회로의 빠른 진전에 따라 IT, BT 등 지식기반산업이 급성장하고, 산업구조 또한 이들 지식집약적 산업을 중심으로 재편되고 있는 데 비해, 이들 분야에서의 전문인력 공급이 수요를 따라가지 못하여 세계적인 인력 수급 불균형 현상이 나타나게 되었다. 이러한 불균형으로 인해 세계 각국 및 기업들은 국적을 불문하고 글로벌 인재를 확보하기 위한 경쟁에 뛰어들 수밖에 없게 된 것이다. 실제로 지식정보화 사회에서 기업의 전략적 우위는 지적 호기심과 유연성 그리고 창의력으로 무장된 인적자원에서 창출되며, 이러한 인적자원은 선진국에서뿐만 아니라 거의 모든 지역과 국가에서 찾을 수 있다.

마지막으로, 기업 차원에서 글로벌 인재의 확보와 육성이 오늘날 주요 키워드로 등장하게 된 배경에는 기업경쟁의 글로벌화가 작용하고 있다. 날로 치열해지는 글로벌 경쟁에서 기업들이 생존하기 위해서는 글로벌 관점에서 차별화된 전략의 수립과 실행, 핵심사업을 위주로 한 자원의 선택과 집중, 핵심 기술·자본·노하우의 효과적인 결합 그리고 글로벌 차원에서의 조직 운영이 요구된다. 특히 기업의 경영활동에 필요한 모든 경영자원을 국경을 넘어 가장 효율적으로 확보하고 결합할 수 있는 체제를 갖추어야 하는데, 기업들의 해외진출 확대는 실제로 전 세계적으로 가장 효율적인 경영자원 확보를 가능하게 해준다. 이에 따라 기업들은 인재가 기업경쟁력의 원천이라는 불변의 진리를 상기하며, 글로벌 경쟁에서 승리하기 위해 전문적인 과업능력과 열정을 겸비한 동시에 조직의 혁신을 주도할 수 있는 핵심인재를 범세계적 차원에서 확보하고 육성하기 위해 노력하고 있다. 실제 인적자원 관리 분야의 세계적인 컨설팅 기업인 왓슨 와이어트(Watson Wyatt)가 2006년 글로벌 기업의 인

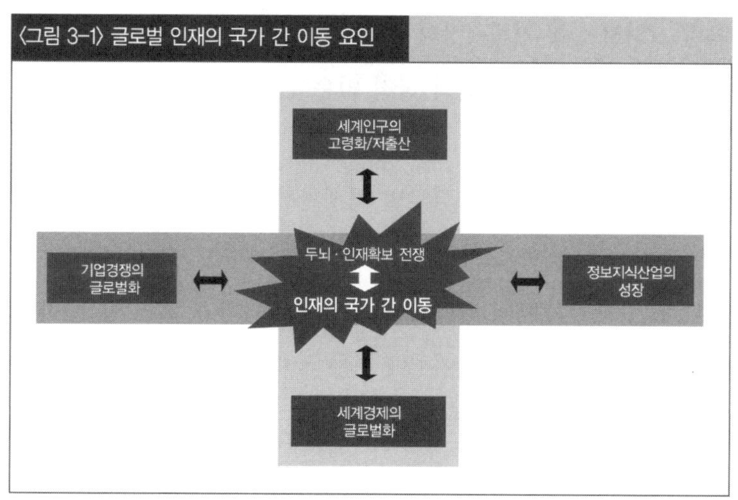

적자원 관리 담당 임원들을 대상으로 조사한 결과에 따르면, 응답
자의 75%가 '글로벌 인재의 유치와 유지'를 글로벌 경쟁에서 생존
하기 위한 최우선 과제로 제시하고 있다.[32]

2. 글로벌 경영환경 및 전략의 변화와 글루벌 인재

현대의 기업들은 정보 · 통신 네트워크 및 교통망의 발달 등으로
기술이 급속히 확산되고 그에 따라 연구개발 비용부담이 지속적으
로 증가하는 데 반해 제품수명주기는 갈수록 짧아지는 이중고에 봉
착해 있다. 이러한 상황에서 대규모의 투자비용을 회수하기 위해
기업들은 적극적으로 해외시장 개척에 나서고 있다. 더욱이 세계
소비자 수요의 동질화와 국가 간 무역장벽의 완화, 시장개방의 가

속화 그리고 신흥 거대시장의 부상은 기업들에 해외진출 확대의 기회를 제공하며 기업들 간의 국경 없는 글로벌 경쟁을 심화시키고 있다.

이처럼 격화되고 있는 글로벌 경쟁환경에서 기업이 지속적으로 살아남기 위한 길은 오직 글로벌 경쟁력을 갖추는 것밖에 없다. 그런데 이 글로벌 경쟁력 역시 시대에 따라 변화하고 있다. 비용, 차별화, 혹은 제품수명주기의 이행에 따른 국제적 지식 및 기술 이전 능력이라는 단일 차원의 전략적 능력을 요구했던 과거의 국제경영 환경과는 달리, 최근의 글로벌 경영환경의 변화는 기업으로 하여금 비용과 차별화 그리고 지식과 기술의 이전 및 학습능력 등과 같은 다차원적인 전략적 능력을 동시에 보유하게끔 강요하고 있는 것이다.

바틀릿과 고샬(Bartlett & Ghoshal, 1998)은 심화되어 가고 있는 글로벌 경쟁환경의 변화 속에서 기업이 이와 같은 다차원적 · 전략적 능력을 확보하고 유지할 수 있는 방법으로 과거 전통적인 국제기업(international company), 다국적기업(multinational company), 그리고 글로벌 기업(global company)의 형태에서 초국적기업(transnational company)으로의 진화를 위한 초국적 전략과 구조의 확립을 강조하고 있다.[33] 보다 구체적으로 말하면, 기업이 다차원적인 글로벌 경쟁력(범세계적 효율성, 현지 적응, 효율적인 지식 및 기술의 이전과 학습)을 확보할 수 있는 방법으로 범세계적인 통합 네트워크의 구축, 해외 자회사의 차별화된 역할과 책임 그리고 범세계적인 지식 개발 및 공유 등을 속성으로 하는 초국적기업으로의 변화를 제시하고 있는 것이다.

〈표 3-1〉 기업의 글로벌화 유형과 조직적 특성 비교

조직적 특성	국제기업	다국적기업	글로벌 기업	초국적기업
자산 및 역량의 배치	경쟁력의 핵심 원천 집중화, 기타 분권화	분권화 및 글로벌 규모	집중화 및 글로벌 규모	분산화, 상호 의존, 특화
해외 자회사의 역할	모기업 경쟁력의 적용 및 접목	현지 기회의 포착 및 이행	모기업 전략 수행	범세계적 통합 운영을 위한 자회사의 차별화된 기여
지식의 개발 및 전파	중앙에서 지식 개발 및 해외 이전	지사별 지식 개발 및 보유	중앙에서 지식 개발 및 해외 이전	지식의 공동 개발 및 세계적인 공유

자료 : Bartlett, Christopher A. and S. Ghoshal, *Managing Across Borders : The Transnational Solutions*, Boston, MA. : Harvard Business School Press, 1998, p. 75.

그러나 기업의 초국적화가 단순히 새로운 환경변화에 적응하기 위한 전략 및 조직구조의 재편만을 의미하는 것은 아니다. 무엇보다도 초국적기업을 효과적인 전략적 실체(strategic entity)로 확립하고 관리하기 위해서는 기업의 비전, 전략 그리고 모든 경영관리 기능과 경영자원에 '초국적성(transnational mentality)'을 불어넣어야 한다. 오늘날 기업이 진정한 초국적기업으로 거듭나기 위해서는 원재료, 완제품, 기술, 경영 노하우 등과 같은 유·무형의 경영자원뿐만 아니라 자본 및 인적자원에서도 전 세계적으로 국적에 관계없이 가장 효율적인 경영자원을 획득할 수 있어야 하며, 이들 경영자원을 기업의 통합된 네트워크를 통해 이전하고 공유하고 확산시킬 수 있어야 한다. 기업에서 이와 같은 기능을 수행하는 존재가 곧 인적자원임을 감안하면, 초국적기업으로의 진화를 위해서는 초국적 시각을 가진 글로벌 인재의 확보와 유지가 필수적임을 알 수 있다. 이러한 사실은 새로운 글로벌 경쟁환경에서 생존하고 발전할 수 있기 위해서는 기업이 보유하는 핵심 경영자원으로서 인적자원에 대해서도 초국적 시각의 적용이 전제되어야 함을 의미하는 것이다.

이상에서 살펴본 바와 같이 기업의 글로벌 인적자원 관리가 글로벌 경쟁에서의 성패를 가르는 중요한 경영기능으로 등장하였다. 글로벌 인적자원 관리의 영역 또한 과거 단순한 해외 주재원의 현지문화 적응 및 관리의 문제에서 국적과 민족을 초월한 글로벌 인재(global talent)의 충원, 개발, 보상, 유지 등의 문제로 확대되고 있다. 실제 최근 세계적인 경영 컨설팅 기업인 액센추어(Accenture)가 글로벌 기업의 최고경영자들을 대상으로 조사한 결과에 따르면, 글로벌 인재의 확보와 관리가 미래 기업의 글로벌 경영에서 핵심 관심사로 부각되고 있음을 알 수 있다.

글로벌 경영환경의 변화와 이에 따른 기업의 글로벌 전략 진화과정에 기초하여 살펴보았을 때, 한국기업들의 초국적화 진전은 매우 초보적인 단계에 머물러 있는 것으로 평가된다. 현재까지 한국기업들의 글로벌 전략에서 나타나는 가장 중요한 특징은 성장동력을 본사의 내부 개발역량에 의존하는 유기적 성장(organic growth)을 위주로 하고 있다는 점이다.[34] 현재 글로벌 시장에서 한국의 대표기업으로 평가받고 있는 기업들 거의 모두는 특정 제품에서 본사가 보유한 내부 역량을 기반으로, 생산이라는 특정 기능을 통해, 선진국시장이라는 특정 지역에서 성공한 후, 이에 힘입어 다른 제품, 기능 그리고

순위	경영 이슈	응답 비율
1	글로벌 인재의 유치와 유지	35%
2	조직문화와 피고용자 태도의 변화	33%
3	새로운 고객의 창출	32%
4	경쟁에서 앞서 나가기 위한 새로운 공정과 제품의 개발	29%
5	고객 충성심(loyalty)의 확보와 증대	29%
6	기업의 위험관리	29%
7	기업이 보유한 인적자원의 성과 개선	28%
8	IT의 활용을 통한 원가절감과 가치창출	27%
8	주주가치의 증대	27%
10	급변하는 시장환경에 대한 유연한 적응력	26%
10	기존 조직구성원을 유능한 리더로 양성	26%

자료 : Accenture, *Global Survey of Management Issues*, July, 2005.

지역으로 확대해나가는 우위확산 전략(advantage spillover strategy)을 채택해왔다. 권위주의적 국가문화와 뿌리 깊은 본국중심주의(ethnocentrism)의 가치관이 지배해온 한국기업의 입장에서는 선택의 여지가 없는 전략적 대안이기도 했지만, 이러한 전략적 접근이 한국기업을 글로벌 플레이어(global player)로 도약하게 만든 핵심요인이었던 것도 사실이다. 그러나 한편으로 이러한 전략의 수행에 수반될 수밖에 없는 본사 중심의 경영시스템과 제도가 향후 이들 한국 대표기업들의 초국적화 진전을 가로막는 주요 원인이 될 것이라는 점 또한 분명한 사실이다. 비록 지금까지는 본국에서 개발된 강력한 제품과 본사 중심의 중앙집권적인 의사결정 구조가 한국기업들의 글로벌 전략을 실행하는 데 가장 효율적이면서도 효과적인 수단이기는 했지만, 이러한 본사 중심의 경영시스템은 향후 요구되는 초국적화로의 전략적 이행을 제약하는 중요한 걸림돌로 작용할 소지가 크다.

현재의 글로벌 경영환경에서는 급속한 변화에 대응한 새로운 경쟁우위의 확보 및 기존 경쟁우위의 강화를 위한 중요한 전략적 수단으로서 글로벌 M&A 및 전략적 제휴를 필요로 하고 있다. 그러나 한국기업들은 유기적 성장전략에 기초한 글로벌 전략 수행의 결과로 상대적으로 글로벌 M&A 및 전략적 제휴 추세에 매우 소극적인 대응 모습을 보이고 있다. 이는 한국기업들이 글로벌 M&A나 전략적 제휴가 요구하는 이질적인 인력과 문화 및 경영시스템의 수용 그리고 그에 기초한 기업 간의 원활한 수평적 의사소통 및 조정에 대해 한국기업들의 순혈주의적 본사 중심의 가치관과 구조가 제약 요소로 작용하고 있기 때문이다.[35] 또한 이는 다시 한국기업들의 글로벌 인재 유치의 원천을 제한하는 악순환의 원인이 되고 있다.

3. 글로벌 인재의 확보와 유지

① 글로벌 인적자원 관리의 접근방법

현재의 기업 경영환경은 경영활동의 통합 혹은 적응 중 어느 한 가지 요소가 지배적으로 작용하던 과거의 환경에서 벗어나 통합과 적응이 동시에 요구되는 복잡하면서도 다차원적인 경영환경으로 변화되고 있다. 현재와 같은 경영환경의 변화 속에서 기업이 생존하고 발전하기 위해서는 비용, 차별화 그리고 범세계적 학습능력 등을 모두 포함하는 다차원적인 전략적 능력이 요구되며, 이러한 전략적 능력을 제공해주는 조직모형이 바로 초국적 조직모형이다.

인적자원이 기업경쟁력의 원천이라는 불변의 진리를 상기해볼 때, 현재와 같은 다차원적인 경영환경의 변화 속에서 기업들이 초국적기업으로 원활하게 이행하기 위해서는 이에 따른 글로벌 인적자원 관리 모형의 개발과 적용이 필수적이다. 이와 관련하여 세계적인 컨설팅 기업인 에이티커니(A. T. Kearney)도 현재의 글로벌 경영환경에서 글로벌 경영을 효과적으로 수행하기 위해서는 무엇보다도 인적자원의 합리적 이동이 필수적이며, 곧 효과적인 글로벌 인적자원 관리의 전개야말로 글로벌 경영 성공의 요체로 작용하게 될 것임을 예측한 바 있다.[36]

글로벌 경영환경 변화와 이에 따른 기업의 전략 변화에 기초하여 기업이 선택할 수 있는 글로벌 인적자원 관리의 접근방법은 크게 본국 중심(ethnocentric), 현지 중심(polycentric), 지역 중심(regiocentric), 그리고 지구 중심(geocentric) 등 네 가지로 정리될 수 있다.[37]

먼저, 본국 중심의 글로벌 인적자원 관리는 본국에서 적용된 인사정책과 제도 및 관행을 진출한 국가에 그대로 이식하여 적용하는 것을 말한다. 현지 자회사의 경영과 관련하여 중추적인 기능에 대해서는 현지인보다 본국의 파견인력을 선호하며, 주요 의사결정에서도 본사의 권한이 강하다. 이에 따라 본사의 현지법인에 대한 통제력이 매우 강한 경우가 대부분이다. 바틀릿과 고샬(Bartlett and Ghoshal, 1998)이 제시하고 있는 네 가지 기업유형 중 글로벌 기업이나 국제기업에서 자주 나타나는 글로벌 인적자원 관리 형태다.

둘째, 현지 중심의 분권적인 글로벌 인적자원 관리를 들 수 있다. 이 접근방법은 기업이 진출하게 되는 국가 모두는 각각의 고유한 문화와 관습을 가지고 있으며, 외국인은 현지 문화와 관습에 대한 이해가 부족해 경영상의 과오를 범할 수 있다는 문화적 근시안(cultural myopia) 이론을 전제하고 있다. 따라서 이러한 유형의 글로벌 인적자원 관리 접근방법의 경우 현지 자회사의 운영을 현지인에게 맡기고, 현지 자회사의 경영 의사결정에 대한 본사의 개입을 최소화하게 된다. 또한 현지 자회사는 자기충족적이면서도 완결된 부가가치 기능을 보유하고, 이에 대해 자율성을 가지게 되며, 인적자원 관리의 정책과 제도도 현지 자회사별로 현지 실정에 맞게 개발하여 적용하게 된다. 전통적인 유럽 기업들이 보여주었던 다국적기업 형태에서 나타나는 인적자원 관리 접근방법이다.

셋째, 지역 중심의 글로벌 인적자원 관리는 본국 중심의 효율성과 현지 중심의 차별화(혹은 현지 적응성)를 절충한 형태다. 이는 세계시장을 소수의 권역으로 구분해 권역별로 지역사업 관리를 위한 경영자를 권역 내에서 확보 · 육성하는 방식을 따르며, 인적자원 관리 정책과 관행도 지역별로 개발하여 활용하게 한다. 이에 따라 지역 중심의 글로벌 인적자원 관리는 지역 내부의 통합성을 유지하는 데 유리하고 특정 지역에 속하는 현지 자회사 간의 의사소통 조정이 활발하다. 그러나 한편으로 지역 현지 자회사들과 본사 간의 의사소통과 조정은 미흡하다고 할 수 있다.

마지막으로, 지구 중심적 글로벌 인적자원 관리 접근방법은 지역

<표 3-3> 글로벌 인적자원 관리의 접근방법

〈표 3-3〉 글로벌 인적자원 관리의 접근방법

	본국 중심	현지국 중심	지역 중심	지구 중심
조직모형	국제기업/ 글로벌 기업	다국적기업	수정된 글로벌 혹은 다국적기업	초국적기업
조직구조	복잡한 구조의 본사, 단순구조의 자회사	다양하고 독립적 인 조직구조	지역 내에서 높은 상호관련성	매우 높은 복잡성과 상호의존성 존재
인사정책	통일적인 인사정책	개별적 인사정책	지역별로 차별화 된 인사정책	전반적 정책만 통일
의사결정	본사 집중	자회사의 자율성	지역 본사의 자율성	본사와 자회사의 전문화와 협력
충원	본사에서 현지 주재원 파견	현지인 위주	지역별 인재 충원	범세계적 차원에 서의 인재충원과 개발
평가/보상	본사 기준 적용	자회사별로 다양한 기준	지역별 기준	지역 특성을 고려하나 글로벌 차원의 목표 및 기여도 중시

자료 : Kamoche, K., "The Integration–Differentiation Puzzle : Resource–Capability Perspective in International Human Resource Management", *The International Journal of Human Resource Management*, Vol. 7, no. 1, 1996, pp. 230–244에서 수정 인용.

과 국적에 관계없이 전체 기업의 인적자원 관리 정책 및 제도를 하나의 시스템으로 통합하여 운영하는 것이다. 이에 따라 본사와 현지 자회사의 구분 없이 아이디어와 인적자원이 국경을 넘어 자유롭게 이동한다. 심지어 경영자도 국적에 관계없이 초국적적인 관점에서 충원, 승계된다. 이러한 접근방법에서는 인적자원 관리의 정책과 제도 및 관행이 글로벌 차원의 목표달성을 위해 개발되고 전체 조직에 통일적으로 적용되나, 현지 특유의 여건에 대해서는 현지 자회사의 적응 권한을 보장받는다. 최근의 글로벌 경쟁환경 변화에 따라 나타나고 있는 초국적기업 혹은 전략에 적합한 글로벌 인적자원 관리의 접근방법이다.

이상에서 제시한 다양한 글로벌 인적자원 관리 접근방법 중에서 한국기업들은 전형적으로 본국 중심의 접근방법을 채택하고 있는 것으로 평가된다. 이는 한국기업들이 글로벌화의 과정에서 채택한 본사 중심의 유기적인 성장전략의 당연한 결과다. 한국기업들은 본사 차원에서 개발된 강력한 글로벌 제품을 제품수명주기의 이행에 따라 다른 지역에 적용하는 방식의 글로벌 전략을 추진하였다. 이 경우 본사의 제품사업본부(product division)가 글로벌 사업 전개에 필요한 대부분의 경영자원을 보유하고, 기술과 제품의 개발 및 생산, 마케팅 등 모든 기능들에 대해 강력한 중앙집권적인 통제를 담당할 수밖에 없는 것이다. 따라서 이러한 전략과 의사결정 구조에서 해외 자회사들이 경영활동을 원활하게 수행하기 위해서는 본사와의 의사소통에 주안점을 둘 수밖에 없다. 이는 곧 본사와 긴밀한 의사소통 및 조정이 가능한 본국인 경영자와 주재원의 역할이 증대되는 것을 의미한다.

결국 글로벌 시장에서 후발주자로서의 현실적 제약을 극복해야 했던 한국기업들의 입장에서는 특정 제품과 지역 그리고 기능을 중심으로 한 집중화된(focused) 전략적 접근방법을 택할 수밖에 없었고, 본사 경영자와 파견 주재원 위주의 본국 중심 인적자원 관리가 가장 효율적인 접근방법으로 가동되었다. 그러나 광범위한 지역과 시장에서 동시적으로 나타나고 있는 다양한 시장기회를 포착하고 이를 범세계적인 관점에서 활용해야 하는 현재의 글로벌 경영환경에서 그 효과성은 크게 약화될 위험에 처해 있다고 할 것이다.

② 글로벌 인재 확보

전통적인 인적자원 관리에서 충원관리(staffing policy)는 특정 직무를 수행하기 위해 필요한 자질을 보유하고 있는 개인을 선택하는 문제에 국한되어 왔다. 그러나 글로벌 경쟁의 심화와 더불어 범세계적인 차원에서 기업의 글로벌 경쟁력을 강화할 수 있는 인적자원 관리의 접근방법이 강조되면서 글로벌 인재 확보 혹은 충원관리는 글로벌 경쟁우위의 중요한 원천인 동시에 기존의 기업문화를 발전시킬 수 있는 핵심적인 전략적 수단으로 평가되고 있다.

사실 전통적인 글로벌 전략 유형인 국제 전략, 다국적 전략, 혹은 단순 글로벌 전략에서 한 걸음 나아가 바틀릿과 고샬(Bartlett and Ghoshal, 1998)이 제시하고 있는 초국적 전략을 원활하게 실행하기 위해서는 본사와 자회사의 구분 없는 전사적인 관점에서의 인재 충원과 강력한 문화적 통합이 전제되어야 한다. 즉 초국적 전략을 지향하는 기업의 경우 특정 직무를 수행하는 데 요구되는 글로벌 수준의 자질을 보유한 동시에 본사와 자회사의 구분 없이 전체 조직을 지배하고 있는 자사 고유의 기업문화에 적합한 인재를 확보하는 데 주의를 기울여야 한다. 이는 전사적인 관점에서의 통합 압력이 낮은 대신 현지적응 압력이 오히려 높고 개별 자회사의 성과평가에서 모호성이 적어 각 자회사들이 상이한 문화적 특성을 보유하는 것이 허용되는 다국적기업이나 본사의 지시를 단순히 실행하는 기능만을 지니는 단순 글로벌 기업의 경우와는 극명하게 대비되는 것

〈표 3-4〉 글로벌 인재 확보의 접근방법

〈표 3-4〉 글로벌 인재 확보의 접근방법

접근방법	전략적 적합성	장점	단점
본국 중심 (ethnocentric)	국제/글로벌 전략 (international/global strategy)	· 본사 기업문화 유지와 전사적 통합이 용이 · 본사 핵심역량 이전 및 누출 방지	· 현지국(인)의 반발 · 문화적 근시안 (cultural myopia)의 유발
현지국 중심 (polycentric)	다국적 전략 (multinational strategy)	· 문화적 근시안의 극복 · 실행에 낮은 비용	· 인재이동과 경력개발에 한계 · 본사와 자회사의 괴리 · 핵심인재의 과소 활용 문제
지역 중심 (regiocentric)	초기 초국적 전략 (transnational strategy)	· 지역 차원의 글로벌 인재 확보 및 인재 활용의 효율성 · 문화적 근시안의 완화	· 지역 본사 간 및 본사와 지역 간 의사소통과 조정의 한계 · 글로벌 인재 활용엔 한계
지구 중심 (geocentric)	초국적 전략	· 다양성에 기초한 진정한 글로벌 인재의 확보와 활용 · 강력한 문화 및 비공식적 경영자 네트워크 구축 용이	· 개별 국가의 이민정책으로 실행에 제한 · 비용과다와 관리상의 어려움

이다.

글로벌 인적자원 관리에서의 충원관리의 형태 및 접근방법은 국제경영활동을 수행하는 기업과 그 기업의 전략 유형에 따라 전반적인 글로벌 인적자원 관리의 접근방법과 마찬가지로 〈표 3-4〉와 같은 네 가지 형태로 정리할 수 있다.

이상에서 제시한 다양한 글로벌 인재 확보 접근방법 중 기업이 어떤 접근방법을 선택해야 하는가는 기업의 글로벌화 단계와 기업문화 그리고 글로벌 경영전략의 유형 등에 따라 달라질 수밖에 없을 것이다. 다만, 다차원적인 전략적 능력을 요구하는 현재의 국제경영 환경에서 기업들의 글로벌 인재 확보 접근방법은 이러한 환경의 변화와 이에 따른 전략의 변화에 부응하여 진화되어야만 한다.

기업의 해외진출에서 전형적인 본사 위주의 글로벌 전략을 중시해왔던 일본기업들이나 자회사 중심의 다국적 전략을 견지해온 유럽계 기업들조차도 글로벌화와 현지화의 동시 추구라는 현재의 이중적인 요구에 직면하여, 지역 중심적 내지는 지구 중심적 접근방법으로 전환하고 있다. 물론 이 경우에도 자사의 관리적 유산(administrative heritage)을 고려하는 장기적이며 신중한 접근법을 취하고 있음은 더 이상 말할 필요가 없다. 이러한 전환은 전통적인 본국 혹은 현지 중심적 인재 채용이 우수한 인력 풀의 확보와 활용에서 한계로 작용하고 본사와 자회사 간, 그리고 자회사와 자회사 간의 언어와 문화적 장벽을 형성하여 진정한 초국적기업으로 진화하는 데 핵심적인 장애요인이 되고 있는 것에 따른 것이다. 이에 따라 자신이 수행해야 하는 직무에서 세계 최고 수준의 전문적인 역량과 경험을 보유한 인재를 충원하여 배치하고, 교육훈련과 경력개발 기회를 제공함으로써 기업 전체의 문화와 전략을 이해하고 이에 몰입하는 글로벌 인재를 육성하는 것이 기업의 중요한 전략과제가 되고 있다.

세계적인 투자금융회사인 J. P. Morgan은 사업의 성공을 위해 국적에 관계없이 전 세계의 우수한 인재들을 J. P. Morgan이라는 이름으로 채용하고, 글로벌 관점에서 능력을 최대한 발휘할 수 있는 최적의 지역에 배치하고 있다. J. P. Morgan의 경영진 역시 영국, 쿠바, 독일 등 세계 각지에서 선발된 최상의 인재들로 구성되어 있다. 캐나다의 소프트웨어 기업인 Cognos Inc.의 경우를 보더라도 기업의 핵심인재들을 한 나라에서 다른 나라로 이동시키는 국가 간 이동을 상시화하고, 이 제도를 통해 전사적 차원에서의 글로벌 전략에 따라 지역적 상황과 특성에 적합한 인재를 실시간으로 찾아내어 적기에 투입하고 있다. 핵심인재의 이와 같은 국가 간 이동은 개인에게 다양한 경험과 폭넓은 관점 그리고 더 많은 성장기회를 제공함으로써 핵심인재의 유지에 도움을 주고 있다.[38]

한국기업들도 최근 글로벌 인재의 유치에 관해 매우 높은 관심을 보이고 있다. 삼성전자의 경우는 2005년부터 법인장과 주재원 후보군의 체계적인 양성을 위해 '삼성 글로벌 전문가 프로그램(SGP : Samsung Global Expert Program)'을 운영하고 있다. 또 LG그룹의 전 계열사는 자사 내에서 인재를 선발하여 해외 경영학 석사학위 취득을 지원하는 글로벌 E-MBA 프로그램을 확대하고 있다. SK그룹 역시 글로벌 인재의 육성을 위해 글로벌 상비군 제도 등을 운영하고 있다. 하지만 국내기업들이 운영하고 있는 대부분의 글로벌 인재 육성 제도는 외부의 글로벌 인재 유치 확대보다는 본사 인력의 글로벌 인재로의 육성에 초점을 맞추고 있다. 이는 한국기업들이 글로벌 인재의 확보와 육성을 여전히 본국 중심적 가치관에 입각하여 바라보고 있음을 의미한다.

물론 또 다른 시도도 있었다. 삼성전자는 해외 현지의 글로벌 인재 유치를 위해 1993년 신경영 선언 이후 글로벌 인적자원 운영에 있어 기존 주재원 위주의 본국 중심적 접근방식에서 탈피하여 영국, 미국 등 일부 선진국 현지법인의 법인장으로 현지인을 임명하는 조치를 취한 바 있다. 하지만 이와 같은 조치는 현지법인의 운영에서 본사와의 의사소통에 혼란과 갈등을 야기하였으며, 급기야 현지법인의 경영성과가 나빠지는 부작용을 낳기도 했다.

한편, 이러한 부작용을 걱정하여 본사와 현지법인의 의사소통과 조정을 원활하게 하는 본국 경영자와 주재원 중심으로 현지법인을 운영하는 것 역시 위험을 초래하기는 마찬가지다. 본국 경영자와 주재원 중심으로 현지법인을 운영할 경우, 이들이 현지법인의 주요 기능을 독점함으로써 능력 있는 현지채용 인재의 경력개발 기회를 제한하여 글로벌 인재의 육성을 어렵게 하기 때문이다. 이는 결국 이들 글로벌 인재의 이직을 부채질하여 기업의 입장에서는 그야말로 '키워서 남 주는' 꼴이 되기 십상이다.

한국기업에서 나타나고 있는 이러한 현상은 한국기업들이 글로벌 인재의 확보와 육성을 여전히 본국 중심적 가치관에 입각하여 바라보고 있는 탓이다. 한국기업들의 본국 중심적이며 순혈주의적인 가치관과 기업문화 그리고 이에 입각한 본국 중심의 글로벌 전략과 주재원 위주의 인적자원 관리 활동은 결국 글로벌 인재의 유치 원천을 스스로 제한하고, 그 육성을 어렵게 하는 핵심원인이 되고 있다.

③ 글로벌 교육훈련과 경력개발

기업이 자사의 글로벌화 단계와 기업문화 그리고 글로벌 경영전략 유형에 따라 어떠한 글로벌 인재 확보 접근방법을 택한다 하더라도, 이는 기업 전체의 차원에서, 그리고 다양한 글로벌 인적자원관리 기능 차원에서 연계되고 조정되어야 한다. 초국적기업을 지향하는 오늘날의 기업들에 있어 글로벌 인재의 확보가 무엇보다 중요한 전략적 과제이기는 하지만, 글로벌 인재의 유지 또한 확보에 결코 뒤지지 않는 핵심적인 전략과제이기 때문이다.

국적을 불문하여 다양한 기능적 · 문화적 배경을 지니고 있는 인재를 기업의 목표와 범세계적 전략을 강화할 수 있는 방향으로 통합하고 조직화하여 진정한 글로벌 인재로 육성하기 위해서는 적절한 교육훈련 및 경력개발 프로그램이 수반되어야 한다. 범세계적 활동을 펼치고 있는 기업들은 전형적으로 다음과 같은 세 가지 목적에 따라 글로벌 인재 육성을 위한 교육훈련과 경력개발 프로그램을 채택하고 있다.

첫째, 공동의 비전과 공유된 가치의 주입을 위한 교육훈련 및 경력개발 프로그램의 개발 및 적용이다. 성공하는 글로벌 기업들은 자사의 경영철학이나 핵심가치를 전 세계적으로 전파하고 공유할 수 있는 효과적인 시스템을 통해 글로벌 교육훈련 프로그램을 운영하고 있다. 이와 같은 공유된 가치와 행동이 있을 때, 범세계적인 활동을 하는 기업들의 분산된 자산배치와 활동이 하나의 목표를 통해 통합될 수 있을 뿐만 아니라, 분권화된 조직임에도 마치 하나의 조직처럼 글로벌 차원에서의 목표달성을 위해 일관되게 움직일 수 있다.

Toyota는 매년 차세대 글로벌 인재 180명을 Toyota Institute로

1부 · 한국기업의 글로벌 전략과 시스템 구축

불러들여 2주간 Toyota Way에 대해 합숙훈련을 시키고, 이들이 다시 현지에서 Toyota Way의 전도사로서 글로벌 확산을 주도하게끔 하고 있다. 또한 Toyota Way를 기본 틀로 인재 채용, 평가, 보상 및 육성 등 인적자원 관리의 각 기능을 정비하여 구성원들이 자연스럽게 Toyota Way에 동화되도록 하고 있다. 이외에도 독일의 Siemens는 전 세계 본사와 자회사 모두가 함께 활용하는 인트라넷 및 문화 교육프로그램을 통해 효과적으로 글로벌 문화 형성을 촉진하고 있으며, Philips는 신입사원이 세계 어느 곳으로 출근하든지 간에 출근 첫날 받은 다섯 가지의 Philips Way(고객, 인간, 품질, 수익, 기업가 정신)가 적혀 있는 카드를 항상 지니고 다닐 것을 강제함으로써 필립스의 범세계적 일체화를 도모하고 있다.[39]

둘째, 조직 내 다양성의 관리와 조직 구성들의 이문화적인 능력 개발을 위함이다. 일반적으로 문화적으로 다양한 집단의 경우 아예 일을 탁월하게 수행하거나 반대로 아주 형편없이 할 수 있는 위험이 동시에 존재한다. 이는 범세계적인 기업활동이 가져다주는 복잡성과 다양성으로 인해, 글로벌 인재의 확보와 활용이 곧 글로벌 경쟁력의 중요한 원천이 될 수 있는 동시에 자칫 전체 조직을 갈등과 무질서의 상태로 빠지게 할 수도 있음을 의미한다. 국적을 초월하여 충원된 글로벌 인재들이 전체 조직의 관점에서 통합되어 진정한 글로벌 인재로 육성되기 위해서는 이들이 이문화적인 능력을 보유하고, 국가 간·인종 간·문화 간에 존재하는 다양한 차이를 조직 시너지 창출의 중요한 원동력으로 삼을 수 있는 교육훈련 및 경력 개발 프로그램이 필수적이다.

마쓰시타의 경우 이미 1970년대 초에 경영자 집단이 다원화된 관점과 국제적 시각을 개발할 수 있도록 OTC(Overseas Training Center)를 설립하여 운영하고 있다. NEC도 OTC와 유사한 기능을 하는 IIS(Institute of International Studies)를 1980년에 설립하여 경영자의 다양한 시각과 관점을 강화하기 위한 교육훈련 프로그램을 제공하고 있다. Philips는 다양성위원회(Diversity Council)를 통해 본사의 주요한 정책적 결정이 지역적 혹은 문화적 다양성에 어떤 영향을 미치는지를 심도 있게 점검하고 개선안을 마련하도록 함으로써 다양성이 문제의 원인이 아닌 경쟁력의 원천이 될 수 있도록 시스템화하였다. 또한 글로벌 인재에 대해 입사 초기부터 10~12년간의 직무순환 시스템을 통해 광범위하면서도 다양한 국제적 경험을 제공함으로써 다양한 관점과 이문화적 능력을 개발토록 하고 있다. GE도 글로벌 인재가 경력의 시작단계부터 글로벌 능력과 시각을 가질 수 있도록 글로벌 관점에서의 배치와 경력이동을 의무화하고 있다.

셋째, 글로벌 인재의 육성을 위한 교육훈련과 경력개발 프로그램이 겨냥하고 있는 또 다른 목적은 접촉의 확대 및 경영 관계망의 형성이다. 초국적기업이 가지고 있는 분산된 자산배치에도 불구하고 통합된 네트워크의 형성이 가능하게 하고, 다양한 문화적 배경을 가진 글로벌 인재가 진정한 기업경쟁력의 원천이 되게 하기 위해서는 이들이 조직적 실체로서 작용하고 영향을 미칠 수 있도록 경영 관계망의 형성을 지원해야 한다.

이에 따라 Unilever는 '4에이커(Four Acres)'라는 국제경영자 훈련대학에 글로벌 인재들을 소집하여 이들이 친교(contact)를 도모하

고 결속력을 다질 수 있도록 지원함으로써, 이들의 비공식적 접촉
과 관계망이 기업 전체의 의사결정에 통합적으로 작용할 수 있도록
하고 있다. DuPont은 사내에 흑인 네트워크, 여성 기술자 네트워
크, 동양인 네트워크, 히스패닉 네트워크 등 다양한 소집단 관계망
의 구축을 통해 해당 문화의 다양성을 전문적으로 이해하면서도,
이를 전사적 관점의 의사결정에 적용할 수 있는 시스템을 구축하고
있다. 특히 IT기술의 발전에 따른 커뮤니케이션의 글로벌화로 지리
적으로 떨어져 있는 본사 및 현지 자회사 간에 신속하고 일관된 정
보 공유 및 확산을 가능하게 함으로써 글로벌 인재의 활용과 조직
의 유연성을 높이고 있다. 전 세계 174개국에서 32만 명의 종업원
을 고용하고 있는 IBM은 사내 인트라넷을 통해 순간적인 의사결
정을 요구하는 인스턴트 메시지를 매일 300만 개 이상 처리함으로
써, 물리적으로 떨어져 있는 글로벌 인재들의 접촉기회를 확대하고
있다.

④ 글로벌 성과관리 및 보상제도

최근 글로벌 경영환경의 변화는 기업이 보유하고 있는 모든 인
적·물적자원의 활용에서 범세계적인 유연성을 확보하도록 기업에
주문하고 있다. 기업은 통합된 네트워크를 통해 범세계적으로 분산
된 자산과 자원을 활용하여 환율, 원자재 가격, 시장수요 등의 상황
변화와 정치적 위험에 유연하게 대처할 수 있어야 한다. 특히 자회
사의 역할을 전문화하고 차별화함으로써 자회사 활동의 효율성을
제고하는 동시에 본사와 자회사 간, 그리고 자회사들 간에 보유자

원을 연계할 수 있어야 한다. 아울러 다중적인 지식의 개발과 확산을 통해 현지환경 변화에 부응하는 연구개발 활동을 수행하며 그 결과를 전사적 관점에서 공유할 수 있어야 한다.

그러나 사실상 초국적기업의 이와 같은 속성은 단위조직들 사이의 분열과 자원의 낭비를 유발해 전체 조직을 혼돈상태로 이끎으로써 초국적기업이 가지는 가장 큰 문제의 원천이 되기도 한다. 이러한 현상을 극복하기 위해서 기업은 명확하게 정의된 전체 조직의 비전과 목적을 모든 단위조직이 공유할 수 있어야 한다. 여기에서 더욱 중요한 것은 본사 및 자회사 인적자원 개개인이 이와 같은 비전과 목적을 전사적 관점에서 이해하고 수용할 수 있어야 한다는 것이다. 물리적으로 고립되어 있는 경영자 및 전문가들이 기업의 전략방향을 나타내는 비전에 대해 머리로는 이해한다 할지라도, 개인의 제한된 관점과 경험을 바탕으로 개인 수준에서 이를 이해하고 수용하기란 매우 어렵다. 결국 이러한 비전의 불완전한 공유는 초국적기업으로의 발전에 지속적인 장애요인이 되게 마련인 것이다.

글로벌 인적자원 관리의 기능은 이와 같은 장애요인을 극복하고 글로벌 인재를 유지·육성하는 데 결정적인 영향을 미친다. 현재의 글로벌 경영환경에서 기업의 글로벌 경쟁력의 원천이 되는 인적자원을 확보·유지하고, 이들 개별 인적자원의 시각과 경험을 범세계적으로 확대하고 발전시키기 위해서는 이를 위한 체계적이고 일관된 성과관리 및 보상 시스템의 지원이 반드시 필요하다. 초국적기업 체제에서는 각 현지 자회사가 각기 차별화된 자신들의 역할과 상이한 전략적 목표를 기초로 설정된 과제의 달성 여부에 의해 평가된다. 또한 조직구성원들은 전 세계적으로 일관되게 적용되는 평가기준과 절차에 따라 업무 성과와 잠재력을 평가받고 그에 따른 적절한 보상을 받게 된다. 이러한 성과관리 시스템이 있기 때문에 자원의 분산과 대폭적인 현지화가 이루어지더라도 전 세계적으로 일관되며 통합된 사업의 추진이 가능한 것이다.

보다 구체적으로 글로벌 인재의 확보를 넘어 이들을 유지하기 위해서는 개인의 성과를 평가함에 있어서 직무에 대한 기술적인 능력과 성과뿐만 아니라 다문화적인 능력, 대인관계 기술, 감수성과 적응력 등을 전략적 차원에서 성과 평가기준에 포함시킬 필요가 있다. 또한 보상에 있어서도 총체적인 보상 시스템(total reward system)의 관점에 기초하여 국적과 문화를 달리하는 글로벌 인재의 다양한 형태-예를 들어 PCN(parent-country national), HCN(host-country national), TCN(third-country national)-에 따라 기업이 사업활동을 벌이고 있는 국가의 제도적 제약과 문화적 특성에 부합하면서도 기업의 글로벌 인적자원 관리 실행의 통합성을 유지하고 조직구성원 간의 반목과 갈등을 방지할 수 있는 적절한 전략적 보상 패키지를 설계하여 적용하는 것이 중요하다.[40]

4. 한국의 글로벌 인재 확보 현황과 평가

우리 기업들이 날로 치열해지고 있는 글로벌 경쟁에서 생존하기 위해서는 글로벌 관점에서의 차별화된 전략의 수립과 실행, 핵심사업을 중심으로 한 자원의 선택과 집중, 글로벌 차원의 조직 운영 및 인적자원 관리의 전개 등 다양한 측면에서 경쟁력을 갖추는 것이 무엇보다 중요하다. 특히 이러한 요소들 중 우리 기업들이 시급하게 해결해야 할 과제 역시 인적자원에 관한 부분이라고 할 수 있다. 결국 기업의 입장에서 국적을 초월한 글로벌 인재의 확보와 유지 및 관리는 글로벌 경쟁에서의 생존에 필수적인 전제조건이 되고 있다.

이에 따라 우리 기업들도 최근 글로벌 인재의 확보를 위해 적극적인 노력을 기울이고 있다. 온라인 리크루팅 업체인 잡코리아의 최근 조사(2007년 7월)에 따르면, 조사대상 217개 기업 중 27.2%, 그리고 54개 조사대상 대기업 중 58.5%가 2007년 글로벌 인재를 채용한 실적을 가지고 있는 것으로 드러났다. 이들 기업들의 글로벌 인재 채용 유형을 보면 해외유학파 본국인이 93.5%를 차지했으며, 외국 현지인을 채용한 기업은 41.9%로 나타났다. 잡코리아의 조사 결과를 살펴보면, 한국기업들은 해외 현지 인재와 비교해 본국 출신 인재에 대한 채용 비중이 월등히 높았다. 그러나 절대적인 채용 실적을 놓고 볼 때 한국기업들은 비단 해외 현지 인재뿐만 아니라 본국 출신 글로벌 인재의 확보에도 어려움을 겪고 있는 것으로 나타났다.

① 국내 고급두뇌 양성 실태

특정 국가의 교육경쟁력을 나타내는 IMD의 세계 각국 교육경쟁력 평가결과를 살펴보면, 한국의 교육경쟁력은 최근 들어 개선의 기미를 보이고는 있지만, 여전히 글로벌 수준에는 미치지 못하고

	한국 (2002년)	일본 (2003년)	중국 (2001년)	인도 (2002년)	스웨덴 (2002년)	독일 (2003년)	영국 (2003년)	미국 (2003년)
이공계 박사	2,457	5,572	6,996	4,689	1,727	8,282	6,550	17,555
− 이학박사	848	1,651	2,655	3,955	800	6,249	4,530	12,290
− 공학박사	1,899	3,921	4,341	734	927	2,033	2,020	5,265
인구 10만 명당	5.6	4.4	0.5	0.5	19.2	10.1	10.8	5.9
− 이학박사	1.5	1.3	0.2	0.4	8.9	7.6	7.5	4.1
− 공학박사	3.0	3.3	0.3	0.1	10.3	2.5	3.3	1.8

자료 : 류지성, "두뇌강국으로 가는 길", CEO 인포메이션, 제623호, 삼성경제연구소, 2007, p. 5에서 재인용.

있는 것으로 나타났다. 우리나라의 IMD의 교육경쟁력 순위는 2004년 60개국 중 44위, 2005년 60개국 중 40위, 그리고 2006년 61개국 중 42위에 머물렀으나 2007년에는 55개국 중 29위를 차지하여 소폭 개선된 모습을 보이고 있다.

특히 글로벌 인재의 확보와 밀접하게 관련되어 있는 고등교육의 경쟁력과 관련해 한국은 고등교육의 양적인 수준에서는 매우 우수한 평가를 받고 있으나(고등교육 이수율 4위), 대학교육의 경쟁사회 요구에의 부합 여부(40위), 언어능력의 기업 요구에의 부합 여부(44위) 등 질적 수준에서는 약세를 면치 못하고 있는 실정이다.

사실 한국은 미래 글로벌 인재 확보 경쟁에서 핵심이 될 것으로 여겨지는 고급두뇌의 국내 공급 기반이 타 경쟁국들에 비해 취약한 것으로 평가되고 있다. 한국에서 배출되는 이공계 박사학위자 수는 2002년 2,747명으로 미국의 6분의 1, 일본의 2분의 1 정도이며, 이는 인구 10만 명당 평균 5.6명 꼴로 스웨덴(19.2명), 영국(10.8명), 독일(10.1명) 등에 비해 훨씬 낮은 수준이다.

특히 바이오, 나노, 컴퓨터 사이언스 등 미래 유망산업을 주도할 것으로 기대되는 분야의 이학박사 배출은 미국의 7% 수준에 불과한 실정이다. 반면, 앞으로 글로벌 시장에서 우리 기업의 주요 경쟁자로 부상할 것으로 여겨지는 중국의 경우 인구 10만 명당 이공계 박사학위자 배출 수는 아직 미미한 수준이나, 절대 수는 이미 우리나라와 일본을 추월하여 아시아의 이공계 고급두뇌 양성소로 새롭게 주목받고 있다.

② 해외 글로벌 인재 유치 실태

지식정보화 시대에서는 상품보다는 서비스와 아이디어에 대한 투자가 증가하고, 인적자본이 글로벌 경쟁에서 기업의 성패를 가늠하는 주요 요인으로 등장하게 된다. 이에 따라 선·후진국을 가릴 것 없이 모든 국가가 국내 고급두뇌의 양성과 함께 국내에서 부족한 글로벌 인재의 유치를 확대하기 위해 노력하고 있다. 현재 주요 국가들이 해외로부터 고급인재를 유치하기 위해 채택하고 있는 정책수단은 유치 목적에 따라 인적자본 접근방법(human-capital approach), 노동시장 수요 접근방법(labor-market needs approach), 사업 유인 접근방법(business incentives approach), 그리고 유학생 유인 접근방법(academic gate approach)의 네 가지로 분류할 수 있다.[41]

인적자본 접근방법과 노동시장 수요 접근방법은 해당 국가의 고급인재 스톡(stock)을 확대하기 위해 해외 인력에 대한 국내 거주 및 취업을 허용한다는 점에서 동일하다. 하지만 인적자본 접근방법이

접근방법	주요 내용
인적자본 접근방법 (human-capital approach)	· 장기적인 관점에서 해당 국가의 고급인재 스톡(stock)의 확대를 위한 이민정책의 적용 · 영주권 및 사회적·정치적 권리를 해외 고급인재 유치의 인센티브로 활용
노동시장 수요 접근방법 (labor-market needs approach)	· 국내 노동시장에서 특정 기능을 보유한 고급인재의 주기적 부족 현상에 대한 해결책 · 일정한 조건을 충족시키는 고급인재에 대해 한시적으로 국내 이주 및 취업을 허용
사업 유인 접근방법 (business incentives approach)	· 외국인 투자 및 무역의 촉진을 위해 투자자, 경영자 및 그 가족들에 대해 한시적 혹은 영구적 이주의 허용
유학생 유인 접근방법 (academic gate approach)	· 발전된 교육 시스템 및 내용을 활용하여 해외로부터 고급 유학생을 유치하고, 이들에 대한 거주 및 취업을 허용

장기적인 관점에서의 영구적인 이민을 주요 수단으로 하는 반면, 노동시장 수요 접근방법은 국내 노동시장의 상황에 따라 한시적으로만 국내 거주 및 취업을 허용한다는 점에서 차이가 있다. 최근 국가 간 인력이동을 살펴보면 전 세계적으로 인력의 이동 현상이 심화되고 있는 가운데 특히 선진 OECD 국가로 유입하는 외국인 인력이 계속 증가 추세를 보이고 있다.

이들 국가의 취업 및 경제이민 인력 중 인적자본 접근방법 및 노동시장 수요 접근방법에 기초한 전문인력의 이동만을 살펴보면, 미국은 전체 취업이민의 41.1%가, 영국은 취업허가 발급의 37.4%가, 그리고 캐나다는 경제이민의 84.8%가 전문인력에 집중되어 있다. 이에 반해 한국은 총 취업 체류자 중에서 전문인력이 차지하는 비중이 고작 7.6%에 불과한 실정이어서, 이들 두 가지 접근방법에 기

		1999	2000	2001	2002	2003	2004
미국	총 취업이민	56,817	107,024	179,195	174,968	82,137	155,330
	그중 전문직 취업	23,479	48,010	84,421	78,920	30,003	63,825
캐나다	총 경제이민	109,261	136,299	155,719	137,860	121,050	133,746
	그중 전문직 취업	92,505	118,599	137,231	122,727	105,228	113,442
영국	취업허가 발급건수	–	64,571	85,144	88,622	–	–
	그중 전문직 취업	–	24,894	34,061	33,111	–	–
한국	총 취업체류자	–	–	31,268	43,829	211,979	234,862
	그중 전문직 취업	–	–	13,672	17,528	17,760	17,961

주 : 미국, 캐나다, 영국은 연간 이민 입국자 및 취업허가 발급 통계, 한국은 해당 연도에 한국에 장·단기 체류 중인 외국인 통계.
자료 : 한국무역협회, "글로벌 인재의 이동 현황과 각국의 유치전략", 2006. 7.

초한 한국의 해외 고급인력 유치는 매우 저조한 것으로 평가된다.

사업 유인 접근방법은 국제 간의 무역과 투자를 촉진하고 해외로 진출한 국내기업 및 국내에 진출한 외국기업들의 원활한 경영활동을 지원하기 위해, 이들 기업 관련 임직원 및 그 가족들에 대해 한시적 혹은 영구적 이주를 허용하는 것이다. 국내기업의 글로벌화 진척과 외국기업의 한국 진출 확대에 따라 해외로 진출한 국내기업이 현지에서 채용한 인력을 국내로 데려와 고급인재로 활용하는 방식 혹은 외국기업의 국내 유치를 통해 해외의 고급인력들이 국내로 유입되는 방식 등이 여기에 해당한다.

사업 유인 접근방법을 통한 우리 기업의 해외 글로벌 인재 유치 실태를 파악하기 위해서는 우선 국내 상장법인의 외국인 임원 비중 변화를 살펴볼 필요가 있다. 그 결과, 2001년 이후 국내 상장법인에서 외국인 임원의 수는 증가 추세를 보이고 있으나, 전체 임원 중 외국인 임원이 차지하는 비중은 불과 2% 내외 수준으로 답보상태를 면치 못하고 있는 것으로 나타났다. 국내 대표적인 글로벌 기업인 삼성전자의 경우 전체 임원 827명 중 외국인 임원은 18명(그중 13명은 고문)에 달하며, LG전자의 경우도 260명의 전체 임원 중 외국인 임원은 3명에 불과한 것으로 나타났다. 특히 현대자동차의 경우는 전체 186명의 임원 중 외국인 임원이 한 명도 없는 것으로 알려지고 있다. 이러한 결과는 곧 1997년 외환위기 이후 외국기업의 국내 진출과 우리 경제의 대외개방 확대에도 불구하고, 글로벌 인재의 유치와 활용이 여전히 제한적으로 이루어지고 있음을 증명해주고 있다.

우리 기업의 해외직접투자를 통한 현지 고급인재 활용 역시 부진한 실정이다. 이는 우리 기업들의 뿌리 깊은 본국 위주 인적자원 관리 성향에 기인한다. 한국수출입은행이 해외에 진출한 우리 기업의 현지법인 1,173개를 대상으로 설문조사를 실시하여 발표한 "2005 회계연도 해외직접투자 경영분석"(2006. 10) 자료에 따르면, 우리 기업들은 현지 자회사의 인력 충원 및 인적자원 관리에서 여전히 본

〈표 3-8〉 국내 상장법인의 외국인 임원 수 변화 (단위 : 명, %)

	2001	2002	2003	2004	2005	2006	2007
전체 임원	4,879	4,562	6,486	7,004	7,094	7,437	7,642
외국인 임원	129	150	137	158	179	178	176
비중	2.7	3.3	2.1	2.3	2.5	2.4	2.3

자료 : 한국상장회사협의회.

국 위주의 성향을 강하게 드러내고 있음을 알 수 있다.

직종별로는 생산직이나 영업직에 비해 관리직 직원의 한국인 비중이 높은 것으로 나타났으며, 현지 자회사의 경영에 직접 참여하는 임원에 있어서도 한국인의 비중이 57.1%로 현지인 비중을 상회하고 있다. 특히 법인장의 경우는 대부분 한국인이 맡고 있다. 글로벌화에 가장 선도적인 삼성전자의 경우만 하더라도 전 세계 80개의 현지법인 중 외국인 법인장은 전무한 것으로 알려지고 있으며, LG전자 역시 전 세계 81개 현지법인 중 외국인 법인장을 두고 있는 법인은 없는 실정이다. 현대자동차의 경우는 전 세계 30여 개 현지법인 중 외국인 법인장을 두고 있는 법인이 고작 4개에 불과하다.

이와 같은 우리 기업들의 해외진출을 통한 글로벌 인재 활용 현황은 국적을 불문하고 인재를 확보하고 유지하는 데 총력을 기울이고 있는 글로벌 기업들의 모습과는 대조적이다. GE는 현재 한국에 20개의 현지법인을 두고 있는데, 법인장 모두가 한국인이다. 또 세계적인 실리콘업체인 다우코닝 역시 전체 경영진의 40%가 외국인인 것으로 알려지고 있다.

우리 기업들이 현지인이 아닌 모국인 위주로 자회사를 운영하고 있다는 사실은 현지 자회사의 임원 구성에서뿐만 아니라 중간관리자의 구성에서도 잘 드러난다. 전체 현지법인을 대상으로 한 조사는 아니지만 우리 기업들이 해외직접투자가 가장 많이 집중되고 있는 중국 내 189개 현지법인을 대상으로 한 안종석 · 백권호(2006)의 연구결과에 따르면, 전체 중간관리자(과장~부장급) 층에서 모국인이 차지하는 비중은 41.8%로 나타났다. 이는 민족을 기준으로 보았을

	전체	한국인	현지인	한국인 비중(%)
생산직	499,819	3,459	496,360	0.7
영업직	32,439	1,517	30,922	4.7
관리직	60,873	5,660	55,213	9.3
임원	2,801	1,600	1,201	57.1
전체	595,932	12,238	583,698	2.1

자료 : 한국수출입은행, "2005 회계연도 해외직접투자 경영분석", 2006.

때 중국인(한족) 41.0%, 중국인(조선족) 17.2%에 비해 높은 수치다.[42] 해외에 진출한 우리 기업들이 임원 구성에서뿐만 아니라 중간관리자 구성에서까지 이처럼 높은 모국인 비중을 보이고 있는 것은 우수한 자질을 가진 현지인을 채용하여 현지 자회사 차원을 벗어나 기업의 글로벌 사업 전개 차원에서 핵심인재로 육성, 활용해야 하는 오늘날의 국제경영 환경과는 상당히 동떨어진 모습이라 할 수 있다.

이렇게 볼 때 우리 기업들은 글로벌 인재의 유지와 관리라는 문제에 앞서 아직은 글로벌 인재의 확보 측면에서마저도 초보적인 수준을 벗어나지 못하고 있는 것으로 평가할 수 있다. 이는 한국기업 특유의 순혈주의와 본사 위주의 글로벌 사업 전개방식과 밀접히 관련되어 있다고 해야 할 것이다. 다만, 최근 들어 우리 기업들도 기업의 진정한 글로벌화와 글로벌 경쟁에서의 생존을 가능케 하는 주요 요인으로 글로벌 인재의 확보를 인식하고, 범세계적 차원에서의 인적자원 관리 방안에 대해 관심을 기울이고 있다.

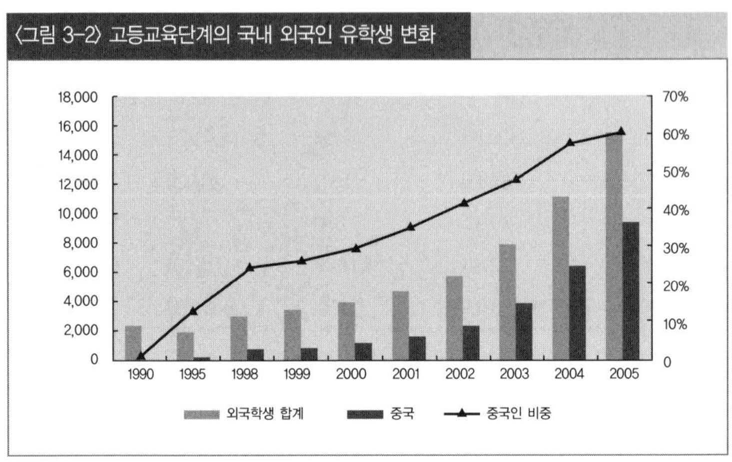

자료 : 한국교육통계서비스시스템

해외 고급인재 유치의 마지막 유형인 유학생 유인 접근방법은 자국의 발전된 교육 시스템 및 내용을 활용하여 해외로부터 고급 유학생을 유치하고, 이들에 대한 거주 및 취업을 허용함으로써 글로벌 인재를 확보하는 방법이다. 고등교육단계에서 국내로 유입되는 외국인 유학생은 1995년 이후 중국인 유학생 수의 급격한 증대로 매년 증가 추세를 보이고 있다. 실제로 2005년 한 해에만 1만 5,557명의 외국인 유학생이 국내로 유입되었으며, 그중 중국인 유학생이 9,378명에 달해 전체의 60.2%를 차지하였다. 2005년 말 현재 한국에서 고등교육을 이수하고 있는 외국인 유학생은 총 2만 2,526명을 기록하고 있다. 구체적으로 보면, 어학연수 및 전문대학/대학에 재학 중인 학생이 1만 5,407명으로 66.8%를 점하고 있으며, 석사과정이 4,023명(17.7%), 그리고 박사과정은 1,719명(7.6%)에 이르고 있다. 계열별로 보면, 학부와 대학원 석사과정에서는 인문사회계열

전공이 각각 68.6%와 61.8%로 가장 많았고, 박사과정에서는 이공 계열이 63.0%로 가장 많은 것으로 나타났다.

하지만 이와 같은 한국의 외국인 유학생 유치 실적은 다른 국가 들에 비해서는 극히 부진한 것으로 판단된다. 고등교육단계에서 한 국가의 총 재적학생 수(외국인 및 내국인 학생) 대비 외국인 유학생 비 율을 비교해보면, 한국은 2003년 0.2%에 불과하여 OECD 국가 전 체 평균 6.4%에 크게 미치지 못했으며 OECD 국가 중 최하위권을 기록하고 있다.

한편, 이처럼 고등교육단계에서 해외로부터의 고급인재 유치가 부진한 가운데, 반대로 해외로 유학을 떠나는 학생은 급격히 늘고 있다. 우리나라 고급인재의 해외유출은 1985년 2만 4,300명 수준에 서 2004년 18만 7,700명 수준으로 크게 확대되었다. 국가별로는 미 국 유학생 수가 전체 유학생 중 30%로 가장 많았고, 최근에는 중국 유학이 증가하여 전체 유학생의 12.6%를 차지하고 있다. 고등교육 단계에서의 유학을 통한 고급두뇌 유출 현상은 특히 이공계에서 두 드러진 것으로 알려지고 있다. 이공계의 경우 열악한 국내 교육 여 건으로 인해 미국 유학을 선호하며, 현지 정착률도 지속적으로 높 아지는 추세다. 국내 대학에서 배출된 이공계 박사 100명당 미국 대 학 박사학위 취득자는 27.3명으로, 이는 2.9명의 EU 대학 학위 취 득자에 비해 무려 9배 수준이며, 일본 대학 학위 취득자 2.2명에 비 해서는 12배를 상회하는 수치다. 이공계 고급두뇌의 해외유출과 함 께 이들 인재들이 다시 국내로 유입되지 않고 현지에 정착하는 비 중도 매년 증가하고 있다. 이공계 미국 박사학위 취득자의 현지 정

3. 글로벌 인재 확보와 관리

착률은 1992~1995년 기간 평균 20.2%에서 1996~1999년 기간 31.3%로, 그리고 2000~2003년 기간에는 46.3%로 크게 증가하였다. 유학을 결정하는 시기도 점차 빨라져 역대 올림피아드 입상자 중 30.6%(물리), 22.3%(수학)가 고등학교를 졸업한 이후 곧바로 해외유학을 떠난 것으로 나타나고 있다.

5. 글로벌 인재 확보 방안으로서의 기업의 초국적화

국민경제 차원에서 글로벌 인재의 유치를 통한 두뇌강국을 실현하고, 이를 기반으로 기업 차원에서 고급 글로벌 핵심인재의 유치를 통한 글로벌 경쟁력 확보를 위해서는 국내 교육 및 이민 정책의 전환 등 정부 차원에서의 적극적인 노력과 함께 기업 차원에서 진정한 초국적화가 추진되어야 한다. 즉, 기업의 초국적화를 통해 다양한 국가와 인종을 넘어 글로벌 경쟁 시대에 기업이 요구하는 글로벌 인재 유치의 원천을 확대하고 활용할 수 있다.

우리 기업은 IMF 사태 이후 각고의 구조조정 노력을 통해 각종 재무적 지표를 개선하는 동시에 소수 업종에서 글로벌 경쟁력을 갖춘 대표기업으로 거듭나는 데 성공하였다. 그러나 이들 대표기업들의 초국적화 수준은 여전히 답보 혹은 퇴보를 거듭하고 있는 것이 사실이다. UNCTAD에서 매년 발표하는 개도국의 비금융기업 초국적화지수(TNI)를 살펴보면, 삼성전자, LG전자, 현대자동차 등 한국 대표기업들의 초국적화지수는 개선되고 있으나 순위는 하락하고

〈표 3-10〉 국내 주요 기업의 초국적화지수(TNI) 변화 추이

	1995	1997	1999	2000	2001	2002	2003	2004	2005
삼성전자	14(34)	16(40)	16(42)	35(21)	37(28)	39(33)	44(26)	45(54)	45(52)
LG전자	40(13)	30(23)	40(22)	42(15)	50(22)	47(26)	47(25)	60(40)	49(46)
현대차	−	−	11(46)	11(47)	12(46)	22(46)	25(43)	17(94)	21(89)

주 : TNI는 기업 총자산에서 해외자산이 차지하는 비중, 총매출에서 해외매출이 차지하는 비중, 그리고 총피고용자 중에
　　해외 피고용자가 차지하는 비중을 단순 평균한 값이다. ( ) 안은 순위를 나타낸다.
자료 : UNCTAD, *World Investment Report*, 각 연호 참고.

있다. 1999년 개도국의 비금융 50대 초국적기업에 우리 기업은 모두 8개사가 포함되었으나, 2005년에는 LG전자만이 이름을 올렸다. 그나마 100대 기업에 포함된 기업도 삼성전자와 현대차 등 3개 기업에 불과했다.

글로벌 인재의 유치를 확대하기 위해서는 국내기업의 초국적화 진전이라는 전제조건을 충족시켜야 한다. 따라서 기업은 자산의 배치나 해외 자회사의 역할, 그리고 지식의 개발 및 확산이라는 측면에서 범세계적 통합 네트워크의 구축, 해외 자회사의 차별화된 역할, 범세계적인 지식의 개발과 공유라는 초국적기업의 속성을 확립해야 한다. 또한 자산배치의 분산에 따른 복잡성과 혼란에도 불구하고 초국적기업이 정상적으로 작동하게 하기 위한 전제조건으로서 조직 내에서 다양성의 정당화, 유연한 조정 수단으로서의 자발적인 참여 유도, 그리고 초국적화에 대한 경영자의 몰입 등을 유도해낼 수 있는 글로벌 인적자원 관리 시스템을 확립해야 한다.

하지만 우리 기업들의 글로벌 인적자원 관리 수준은 매우 낮은

	윤리경영	인력관리	노사관계	위험관리	자금조달/운용	의사결정방식
대기업	81.5	76.5	79.4	78.5	79.6	75.8
중소기업	80.4	76.4	82.7	78.0	78.5	75.6
계	80.5	76.4	82.3	78.0	78.7	75.6

자료 : 대한상공회의소, "국내기업의 글로벌 수준 평가", 2005. 10.

것으로 평가되고 있다. 실제 대한상공회의소가 2005년 서울 소재 수출 제조업에 종사하는 대기업 36개사와 중소기업 247개 기업을 대상으로 조사한 자료에 따르면, 조직 운영 측면에서 우리 기업의 글로벌화 수준은 전반적으로 저조한 것으로 나타났다. 이 조사에서는 기업의 글로벌화 수준을 윤리경영, 인력관리, 노사관계, 위험관리, 자금조달 및 운영 그리고 의사결정방식 등 조직 운영의 6개 분야로 나누어 평가했는데, 특히 우리 기업은 의사결정방식과 인력관리에서 각각 75.6점과 76.4점을 기록하여 가장 취약한 것으로 조사되었다.

상황이 이러함에도 불구하고 우리 기업의 글로벌 인적자원 관리 활동은 여전히 본국 중심의 관행을 유지하고 있으며, 이는 글로벌 인재의 확보와 유지에 중요한 걸림돌로 작용하고 있다. 거의 모든 기업들에서 본사가 대부분의 의사결정 권한을 가지고 해외 자회사를 강력히 통제하고 있다. 실제로 기업들은 해외 자회사를 관리하기 위해 주로 본국에서 파견된 경영자를 활용하고 있다. 그러나 이와 같은 본사 위주의 순혈주의적 관점을 고집해서는 글로벌 경쟁에서의 핵심적인 경쟁요소로 등장하고 있는 글로벌 인재의 확보와 육성이 매우 어려울 수밖에 없다.

따라서 우리 기업이 글로벌 경쟁에서 생존하고 발전할 수 있기 위해서는 과거의 순혈주의적·동질주의적 전통에서 벗어나 다민족, 다언어, 다문화적 배경을 지닌 글로벌 인재의 유치와 유지를 가능케 하는 다양성 관리의 관점을 글로벌 인적자원 관리 시스템에 도입·적용하는 것이 필수적이다. 즉, 기업은 글로벌 경쟁의 심화 속에 다양한 채널을 통해 민족과 인종을 초월하여 글로벌 인재를 유치하고, 다양성을 기업의 글로벌 경쟁력의 원천으로 활용하고 유지할 수 있는 초국적인 인적자원 관리 시스템을 확립해야 한다.

다양성 관리는 당초 인종, 성별, 민족 등 태생적 차이에 대한 차별을 없애기 위해 마련된 법규의 준수에서 비롯되었으나, 글로벌 인재를 제대로 활용하고 유지하기 위한 차원으로 그 개념이 확장되었다. 다양성을 보는 관점이 과거의 차별-공정성 관점에서, 접근-합법성 관점으로, 그리고 현재는 학습-통합 관점으로 진화되고 있는 것이다. 요컨대 글로벌 인재의 확보와 육성을 위해서는, 서로의 차이를 무시하고 다양성을 동질화하는 데 관심을 두는 소극적인 차별-공정성 관점이나, 다양성을 신규시장의 개척 등 조직목표의 달성을 위해 활용하는 데 관심을 두는 접근-합법성 관점에서 탈피하여, 차이를 통해 학습을 촉진하고 창의성을 발휘하는 데 관심을 두는 학습-통합 관점으로 전환하는 것이 필수적이다.[43] 다시 말하면, 차별은 잘못된 것이되 차이는 존중되어야 하는 것임을 반드시 인식해야 하는 것

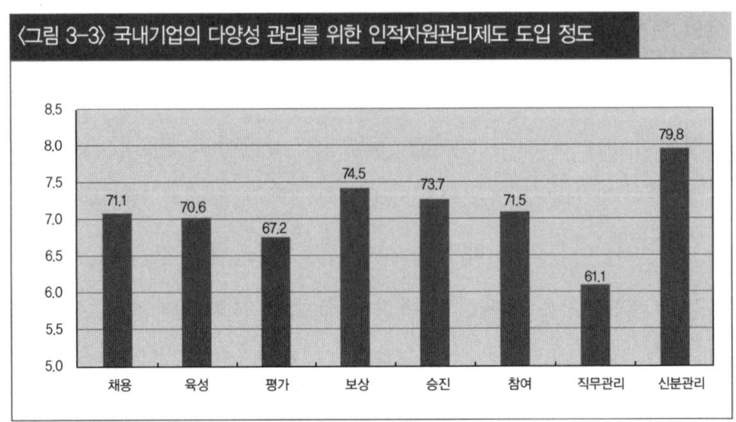

〈그림 3-3〉 국내기업의 다양성 관리를 위한 인적자원관리제도 도입 정도

자료 : 삼성경제연구소, "한국기업의 HR Index 조사결과", 2004.

이다.

한편 삼성경제연구소가 2004년 국내 177개 기업 인사담당자를 대상으로 한 조사결과를 보면, 국내기업의 다양성 관리는 아직 초보적인 수준에 그치고 있는 실정이다. 이 조사에 따르면 인적자원 관리에 다양성 관리를 도입하고 있는 기업은 전체 응답기업의 19.8%에 지나지 않았으며, 다양성 관리를 위한 제도와 관행의 도입 정도도 100점 만점에 평균 71.2점에 불과하였다. 또한 신분관리, 보상 등 글로벌 인재의 유치를 위한 제도의 도입은 상대적으로 높은 수준을 나타내고 있으나 직무관리, 평가 등 글로벌 인재의 유치를 위한 제도의 도입은 매우 낮은 수준으로 평가되었다.

이와 같은 조사결과는 한국기업들에서 다양성에 기초한 글로벌 인재 유지의 제도적 기반이 매우 미약함을 의미하며, 우리 기업이 글로벌 인재 유치의 확대를 위한 다양한 채널과 제도를 구축하는 데 시급히 나서야 함을 일깨워주고 있다. 아울러 글로벌 인적자원

관리제도의 확립에 있어서 조직 내의 다양성이 양적인 측면에서만
확대되고, 이를 수용하고 활용할 수 있는 질적 제도가 수반되지 않
을 경우 글로벌 경쟁력의 강화보다는 오히려 조직 내 혼란과 갈등
의 확대만을 초래할 수 있음을 시사하고 있다.

31 한국무역협회 무역연구소,《글로벌 인재의 이동 현황과 각국의 유치 전략》, 한국무역협회, 2006, pp. 1–5.

32 Watson Wyatt, "Talent Attraction and Retention in Asia Pacific", Seoul Global HR Forum, 2007.

33 Bartlett, Christopher A. and S. Ghoshal, *Managing Across Borders : The Transnational Solutions*, Boston MA : Harvard Business School Press, 1998.

34 유기적 성장과 대비되는 개념으로는 인수합병(M&A)이나 전략적 제휴 등을 통해 외부 역량에 성장을 의존하는 비유기적 성장(inorganic growth)을 들 수 있다.

35 삼성전자나 LG전자 등 기존 한국의 대표기업들이 글로벌 M&A에 소극적인 것과는 대조적으로 두산그룹은 글로벌 M&A를 통해 글로벌화의 진전을 이루고 있는 대표적인 기업이다. 두산그룹이 기존의 한국 대표기업들과 다른 전략적 선택이 가능했던 것은 본사 자체에 강력한 내부 제품 기반을 갖고 있지 못했기 때문인 것으로 풀이되며, 역설적으로 이것이 오히려 글로벌 인재의 확보 등 초국적화로의 진전을 이룰 수 있는 기초로 작용할 가능성도 있는 것으로 평가된다.

36 김현기, "기업 인력 다양화 시대의 인사관리 성공 포인트", 〈LG주간경제〉, 2007. 1. 17.

37 Vance, Charles M. and Yongsun, Paik, *Managing a Global Workforce : Challenges and Opportunities in International Human Resource Management*, Armonk, New York : M.E Sharpe, 2006, pp. 95–98.

38 윤언철, "성공하는 글로벌 경영시스템의 조건", 〈LG주간경제〉, 2005. 8. 24., p. 17.

39 윤언철, "성공하는 글로벌 경영시스템의 조건", 〈LG주간경제〉, 2005. 8. 24., p. 19.

40 Vance, Charles M. and Yongsun, Paik, *Managing a Global Workforce : Challenges and Opportunities in International Human Resource Management*, Armonk, New York : M.E Sharpe, 2006, pp. 280–298.

41 Abella, Manolo, "Global Competition for Skilled Workers and

Consequencies", in Kuptsch, Christiane and E. F. Pang(ed.), *Competing for Global Talent*, International Institute for Labor Studies, Singapore Management University, 2006, pp. 11-32.

42 안종석 · 백권호, "중국진출 한국기업의 경영현지화, 어떻게 할 것인가", 〈국제경영리뷰〉, 제10권 제2호, 2006.

43 성상현, "격동기, 사람이 경쟁력이다 : 글로벌 인사 7대 트렌드", 〈CEO 인포메이션〉 제460호, 삼성경제연구소, 2004, pp. 9-10.

글로벌 기업의 사회관리

1. 기업 사회관리의 필요성

기업의 글로벌화, 사회적 영향력 증대 등으로 '기업의 사회적 책임(Corporate Social Responsibility, 이하 CSR)'에 대한 요구가 점차 확대되고 있다. 특히 2000년을 전후해 CSR에 대한 국제적인 표준화 작업이 활발해지고, 국내에서도 기업의 환경 및 윤리 문제가 주요 이슈로 떠오르면서 CSR에 대한 인식이 변하고 있다. 이에 따라 CSR이 기업경영에서 차지하는 비중도 점차 증가하는 추세다. 최근에는 기업 브랜드 이미지의 중요한 구성요인 중 하나로 CSR이 부각되었으며, 이는 기업에 대한 호감도, 명성, 브랜드 가치 등 기업의 무형자산 증대 외에 매출 증대나 주가 상승에도 기여하고 있는 것으로

나타나고 있다.[44]

아울러 CSR에 대한 학계의 관심도 높아지고 있다. 2007년 4월 〈하버드 비즈니스 리뷰〉는 한 해 동안 발표된 논문 중 가장 탁월한 논문을 골라 '맥킨지상'을 수여했다. 기업과 학계의 저명인사 10명으로 구성된 심사위원단은 2006년 12월호에 발표된 마이클 포터와 마크 크레이머의 "전략과 사회 : 경쟁력과 기업의 사회적 책임의 연계"[45]를 2006년 최고의 논문으로 선정했다. 포터와 크레이머는 기업이 사회에 공헌하는 동시에 이윤을 추구한 사례를 소개하면서, CSR이 비용이 아니라 기업에 새로운 시장 창출과 같은 경쟁력을 가져다줄 수 있는 전략적 요인이라는 것을 논리적으로 설명하고 있다. 또한 궁극적으로는 CSR을 넘어 CSI(Corporate Social Integration), 즉 기업과 사회의 통합으로 나아가야 한다고 주장하고 있다.

포터 교수는 2002년에 이미 "기업 자선의 경쟁력"[46]이라는 논문을 발표해, CSR과 기업경쟁력의 관계를 본격적으로 밝힌 바 있다. 전략이론의 대가인 포터 교수가 기업의 자선활동, 기업의 사회적 책임, 그리고 여기서 한발 더 나아가 기업과 사회의 통합을 추구해야 한다고 주장하는 이면에는 21세기가 요구하는 기업경쟁력의 원천과 경영 패러다임의 변화가 자리하고 있다고 할 수 있다. 즉, CSR이 기업 지속성장의 조건으로 인식되고 있는 것이다.

① 망하는 사회에서 기업만이 성공할 수는 없다

아무리 유명한 경제학자가 CSR이 기업경쟁력을 높이는 요인이라고 큰소리로 주장한다 하더라도, 기업인의 입장에서는 CSR이 과거에 잠깐 등장했다 사라진 수많은 경영학의 유행어처럼 '혹시 한때의 화젯거리가 아닐까?' 라는 의구심을 가질 수 있다. 하지만 CSR을 한때의 유행으로 간주하기엔 변화의 흐름이 거세다. 기업경영의 마인드와 게임의 법칙이 바뀌고 있는 증거가 여러 곳에서 나타나고 있기 때문이다.

1970년 밀턴 프리드먼은 기업의 유일한 사회적 책임은 '이윤극대화'라고 선언했다. "The business of the business is business"[47]는 기업의 본업은 사업이다, 즉 기업은 이윤극대화를 추구해야 한다는 의미를 담은 말로, 수십 년 동안 기업경영을 대표하는 명언이 되어왔다. 하지만 지금은 "Business cannot succeed in a failing society"라는 말에 많은 기업이 공감하고 있다. '망하는 사회에서 기업만이 성공할 수는 없다'로 해석될 수 있는 이 말은 기업이 지속적으로 성장하고 살아남기 위해서는 사회도 함께 발전하고 생존해야 함을 의미한다. 곧 기업이 사회에 투자를 해야만 하는 필요성을 여실히 보여주고 있는 셈이다.

이러한 시대적인 흐름은 기업인의 의식에도 변화를 가져오고 있다. 〈맥킨지 쿼틀리〉가 2005년 약 4,200명의 기업 임원을 대상으로 설문조사한 결과에 따르면, 대기업의 역할에 대해서 84%의 응답자가 "투자자에게 높은 수익을 주되, 공공의 이익을 위해 기여하는 것을 포함한다"라고 대답한 것으로 나타났다. 반면에 프리드먼의 견해, 즉 "법과 규제를 준수하여 투자자에게 최대의 수익을 주는 것"이라는 응답은 16%에 불과했다. 대기업의 역할에 대한 인식 변화는 이처럼 수치로도 명확히 확인되고 있다.[48]

② 거부할 수 없는 CSR의 물결

특히 글로벌화가 진행되고 다국적기업의 사회적 영향력이 커지면서 CSR에 대한 이해관계자의 요구가 날로 증대하고 있다. 비영리조직(Non-profit organization, 이하 NPO)이나 비정부단체(Non-Government Organization, 이하 NGO)가 기업들에게 '삶의 질'과 '환경문제 개선'에 대해 책임감 있게 행동할 것을 더욱 강력하게 요구하고 나섰기 때문이다. 더욱이 UN Global Compact, 국제표준화기구(International Organization for Standardization, 이하 ISO) 등이 CSR에 대한 국제표준을 제정하고, 이행을 위한 강도 높은 정책을 추진 중이다. CSR에 대한 국제기구의 영향력이 커지고 있는 것은 UN Global Compact에 가입한 기업 및 기관의 수를 통해서도 알 수 있다. 2000년 7월에 시작된 이후, 전 세계 120개국에서 약 5,000여 기관(이 중 3,700개는 기업체)이 UN Global Compact에 참여하고 있는 것으로 나타났다.[49]

2. CSR 급부상의 원인과 영향

① CSR에 관한 여러 시각

CSR을 바라보는 시각에는 경제주의, 윤리주의, 기업시민주의 등 여러 가지가 존재한다. 특히 경제주의와 윤리주의는 기업과 사회의 관계 및 기업활동의 책임에 대한 양 극단의 시각을 대변한다. 신고전파 경제학으로부터 유래된 경제주의와 윤리학 및 일부 사회경제학에서 비롯된 윤리주의는 하나를 선택하면 다른 하나를 포기해야 하는, 상호공존이 불가능한 시각이다. 반면, 기업시민주의는 경제적 이윤 추구와 사회에 대한 책임이 상호작용을 통해 공존하며 선순환 작용을 할 수 있다는 견해를 제공한다.

■ 경제주의와 윤리주의의 대립

경제주의에서는 기업의 존립근거가 주주와의 계약이므로 재무적 이익을 극대화하는 데 경영활동의 초점을 맞춰야 한다고 주장한다. 주주에 대한 경제적 책임만이 기업 책임의 본질이며, 그 외의 책임은 기업의 본분에서 벗어나는 활동을 강제하는 사업의 제약요인으로 인식된다. 따라서 윤리경영활동이나 사회공헌활동과 같이 법으로 규정되어 있지 않는 활동에 부당하게 지출되는 돈은 비용으로 간주된다.

윤리주의에서는 기업의 존립근거가 사회로부터 받은 '사업면허(License to Operate)'이므로 사회공헌활동을 통해 이익을 환원해야 한다고 주장한다. 기업은 외형상 사적 존재로 보이나 실제로는 사회와의 계약을 통해 존재하는 사회적 존재라는 주장이 주요 논점이다. 루소·로크 등이 내놓은 '사회계약설'이 논리의 원천이다. 윤리주의에서 인식하는 각종 기업활동의 근거는 다수 이해관계자와 관계를 맺으면서 발생하는 '책임'이다. 그에 따라 공장을 운영하는 기업은 이해관계자인 지역사회에 책임이 있으므로 해당 지역에서 사회공헌활동을 펼쳐야 한다는 논리를 주장한다. 기업이 사용하는 자원(인력, 토지, 자본 등)의 기회비용에 대한 보상도 이에 포함된다. 사회 전체의 지속가능성을 위협하는 문제가 발생했을 경우, 기업은 당연히 사회를 지키기 위한 책임감 있는 활동을 통해 그 사회의 문제해결을 도와야 한다는 결론에 도달하게 되는 것이다.

윤리주의와 경제주의는 사회공헌활동을 기업의 일상적인 경영활동이 아닌 선택적인 활동으로 인식한다. 그래서 윤리주의에서는 CSR의 당위성을 옹호하지만, 그 근거로 기업의 윤리와 책임을 강조한다. 특히 기업의 재무성과 향상은 CSR의 목적이 아닌 부산물로 인식된다. 반면, 경제주의적 관점에서는 기업의 책임에는 서열이 있으며, 경제적 책임이 가장 중요하고 윤리적인 경영활동이나 사회공헌활동은 중요도가 낮은 것으로 간주된다.

■ 기업시민주의 : 대립을 넘어 선순환으로

경제주의와 윤리주의의 공존 불가능한 대립적인 시각을 넘어서, 두 가지의 상호작용을 통해 시너지 창조를 강조하는 기업시민주의(Corporate Citizenship)가 대두되었다. 기업시민주의는 특히 기업의 경제적 성과를 추구하면서 사회에 대한 책임을 다할 수 있는 선순환을 지향한다.[50] 사회공헌활동도 전략적으로 설계한다면 재무 실적을 높이는 데 기여할 수 있다는 입장인 것이다. 즉, 기업시민주의에서는 사회공헌활동을 통해서 기업 평판을 높여 브랜드 가치를 끌어올리거나 기존 사업과 자원 또는 고객을 공유하며 직접 시너지를 일으켜 재무성과를 확대하는 것이 가능하다고 인식한다. 이는 기업의 경제적 책임과 사회공헌책임이 분리된 것이 아니라는 관점이다.

이러한 관점에서 기업시민주의는 사회공헌활동 지출을 사회문제 해결에 도움을 줄 뿐 아니라 기업에도 이익을 가져다주는 '사회적 투자'로 인식한다. 현재 고객이 있는 지역사회에 대한 사회공헌활동은 해당 지역에서의 기업 브랜드 호감도를 높이므로 시장방어를 위한 투자로 판단되며, 미래고객이 있는 신시장에서의 사회공헌활동은 해당 지역의 성장을 촉진하는 한편 브랜드 인지도를 높여 시장 개척의 기반을 마련하는 투자로 여겨진다. GE, 머크 등 선진 기업들은 언젠가 미래 성장 지역으로 떠오를 것으로 예상되는 아프리카 지역의 구호활동에 적극적으로 나서고 있다.

② CSR의 정의

미국의 경영학자 캐롤은 기업의 사회적 책임에 대한 4단계 정의를 제시하고 이 모두를 동시에 수행할 것을 주장하였다.[51] 제1단계는 경제적 책임으로, 기업은 사회의 기본적인 경제단위로서 재화와 서비스를 생산할 책임을 지고 있음을 의미한다. 제2단계는 법적 책임으로, 사회는 기업이 법적인 구조 내에서 경제적 임무를 수행할 것을 요구한다는 의미다. 제3단계는 윤리적 책임으로, 법으로 규정화되어 있지는 않지만 사회의 일원으로서 기업에 기대되는 행동과 활동들을 해야 할 책임이 있음을 뜻한다. 제4단계는 자선적 책임으로, 기업의 개별적 판단이나 선택에 맡겨져 있으며 공익사업, 후원, 기부행위 등을 폭넓게 포함한다.

통상 CSR은 '경제·법·윤리·자선적 책임'을 수행하기 위한 활동으로 인식된다. 그러나 보다 엄밀하게는 경제적 책임(이익 추구)을 제외한 법·윤리·자선적 책임을 CSR의 3대 분야[52]로 지칭할 수 있

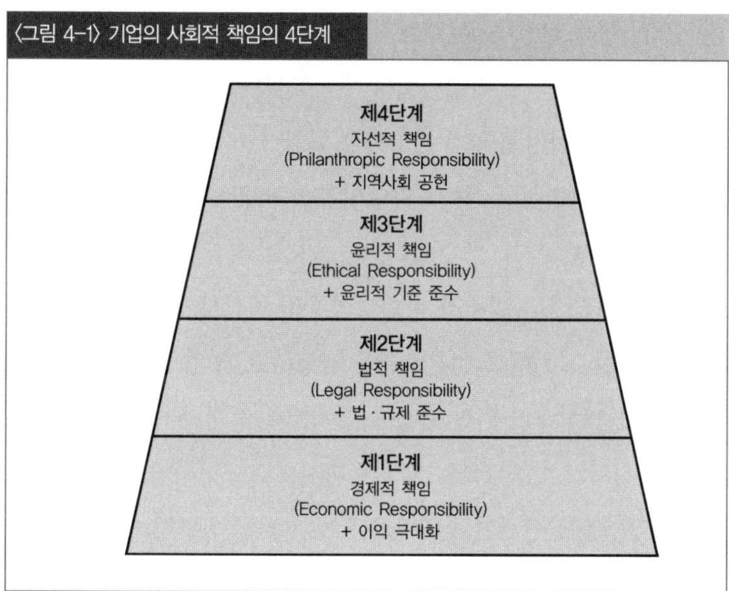

주 : Carroll(1999) 내용을 바탕으로 구성

다. 따라서 CSR의 3대 영역은 환경경영, 정도경영, 사회공헌으로 볼 수 있다. 경제적 책임은 기업경영 본연에 해당하는 항목으로서 당연히 포함되며, 법적·윤리적·자선적 책임이 추가되는 추세다. 법적·윤리적 책임은 환경경영과 정도경영을 통해 구현되며, 자선적 책임은 사회공헌으로 표출된다.

■ 환경경영

환경경영은 환경보호 및 관리의 차원을 넘어 '지속가능한 개발 (Sustainable Development)' 이라는 개념으로 확대되어 사용되고 있다. 기존에는 국제기구나 정부에서 제정한 환경공해 방지 및 작업장 환경, 제품 안전 등과 관련된 법과 규제의 준수 여부에 초점이 놓여 있었으나, 최근 환경문제와 관련해서는 법적 책임을 넘어 윤리적 책임으로까지 논의가 확장되고 있다.

대표적인 환경경영 가이드라인인 ISO 14000은 조직의 환경경영 시스템을 실행, 유지, 개선, 보증하고자 할 때 적용 가능한 규격이다. 이는 조직에서 발생하는 환경영향을 저감시키기 위해 조직이 갖추어야 할 시스템의 기본조건을 규정하고, 환경방침, 목표를 정하여 이를 달성하기 위한 활동을 실시토록 요구하며, 실시한 상황에 대해 감시하고 검토하는 일련의 과정으로 구성되어 있다.

환경경영을 실천하면 소비자와 투자자에게 '친환경 기업'이란 이미지를 구축함으로써 기업가치를 제고할 수 있다. 친환경 제품을 통한 차별화 전략은 소비자에게 좋은 브랜드 이미지를 각인시키고 매출 증대로 연결된다. 예를 들면 아메리칸 어패럴(American Apparel)의 유기농 면제품은 중국산보다 4배 비싸지만 소비자에게 큰 호응을 거둬 2004년 매출이 2000년 대비 9배 증가하였다.[53]

환경공해를 배출하는 업종의 기업들은 친환경 제품 생산을 통해 환경공해의 주범에서 친환경 기업으로 이미지를 업그레이드하고 매출도 높이는 이중효과를 얻고 있다. 그 대표적인 기업이 도요타와 GE다. 도요타의 하이브리드 자동차 프리우스(Prius)는 환경오염의 주범인 자동차를 생산하는 자동차 회사가 친환경 기업으로 이미지를 확고히 하는 데 결정적인 역할을 했다. 한편, GE는 1977년 폴리염화비페닐(PCB)의 생산 및 사용이 금지되기 전까지 수십 년 동안 뉴욕 허드슨 강에 약 130만 파운드의 오염물질을 방류하였고, 이

문제로 인해 지난 수십 년간 공해배출 기업이라는 오명을 감수해야 했다. 하지만 2001년 이멜트 회장이 취임한 후 'Ecomagination 전략' 을 실천하면서 탄산가스 배출 축소 등을 위해 환경 관련 R&D 투자에 2006년 9억 달러를 투자했으며, 2010년에는 이를 15억 달러로 확대하는 계획을 발표하였다. 이런 노력에 힘입어 GE는 사회책임투자(Socially Responsible Investing, 이하 SRI) 펀드[54] 중의 하나인 다우 존스 지속가능성 세계 지수(Dow Jones Sustainability World Indexes, DJSI World)의 포트폴리오에서 비중이 높은 기업 중 하나로 편입되었다. GE는 Ecomagination 전략을 통해 환경파괴 기업이라는 오명을 벗고 친환경 기업으로의 이미지 변신에 성공하였다.

■ 정도경영

'정도경영' 은 주주권한, 노사관계, 법령준수 등과 더불어 일상적인 경영활동 및 임직원의 윤리성까지를 포함한다. 이는 기업정보의 공개를 의미하는 투명경영과 기업의 사회적 책임까지 포괄하는 윤리경영 개념으로 확장되고 있다. 정도경영의 원칙은 직원들이 윤리적인 의사결정을 하는 데 준거로 활용할 수 있다. 즉, 정도경영은 '정당한 방법으로 시장에서 살아남고 그 시장의 요구에 맞는 상품으로 고객에게 보답하겠다' 는 구체적인 행동이다.

정도경영은 재무성과나 명성을 높이는 데 크게 기여하지만, 반대로 소홀히 할 경우 기업의 존폐를 위협하는 트리거(방아쇠)로 작용할 수 있다. 기업이 정도경영을 제대로 하지 않았을 때 치명타를 입고 생존을 위협당하는 사례를 어렵지 않게 찾아볼 수 있다. 엔론,

월드컴 등의 사례에서 보듯이 회계부정 등 위법행위는 치명적이다. 2001년 12월 엔론의 파산으로 주주 630억 달러, 채권자 176억 달러, 파생상품 거래 파트너 40억 달러의 피해가 발생했다. 소비자의 건강이나 권익을 침해하는 경우도 기업 이미지 및 성과에 치명적인 악영향을 끼치며, 심지어 기업을 파산에 이르게 하기도 한다. 머크(Merck)사는 2004년 관절염 치료제 바이옥스의 부작용에 대해 적기에 대응하지 못한 탓에 그해 매출이 전년 대비 42%나 감소할 정도로 심각한 타격을 입었다.

일본의 유키지루시(雪印)의 연이은 위기도 정도경영을 제대로 하지 않은 탓에 초래된 사례다. 1950년에 설립된 일본 최대의 유제품 업체 유키지루시유업은 식중독 사건에 대해 미온적으로 대처하다가 위기를 자초했다. 2000년 제조과정에서 오염된 우유를 마시고 약 1만 5,000명의 식중독 환자가 발생했다. 당시 유키지루시유업은 잘못을 인정하기보다는 책임회피로 일관하다가 사태가 악화되자 최고경영자가 사퇴하고 브랜드 이미지가 급락하는 위기를 경험하였다. 사태는 여기서 끝나지 않았다. 2001년 수입산 쇠고기에서 발생한 광우병 사태 시 유키지루시유업의 자회사인 유키지루시식품은 '수입 쇠고기 국산 위장 사건'으로 인해 2002년에 결국 파산하였다.

■ 사회공헌

'사회공헌'은 자원봉사활동, 지역사회활동, 긴급구호활동, 기부금 기탁 등 기존의 자선활동은 물론이고 기업의 경영전략과 연계해 시너지를 낼 수 있는 전략적 사회공헌활동을 포함한다. 잉여상품, 유통채널, 기술 노하우와 같은 비금전적 기업자산의 기증 및 공유 등도 이에 포함된다.

기업의 자선활동은 CSR 중에서 '자유재량적 자선의 책임'을 다하기 위해 하는 활동으로 공익사업, 기부, 자원봉사활동을 망라한다. 공익사업은 기업이 자선활동으로 행하는 사업을 총칭하는 것으로, 경제적 이익이 아니라 '사회의 발전' 혹은 '기아문제 해결'과 같은 특정 목적을 이루기 위해, 다시 말해 기업이 사회를 위해 수행하는 사업을 지칭한다.

공익사업을 하고 있는 기업은 직접 운영을 하는 경우도 있고 NPO나 NGO에게 운영을 위탁하는 대신 재정적인 지원을 제공하는 경우도 있다. 기부(Donation)는 자선을 목적으로 현금, 서비스, 현물, 장소를 조건이나 대가 없이 제공하는 것을 의미한다. 협찬/후원(Sponsorship)은 특정 행사, 사람, 조직에 현금, 서비스, 현물 등을 제공한다는 점에서 기부금과 비슷하지만, 대개 후원기관의 홍보를 목적으로 한다는 점에서 기부금과는 다르다. 기업 홍보를 목저으로 후원을 하는 경우에는 자선활동이라기보다 마케팅 비용으로 처리하는 것이 일반적이므로, 기부금과 협찬/후원금은 구별해야 할 필요가 있다.

사회공헌활동을 마케팅으로 연결시키는 '공익연계 마케팅(Cause Related Marketing)'을 펼칠 경우 PR 효과뿐 아니라 매출 증대를 기대할 수 있다. 1983년 '자유의 여신상' 복원 캠페인의 일환으로 카드 사용을 촉진한 아메리칸 익스프레스(AMEX)의 경우가 최초의 공익

연계 마케팅 사례라고 할 수 있는데, AMEX는 그해 카드 사용률이 27% 신장되었을 뿐 아니라 신규카드 발행률도 17%나 증가하였다. 이후 AMEX의 성공사례를 벤치마킹해 기업들이 사회공헌활동을 적극 전개하였다. 그에 따라 기업의 공익연계 마케팅 지출 비용도 1990년 1억 2,500만 달러에서 2002년 8억 2,800만 달러로 약 7배 증가하였다.[55]

P&G는 2000년 개발한 식수 정화제품 퓨어(PUR)를 CSR 대표상품으로 성장시켰다. 개도국 저소득층을 대상으로 개발한 퓨어의 판매가 예상외로 부진하자 P&G는 CSR 차원에서 접근하기로 과감하게 전략을 선회했다. 그에 따라 2005년 12월 이탈리아 까르푸 매장에서 파키스탄 지진 구호 캠페인 명목 하에 일주일간 P&G 세제류를 판매한 후, 그 수익금으로 퓨어 7만 개를 기부하였다.[56]

③ CSR 급부상의 원인

CSR의 중요성이 더욱 커지고 있는 원인에는 여러 요인들이 복잡하게 얽혀 있다. 기업활동을 하면서 기업은 때로 예기치 않게 공해물질을 배출하고 환경오염과 같은 대규모 사회문제를 일으키는 문제 제공자가 되기도 한다. 동시에 기업은 보유자원을 통해 이런 문제를 해결하는 해결사 역할을 수행할 수 있는 역량을 가진 조직이기도 하다. 즉, CSR이 급부상한 이면에는 결자해지(結者解之), 다시 말해 원인 제공자인 기업이 해결사 역할도 해야 한다는 의미가 담겨 있다고 할 수 있다.

한편, 글로벌 기업의 매출과 자산 규모가 후진국의 GDP보다 클 정도로 전 세계 국가를 대상으로 사업을 하는 글로벌 기업의 영향력이 증대되고 있다. 이처럼 많은 자원을 보유하고 있는 글로벌 기업은 그에 상응하는 만큼의 더 높은 사회적 요구에 직면해 있다. 그에 따라 기업은 주주의 경제적 요구뿐만 아니라 다양한 이해관계자의 사회적 요구를 현명하게 조화시켜야 하는 커다란 부담을 지고 있다. 투자자, 소비자, 거래기업, 종업원, 정부, 언론, 지역사회 등 다양한 이해관계자들과 상생해야 하기 때문이다. 특히 글로벌 기업일수록 본국시장과 세계시장의 요구에 대응하는 것은 물론 다양한 이해관계자의 요구에 대응하는 등 안팎으로 다양한 이해관계를 조정할 수 있는 역량이 절실히 필요하다. 그중에서 최근 가장 큰 압력으로 등장하고 있는 것이 특정 국가의 기업이 아니라 글로벌 기업으로서 CSR에 대한 요구다.

■ 기업 사회투자자로서의 역할 확대

글로벌화로 인한 부의 양극화 문제가 거의 모든 나라에서 심각해짐에 따라, 각국은 노동시장의 유연성과 경제의 효율성을 유지하면서 동시에 사회적 문제를 해결해야 하는 요구를 받고 있다. OECD의 "2007년도 고용전망 보고서"는 세계화의 혜택이 노동자에게 제대로 돌아가지 않아 소득 격차와 양극화가 심화되고 있다고 지적했다. 요컨대 "일부 노동자들은 세계화 때문에 많은 것을 잃는다"라며, "조사 대상국의 생산성은 지난 2년 동안 평균 1.5% 늘었지만, 1인당 실질임금은 2005년 0.6%, 2006년 1.2% 증가에 그쳤다"라는 설문결과를 보고했던 것이다. 이것은 자유무역을 활성화하는 것도 중요하지만, 노동조건 개선과 사회안전망 확충을 통해 노동시장을 변화시키기 위한 노력이 병행되어야 함을 시사한다.

■ 다수 이해관계자 압력 증가

다수 이해관계자가 글로벌 기업에 주는 압력도 증가하고 있다. 이는 NPO 및 NGO 수의 증가, 다양한 국제규약 발표 등 기업이 준수하고 대응해야 할 이슈가 증가하는 데에서도 기인한다. 다수 이해관계자의 만족도 제고를 위해 글로벌 기업은 이해관계자와 적극적으로 협력체계를 구축하고 있다. GE, MS, 스타벅스 등의 글로벌 기업들은 지역사회, NGO, 국제기관, 투자기관 등 다수 이해관계자의 니즈를 파악하기 위해 정기적으로 대화의 장을 마련하고 있다. 이런 현상을 볼 때, 이제는 고객 만족(Customer Satisfaction)의 시대에서 이해관계자 만족(Stakeholder Satisfaction)의 시대라고 해야 할 것이다. 요컨대, 기업경영의 우수성이 다수 이해관계자의 니즈를 잘 만족시켰느냐에 좌우될 수 있는 상황이 전개되고 있다. 이에 따라 다수 이해관계자가 요구하는 다양한 CSR 측면을 관리하는 경영진의 역량이 기업의 경쟁력으로 평가되고 있다.

i) 투자자의 압력

《메가트렌드 2010》의 저자 에버딘은 7대 메가트렌드의 하나로 '사회책임투자의 시대'가 도래했음을 주장하면서, 1995년부터 2003년까지 SRI가 전체 펀드 영역보다 40% 고속 성장한 것에 주목한다. SRI 펀드는 사회적인 책임을 다하는 기업들을 골라 투자하는 펀드로서 지속적인 성장세를 보이고 있다. 미국의 SRI 규모는 2005년 2조 2,900억 달러로 1995년 6,390억 달러 대비 약 3.6배 확대되었다. SRI가 미국 전체 펀드 24조 4,000억 달러에서 차지하는 비중은 약 9.4%이다.[57] 이것은 1995년 이후 연평균 13.6%씩 성장했음을 의미한다. 유럽의 SRI 시장도 계속 성장하고 있다. 유럽의 SRI 규모는 2005년 약 1조 유로에 달해, 유럽 전체 펀드의 10~15%를 차지했다. 이렇듯 SRI 규모가 급격히 늘고 있는 것은 그만큼 CSR이 기업성과에 긍정적인 영향을 미치기 때문이라고 유추할 수 있다.

대형 투자은행도 기업의 CSR과 관련된 내용을 평가하고 이를 근거로 투자기업을 선정하고 있는 추세다. 예를 들면 골드만삭스는 2006년 CSR을 측정하기 위한 평가지표인 ESG를 개발해 이를 기초로 투자대상기업을 선정하고 있다. ESG란 'Environment, Social, Corporate Governance', 즉 '환경, 사회, 지배구조'를 의미한다. 골드만삭스는 ESG를 기업경영의 우수성을 나타내는 대리지표(proxy)로 활용한다. 즉 ESG 점수가 높을수록 경영을 잘하고 있는 것으로 평가하는 것이다.

컨설팅회사인 머서(Mercer)사가 2006년 투자전문가 200명을 대상으로 설문조사한 결과, ESG가 3~10년 내에 투자분석의 대세로 자리잡을 것이라고 응답한 비율이 70%로 나타났다. 펀드를 운영하는 기관은 기관이 정한 기준에 근거해 경제, 환경, 사회적인 측면에서 매년 각 기업을 평가하고 평가 내용을 업데이트하고 있다. 경제 측면에서는 지배구조, 주주관계, 전략적 계획, 평가제도, 위험 & 위기관리, 행동 규범, 컴플라이언스, CRM(Customer Relationship Management), 재무

건전성 등을 평가한다. 환경 측면에서는 환경정책 수립 여부 및 환경 보고서 발행 등이 주요한 평가기준이다. 사회 측면에서는 노동 관련 문제, 인적자원, 인재, 외부 이해관계자 관계, 기업시민의식, 기업시민 보고서 출간 여부 등을 평가한다.

CSR의 효과에 대해 직접적으로 증명하기는 힘들다. CSR이라는 개념이 혼용되어 사용되고 있는데다 CSR을 객관적으로 측정하기도 쉽지 않기 때문이다. 하지만 SRI 시장의 지속적인 성장, 대형투자은행의 평가기준에 CSR 항목 포함 등은 CSR이 기업의 성과에 직ㆍ간접적으로 영향을 미치고 있음을 여실히 증명해준다. 따라서 경제활동과 CSR 활동은 상호작용을 통해 기업 이미지와 재무성과에 기여할 수 있고, 결과적으로 기업의 시장가치와 경쟁력을 제고한다고 말할 수 있다.

ii) 소비자의 압력

기업의 사회적 역할에 대한 소비자들의 관심 역시 증가해, CSR은 경쟁사와 차별화 되기를 원하는 기업의 중요한 수단으로 부각되고 있다. 최근 소비자들은 제품이나 서비스 구매 시, 기업 자체의 윤리성과 사회적 역할에 대해서도 높은 관심을 보이고 있다. 소비자들의 관심을 받는 사회공헌활동이 브랜드 이미지 상승 및 소비자 로열티 증대로 연결되고 결과적으로 매출 상승을 가져다 준다는 것은 이미 학계의 연구를 통해서도 증명되었다.

소비자 역시 CSR 관련 활동의 수행과 소비 선택을 연계하고 있는 추세를 볼 수 있다. 사회책임경영 관련 컨설팅기업 콘(Cone Inc.)의 조사에 따르면, 소비자들이 사회에 이윤을 환원하는 기업을 지지하는 추세가 지속되고 있다. 2007년 "콘 사의 원인 발전 설문조사 (Cone Cause Evolution Survey)"에 따르면, 제품과 가격이 비슷한 경우 사회적 문제를 해결하고자 노력하는 기업의 브랜드를 선택할 것이라고 응답한 미국인은 87%였다. 비슷한 설문을 2004년에 수행했을 때는 86%의 응답을 보였다.

ⅲ) 국제기관의 압력

국제적으로는 UN 산하기구 및 ISO(국제표준화기구)가 주축이 되어 CSR과 관련된 원칙 및 제도를 수립하였다. 비록 자발적인 참여에 의존하고 있기는 하지만, 선진기업들과 선진국의 지도자들이 CSR 관련 제도를 옹호하면서 글로벌스탠더드로 작용할 가능성을 배제할 수 없는 상황이다. CSR과 관련해 기업에 주된 영향력을 미치고 있는 국제기구 및 표준으로는 Global Reporting Initiative(이하 GRI, 1997년 설립), UN Global Compact(이하 UNGC, 2000년 출범), 국제표준화기구가 CSR의 국제표준으로 2008년 발표할 예정인 ISO 26000 등이 있다.

④ CSR 국제기준 및 표준화의 영향과 기능

글로벌화의 진전 및 기업의 사회적 영향력이 점점 커지면서 CSR에 대한 이해관계자의 요구도 날로 증대하고 있다. NGO, 소비자단체 등도 기업들이 '삶의 질'과 '환경문제 개선' 등에 책임 있게 행동해줄 것을 지속적으로 요구하고 있다. 다양한 국제기구들과 글로

벌 리더들 역시 환경경영, 인권보호 등 기업의 사회적 책임을 강조
하고 있다.

■ Global Reporting Initiative(GRI)

GRI는 1997년 미국의 시민단체 CERES와 유엔환경개발(UNEP)이
중심이 되어 설립한 국제기구다. GRI의 주요 업무는 지속가능경영
보고서 가이드라인(Sustainability Reporting Guidelines)의 발간 및 보
급이다. 이를 통해 GRI는 경제의 질적 향상, 친환경 경영, 사회적
책임 분야의 가이드라인을 제시하고 있다. 2000년 6월 초판이 발표
되었고, 현재는 같은 해 10월에 발표된 버전 3인 G3(GRI's third
iteration Sustainability Reporting Guideline)이 개발되어 통용되고 있다.
지속가능경영 보고서의 주요 목적은 이해관계자와 지속적으로 대
화를 하는 데 있다. 또한 GRI의 임무는 지속가능경영 보고서의 품
질을 기업의 재무 보고서(Annual Report) 수준으로 끌어올리고 표준
화하는 데 있다.

GRI는 기업이 발간한 지속가능경영 보고서인 GRI 보고서를 등
록하도록 사이트[58]를 운영하며, 등록된 보고서를 데이터베이스화해
인터넷을 통해 일반에 공개하고 있다. 지속가능경영을 중요시하는
투자자와 분석가는 GRI 사이트를 통해서 사회적으로 책임감 있게
경영하는 기업의 현황을 손쉽게 비교, 판단할 수 있다.

기업이 GRI가 제시하는 가이드라인을 따를 수밖에 없는 이유는
무엇보다 기업의 경영도 글로벌스탠더드를 따를 수밖에 없기 때문
이다. 전 세계 기업을 대상으로 책임감 있는 기업시민활동을 장려

하기 위해 GRI는 UNGC와 전략적 제휴를 체결하였다. GRI와 UNGC는 기업들이 상호 간에 제시된 가이드라인을 동시에 충족할 수 있는 보고서를 낼 수 있도록 공동 사용 안내서를 발표하고 기업들에 가이드라인 준수를 촉구하고 있다. 또한 2007년도 G8 정상회담에서도 GRI 보고서 발간을 촉구하는 성명을 발표하였다. GRI는 건전한 지배구조의 기초를 제공하는 한편 기업경영의 투명성을 제고해, 다수 이해관계자 간의 충돌을 사전에 예방하는 역할을 할 수 있다. 또한 GRI는 선진기업들이 개발도상국 기업에 대해 투자결정을 내리는 데도 도움을 줄 수 있으므로, 개발도상국의 발전을 돕는 데 기여할 수 있다고 주장한다.

■ UN Global Compact(UNGC)

다양한 국제기구들이 주체가 되어 환경경영, 인권보호 등 CSR과 관련된 표준화 노력을 지속적으로 진행하고 있다. 2000년 UN의 코피 아난 전 사무총장은 사회문제 해결을 위한 기업의 적극적인 참여를 요구하면서 UNGC를 출범시켰다. 2000년 뉴욕 UN본부에서 발족된 Global Compact는 기업의 지속가능한 발전을 목표로 하고 있으며, 기업과 이해관계자들이 자발적으로 참여하는 사회적 책임에 관한 국제협약이다. UNGC에 가입한 기업은 인권, 노동, 환경, 반부패 등 4대 분야의 10대 원칙을 기업경영에 자발적으로 적용해야 하며, 원칙 준수 결과를 매년 1회씩 UN에 보고해야 한다. 현재 120개국 이상에서 3,700개 이상의 기업이 회원으로 참여하고 있으며, 전 세계 50여 개국 간 네트워크가 운영되고 있다. UNGC에 가

〈표 4-1〉 UN Global Compact의 10대 원칙

1. 인권(Human Rights)
   원칙 1 : 기업은 국제적으로 공표된 인권의 보호를 지지하고 존중한다.
   원칙 2 : 기업은 인권학대에 연루되지 않을 것을 분명히 한다.

2. 노동기준(Labor Standards)
   원칙 3 : 기업은 실질적인 결사의 자유 및 단체교섭권을 인정한다.
   원칙 4 : 기업은 모든 형태의 강제노동을 철폐한다.
   원칙 5 : 기업은 아동노동을 실질적으로 철폐한다.
   원칙 6 : 기업은 고용과 직업에서의 차별을 철폐한다.

3. 환경(Environment)
   원칙 7 : 기업은 환경문제에 대한 사전주의적인 접근법을 지지한다.
   원칙 8 : 기업은 보다 큰 환경적 책임을 장려하는 조치를 수행한다.
   원칙 9 : 기업은 환경 친화적인 기술의 개발과 확산을 촉진한다.

4. 반부패(Anti-Corruption)
   원칙 10 : 기업은 금품 강요 및 뇌물수수 등을 포함하는 모든 형태의 부패에 반대한다.

입한 한국의 기업 및 단체는 한국전력, 유한킴벌리, SK텔레콤, 우리은행, 한국녹색연합 등 43개(2007년 5월 기준)로 집계되고 있다.

■ UN Millennium Development Goal(MDG)

2000년 9월 뉴욕 UN본부에서 개최된 UN 밀레니엄 회담(Millennium Summit)을 통해 빈곤 타파에 관한 범세계적인 의제로 MDG가 채택되었다. 당시에 참가했던 191개국의 세계 지도자들은 2015년까지 다음 8가지의 목표를 실천하는 데 동의하였다. ①극심한 빈곤과 기아 퇴치, ②초등교육의 완전 보급, ③성 평등 촉진과 여권 신장, ④유아 사망률 감축, ⑤임산부의 건강 개선, ⑥에이즈와 말라리아 등의 질병과의 전쟁, ⑦환경의 지속가능성 보장, ⑧발전을 위한 전 세계적인 동반관계 구축 등이 그것이다.

■ CSR 국제표준화 기준인 ISO 26000

2000년을 전후해 ISO가 CSR에 대한 국제표준 제정 및 이행을 위한 작업을 추진 중이다. ISO는 조직체의 활동과정에서 윤리, 투명, 환경, 인권, 사회공헌 등의 가치를 제고시켜 관련 이해관계자뿐만 아니라 지역사회, 더 나아가 인류사회 전체에 이익이 되도록 하는 행위로 Social Responsibility(SR)를 정의한다. ISO는 2002년 SR의 국제표준화를 추진하기로 결정하고, 2005년 3월 브라질에서 제1차 Technology Management Board(TMB, 기술관리이사회) 작업반 회의를 개최하였다. 여기에는 43개국 24개 국제기구에서 250명이 참가하여 ISO 설립 이래 작업반 회의 참석 규모 면에서 사상 최대를 기록하는 등 각국의 관심이 집중되었다.

ISO는 기업의 사회적 책임에 관한 국제표준인 ISO 26000을 2008년 발표하고, 2009년부터 이를 기업의 CSR 활동 인증으로 도입할 예정이다. 환경인증체제인 ISO 14000 준수 여부가 '환경장벽'으로 작용했듯 ISO 26000은 'CSR 장벽'으로 작용할 전망이다. WTO, OECD 등 많은 국제기구들이 참여하고 있는 ISO 26000은 금융기관들의 투자 및 기업평가 시 중요한 지표로 사용될 전망이다.

구분	내용	비고
명칭	ISO 26000 Guideline on Social Responsibility	
적용범위	조직의 사회적 책임에 대한 지침	인증 규격 아님
참고문헌	관련 ISO 표준 및 국제법/지침 등	
용어 및 정의	규격 내 필요한 용어를 정의	
SR 원칙	−국제법과 관련 지침을 존중 −조직의 유연성 및 자주성을 존중 −각국의 문화 · 경제적 차이를 존중 −투명성, 공정성, 반응성, 신뢰성, 적합성 −관계자 신뢰와 만족을 통해 지속적 사업의 연속성	ILO 선언, UN 글로벌 협약 등
SR 체계 구축	−조직의 비전, 목적, 정책, 전략 및 SR 이행 간의 관계 −SR 정책 및 의무, 조직관리, 자원 배정 −커뮤니케이션 정책	
조직 내 SR 관리	−이해관계자 참여 −SR 이슈 규명, SR 이슈 분석 및 평가 −이행, 성과 및 이행 감시, 유지 및 개선	
SR 커뮤니케이션	−이해당사자와의 커뮤니케이션 원칙 및 절차 등 시스템 −성과 홍보 도구로서의 보고	근로자 및 소비자 포함

자료 : 산업자원부, "기업 및 조직의 사회적 책임", 2005; 전국경제인연합, 《기업의 사회적 책임(CSR) 논의 동향》, 2006
에서 재인용.

3. 글로벌 기업의 사회투자 전략

기업은 다양한 방법으로 사회의 문제를 해결하는 데 기여할 수
있다. 기업이 가진 금전과 같은 유형자원만을 가리키는 것은 아니
다. 오히려 기업이 가지고 있는 경영과 운영상의 지식, 기술, 노하
우와 같은 무형자원이 사회문제 해결에 크게 도움이 될 수 있다. 환

경경영과 정도경영은 기업의 존립을 위해 의무적으로 지켜야 하지만, 사회공헌은 진정한 의미에서 기업이 자발적으로 사회에 투자하는 활동이다.

기업이 수행하는 다양한 사회공헌활동에 직원들이 자발적으로 참여하도록 함으로써 직원들에게 사회에 봉사할 기회를 제공하는 것은 물론 직장에 대한 만족도와 자긍심을 높일 수 있다. 따라서 범위를 좁혀서 CSR 중에서도 기업이 자발적으로 사회에 투자하는 활동인 사회공헌활동을 통해 기업이 성과를 낼 수 있는 방법에 대해 살펴볼 필요가 있다. 특히 글로벌 기업의 사회투자 전략 사례는 많은 시사점을 제공해준다.

① 국가별 차별 전략

기업의 사회적 책임 영역 중에서 사회공헌활동의 중요성이 점차 부각되고 있다. 기업의 '사회공헌활동'이란 특정 자선단체나 사회문제 해결을 위해 현금이나 현물 등 기업의 유·무형 자산을 기부하는 것으로, 초기에는 순수한 자선적 동기에서 비롯된 것이 많았다. 그러나 최근에는 전략적 차원에서 사회공헌활동에 접근하는 경향을 보이고 있다.

미국이나 서유럽 등 선진국의 글로벌 기업들이 자국에서 수행하는 사회투자 전략과 이들 기업이 진출하여 사업을 하고 있는 개발도상국이나 후진국에서 수행하는 사회투자 전략에는 많은 차이가 있다. 이처럼 차이가 나는 까닭은 각국이 필요로 하는 사회적 니즈가 다르기 때문이다. 예를 들면 사회복지제도가 잘 정비된 서유럽에서는 기업이 사회복지와 관련된 문제에 관여할 필요가 없다. 이미 국가의 체계적인 관리 하에 있기 때문이다. 하지만 사회복지제도가 거의 없거나 잘 발달하지 않은 개발도상국에 진출하는 경우에는 해당 진출 지역에 적합한 투자를 해야만 하는 것이다.

GE의 경우 미국에서는 대학진학 지원 프로그램을 주요 공익사업으로 하고 있지만, 미국 이외의 지역에서는 각 지역사회에서 필요로 하는 공익사업을 개발하여 수행함으로써 국가별로 차별화된 사회투자 전략을 추구하는 기업으로 유명하다. GE는 개발도상국·후진국에서 일자리와 인프라를 제공하는 역할을 수행함에도 공격의 표적이 되기 쉽기에 '기업 대 국가(Company to Country)', 즉 '한 나라가 필요로 하는 모든 것을 제공하는 회사'라는 사업과 사회공헌을 통합하는 전략을 개발하였다.

이 전략의 핵심은 개발도상국이나 후진국 등의 신흥시장에서는 해당 국가 정부의 사회복지 및 인프라 구축 사업을 도와 사회 발전에 적극 동참하면서 사업을 추진한다는 것이다. '기업 대 국가' 전략은 지배구조, 법적 규제, 환경, 건강, 안전에서 엄격한 기준을 적용하고 이를 평가하는 골격을 제공하고 있다. GE는 '기업 대 국가' 전략의 4대 신조를 선언하고, 이를 통해 GE의 성공을 평가하고 개선이 필요한 부분을 파악한다.

② 다수 이해관계자와의 파트너십

CSR 활동, 특히 공익사업의 경우 전문성 확보를 위해 이해관계자와의 파트너십을 구축하는 것이 좋다. 기업의 본연의 업무는 경제

1부 · 한국기업의 글로벌 전략과 시스템 구축

전략	사례
1. '하나의 GE' 원칙 아래 시장에 진출한다	− GE의 2005년도 중국에서의 매출은 전년 대비 21%가 증가한 51억 달러를 기록
2. 정직하게 사업한다	− GE는 베이징에서 열린 기업지배구조 개선 포럼을 후원 − GE는 상하이보건당국과 공동으로 직장 건강 프로그램에 관한 베스트 프랙티스를 제공 − GE는 중국에서 환경, 건강과 안전에 관해 2만 3,384시간 강의를 제공
3. 지역사회 역량을 개발한다	− GE는 1999년부터 2005년까지 중국 160개 기업의 CEO에게 GE의 크로톤빌(Crotonville) 교육센터에서 교육을 제공 − 상하이에 글로벌기술센터(Global Technology Center)를 설립하여 지역 인재를 양성 − GE는 중국 상업 리더십 프로그램(Chinese Commercial Leadership Program) 참석자 30명을 중국 GE 법인에 8개월간 로테이션시키면서 현장교육을 제공
4. 지역사회에 기여한다	− GE재단은 중국에서의 교육 프로그램에 100만 달러를 기부 − GE재단은 30만 명의 학생을 가르치는 1,500명의 중국 교사 연수를 위해 중국 청소년 개발 재단(China Youth Development Foundation) 지원

자료 : GE 2006 Citizenship Report, p. 33.

활동이고, 공익사업 분야는 비록 업과 관련이 있다고 해도 기업이 전문성을 확보하기에는 어렵기 때문이다. 그런 관점에서 보면, 파트너십을 구축하는 것은 사회공헌활동의 아웃소싱으로 생각하는 것이 현실적이다.

기업이 공익사업을 전문적으로 수행하고자 할 경우 기업 내부에 사회복지사, 관련 분야 전문가와 같이 비주력 분야의 인력을 증원해야 하는 문제가 발생한다. 이는 현재의 기업경영 추세와 원칙에 적합하지 않다. 또한 사회공헌활동 부서가 지나치게 비대해지고 관료화될 소지도 커진다. 경기가 좋은 때는 부담을 크게 느끼지 않을 수 있지만, 경기가 어려워지면 비대해진 사회공헌활동 부서는 큰 부담으로 작용할 우려가 크다. 반면에 파트너십은 지역사회의 네트워크를 활용할 수 있는 장점이 있다. 해외에 진출하는 경우 지역사회와의 화합과 융합 여부가 그 지역은 물론 국가 전체적인 차원에서 기업 인지도에 영향을 미칠 수 있다.

기업이 사회공헌활동을 하고 있는 기관과 파트너십을 구축하여 성공적으로 공헌활동을 할 수 있도록 지원하는 것은 상생추구를 실천하는 적절한 방법이 될 수 있다. 물론 기업이 정부기관, NGO, NPO, UN 산하기구와 파트너십을 구축하여 함께 일하는 것은 효율성이나 속도 면에서 많은 인내심을 요구한다. 그러나 사회공헌활동은 효율성만을 추구하기 위한 것이 아니고, 장기적으로 바람직한 방향으로 사회를 변화시키기 위한 것이므로 기업이 경영성과를 평가하듯이 사회공헌의 성과를 평가하는 것은 바람직하지 않다고 해야 할 것이다.

글로벌 기업의 관계자와의 인터뷰에서 발견한 공통점은 기업은 공익사업을 직접 운영하지 않는다는 원칙을 갖고 있다는 것이다. 공익사업의 경우 기업은 '금을 대주는 기관(Funder)이고, 사회를 어느 방향으로 바꾸겠다는 아이디어를 내는 기관(Shaper)'이라는 입장을 갖고 있으며, 이 원칙을 고수한다. 따라서 파트너 기관이 기업의 취지를 잘 수행할 수 있을지를 판단하는 일이 매우 중요하며, 때로는 NGO, NPO의 경영역량을 개발하는 일도 병행되어야 한다.

GE는 지원 규모가 큰 만큼 지원을 받는 지역사회, NGO, NPO에게 성과평가 등을 까다롭게 요구한다.

가족재단이기는 하지만, 게이츠재단은 저개발국가에 그랜트(사회공헌활동의 자금)를 지원할 경우 그 나라 정부에 매칭그랜트를 조건으로 내세움으로써 그 나라가 사회 변화를 하겠다는 의지를 표현하도록 요구하는 것으로 유명하다. 만일 해당 국가 정부가 이를 받아들이지 않을 경우 게이츠재단은 그랜트를 지원하지 않는다는 원칙을 가지고 있다. 저개발국가에서는 기업을 대신해서 공익사업을 실행할 수 있는 비영리기구를 찾는 일도 쉽지 않지만, 이런 경우에도 정부나 지방자치단체 혹은 UN기구를 활용한다. 정부, 지방자치단체, UN기구가 관료주의화되어 기업이 수용하기 어려운 상황이 발생할 수도 있지만, 이런 단체나 기구와 파트너십을 구축하는 것은 지역사회에서 공익사업의 정당성(legitimacy)을 확보하는 데 중요하다.

파트너십 구축을 통해 성공적으로 사회투자를 하고 있는 사례를 살펴보면, 먼저 GE를 들 수 있다. GE의 사회공헌활동은 '다부문 간 협력(Inter-sector Collaboration, 이하 ISC)' 정신에서 운영된다. 다부문 간 협력은 사회공헌활동 수행과정에서 기업이 정부 및 민간단체와 협력체계를 구축하는 것을 의미하며, Cross-sector Partnership이라는 말로도 표현된다. GE가 글로벌 사회공헌활동에서도 ISC를 더욱 중시하여 지역사회 및 정부 관료와의 관계를 구축하는 데 사회공헌활동이 큰 역할을 수행한다.

특히 개발도상국이나 후진국에서 GE는 정부와의 협력체계 구축을 통해 사회공헌도 하고 사업기회도 창출하고 있다. GE가 중국에서 수행하고 있는 사회공헌활동에는 정부 관리들에게 경영교육을 제공하는 일도 포함된다. 이처럼 GE는 사회공헌활동을 통해 민간, 정부와의 우호적인 관계를 구축할 수 있도록 사업을 하고 있는 국가의 니즈를 만족시킬 만한 프로그램을 고안하였다.

파트너십을 잘 활용하고 있는 또 하나의 기업은 MS이다. MS는 IT를 통해 개인, 조직, 지역사회의 역량을 높이는 주제에 집중한다. MS 사회공헌활동의 핵심가치는 '파트너십'과 '협업(Collaboration)' 으로서 MS 비즈니스의 핵심가치와 일치한다. MS 최고경영진은 해외 방문 시에 정부나 비정부기구, 지역사회 리더들과 다양한 모임을 가지면서 파트너십과 협력체계를 구축하기 위해 노력한다. MS의 CEO인 스티브 발머(Steve Balmer)는 파트너십과 협업의 중요성에 대해 다음과 같이 이야기한다.

"MS 비즈니스의 핵심가치는 바로 파트너십과 협업입니다. MS는 각국 정부나 NGO들과도 이러한 가치를 기반으로 함께 협력해나가고 있습니다. MS가 IT산업에서 업계 리더 역할을 하고 신뢰할 수 있는 컴퓨팅 환경을 창출하며 이전까지 기술의 혜택을 받지 못한 수억 명의 사람들에게 새로운 가능성을 제공하여 전 세계의 지식기반경제 발전을 앞당겨 나가는 데에는 바로 파트너십과 협업이 중추 역할을 합니다." [59]

스티브 발머의 말처럼 MS는 사회투자를 사업의 연장선상에서 사업처럼 하고 있는 기업이다.

1부 · 한국기업의 글로벌 전략과 시스템 구축

③ 전략적 사회공헌 전략

기업시민주의에서는 사회공헌활동 지출을 사회문제 해결에 도움을 줄 뿐 아니라 기업에도 이익을 가져다주는 '사회적 투자'로 인식한다. 현재 고객이 있는 지역사회에 대한 사회공헌활동은 해당 지역에서의 기업 브랜드 호감도를 높이므로 시장방어를 위한 투자로 판단된다. 이러한 인식과 판단에서 전략적 사회공헌이라는 신개념이 도입되었다. 즉 기업은 사회공헌활동을 펼칠 때에도 기업이 가진 역량과 사회적 니즈 간의 가장 효과적인 결합을 통해 가장 큰 성과를 낼 수 있는 분야를 선택하고 가장 효율적으로 자원을 동원할 수 있는 제휴 시스템을 구축하는 등 일상적 전략경영활동을 추진하는 것과 같은 접근법을 따라야 한다는 것이다.[60]

사회적 니즈가 강하면서 기업의 보유 역량 및 자원이 가장 크게 소용되는 영역에서 사회공헌활동을 펼칠 때 가장 높은 효과를 실현할 수 있다. 따라서 사회에서 도움을 절실히 원하는 영역을 발굴할 필요가 있다. 이를 위해서는 현재 기업이 보유하고 있는 역량 및 자원이 그 영역의 문제를 해결하는 데 실제 얼마나 도움이 될 수 있는지를 파악하는 것이 요구된다.

우선, 특정 사회문제의 심각성, 시급성, 지속성이 높을수록 그 사회적 니즈가 강한 것으로 판단할 수 있다. 그리고 해당 사회문제 해결을 위해 동원 가능한 투입물, 프로세스, 인프라가 많을수록 기업의 역량이 높은 것으로 평가할 수 있다. 이러한 사회적 니즈와 기업의 역량 및 자원 활용 가능성 여부를 통해 사회공헌활동을 네 가지 유형으로 분류할 수 있다. 이 중에서 사회적 니즈가 크고 동시에 기

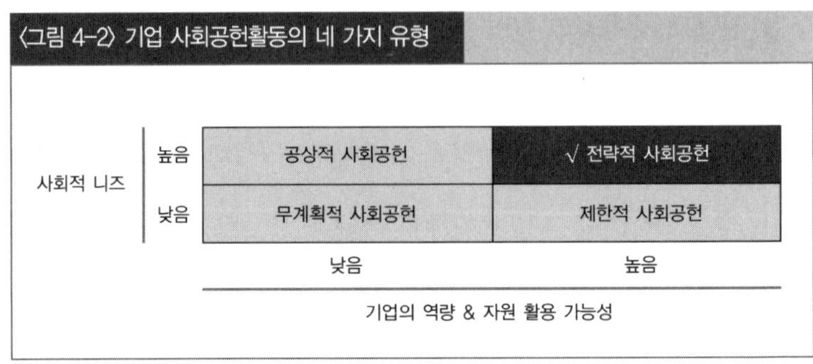

업의 역량 및 자원을 활용할 가능성 역시 높은 부문에 집중하는 것이 바로 '전략적 사회공헌'이라고 할 수 있다.[61]

2001년 세계적인 다국적 제약회사인 글락소스미스클라인(GSK)은 남아프리카공화국 정부가 에이즈 퇴치를 위해 값싼 복제의약품을 사들이려 했다며 거대 제약사들과 함께 소송을 제기하려 했다. 하지만 여론의 거센 비난을 받고서 소송을 철회하였고, 이후 CSR 차원에서 의약품 지원을 결정하였다. 특히 2007년 4억 달러 이상을 들여 뇌수막염 백신인 '글로보릭스(Globorix)'를 아프리카에 저가로 공급하기 위해 개발하였다. 이는 거대 제약회사가 제3세계 질병에 관심을 가지고 백신을 개발한 모범사례로 손꼽힌다.[62] 이후 GSK는 〈뉴스위크〉지(일본판)가 선정한 '세계에서 CSR을 가장 잘하는 30대 기업'에 2006년과 2007년 2년 연속으로 각각 8위와 18위에 이름을 올렸다.[63]

4. 한국기업에의 시사점

지금까지 CSR이 기업경영에서 차지하는 비중이 점차 증가하는 추세에 있다는 것을 이론과 현장의 관점에서 정리하였다. 특히 매출, 호감도, 브랜드력, 명성 등 기업의 유·무형 자산가치에 기여하는 CSR의 영향력이 확대되고 있기 때문에 글로벌 다국적기업이 CSR 관리에 더욱 적극적으로 나서고 있는 것을 사례를 통해 볼 수 있었다.

오늘날 대부분의 기업은 주주의 경제적 요구뿐만 아니라 다양한 이해관계자의 사회적 요구를 조화시켜야 하는 딜레마에 직면해 있다. 기업은 투자자, 직원, 소비자, 거래기업, 언론, 지역사회 등 다양한 이해관계자들과의 상생을 도모하는 경영활동을 해야 한다. 향후 기업의 지속성장 여부는 매출 확대와 더불어 다양한 이해관계자의 요구를 충족시키는 능력에 좌우될 전망이다. 법적으로 아무 문제가 없는 경영활동도 이해관계자의 반발에 부딪히는 경우가 종종 발생하기 때문이다. 기업의 사회관리 성공요인에 대해 마지막으로 정리하면 다음과 같다.

① 다양한 사회적 니즈를 파악하라

다국적 시민권자로서 글로벌 기업은 국가, 지역사회의 니즈를 적극적으로 파악하고 이에 대응해야 한다. 이를 위해서는 세 가지 원칙을 지켜야 한다. 첫째, 시장의 목소리를 들어야 한다. 사회공헌활동이 선택의 문제였던 과거에는 그저 '주고 기분 좋은(Giving oriented)' 활동으로 인식되었기 때문에 시장의 니즈 분석에 대한 고민 없이 수행하였지만, 지금은 사회공헌활동도 사회의 니즈에 부응해야 하는 '사업'이라는 관점에서 사회의 니즈를 우선적으로 파악할 필요가 있다. 둘째, 시스템으로 대응해야 한다. 사회공헌활동도 일반 경영활동처럼 정교한 시스템 안에서 관리되어야 하는, 기업의 공식적인 활동의 일부가 되었다. 사회공헌활동은 과거 단순 기부에서 이제 다수 이해관계자의 요구를 수용하면서 수행해야 하는 복잡한 비즈니스 활동으로 변화하였다. 따라서 특히 다수 이해관계자의 참여가 상시화된 시스템이 필요하다. 셋째, 성과를 관리해야 한다. 사회공헌활동도 비즈니스적 시각에 입각하여 사회문제 해결 정도, 사회발전 기여도, 다른 사업과의 시너지 등을 극대화하도록 목표와 성과관리가 필요하다. 단순히 기부금을 내고 후원금 규모를 늘린다고 대중에게 존경받고 사랑받는 시대는 지나갔으며, '감동'을 자아내기 위한 효율적 장치가 필요하다.

② 다양한 이해관계자와 대화하고 협력하라

다수의 이해관계자의 만족도를 높이기 위해 대화의 장을 마련하고 파트너십을 구축하여 적극적으로 사회문제 해결에 동참해야 한다. 특히 환경경영과 정도경영은 더욱 철저하게 지킬 필요가 있다. 흔히 법에서 정하는 테두리 안에서 적법하게 처리했다 하더라도 환경단체, 시민단체들이 '사회 도리에 어긋난다'면서 불매운동, 소송 등을 제기해 정상적인 기업경영을 어렵게 하는 상황이 발생하기도 하기 때문이다. 단기적으로는 법이 정하는 것 이상의 환경기준을 준수하는 등의 일들이 기업에게는 비용부담으로 작용할 수 있다. 하지만 장기적으로는 친환경 기업, 신뢰받는 기업이라는 긍정적인 이미지를 구축하여 기업 브랜드 가치를 높일 수 있으며, 이를 통해 기업의 시장가치를 높일 수 있다는 점을 명심해야 한다.

③ 사업과 사회공헌을 연계하라

사업을 통해서 사회공헌을 할 수 있도록 사업기회를 모색하고 이를 신사업으로 연결해야 한다. 전략이론의 대가인 하버드 경영대학원 마이클 포터 교수도 '전략적 자선활동'이라는 개념을 제시하며 사회공헌활동과 기업전략의 시너지를 강조하였다. "경제적 목표와 사회적 목표 사이에 근본적인 상충은 없으며, 오히려 장기적인 시너지가 있다"라고 포터 교수는 주장한다.[66]

하지만 그는 기업의 사회공헌활동이 경제적 성과와 선순환하려면 전략적 관점에서 면밀하게 설계되어야 한다는 점도 지적하고 있다. 전략적 고려가 없는 무분별한 사회공헌활동은 선순환을 깨뜨리면서 윤리주의 · 경제주의 양쪽의 협공을 받게 될 우려가 있기 때문이다. 아울러 사회공헌활동을 효율적으로 관리하지 못할 경우 재무성과를 중시하는 주주들과의 이해상충 문제가 생길 소지가 크기 때문에 사회공헌활동에서도 성과관리가 필요하며 그와 관련된 운영의 투명성도 보장되어야 한다.

④ 균형을 유지하라(사업 포트폴리오와 사회투자 포트폴리오의 조화)

기업의 CSR 활동은 사회에 대한 '무한책임'을 의미하는 것은 아니며, '기업성과' 와 '사회적 기여' 의 조화와 균형을 뜻한다. 이제는 CSR이 '기업성과라는 주춧돌 위에 환경경영, 정도경영, 사회공헌의 세 부문으로 구성되어 있다' 는 점을 이해하고, 기업이 처한 상황이나 주변환경에 따라 최적의 CSR 포트폴리오를 구성하는 것이 중요하다는 것을 다수의 이해관계자들이 공감할 필요가 있다. 왜냐하면 기업의 CSR 활동은 기본적으로 기업성과가 뒷받침되어야 가능하며, 동시에 기업도 지속가능한 성장을 위해서는 사회적 투자가 필요하기 때문이다.

만일 CSR을 추진함에 있어 과도한 기대감, 의무감이 작용해 기업의 다양한 이해관계자 중 어느 한쪽의 희생을 요구한다면, 기업의 지속가능성이 불투명해질 수 있다. 그 때문에 기업의 이해관계자는 주주, 임직원, 소비자, 지역사회 등 다수 이해관계자의 만족도를 높일 수 있는 경영 역량을 키우고 제도를 정비할 필요가 있다. 반면에 이해관계자들 역시 국가가 책임져야 할 사회적 문제의 해결까지를 기업에 과도하게 요구하는 것은 오히려 기업경쟁력을 약화시킬 수 있다는 점을 명심해야 할 것이다.

⑤ CSR 추진 체제를 구축하라

위의 활동을 하기 위해서는 기업 내에 CSR을 추진하는 체제가 구축되어야 한다. 즉 전사 차원의 CSR 관리 조직과 위원회가 필요하다. 그리고 기업의 CSR 활동을 적극적으로 알려야 한다. 이를 위해서는 대외 커뮤니케이션을 강화해야 한다. CSR 연례보고서를 출판하는 것이 대외 커뮤니케이션의 하나의 창구가 되고 있다. 기업의 경제활동을 집대성한 것이 '연례보고서'(Annual Report)라면, 기업의 CSR 활동을 포함한 비경제 활동을 집대성한 것이 '사회책임보고서'(CSR Report)다. 이미 선진기업들은 다양한 이름으로 CSR 보고서를 내고 있다. '지속성장보고서'(Sustainability Report), '기업시민보고서'(Corporate Citizenship Report) 등 다양한 이름으로 출판되고 있는 기업의 사회책임보고서는 글로벌 기업이라면 더 이상 출판을 미룰 수 없는 연례보고서가 되어가고 있다. 이런 모든 활동이 필요한 이유는 기업과 사회의 유기적인 협력이 지속적으로 이루어져야 기업도 그 사회와 함께 지속적으로 성장할 수 있기 때문이다.

한국에서의 CSR은 사회공헌활동에서 시작되었고, 그래서 'CSR＝사회공헌활동'이라고 인식하는 경향이 강하다. 1994년 6월 한국기업메세나협의회의 발족을 시작으로, 같은 해 10월 삼성사회봉사단이 창단되면서 기업에서 사회공헌활동을 전담으로 하는 조직이 본격화되었다. 국제기구 등에서 환경경영과 윤리경영과 관련된 원칙, 규범, 법규가 등장하면서 한국에서의 CSR도 사회공헌활동과 더불어 환경경영, 윤리경영을 포괄하는 의미로 확대, 발전하고 있다.

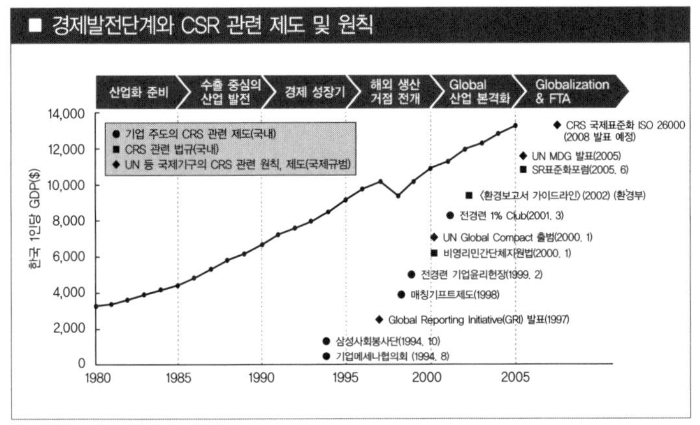

① 한국기업메세나협의회 : 한국기업메세나협의회는 기업과 문화 예술계를 연결해주는 통로로 1994년에 발족되었다. 당시 문화부와 문예진흥원은 상장기업을 대상으로 적극적인 가입을 권유하여 167개 기업이 회원으로 참여하였고, 2006년 6월 현재 약 200여 개의 기업 및 문화예술단체가 회원으로 활동 중이다. 2004년에는 메세나 운동이 기업에만 한정된 것이 아니라 일반 시민에게도 의미

있는 운동이라는 의미로 한국기업메세나협의회에서 '한국메세나 협의회'로 명칭을 변경하였다.

② 삼성사회봉사단 : 1994년 10월 국내 최초로 사회공헌 전담 부서인 '삼성사회봉사단'이 창단되었다. 2007년 현재 3,700여 개의 봉사 팀을 통해 삼성 전체의 봉사활동 및 사회공헌 중점 사업을 종합적으로 기획하고 조정하는 역할을 수행하고 있다.

③ 매칭기프트제도 : 매칭기프트제도란 임직원들의 후원금에 비례하여 회사에서도 후원금을 추가로 기부하는 모금제도를 말한다. 해외에서는 오래전부터 보편화된 제도이지만, 한국에는 1998년 도입된 것으로 알려져 있다. 최근에는 삼성전자, 삼성SDI, 현대모비스, KT, 한국전력, 금호생명 등 여러 기업이 적극적으로 시행하고 있다.

④ 비영리민간단체지원법 : 비영리민간단체지원법은 비영리민간단체의 자발적인 활동을 보장하고 건전한 민간단체로 성장하도록 지원함으로써 비영리민간단체의 공익활동 증진과 민주사회 발전에 기여하기 위해 제정된 법(2000년 1월 12일, 법률 제6118호)으로서, 전문 13조와 부칙으로 구성되어 있다. 주요 내용으로는 비영리민간단체의 구성요건은 물론 민간단체가 누릴 수 있는 혜택들을 담고 있다.

⑤ 전경련 1% 클럽 : 전경련 1% 클럽은 전국경제인연합회가 경상이익의 1% 이상을 사회공헌활동에 지출하겠다는 취지로 2001년 3월 14일 창립한, 기업들의 자발적인 모임을 지칭한다. 회비나 별도의 기금 출연은 없으며, 가입도 기업의 자발적 의사에 따라 이루어진

다. 1% 클럽 캠페인은 영국에서 시작되어 미국, 일본 등 선진국에서도 널리 시행되고 있다. 일본에서는 1990년 경단련 1% 클럽이 발족되어 활동하고 있다. 전경련 1% 클럽에 가입한 기업의 수는 2001년 109개에서 매년 늘어나 2004년 현재 160개 기업이 가입한 것으로 보고되고 있다.

⑥ SR 표준화 포럼 : SR 표준화 포럼은 2005년 6월 ISO 국제표준화활동에 대한 국내 의견을 수렴하고 대응책을 마련하기 위해 시작되었다. 포럼 총회는 정부부처, 업계, 관련 단체 및 학계 등 다양한 분야를 대표하는 인물로 구성되며, 포럼의 정책적 결정 및 종합적인 조정 기능을 수행한다. 표준화, 기업윤리, 근로·환경, 모범기업 등 4개 분과위원회가 활동하고 있으며, ISO 작업반 회의 개최 전후로 연간 1~2회의 회의를 개최하고 있다.

1부 · 한국기업의 글로벌 전략과 시스템 구축

① 미국 : 내부비리고발자보호법(1989년), 해외부패방지법(1997년) 등 미국은 가장 오래된 윤리경영의 역사를 가지고 있다. 특히 엔론 사건을 계기로 기업회계 투명성 보장 및 투자보호법인 사베인-옥슬리 법(2002년)을 제정하였다. GE, MS, HP 등 세계 초일류 기업들이 윤리경영을 선언하고 실천하고 있다.

② 유럽 지역 : 유럽은 사회 · 환경 정책을 통한 지속가능한 발전의 일환으로 추진하고 있다. 2000년에는 EU 의회, 지식기반경제를 위한 10개년 전략을 수립하였다. 2001년 EU 집행부는 기업의 SR 실천과제들이 포함된 Green Paper를 채택하고, EU 내 다수의 대기업들의 적극적인 참여 및 실천을 유도하고 있다.

영국은 정부 주도 하에 기업이 자발적으로 사회적 책임을 추진할 수 있도록 유도하고 있다. 2001년 수정연금법을 발효시킴으로써 연기금 중 일부를 사회책임투자 펀드에 투자할 것을 의무화하였다. 또한 영국은 2001년 통상산업부 내에 세계 최초로 CSR Minister를 임명한 나라이기도 하다.

프랑스는 노동조건 보고서 제출을 법제화한 Bilan Social(1979년)을 제정하였다. 2001년 기업법을 개정하면서 상장기업의 재무 · 환경 · 사회 측면의 정보공개를 의무화하였다. 또한 2002년에는 신경제규제법을 제정하여 상장기업 연차 재무보고서에 사회적 · 환경적 영향에 관한 내용을 포함하도록 의무화하였다. 영국에 뒤이어 2002년 CSR Minister를 임명하였다.

③ 아시아 지역 : 일본은 경제단체를 중심으로 SR 홍보 및 실천방안

을 모색하고 있다. 일본은 1997년 유력기업 7개사 주도로 경영윤리실천연구센터를 설립하였다. 또 2002년에는 경산성과 경단련을 중심으로 CSR 표준위원회를 설립하여 CSR 국제표준화에 대응하고 있다. 이후 2004년 4월에는 경산성의 주도로 경제단체, 학계, 언론, 업계 등으로 구성된 CSR 간담회를 출범시켰다. 최고경영층의 책임 등 투명경영과 윤리경영을 강조하고 있다. 싱가포르, 홍콩 등 일부 국가와 지역을 제외하고 대부분의 아시아 국가들은 미국과 EU 등 서구 국가들에 비해 사회 시스템 발전 수준이 상대적으로 낙후된 상황이다.

1부 · 한국기업의 글로벌 전략과 시스템 구축

주

44 Luo, X. & C. B. Bhattacharya, "Corporate Social Responsibility, Customer Satisfaction, and Market Value", *Journal of Marketing*, Vol. 70, Issue 4, 2006, pp. 1-18.

45 Porter, M. & M. Kramer, "Strategy and Society : The Link Between Competitive Advantage and Corporate Social Responsibility", *Harvard Business Review*, Vol. 84, Issue 12, 2006, pp. 78-92.

46 Porter, M. & M. Kramer, "The Competitive Advantage of Corporate Philanthropy", *Harvard Business Review*, Vol. 80, Issue 12, 2002, pp. 56-69.

47 Friedman, M., "The Social Responsibility of Business is to Increase Its Profits", *The New York Times Magazine*, September 13, 1970.

48 "The McKinsey Global Survey of Business Executives : Business and Society", *McKinsey Quarterly*, Issue 2, 2006, pp. 33-39.

49 UN Global Compact 웹사이트. http : //www.unglobalcompact.org/ParticipantsAndStakeholders/index.html

50 Windsor, D., "Corporate Social Responsibility : Three Key Approaches", *Journal of Management Studies*, Vol. 43, No. 1, 2006, pp. 93-114.

51 Carroll, A. B., "Corporate Social Responsibility : Evolution of a Definitional Construct", *Business & Society*, Vol. 38, No. 3, 1999, pp. 268-295.

52 조희재·문지원·정호상, "지속성장기업의 조건 : CSR", 〈CEO 인포메이션〉, 삼성경제연구소, 2007.

53 "브랜드 가치를 높이는 8가지 환경 커뮤니케이션 전략", 삼성지구환경연구소, 2006.

54 SRI는 주식에 투자할 때 재무적 분석에 CSR 평가를 추가하여 투자대상을 결정하는 투자상품.

55 Porter, M. & M. Kramer, "The Competitive Advantage of Corporate Philanthropy", *Harvard Business Review*, Vol. 80, Issue 12, 2002, pp. 56-69.

56 Hanson, M., "Pure Water", *World Business*, April 1, 2007.

57 Social Investment Forum Foundation. www.socialfunds.com/news/ article.cgi/article1913.html

58 http : //www.globalreporting.org/ReportsDatabase/

59 *Microsoft Citizenship Report*, 2005, p. 3.

60 Porter, M. & M. Kramer, "The Competitive Advantage of Corporate Philanthropy", *Harvard Business Review*, Vol. 80, Issue 12, 2002, pp. 56-69.

61 기업 자선활동의 네 가지 유형에 대한 분류는 Bruch & Walter(2006)의 유형을 확대 적용한 것임. Bruch, H. & F. Walter, "The Keys to Rethinking Corporate Philanthropy", *MIT Sloan Management Review*, Vol. 47, No. 1, 2006, pp. 49-55.

62 영국 BBC 방송, 2007. 3. 31.

63 "세계적 우수 CSR 기업의 전략", 〈뉴스위크〉(일본판), 2007. 7. 4.

64 Porter, M. & M. Kramer, "Strategy and Society : The Link Between Competitive Advantage and Corporate Social Responsibility", *Harvard Business Review*, Vol. 84, Issue 12, 2006, pp. 78-92.

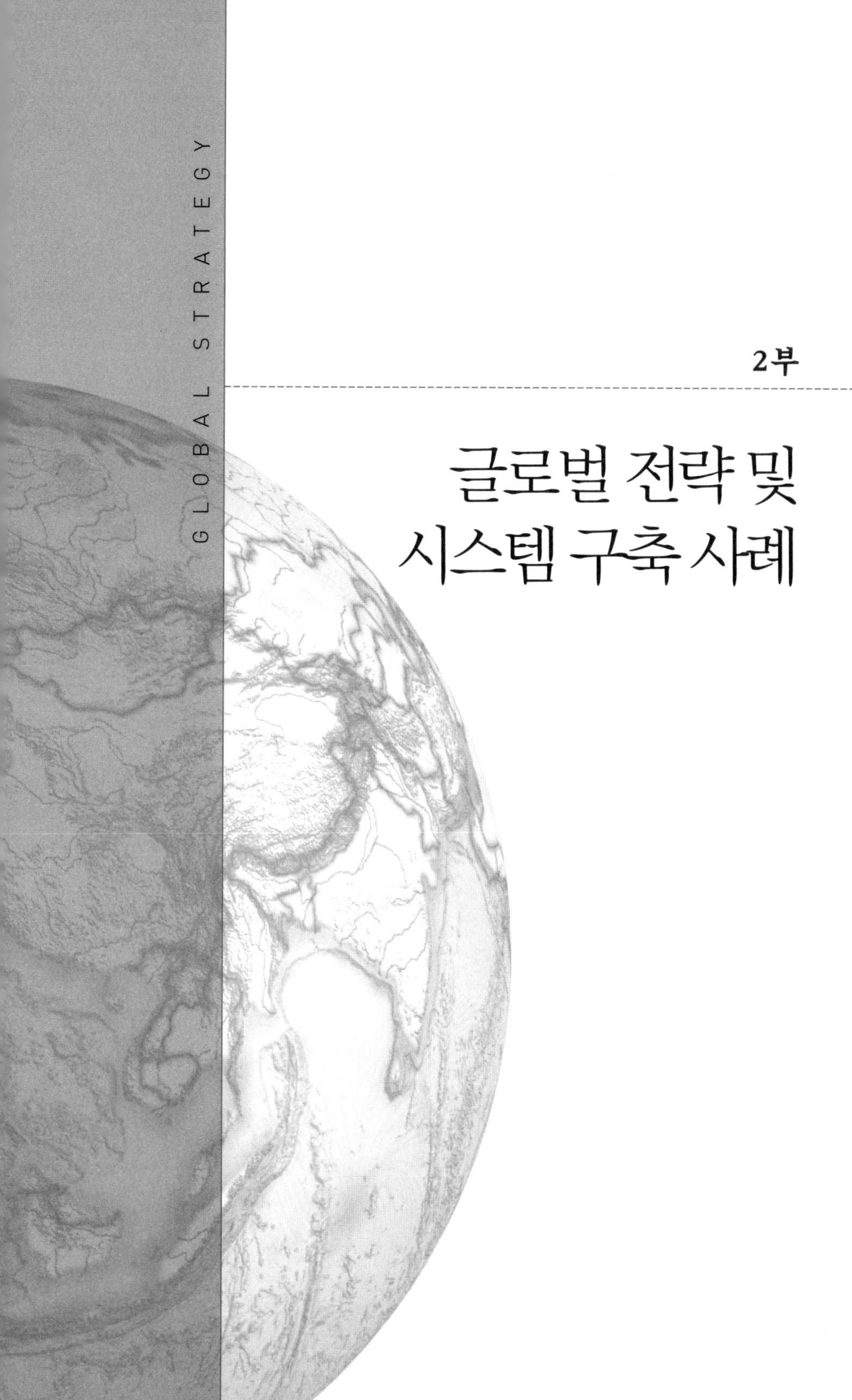

2부

글로벌 전략 및 시스템 구축 사례

우리는 앞에서 오늘날의 글로벌화 트렌드의 원인과 영향 그리고 글로벌 환경에 관계된 다양한 이슈들을 살펴보았다. 또한 한국의 글로벌 기업뜰을 선발 1세대와 후발 2세대로 구분하여 핵심적인 성공요인과 이러한 성공요인들이 신흥 글로벌 기업들에게 주는 시사점을 제시했다. 이어 최근 주목받고 있는 글로벌 인재의 확보, 육성과 활용을 둘러싼 과제들을 점검했으며 글로벌 기업 시민으로서 수행해야 할 사회관리의 과제들에 대해서도 알아보았다.

2부에서는 글로벌 전략 및 시스템 구축을 성공적으로 수행한 국내외 기업들의 사례를 살펴본다. 사례는 총 12개 기업을 다루고 있는데, 이들 기업군은 다음과 같은 네 가지로 구분되며 각각의 사례들이 다루고 있는 핵심주제는 다음의 표에 나타난 바와 같다.

(1) 국내 1세대 글로벌 기업 : 삼성전자, LG전자, 현대자동차, 포
스코

(2) 국내 2세대 글로벌 기업 : 두산중공업, 아모레퍼시픽, 이마트

(3) 국내 벤처기업 : 휴맥스, 삼광공업

(4) 외국기업 : 리앤펑(중국), 노키아(핀란드), 애플(미국)

사례별 핵심주제

	성장전략	핵심역량	네트워크	조정/통제	인재관리	마케팅
삼성전자				○	○	
LG전자			○	○		
현대자동차	○		○			
포스코	○		○			
두산중공업	○	○				
아모레퍼시픽	○	○				○
이마트	○	○				○
휴맥스	○	○	○		○	
삼광공업		○			○	○
리앤펑	○	○	○	○		
노키아			○	○		
애플		○	○	○		

1세대 기업의 글로벌 현황 및 전략을 상세하게 분석하고 있다. 삼
성전자는 글로벌화 전략과 발전단계를 정리하고, 글로벌화 성공요
인을 인적자원 관리 차원에서 살펴보았다. LG전자는 글로벌 공급
망 관리에 기초한 네트워크 구축 및 글로벌 운영을 상세하게 검토
하였다. 현대자동차는 글로벌화 배경과 네트워크 구축과정, 그리고

2부 · 글로벌 전략 및 시스템 구축 사례

추진전략을 기업의 글로벌 성장전략 차원에서 상세하게 분석하였다. 포스코는 글로벌 철강산업의 재편과정에서 현재까지의 글로벌화 과정 및 향후 글로벌 성장전략의 시사점을 찾아보았다.

2세대 기업의 특징적인 글로벌 성장전략에 기초하여 글로벌 성공의 열쇠가 된 핵심역량 및 마케팅 전략을 분석하였다. 두산중공업은 식품 그룹에서 중공업 그룹으로 변화하면서 내수기업에서 글로벌 기업으로의 환골탈태를 위한 발판을 성공적으로 구축한 과정을 제시하였다. 아모레퍼시픽은 글로벌 브랜드 전략에 기초한 글로벌 네트워크 구축 및 글로벌 마케팅 전략을 분석하였다. 이마트는 한국의 대표적 유통기업이 중국에 진출하는 과정과 전략을 살펴보았다.

대기업과는 달리 벤처기업의 글로벌화 검토를 위해 휴맥스와 삼광공업의 사례를 제시하였다. 셋톱박스 부문에서 글로벌 기업으로 성장한 휴맥스의 글로벌 성장과정에서 시장 및 제품전략 그리고 인사조직 전략을 상세하게 제시하고 있다. 노키아의 협력기업인 삼광공업은 글로벌 역량 강화 및 인력관리를 통해 중소기업이 글로벌 경영을 확대해가는 과정을 설명하였다.

마지막으로 주요 외국기업의 글로벌화 사례를 통해 한국기업들이 참고할 만한 몇 가지 시사점을 발견하였다. 리앤펑은 중국의 무역상으로 출발하여 글로벌 공급망 관리와 인수합병을 통해서 글로벌 핵심역량을 지속적으로 강화하면서 성장한 과정을 보여주고 있다. 노키아는 휴대폰 하나로 이루어낸 글로벌 성공의 이면을 들여다보았다. 또한 일반적인 글로벌 기업에 대한 정의와는 달리 매출의 절반 이상을 미국에 의존하고 있고, 단 한 가지 제품으로 세계시장을 대응하고 있는 애플을 글로벌 기업이라고 간주할 수 있는 이유를 제시하고 있다.

총 12개의 사례는 최근까지의 상세한 경영 현황 및 성과가 구체적으로 제시되었을 뿐만 아니라 해당 기업의 글로벌화 과정에서 주목받았던 핵심 이슈들에 대한 구체적 배경과 추진 내용이 글로벌 전략의 틀 안에서 논의되고 있다.

삼성전자의 글로벌화와 인적자원 관리 05

1. 글로벌 경영 현황

    1.1 세계로부터 주목받는 기업

    1.2 국내 1위를 넘어 글로벌 일류 기업으로

2. 글로벌화 발전단계

    2.1 해외 진출기(1992년 이전)

    2.2 외형 확장기(1993~1997년)

    2.3 내실 추구기(1998~2002년)

    2.4 글로벌 도약기(2003~2006년)

3. 글로벌 조직과 인력 운영

    3.1 글로벌 조직 운영

    3.2 글로벌 인재 확보 및 양성

    3.3 글로벌 인력 운영

4. 글로벌 성공 요인과 향후 과제

    4.1 성공 요인

    4.2 향후 과제

* 사례 작성 일자 : 2007년 8월

---

* 정권택 : 삼성경제연구소 상무

1969년에 설립된 삼성전자는 이제 국내 정상을 넘어 세계 정상을 향해 나아가고 있다. 최근 글로벌 일류 기업 수준의 높은 경영성과를 시현하고 있는 삼성전자는 글로벌 경영에 있어서 상당한 발전을 이루어왔다. 이에 삼성전자가 어떠한 글로벌화 전략과 발전단계를 거쳐 왔는지를 살펴보고, 글로벌화의 특징과 성공요인 및 앞으로의 과제를 제시해본다.

1. 글로벌 경영 현황

1.1 세계로부터 주목받는 기업

많은 해외언론들은 불과 몇 년 전까지 싸구려 물건만을 만들던 아시아의 작은 기업 삼성전자가 오늘날 글로벌 기업으로 성장한 사실에 대해 놀라움을 금치 못하고 있다. "불과 몇 년 전까지만 해도 핸드폰은 전화로 여겨졌다. 그런데 아직 대부분의 소비자에게 알려져 있지 않은 삼성전자라는 회사가 우리에게 음성을 인식하고, 인터넷을 검색하고, MP3를 재생하는 핸드폰을 팔기 시작했다. 이 회사는 작년에 컬러로 달력을 볼 수 있고, 사용자가 자신의 위치를 파악하게 하는 핸드폰을 팔더니 지금은 비디오 게임을 하고 영화클립을 볼 수 있는 핸드폰까지 팔고 있다."(Time Europe, 2002. 4) "10년 전의 삼성전자는 단순한 모방자로서 메모리 반도체를 주로 만들던 별 매력이 없던 기업이었다. 하지만 현재의 삼성전자는 첨단 전자기기 분야의 글로벌 리더로서, 2004년 1사분기에만 120억 달러의 매출과 27억 달러의 순이익을 창출함으로써, 마이크로소프트 (Microsoft)나 IBM, 인텔보다 앞서는 세계에서 가장 많은 이윤을 창출하는 하이테크 기업이 되었다."(《포브스》, 2004. 7) 이처럼 세계 언론의 눈에 삼성전자는 단순히 물건을 싸고 좋게 만드는 제조업체의 수준을 넘어, 남들보다 앞서 생각하는 이노베이터(innovator)로 인식되기 시작하였다. 삼성전자는 이렇게 지속적으로 혁신적인 제품을 시장에 출시하고 고성과를 창출함으로써 〈비즈니스 위크〉가 발표하는 세계 최고 혁신기업(World's Most Innovative Companies) 순위에서 2006년에는 12위, 2007년에는 17위에 올랐다.

삼성전자의 총매출액은 2006년 현재 839억 4,000만 달러에 달했는데, 그중 해외매출 비중이 86.8%(728억 6,000만 달러)를 차지했다. 2006년의 경영성과는 1992년 이후 총매출은 13.1배, 해외매출은 19.3배로 급격히 증가한 것이다. 삼성전자는 지난 20년 동안 경영성과 측면에서 여느 글로벌 일류 기업에 비해 손색이 없는 정도로 성장했다. 이와 같은 탁월한 삼성전자의 경영성과를 가능하게 한 가장 중요한 요인 중의 하나가 바로 성공적인 글로벌화다.

〈표 5-1〉 삼성전자의 경영성과(1987~2006년) (단위 : 조 원)

연도	1987	1992	1997	2002	2006
총매출	2.38	6.10	22.5	49.7	80.2
해외매출	N.A.	3.6	14.6	38.0	69.6
해외매출 비중	N.A.	59.1%	64.8%	76.5%	86.8%
순이익	0.03	0.15	-0.71	8.35	9.01

자료 : 삼성전자

1.2 국내 1위를 넘어 글로벌 일류 기업으로

삼성전자는 '월드 베스트, 월드 퍼스트' 전략을 지속적으로 추진해오면서 국내 리딩기업을 넘어 글로벌 일류 기업으로 발돋움하고 있다. 특히 주력사업인 반도체, 휴대폰, LCD, 디지털 TV 등에서 세계 최첨단 기업의 면모를 과시하고 있다. 삼성전자가 매출액 기준으로 세계에서 1위를 차지하는 제품은 2006년 말 기준으로 총 11개 품목에 달한다. 메모리뿐만 아니라 CDMA 휴대폰 등의 월드 베스트 제품을 통해 세계시장을 이끌어 나가고 있다. 삼성전자는 2010년까지는 세계 1위 제품을 23개까지 늘려간다는 목표를 가지고 있다.

무형자산 측면에서도 삼성전자의 약진은 눈부시다. 삼성의 브랜드가치는 2000년대에 들어 급상승하여 2007년에는 세계적인 브랜드 컨설팅기관인 '인터브랜드'가 선정한 전 세계 브랜드 랭킹에서 168억 5,300만 달러로 21위까지 도약하여 소니(25위), 델(31위), 애플(33위) 등 그야말로 쟁쟁한 글로벌 기업보다 앞선 세계적 브랜드가 되었다. 〈비즈니스 위크〉는 삼성 브랜드를 스타벅스와 함께 1990년대 이후 가장 빨리 성장한 브랜드로 지목하기도 했다.

또한 중국 최고의 명문대인 북경대가 발간하는 경영학술지 〈북대상업평론(北大商業評論)〉이 2004년 12월 발표한 '중국 100대 최대

<표 5-2> 삼성의 브랜드 가치 변화

연도	2000	2001	2002	2003	2004	2005	2006	2007
브랜드가치($)	52억	64억	83억	108억	126억	150억	161억	168억
순위	43위	42위	34위	25위	21위	20위	20위	21위

자료 : 인터브랜드

가치 소비재 브랜드 조사'에서 삼성이 중국 최대 기업인 하이얼을 누르고 1위에 랭크되기도 하였다.

삼성전자는 1993년 신(新)경영 이후 소프트 부문에 집중적인 투자를 하여, 디자인 역량도 단기간 내에 세계 수준으로 향상시켰다. 특히 미국 산업디자인협회(IDSA)와 〈비즈니스 위크〉가 공동 주최하는 'IDEA(International Design Excellence Awards)'에서 2000~2004년 동안 총 19개 제품에 걸쳐 수상함으로써 미국 애플사와 더불어 기업 부문 세계 1위에 올랐다. 또한 2006년 미국 내 특허등록 건수에 있어서도 2,453건으로 전 세계 기업 중 IBM에 이어 2위까지 올라갔다. 2005년에는 재계의 아카데미상이라 불리는 〈포춘〉의 '세계에서 가장 존경받는 기업(World's Most Admired Companies)' 랭킹에 국내 기업 최초로 39위로 진입했고, 2006년에는 27위, 2007년에는 34위를 차지했다. '세계에서 가장 존경받는 기업'은 매출액 또는 시가 총액의 단순 비교가 아니라 글로벌 일류 기업의 최고경영인 및 업계 전문가들에게 기업활동 전반에 걸쳐 높은 평가를 받아야만 진입할 수 있는 랭킹으로 의미가 크다 하겠다. 이처럼 삼성전자는 경영실적뿐만 아니라 기업경영활동 전반에서도 세계적인 기업으로 도약하고 있다.

2. 글로벌화 발전단계

삼성전자의 글로벌화는 급격한 환경변화와 해외사업전략 전개에 맞춰 확장과 변모를 거듭해왔다. 이러한 글로벌화의 과정에서 겪은 크고 작은 성공과 실패의 경험을 바탕으로 삼성전자는 글로벌 경쟁력을 축적하면서 현재의 위치에 이르게 되었다. 삼성전자의 글로벌화 과정은 크게 네 가지 단계로 나누어볼 수 있다. 먼저 신경영 선언 이전인 1992년까지의 기간으로, 국내에서 생산된 제품의 수출을 위해 해외 현지판매법인 설립에 주력했던 해외 진출기, 신경영 직후부터 IMF 외환위기 이전까지 해외직접투자의 증가와 해외 생산법인 확충을 도모했던 외형 확장기, IMF 외환위기 이후부터 2002년까지 해외사업의 구조조정과 내실화를 추구했던 내실 추구기, 그리고 2003년 이후 현재까지 적극적인 해외시장 다변화와 글로벌 사업 다각화를 통해 글로벌 경영성과를 획기적으로 제고한 글로벌 도약기로 나눌 수 있다.

2.1 해외 진출기(1992년 이전)

1992년 이전 삼성전자의 글로벌 경영은 국내에서 생산된 제품의 직간접 수출로 대변되었다. 초기에는 국내 무역상사 1호인 삼성물산을 창구로 하여 제품의 수출이 이루어졌는데, 1971년 파나마에 흑백 TV를 처음으로 수출하였다. 1978년에는 미국에 현지판매법인(SEA)을 최초로 설립하였다. 1980년대 중반까지는 선진시장을 개척하기 위한 판매법인과 수출사무소를 통한 제품판매와 거래선 개척에 주력했다. 삼성전자가 해외에 생산공장을 처음 설립한 것은 1982년 컬러 TV를 생산하는 포르투갈 공장이다. 이후 구미 선진국의 반덤핑 등의 무역규제 회피를 목적으로 미국에 컬러 TV 공장

(1983년), 영국에 전자오븐과 VCR 공장(1987년), 인도네시아의 냉장고 공장(1989년)과 말레이시아 공장 등의 해외생산 공장을 설치해나갔다.

한편 1980년대 후반부터는 구소련의 개방화와 노태우 정부의 북방정책에 힘입어 공산권 비즈니스를 활발하게 전개하였다. 삼성전자는 1988년에 우리나라 기업으로는 최초로 헝가리에 컬러TV 공장을 세우기 시작하여 1990년에 연간 10만 대의 생산능력을 갖춘 공장을 설립하였다. 1992년에는 삼성전자가 서비스 기술팀을 동구권 지역에 파견해 주요 지역을 순회하면서 삼성제품의 고장수리에서부터 제품사용 교육까지 현지 소비자에게 직접 서비스하는 제도를 도입하였다. 이러한 노력의 결과, 1992년 말에 삼성전자의 해외거점은 법인과 지점 및 사무소를 포함하여 총 49개에 달했다. 이 시기에 삼성전자의 해외거점들은 대부분 해외 현지의 판매법인으로서 주로 한국 본사에서 파견된 주재원에 의해 운영되었다.

2.2 외형 확장기(1993~1997년)

1990년대 초반에 들어서 UR, WTO체제 출범 등으로 글로벌화가 세계적인 추세로 급물살을 탔다. 특히 1993년부터 시작된 김영삼 정부는 세계화를 정책기조로 삼아 추진하였다. 삼성도 1993년 신경영에서 제시된 복합화와 국제화의 개념을 토대로 해외사업부를 재조직함으로써 글로벌화의 새로운 전기를 맞게 되었다. 그동안 삼성은 관계사나 사업부 단위로 해외진출을 추진했으나, 해외본사제와 생산복합단지의 개념으로 이를 통합하였다. 삼성의 해외본사는

5. 삼성전자의 글로벌화와 인적자원 관리

1994년 1월 일본 본사의 출범에 이어 1995년에는 미주, 구주, 중국에 해외본사가 설립되었고, 뒤이어 동남아시아 본사가 탄생함으로써 세계 주요 5개 지역에 포진하게 되었다. 해외본사는 권역 내의 법인과 지사를 총괄 관리하고 관계사의 지역전략을 기획, 조정함으로써 중장기적 관점에서 해외경영의 기반을 확보하고 글로벌 경영의 수준을 한 단계 끌어올리기 위한 포석이었다. 이러한 해외본사제는 세계 주요 지역별로 제2, 제3의 삼성을 건설하기 위하여 현장완결형 해외본사를 국내본사와 대등하게 운영하려는 전략적 의도가 반영된 것이다.

삼성은 해외생산활동도 종래 관계사가 개별적으로 추진하던 방식을 수정해 통합적으로 전개하도록 했다. 이는 신경영에서 제시된 복합화의 개념을 살린 것으로 사업 간 계열화 효과가 높은 경우 동일단지에 동시에 생산시설을 위치시킴으로써 기술적·경제적으로 커다란 시너지효과를 얻기 위함이었다. 삼성은 1994년에 멕시코의 티후아나 복합단지를 필두로 영국 윈야드 복합단지, 1995년에는 말레이시아 세렘반 복합단지, 중국 천진의 복합단지, 그리고 브라질의 마나우스 복합단지를 조성하였다. 복합단지화의 이점은 다음의 네 가지로 정리할 수 있다. 첫째는 제품 간 기능이나 기술을 상호보완해서 시장에서 우위를 점할 수 있다는 것이며, 둘째는 수직계열화로 인해 디자인을 개선하고 신제품을 개발할 수 있다는 것이었다. 셋째는 규모의 경제를 이용해 현지의 연구소나 연수원 등의 개발센터를 운영할 수 있고, 넷째는 현지 기반 구축을 통해 눈에 보이지 않는 효과를 거둘 수 있었다. 이러한 이점과 더불어 생산복합단지는 부정적인 측면도 없지 않았다. 특정 국가에 생산시설이 집중 투자됨으로써 국가적인 위험에 노출되었으며, 대규모 인력고용에 따른 인력확보 문제와 노사분규 등의 어려움을 겪기도 하였다.

삼성전자의 글로벌화는 오랜 글로벌화의 역사를 지닌 선진기업들에 비해 모든 면에서 열세였다. 이 시기에는 좀더 공격적인 글로벌화를 위해 선진기업들을 모방했다가 실패의 쓴맛을 보기도 하였다. 1995년 삼성전자는 세계 PC시장을 공략하겠다는 목표 아래 당시 세계 6위인 미국의 AST를 인수했다. 현지의 브랜드와 유통망을 확보해 물류비용과 로열티를 절감하기 위해서였다. 그러나 AST를 운영하기에는 삼성전자의 글로벌화 역량이 아직 미흡한 수준이었다. 외국기업을 운영해본 경험이 없었기에 관리가 쉽지 않았으며, 무리하게 삼성형 경영방식을 이식하려다가 AST 기술인력들의 이탈을 초래했다. 결국 삼성전자는 1999년 초 1조 원의 손실을 입은 채 AST의 경영에서 철수하고 말았다. 그러나 이러한 실패의 경험들은 오히려 삼성전자의 글로벌화에 좋은 학습기회가 되었다.

이 시기에 삼성전자는 활발한 해외직접투자에 따라 해외거점 수와 주재원을 포함한 해외 종업원 수가 비약적으로 증가하였다. 특히 1995년 이후부터는 '1국가 1거점'이라는 원칙을 수립하고 선진시장뿐만 아니라 신흥시장에도 진출을 확대하였다. 또한 저임금을 활용한 우회수출기지 구축 및 현지 내수시장을 선점할 목적으로 생산거점도 해외 여러 지역에 진출했다. 이로 인해 삼성전자의 해외거점 수가 5년 사이에 두 배 이상 증가하여 1997년 말에는 100개에 이르렀다.

2.3 내실 추구기(1998~2002년)

1997년 말에 불어 닥친 IMF 외환위기는 삼성전자의 글로벌화에 중요한 분기점이 되었다. 삼성전자는 그동안 해외사업의 양적 확대를 추구하면서 이미 진출한 해외거점 중 경쟁력을 상실한 법인과 품목의 구조조정과 통폐합 및 해외자산에 대한 매각을 통해 글로벌 경영의 내실화를 추구하였다. 특히 부실이 누적된 해외법인과 거점들을 과감히 정리하였으며, 과거의 외형적 성장보다는 수익성을 우선하는 방향으로 글로벌화 전략을 수정했다. 1998년 초에는 해외법인의 신규진출을 지양하고, 주재원 및 해외 종업원 수도 대폭 감축하였다. 이에 따라 1997년 말 863명이었던 주재원 수가 1998년 말에는 715명으로 17.1%나 감소하였다. 그 후 삼성전자는 정기적으로 해외법인에 대한 경영진단을 실시하여 시장경쟁력을 갖추지 못했거나 회생 가능성이 없다고 판단되면 생산 및 영업 활동을 중단시켰다. 이러한 노력의 결과, 외환위기 이후 적자를 기록하고 있던 다수의 해외법인들이 1999년에는 흑자로 반전될 수 있었다.

한편 매트릭스 조직형태의 부작용으로 인해 본사와의 갈등과 비효율적인 비용 집행을 초래했던 해외본사제도에 대한 수정이 가해져 1998년에는 구주와 미주, 동남아시아 지역을 관할하던 3개의 해외본사가 폐지되었다. 삼성전자는 해외본사를 대신해 사장 직속의 지역총괄제로 전환하고 지역별 판매법인과 지사만을 관할하게 하였다. 해외 생산법인은 본국의 제품사업부로 이관하여 제품별 생산과 연구개발, 영업 등의 모든 전략실행의 책임과 권한을 국내 사업부로 일원화하는 GBM(Global Business Manager)제를 도입하였다. 이

2부·글로벌 전략 및 시스템 구축 사례

때 도입된 GBM제는 제품 단위로 글로벌 책임경영을 추진하는 조직으로 정착하여 지금까지 운영되고 있다.

해외사업의 구조조정과 글로벌 조직 운영체제의 전환을 마무리한 삼성전자는 2000년 이후 글로벌 경쟁력을 강화하기 위해 각 업무영역에 있어 노하우를 공유하면서 글로벌 통합 인프라 구축을 추진하였다. 이후 글로벌 사업의 다각화와 해외진출의 다변화가 진행되면서 해외거점이 일부 증가하였고, 2002년 말에는 거점 수가 129개로 증가하였다.

2.4 글로벌 도약기(2003~2006년)

2003년 이후에 삼성전자는 글로벌 사업에 있어서 본격적인 성장을 경험하게 된다. 국내 위주로 진행되던 사업들이 글로벌 경영자원의 효율적 조달과 시장 확대를 위해 활발하게 해외로 이전됨으로써 글로벌 경영이 다양화되고 다변화된다. 특히 현지 소비자들의 니즈에 신속히 대응할 수 있도록 현지완결형 경영체제의 구축을 도모한다. 이를 위해 현지 생산과 판매뿐만 아니라 연구개발, 디자인, 물류 등의 기능을 현지로 전진배치함으로써 해외거점의 다각화와 복합화 현상이 뚜렷해진다. 이와 더불어 역내 지역총괄의 쉐어드 서비스(Shared service) 기능도 강화되고 현지 인력의 과감한 확보와 역량 개발을 포함한 현지화에 대한 관심도 증가한다. 지역총괄별로 지역 마케팅 전략을 수립하는 마케팅 기능과 재무, 인사 등의 경영관리 및 조정 기능을 강화하였고, 현지 우수인력의 확보와 지역총괄별 현지인 리더 양성 프로그램 등을 정비하였다.

단계	해외 진출기 (~1992년)	외형 확장기 (1993~1997년)	내실 추구기 (1998~2002년)	글로벌 도약기 (2003~2006년)
주요 사업	• 국내생산 중심 • 제품 직간접 수출	• 해외 직접투자 활발 • 해외생산거점 설립 지역본부 설치	• 해외사업 구조조정 및 내실화	• 글로벌 사업 다변화 • 국내사업의 활발한 해외 이전
전략 초점	• 제품/서비스 국제경쟁력 제고 • 현지시장 개척	• 관세 장벽 회피 • 제조비용 절감 • 시장/거점의 양적 확대	• 해외사업 효율화	• 글로벌 경영성과 극대화 • 글로벌 경영자원 최적 활용
조직 운영	• 해외지점 및 판매법인 중심 • 본사 해외부문의 독립적 운영	• 해외생산법인 및 복합단지 설립 • 해외지역 본사 설치	• 비효율 거점 폐쇄 • 지역 본사 폐지, CEO 직속의 지역총괄 운영	• 거점 역할 다변화(연구개발, 디자인, 물류 등)
거점 수	• 1992년 49개	• 1997년 100개	• 2002년 129개	• 2006년 151개
인력 운영	• 국내인력 해외출장 주재원 중심	• 주재원 중심, 현지 종업원 확대	• 주재원/현지인 축소	• 주재원/현지인 증가
주재원 역할	• 어학능력과 개척의지를 보유한 수출역군	• 이문화 적응력과 전문지식을 갖춘 현장리더	• 사고예방과 리스크 관리를 위한 경영관리자	• 종합 경영역량을 보유한 경영리더/코디네이터
인력 수	• 주재원 : 366명 • 현지인 : 1,917명 (1992년 말)	• 주재원 : 863명 • 현지인 : 16,778명(1997년 말)	• 주재원 : 865명 • 현지인 : 30,507명(2002년 말)	• 주재원 : 1,344명 • 현지인 : 52,294명(2006년 말)
경영 인프라	• 본국 제도 적용 • 외국어생활관 설립 • 지역전문가제도	• 장기파견제도 신설	• 구조조정	• 글로벌 ERP 도입 • GHR-Hub 구축

자료 : 삼성전자

삼성전자는 이러한 글로벌 사업의 본격적인 성장을 통해 2003년에 처음으로 삼성전자의 해외매출 비중이 전체 매출의 80%를 넘어서게 되었고, 이익 측면에서도 해외손익이 전체 손익의 85.6%(6.9조

원)를 차지하게 되었다. 2004년에는 해외에서 올린 이익만 10조 원이 넘는 초유의 경영실적을 기록하기도 했다. 이러한 삼성전자의 글로벌 성장에 따라 2002년 말 129개이던 해외거점이 2006년 말에는 해외거점 수가 151개로 증가하였다. 또한 해외거점 수의 증가에 발맞춰 주재원 수도 대폭 증가하게 되는데, 2002년 말 865명에서 2006년 말에는 1,344명으로 5년 사이에 55.4%나 늘어났다. 2002년 말에 3만 명 정도이었던 삼성전자의 현지 종업원 수도 2006년 말에는 52,294명으로 74% 이상 증가하였다.

3. 글로벌 조직과 인력 운영

삼성전자의 글로벌 조직과 인력 운영은 펄무터(Howard V. Perlmuter)의 EPRG모델[65]에 의하면 본국지향(ethnocentric : home country oriented)으로 특징지을 수 있다. 본국지향 접근법은 글로벌 조직 운영에 있어서 모두 핵심기능과 권한을 본사에 집중시키고 본사의 전략과 혁신성과를 해외 현지에 신속히 전파하고 실행하는 전략을 취한다. 이러한 본국지향 접근법은 주로 저원가 전략 또는 운영 효율성 전략을 추구하는 경우나 글로벌화의 초기단계에서 현지의 경영역량이 충분히 배양되지 못한 경우에 효과적으로 추진된다. 최근 삼성전자가 성취한 탁월한 글로벌 경영성과는 이러한 본국지향 접근법에 입각하여 글로벌 경영을 스피드하고 효율성 있게 추진함으로써 달성되었다고 볼 수 있다.

글로벌 인력 운영에 있어서도 본사에서 파견된 한국인 주재원들이 중심이 되어 본사의 전략과 방침을 현지 종업원들에게 이해시키고 직접 현지인들을 지휘, 통솔함으로써 글로벌 경영을 주도하고 있다. 이렇게 주재원 중심의 인력 운영을 할 수 있었던 배경에는 국내 인력의 글로벌화를 위한 사전적인 투자가 없었다면 불가능했을 것이다.

3.1 글로벌 조직 운영

삼성전자의 글로벌 조직 운영은 본사의 사업전략 변화에 따라 조정되어 왔다. 글로벌 조직 운영의 큰 흐름을 보면, 기능별 조직에서 제품별 조직으로 발전해왔다고 할 수 있다. 1992년 이전에는 해외사업본부를 별도 조직으로 두고 모든 수출조직과 해외 자회사의 운영 주체로서 일관된 글로벌 경영을 전개하게 했다. 이 당시 해외법인들은 선진국시장을 중심으로 제품 수출을 위한 판매거점 성격이 주류였으며, 선진국의 반덤핑과 쿼터 제한 등 무역규제를 회피할 목적으로 일부 생산거점 성격의 법인도 설치, 운영되었다. 그러나 글로벌 경영을 둘러싸고 해외판매를 담당하는 해외본부와 제조를 담당하는 국내 사업본부 간의 견제와 책임 소재에 대한 논란이 지속적으로 발생하였다. 또한 해외법인들과 국내 사업부 간의 내부 커뮤니케이션상 비효율이 발생하는 등 제조기능과 판매기능의 분리운영에 따른 기능별 조직 고유의 문제점들이 나타났다. 이러한 문제를 해결하기 위해 1992년에는 수출영업을 담당하는 조직을 각 제품별 사업부로 이관하고, 4개 부문별로 운영되던 해외 지원조직 및 판매법인을 통합하여 본사의 국제본부 소속으로 편재하였다. 이처럼 제품별 생산과 국내외 영업을 사업부에서 총괄 지휘하게 하는 제품별 사업부제가 구축되었다. 이 과정에서 모든 조직기능이 본사의 사업부로 집중되는 본국지향 모델의 글로벌 경영 조직 운영방식이 정착된 것이다.

삼성전자의 해외사업 조직은 신경영이 추진된 1994년부터 새로운 전기를 맞이하게 된다. 그동안의 제품별 사업부제에서 벗어나 지역별 현지 완결형 경영체제 구축을 지향하여, 지역별 판매와 경영지원 기능은 '해외지역본사'로, 해외 생산거점은 '복합단지'로 통합하는 조직개편이 이루어졌다. 그 결과 5개 지역 본사가 신설되고 해외 현지법인 전체를 각 지역 본사로 이관하여 해당 지역에 적합한 지역지향(regiocentric)의 경영전략을 구사하도록 했다. 삼성은 해외본사제도를 도입해 지역 단위로 경영활동을 통합함으로써 지역화와 국제화의 두 마리 토끼를 동시에 잡는 전략을 펴나갔다. 한편 해외 생산활동도 종래 사업부가 개별적으로 추진하던 방식을 수정하여 생산거점들을 복합단지로 집중시키는 통합적 접구을 추진하였다. 그러나 지역 본사와 본국 사업부 간 매트릭스 조직형태로 글로벌 경영을 추진하는 과정에서 권한과 책임이 중복되는 등 비효율이 초래되기도 하였다.

IMF 외환위기 직후인 1998년에는 지역 본사를 폐지하고, 사장 직속의 지역총괄제를 도입하였다. 지역총괄은 해당 지역의 판매법인을 관장하고 판매활동만을 전담하게 하였으며, 제품 단위의 일관된 글로벌 생산 전략 추진을 위해 해외 생산법인은 제품별 사업부

(GBM)로 재차 이관하였다. 이로 인해 해외법인들의 역할은 제품별 사업부의 글로벌 제품전략 기조 하에서 자원의 최적 활용을 추구하는 본사 전략의 실행 주체로 전환되었다. 그 결과 신경영 이후 지역별 현지완결형 경영체제 구축을 목표로 추진되었던 지역지향의 해외조직 운영방식이 다시 본국지향으로 회귀하였다.

현재 삼성전자의 글로벌 조직은 본사의 제품별 사업부를 중심으로 일사불란하게 글로벌 사업전략을 실행하도록 본국지향형으로 운영되고 있다. 이러한 본국지향형 조직 운영은 전 세계적으로 통용되는 글로벌 제품과 브랜드를 가진 기업들에서 흔히 발견할 수 있으며, 특히 IT기술의 발달에 따라 지리적 거리가 글로벌 경영의 큰 제약요인으로 작용하지 않게 되었기 때문에 효과성을 발휘하고 있다.

3.2 글로벌 인재 확보 및 양성

무한경쟁 시대에 글로벌화는 기업의 생존조건이며, 글로벌화의 성패는 경쟁력 있는 글로벌 인력의 확보와 양성에 달려 있다고 해도 과언이 아니다. 삼성전자는 이러한 인식 하에 남들보다 한발 앞서 글로벌 인력의 양성에 많은 투자를 해왔다. 그 대표적인 예가 1990년부터 파견하기 시작한 지역전문가제도이다. 1990년대 초 삼성의 국제화 수준에 대한 내외부의 평가는 그리 높지 않았다. "기업 활동에 있어서 외형적 · 물리적인 국제화도 중요하지만 이보다 먼저 조직구성원의 내재적 · 정신적인 국제화가 선행되어야 한다. 해외매출은 매년 늘지만 삼성인들은 세계의 문화와 질서에 동화되지 못하고 국제화의 기본인 룰과 에티켓이 부족하다"(이건희 회장, 1993.

7. 20, 후쿠오카 회의)라는 지적도 있었다. 이러한 문제점을 극복하기 위해 탄생한 제도가 바로 지역전문가제도이다.

지역전문가제도는 삼성의 글로벌화를 촉진하는 핵심적인 프로그램으로서, 현지에 대한 이해와 애정을 갖고 국제적인 안목에서 판단하고 행동할 수 있는 글로벌화된 인력을 양성하기 위한 제도이다. 기본적인 어학실력과 문화적 다양성을 수용할 수 있는 유연한 사고를 가진 3년차 이상의 사원 및 대리급 인력을 선발하여 1년간 해외로 보내 자율적으로 현지 언어를 배우고 문화를 익히도록 하는 파격적인 프로그램이었다. 이 제도를 거쳐 양성된 지역전문가는 2006년까지 삼성 전체로 3,300명이 넘는다.

이러한 지역전문가들이 세계 각지의 글로벌 경영 현장에 주재원으로 파견되어 현지시장을 개척하고 해외법인의 설립과 조기 안정화에 큰 역할을 하였다. 특히 지역전문가 활동을 통한 현지의 언어

<표 5-4> 지역전문가제도

1. **선발대상** : 입사 3년차~대리(10% 범위 내에서 간부급도 선발)
2. **선발기준** : 근무성적, 어학능력, 파견지역에 대한 관심과 열정
3. **파견 전 교육** : 2주간 소양 및 에티켓 교육, 3개월 어학교육
4. **현지활동** : 1년간 현지화, 정보화, 전문화
   - 현지화 : 초기 6개월은 어학교육, 지역연구 등 현지에 대한 이해에 역점
   - 정보화 : 현지인맥 구축, 각 분야에 대한 다양한 정보 취득
   - 전문화 : 개인별 중점 연구테마를 정하고 집중 스터디
5. **귀임 후 관리**
   - 귀임자 과정(1주간) 수료 및 귀국 발표회 실시
   - 파견 목적에 맞는 부서에 최우선 배치, 주재원 파견자 후보군으로 관리
6. **파견국가 수** : 총 60여 개국

습득, 문화의 이해, 현지인맥 구축 등의 철저한 현지화 노력이 지금까지 삼성의 글로벌화를 견인해왔다고 해도 과언이 아니다. 이 제도는 삼성의 국제화에 대한 확고한 신념의 결과였으며, 지역전문가는 10~20년을 내다보고 키운 국제화 인력이었다. 이를 통해 배출된 인력은 삼성전자 글로벌 경영의 주역으로서 총매출의 80%를 넘는 실적을 해외에서 만들어내는 일등공신으로 활약하고 있다.

삼성전자 글로벌 경영을 수행하는 기간인력은 본사에서 파견하는 주재원과 법인장이다. 삼성전자는 글로벌 역량과 충성심을 갖춘 주재원과 법인장을 양성하기 위해 꾸준히 노력해왔다. 주재원 양성과정은 주재원 발령자를 대상으로 글로벌 전략과 소양교육을 중심으로 5주간 외국어로 진행한다. 즉 모든 주재원은 파견 전에 주재생활에 필요한 교육을 받고 해외로 파견된다. 또한 법인장 양성과정은 해외법인의 경영자로서 갖추어야 할 리더십과 비즈니스 역량 및 글로벌 역량을 배양할 목적으로 운영되어 왔다. 1996년부터 시작하여 2006년 말까지 이 과정을 통해 143명의 법인장 후보군을 양성하였다. 해외법인에 파견되는 모든 법인장은 이렇게 양성된 후보군 중에서 임명하는 것을 원칙으로 하고 있다. 2005년부터는 주재원과 법인장 후보군의 체계적 양성을 위해 삼성 글로벌 전문가 프로그램 (SGP : Samsung Global expert Program)을 수립하여 운영하고 있다.

본사 인력 중심의 주재원과 법인장 양성과 더불어 현지인 우수인력에 대한 양성 프로그램도 병행해왔다. 한국인 지역전문가에 대응해 현지인 우수인력이 한국에 파견되어 한국어와 한국문화를 익히는 역(逆)지역전문가제도를 운영하고 있다. 또한 향후 한국인 법인장을 대체할 수 있는 현지인 경영리더 후보군을 양성하기 위해 글로벌 리더십 프로그램(GLP : Global Leadership Program)도 운영하고 있다. 1997년부터는 세계 각국의 톱 MBA 출신 외국인들을 미래전략 스탭(Global Strategy Staff)으로 뽑아 수년간 한국에 근무시키면서 글로벌화 업무나 컨설팅을 수행하게 함으로써 미래 글로벌 경영에 필요한 경영리더로서의 역량을 쌓게 하고 있다. 이들은 본사의 전략과 문화를 이해하고 본사 인력과 네트워크를 가진 해외법인장 후보군으로 성장하고 있다.

3.3 글로벌 인력 운영

1993년 신경영 선언 이전까지 삼성전자의 글로벌 경영을 위한 인력 운영은 본사 인력의 해외 출장과 본사에서 파견된 주재원 중심으로 이루어졌다. 이 시기에 해외 주재원의 역할은 국내에서 생산된 제품을 해외시장에 판매하기 위해 어학능력과 개척의지를 보유한 수출역군이었다. 따라서 해외 주재원은 주요 수출지역이었던 북미와 유럽 및 동남아 지역에 해외 영업직종을 중심으로 많이 파견되었다.

그러나 신경영 이후 추진된 지역별 현지완결형 경영체제 구축에 힘입어 해외 인력 운영에 있어서도 본국지향 접근방식의 주재원 중심에서 탈피하고자 하였다. 영국, 미국 등 일부 선진지역에서는 해외법인의 사장으로 현지인을 임명하는 조치가 추진되었다. 이 시기에 주재원들은 해외법인의 각 경영기능의 중간관리 책임자로서, 이문화 적응력을 갖추고 해당 업무분야에 대한 전문지식이 풍부한 현장리더의 역할을 수행하였다. 그러나 본사의 글로벌 경영관리 역량이 충분히 축적되지 못한 상태에서 성급하게 해외법인장에 현지인을 임명함으로써 해외법인 운영에 있어서 본사와의 갈등이 야기되고 오히려 해외법인의 경영성과가 하락하는 부작용도 발생하였다. 이러한 와중에 IMF 외환위기를 맞아 경영실적이 부실한 해외법인의 구조조정이 추진되면서 현지인 법인장들은 대부분 퇴진하였다. 이로써 현지화의 추진동력이 크게 약화되었으며 IMF 외환위기 이후에는 현지인 법인장의 임명이 거의 이루어지지 않고 있는 실정이다.

최근에는 글로벌 경영의 규모가 확대되고 해외법인의 역할이 다변화됨에 따라 주재원의 파견이 양적으로 확대되고 있으며, 파견직종도 영업과 경영지원뿐만 아니라 연구개발, 제조기술, 디자인, 물류 등으로 다양화되고 있다. 주재원의 역할도 단순한 기능적 리더에서 벗어나 종합 경영능력을 보유한 글로벌 매니저 및 코디네이터로서 발전하고 있다. 삼성전자의 현지인 종업원 수가 2000년 이후부터 대폭 증가하여 2006년 말에 5만 3,000명이 넘어섰다. 그럼에도 불구하고 2006년 말 현재 삼성전자의 79개 해외법인 가운데 단지 4곳만이 현지인 법인장에 의해 운영되고 있는 실정이다.

이처럼 삼성전자의 글로벌 인력 운영은 아직까지 본사에서 파견된 한국인 주재원을 중심으로 이루어지고 있다. 이러한 한국인 주재원 중심의 글로벌 인력 운영은 장점과 단점을 함께 가지고 있다. 장점으로는, 첫째 다양한 지역적 특성에도 불구하고 본사의 사업전략과 혁신역량을 신속하게 전파하고 일관되게 실행할 수 있으며,

둘째 글로벌 역량을 갖춘 경영자 후보군을 양성할 수 있고, 셋째 본사의 경영통제가 원활하게 이루어질 수 있다는 점이다. 반면에 단점으로는, 첫째 우수한 현지 종업원들이 삼성에서 성장의 한계를 느끼고 높은 퇴직률을 보임으로써 현지인 경영리더의 양성과 활용을 저해한다는 점, 둘째 우수한 현지인 활용에 비해 현지시장과 소비자에 대한 대응력이 저하될 수 있다는 점, 셋째 향후 지속적으로 우수한 주재원 파견인력의 조달과 주재비용 증가에 대한 부담이 늘어날 가능성이 있다는 점이다.

4. 글로벌 성공 요인과 향후 과제

4.1 성공 요인

삼성전자의 글로벌화 추진의 역사는 1970년대부터 시작되었지만 본격적으로 글로벌 시장에 진출해서 경영성과를 올리기 시작한 것은 2000년 이후부터라 할 수 있다. 10년도 채 되지 않는 짧은 기간에 삼성전자가 이처럼 탁월한 글로벌 경영의 성과를 거둘 수 있었던 요인은 무엇일까?

첫째, 본사의 사업전략과 혁신성과를 해외로 신속하게 전파하고 실행할 수 있었던 본국지향 접근방식이다. 일천한 글로벌 경영의 역사로 인해 대부분의 경영기능과 혁신역량이 본사에 집중된 상태에서 본사의 제품별 사업부가 모든 책임을 지고 일관되게 조직을 운영하고 본사로부터 주재원들을 파견하여 헌신적으로 해외시장

5. 삼성전자의 글로벌화와 인적자원 관리

과 거래선을 개척하도록 한 것이 성공요인으로 작용하였다. 이것은 펄무터가 제시한 EPRG 모델에서 본국지향 접근법이 현지 역량이 충분치 못한 글로벌 사업의 초기단계에서 적합하며, 특히 제품별 사업부 조직과 병행될 때 큰 효과를 거둔다는 주장과 일맥상통한다.

둘째, 글로벌화 추진에 필요한 우수인력의 확보와 양성에 대한 사전적인 준비와 많은 투자가 있었다는 것이다. 삼성전자는 1990년대 초부터 사업의 글로벌화에 대비해 종업원들을 대상으로 한 어학능력 향상뿐만 아니라 지역별로 전문화되고 현지화된 3,000명이 넘는 지역전문가의 양성 및 주재원과 법인장 양성을 위한 교육프로그램 운영 등에 심혈을 기울여왔다. 이렇게 글로벌화 추진에 필요한 인력을 체계적으로 양성하여 활용한 것이 짧은 기간 내에 큰 성과를 거두는 밑거름이 되었다고 할 수 있다. 특히 본국지향의 접근법으로 인해 문제가 될 수 있었던 현지대응력 저하의 약점을 3,000명이 넘는 지역전문가 양성을 통해 신속하게 보완하였다.

셋째, 스피드와 효율을 지향하는 삼성만의 독특한 기업가치와 문화로 인해 급변하는 글로벌 경영환경과 다양한 니즈 변화에 효과적으로 대응할 수 있었다는 점이다. 특히 글로벌 경영에서 겪은 크고 작은 성공과 실패의 경험들을 본사와 해외법인 간에 신속히 공유하고 학습함으로써 세계 각지에서 일어나고 있는 여러 가지 경영상의 도전에 신속하게 대응해왔기 때문에 좋은 성과를 거둘 수 있었다고 판단된다.

4.2 향후 과제

최근 삼성전자의 탁월한 글로벌 경영성과 달성에 기여했던 성공 요인들이 향후에도 지속적으로 유효할 것인가에 대해서는 여러 가지 논란이 있을 수 있다.

먼저, 본국지향의 글로벌화 접근법이 과연 국경을 초월한 글로벌 초경쟁(hyper-competition) 시대에도 적합할 것인가 하는 것이다. 본국지향의 접근법이 이제까지 본사 사업전략과 혁신역량을 신속하게 전파하고 실행하는 데 도움이 되었다. 하지만 글로벌 경영에 필요한 최적의 경영자원을 본국에서 얼마나 지속적으로 획득하여 혁신성과를 낼 수 있는가는 의문이다. 특히 연구개발이나 디자인, 마케팅, 생산 등의 기능은 국내 역량만 가지고 세계 일류수준의 경쟁력을 유지하기 어렵다. 따라서 글로벌 경영자원을 효율적으로 소싱하고 활용할 수 있는 최적의 지역으로 본사 경영기능의 일부를 이전하거나 특정 해외거점의 혁신역량을 글로벌로 확산, 공유하는 세계지향의 글로벌화 접근법으로의 전환을 적극적으로 검토할 필요가 있다.

둘째, 본사에서 파견된 주재원 중심으로 해외법인을 운영하는 것이 향후에도 바람직할 것인가의 문제다. 이제까지는 본사의 제품별 사업부가 일관된 글로벌 사업전략을 추진하는 상황에서 본사 파견 주재원이 적합했다고 평가할 수 있다. 하지만 부작용도 적지 않았다. 해외법인의 주요 직책을 대부분 주재원 중심으로 운영함으로써 우수 현지인 종업원들이 성장비전을 갖지 못하고 퇴직하거나, 주재원들이 본사와의 커뮤니케이션을 주도함으로써 현지인들이 본사와의 네트워크 형성을 저해하는 경향도 나타났다. 그리고 주재원이 아무리 현지 언어와 문화를 이해한다고 해도 한계가 있어 현지시장의 니즈에 신속히 대응하기 어렵다는 점도 있다. 향후 현지대응력 강화를 위해서는 본사에 집중된 권한과 경영자원의 글로벌 분산과 함께 적극적으로 우수 현지인을 현지 경영리더로 양성하고 활용하는 것이 더욱 필요해질 것이라고 판단된다.

셋째, 본사의 업무프로세스와 조직문화를 지금보다 훨씬 더 글로벌화할 필요가 있다. 진정한 글로벌 기업이 되기 위해서는 국경과 인종을 초월하여 글로벌 우수인재들을 전 세계의 최적 위치에 활용할 수 있어야 한다. 그러기 위해서는 외국인 종업원을 이방인으로 보는 인식의 변화와 함께 한국적 특수성이 강한 본사의 업무프로세스와 조직문화가 다양한 문화적 차이를 수용할 수 있는 글로벌 보편성을 확보해야 할 것이다.

65 Howard V. Perlmutter, "The Tortuous Evolution of the Multinational Corporation", *Academy of Management Journal*, 1998.
다국적기업의 경영자는 국제화의 추진방향을 본국지향(ethnocentric), 현지지향(polycentric), 지역지향(regiocentric), 세계지향(geocentric) 중에서 선택할 수 있다고 하였다. 이러한 지향성의 정도는 제품과 기능 및 지역에 따라 다르게 수립될 수 있다고 주장하였다. 다국적기업들의 발전단계를 볼 때 본국지향에서부터 현지지향, 지역지향, 세계지향으로 진전한다는 증거들이 나타나고 있지만, 모든 회사가 세계지향일 필요는 없다고 하였다.

06 LG전자의 글로벌 공급망 관리

* 사례 작성 일자 : 2007년 9월

* 박재규 : LG전자 상무
* 하연찬 : 극동대학교 경영학부 교수
* 강세종 : i2 Technology Korea 부사장

기업의 운영이 글로벌화 되면 고객이 원하는 제품을 적기에 필요한 물량을 제공할 수 있는 능력이 기업경쟁의 중요한 요소가 된다. 따라서 어떤 제품을 언제, 어디에, 얼마나 위치시킬 것인지는 아주 중요한 기업의 과제가 된다. 이런 의사결정을 지원하고 실행하는 것을 공급망 관리(Supply Chain Management)라고 부른다. 흔히 기업의 경쟁우위로 품질, 원가 그리고 납기를 말하는데, SCM은 납기와 원가에 직접적인 영향을 주게 된다.

LG전자가 글로벌 SCM의 중요성을 인식하게 된 것은 그리 오래되지 않았다. 1990년대 말부터 글로벌화가 시작되어 시장에 가까운 곳에 생산거점을 두게 되었고, 판매시장도 미주, 유럽, 아시아 등 전 세계에서 이루어지게 됨에 따라 폴란드, 멕시코 등에 공장이 설립되었다. 이런 공급망의 양적 증가뿐만 아니라 심화되는 원가 압력, 시장수요의 다양화 등으로 SCM의 복잡성이 급격히 심화되었고 그 중요성 또한 매우 높아지게 되었다. LG전자는 이를 타개하기 위해 2006년부터 두 가지 과제를 시작하였다. 주 단위 관리 및 통합물동기획(GSCP)이 그것이다

1. 글로벌 SCM 추진 경과

LG전자가 글로벌 SCM의 중요성을 인식하게 된 것은 그리 오래되지 않았다. 1990년대 말에 이르러서 우리나라의 주요 제조기업들의 공급망은 급격히 글로벌화 되기 시작하였다. 과거에는 국내에서

생산하여 해외에 수출하였지만, 원가가 낮은 중국이나 동남아에서 생산을 하거나 현지부품규정이나 관세 등의 규제를 넘어서기 위해 시장에 가까운 곳에서 생산거점을 두게 되었고, 판매시장도 미주, 유럽, 아시아 등 전 세계에서 이루어지게 됨에 따라 폴란드, 멕시코 등에 공장이 설립되었다. 이런 공급망에 대한 복잡성의 증가뿐만 아니라 심화되는 원가 압력, 시장수요의 다양화 등으로 SCM의 복잡성이 급격히 심화되었고, 그 중요성 또한 매우 높아지게 되었다. 생산법인이 29개나 되고 판매법인이 48개나 되는 상황에서도 대부분의 공급은 판매법인과 생산법인 간 수작업 의사소통에 의해 준비되었고, 주요 자재는 한국에 있는 사업부에서 준비해야 함에도 불구하고 한국 내 사업부는 각 법인 간 물동계획에 대한 수많은 엑셀 장표를 이용하고, 계획 대비 실적 차질의 원인을 분석하느라고 정신이 없었다. 한국에서 나가는 공장별 출하물량은 관리되고 있었으나, 전 세계적 판매물량과의 연계는 이루어지지 않고 있었다.

대부분의 계획은 연간매출 기본계획 및 중간 중간 수정되는 월 단위 매출목표를 맞추기 위한 대표 모델의 물동계획이었고, 실제 공급은 고객 거래선이 주문한 구체 모델의 주문에 따라 자재 및 생산계획이 대폭 수정되어 이루어졌다. 이에 따라 자재를 공급하는 협력사의 재고 누적 및 생산 비효율이 극심하였다.

이러한 LG전자에서 SCM의 중요성을 인식하고, SCM의 수준을 향상시키려는 시도를 처음으로 시작한 사업부문은 모니터사업부였다. 모니터사업부는 2000년 당시 경쟁사에서 효과를 보고 있었던 SCM 시스템을 도입했으나 여러 가지 이유로 기대했던 효과를 충분히 거두지 못하였다.

그 몇 가지 원인들은 다음과 같다. 첫째는 시스템 및 데이터의 문제다. 해외에 많은 생산공장과 판매법인들이 생겨났지만, 생산거점에서의 주요 자재현황에 대한 정확한 데이터를 관리하지 못하고 있었다. 공장에서 실행가능한 생산계획을 수립하려면 자재제약을 고려해서 계획을 수립해야 하지만, 생산법인에 얼마나 자재재고가 남아 있는지를 정확하게 파악해내지 못하면, 생산계획을 수립하더라도 목표로 하는 수량을 생산할 수 있는지를 알 수 없게 되어 계획대로 실행되지 못하는 문제가 발생하게 되었다. 이에 따라 생산계획 대비 실적의 차이가 많이 나게 되고, 따라서 생산계획에 대한 신뢰성을 잃게 되고 글로벌 제품공급계획도 신뢰성을 갖지 못했다.

둘째는 조직구조의 문제로, SCM의 관점에서는 공급망에 연결된 전체 부서(영업/마케팅/생산/구매)를 하나의 의사결정 주체가 조정을 하는 것이 효과적이다. 이런 관점에서 많은 경쟁사들은 판매와 생산의 기능적 조직구조에서 각 주요 제품군별로 하나의 의사결정권자 아래에서 부서 간 이견을 통합하여 조정할 수 있는 글로벌 운영센터(GOC : Global Operation Center)를 두고 있었다. 그러나 LG전자는 전통적으로 지역 분권화가 강한 기업이다 보니 해외생산 또는 판매법인을 한국의 사업부가 통제하기에 많은 어려움이 있었다. 이에 따라 신속한 의사결정이 요구되는 상황에서도 판매법인과 사업부 간에 또는 사업부와 해외 생산공장 간의 협의를 통해 의사결정을 해야 했고, 고객에게 납기 약속은 물론이고 공급 실기가 많은 형편이었다.

셋째는 시스템에 대한 지나친 강조다. 경쟁사에서 성공한 시스템이라 하여 GSCP(Global Supply Chain Planning) 시스템을 구축하였으나 목표로 했던 운영 프로세스대로 운영되지 않았고, 시스템의 활용도도 매우 떨어졌다. 변화관리에 주력했어야 하나 변화관리를 할 전담조직 없이 생산, 마케팅, 구매가 각각 독립된 임원 산하에서 상호 간의 영역을 참견하지 않는 문화를 유지하다 보니 결국 시스템을 통한 LG전자 출하기준, 주 단위 관리 등의 기존 목표는 희석되고 수작업, 공장 선적기준, 월 단위 관리의 기존체제가 지속되었다.

2005년이 되자 SCM 역량의 차이는 회사 전반의 경쟁력 저하 요인으로 나타나서, 더 이상 사업부에 맡겨둘 수 없는 상황이 되었다. 재고일수는 경쟁사 대비 1.5배 이상 높았고, 시장이 선호하는 제품 중심으로 공급하는 프리미엄 마케팅이 아니라 생산부서는 생산성 중심으로 제품을 만들어내고, 마케팅부서는 재고를 처분하기 위해 판촉을 하며, 구매는 구매부서 단독 판단에 의해 자재구매를 결정하며, 자재 및 제품 재고에 대한 책임을 서로 전가하기 위해 조직 간 갈등이 심각하였다. 전체적으로 완제품 재고 3조 원, 자재재고 1.7조 원 등 4.7조 원의 유동성이 재고에 잠겨 있었고, 유통채널에 대한 가격 보상이 필요한 유통재고가 2조 원 정도 있는 것으로 파악되었다. 휴대폰 사업부의 경우 2006년 중반에는 자재재고 6,000여억 원 중 20% 이상이 장기재고였을 정도로 구매계획과 마케팅계획 간에 괴리가 많았다. 특히 휴대폰 자재의 장기재고는 폐기손으로 전이되어 사업부 손익에 상당한 영향을 미쳤다. LG전자는 이를 타개하기 위해 2006년부터 두 가지 과제를 시작하였다. 주 단위 관리 및 통합물동기획(GSCP)이 그것이다.

1.1 주 단위 관리

과거에는(물론 지금도 많은 기업들이) 기업의 계획주기는 월 단위였다. 즉 시장수요를 월별로 예측하며, 이를 마케팅에서 조정하여 판매계획을 확정 짓고, 이를 바탕으로 월별 생산계획을 수립하고, 이 생산계획을 기반으로 구매부서에서 월별 구매계획을 수립하는 관리체제다. 이런 과정을 수작업으로 진행하게 되면 각각의 단계마다 1주 이상의 시간이 걸리게 되므로 이 전체 과정을 거치는 데 당연히 1개월이 소요되었다. 경우에 따라서는 1개월 이상이 걸리기도 하는데, 이런 정보 흐름의 지체는 많은 문제를 야기하였다.

판매 실기를 없애고자 재고를 많이 가지고 가게 되면 그 만큼 재고비용이 많이 발생하게 되고, 판가하락이 심한 제품에서는 손익이 나빠지게 되고, 시장수요가 없어지면 불용재고가 발생하여 이로 인한 많은 손실이 발생하게 된다. 반대로 무조건 재고수준을 줄이게 되면 영업의 입장에서는 판매 실기로 인한 기회비용이 발생하며, 고객에 대한 서비스 수준이 떨어져서 고객만족도가 저하되고 이로 인하여 장기적으로 매출이 감소하게 된다. 또한 긴급주문이 발생하면 단납기 대응을 위해 전체 생산 및 자재계획이 급격히 바뀌고, 이런 일이 되풀이되다 보면 계획대로 준비하지 않고, 계획이 더 이상 바뀔 수 없는 시점까지 기다렸다가 준비를 시작하면서 생산 및 자재공급의 비효율이 극심하게 된다.

따라서 고객서비스 수준을 유지하거나 또는 높이면서도 재고를 적게 가지고 가기 위해서는 시장수요를 신속하게 영업에서 마케팅으로, 그리고 생산과 구매로 전달하는 프로세스를 가져야 한다. 높은 SCM 실력을 가지고 있는 기업들은 계획주기를 1개월이 아니라 1주로 단축하여 운영하고 있다. 즉 판매에서 각 영업사원들의 수요예측을 취합하고, 이를 다시 마케팅 담당자가 조정하여 확정하고, 생산계획을 수립하며, 구매계획을 수립하는 이 전체의 과정을 1주일 내로 해내는 것이다. 전 세계에 수십 개의 판매법인과 생산법인을 가진 글로벌 기업에서는 월에서 주로 줄이는 것은 매우 어려운 일이나, 그 효과는 매우 크며 기업의 경쟁력에서는 필수적인 것이었다. 이를 위해 LG전자는 2004년부터 가전 사업본부에서 주 단위 관리 태스크포스를 추진하였으며, 2006년 초 전사 확산을 위해 IBM컨설팅과 함께 주 단위 관리 태스크포스를 시작하였다.

1.2 통합관리를 위한 GSCP(Global Supply Chain Planning)

마케팅, 생산, 구매 각 조직의 평가지표 및 조직운영 원칙의 차이 등에 따라 각 부서의 계획이 일치되지 못해서 발생되는 비효율이 많았다. 또한 물리적으로도 각 부서의 계획을 서로 공유할 방법이 없었다. 보통 해외법인에서의 영업사원들은 현지인이 맡게 되는데, 이들이 각자 맡은 지역 또는 고객군에서 수요예측을 해서 스프레드쉬트에 입력하여 판매법인의 제품관리자(PM)들에게 제출하게 된다. 그러면 PM들은 본인의 예상치와 목표치를 반영해서 이를 다시 본사의 마케팅부서에 전달하게 된다. 그러면 다시 본사의 마케팅부서에서는 본사의 경영계획을 반영하여 매출계획을 확정하게 된다.

보통 이런 과정은 수 주일이 소요되고 그 각각의 단계에서 담당자들의 판단이 반영되기 때문에 시장의 실제상황이 전달되는 데 많은 시간이 걸리고, 또 왜곡되어 본사에 전달되게 된다. 그 정보를 가지고 생산계획을 수립하고 구매계획을 수립하는 본사의 입장에서는 이미 뒤늦었고, 또 왜곡된 정보를 기반으로 계획을 수립하게 되는 것이다.

이런 문제를 해결하기 위해서 LG전자는 글로벌 통합물동기획(GSCP) 시스템 도입을 추진하였다. GSCP에서는 IT기술의 발전으로 전 세계 어느 곳에서도 같은 정보와 화면을 보면서 작업을 할 수 있게 되었다. 즉 시스템의 하나의 화면에서 지역별/제품별로 영업사원의 수요예측와 법인의 PM, 그리고 본사의 마케팅부서가 같이 정보를 보고 입력할 수 있게 하는 것이다. 이 과정을 통하여 자연스럽게 서로 간의 수요예측에 대한 가시성을 갖게 되었고, 합의를 도출할 수 있게 된 것이다. 과거에 순차적으로 입력하던 때에는 수요예측을 전 세계적으로 취합하는 것이 한 달 주기로 이루어졌지만, 이젠 실시간으로 모두의 수요예측을 볼 수 있는 상황이 되었기 때문에 일주일에 한 번씩 수요예측을 수정할 수 있게 하여 그만큼 시장의 수요변화에 대해 빠르게 대응할 수 있게 된 것이다. 또한 생산 및 구매부서에서는 과거보다 더 정확한 정보를 더 빠르게 받아, 이 정보를 기반으로 자재 및 생산능력을 고려하여 글로벌 최적화된 공장 및 제품별 생산계획을 세우고, 이에 필요한 자재 소요량을 산정하며, 각 생산법인별 자재 배치계획을 사전에 글로벌 차원으로 조정할 수 있다.

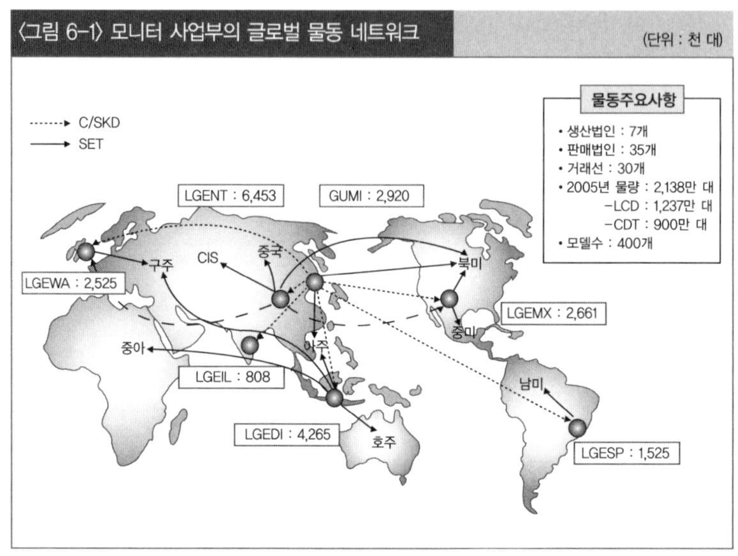

2005년 모니터 사업부에서부터 주 단위 관리 프로세스를 재정비하고 GSCP 시스템을 재구축하는 프로젝트를 진행하게 되었다. 당시 모니터 사업부는 전 세계에 걸쳐서 35개의 해외판매법인과 7개의 생산법인을 통해 연간 약 2,100만 대의 물동을 운영하고 있었다. 이런 막대한 양의 물동을 각 판매시장의 변화에 따라 신속하게 대응하기 위해서 주 단위 물동 운영체제를 더 이상 미룰 수 없는 상황이었다.

2006년 1월, TV 사업부에도 이와 같은 프로젝트를 진행하여 모니터 사업부에 구축하였던 프로세스 및 시스템을 적용하였다. 또한 2006년 4월 휴대폰 사업부와 가전 사업부(에어컨, 냉장고, 세탁기, 청소기), 2007년 1월 미디어 사업부, 2007년 3월 PC 사업부에도 GSCP 프로젝트를 진행하여 목표로 했던 주 단위 글로벌 계획체제를 확립하게 되었다.

2006년 4월 글로벌 SCM팀이 발족되어 박재규 상무가 첫 SCM팀 장으로 선임되었다. 2006년 9월 변화관리의 중요성 및 사업본부별 차별화된 SCM 전략 추진의 필요성에 따라 각 본부별 GO(Global Operation) 조직이 구성되었으며, 궁극적으로 모든 물동에 대한 기획, 운영, 책임을 지는 Global Operations and Command Center로 성장하라는 의미에서 GOC 조직으로 개명되고, GOC 조직이 정상화되어 물동 운영이 효율화될 때까지 GOC 조직의 인력 수에 대해서는 제한을 두지 말고, GOC 인력은 전문직군으로 인센티브를 제공하라는 CEO의 지시가 내려졌다. 당시 물동의 중요성을 깊게 인식하고 있었던 CEO와 CFO, 사업본부장들의 일치된 결정이었다.

2. 글로벌 SCM의 추세

2.1 SCM의 중요성 증대

기업이 글로벌화 되면 고객이 원하는 제품을 적기에 필요한 물량을 제공할 수 있는 능력이 기업의 중요한 경쟁우위로 대두된다. 따라서 어떤 제품을 언제, 어디에, 얼마나 위치시킬 것인지는 기업의 중요한 업무다. 이런 의사결정을 지원하고 실행하는 것을 우리는 SCM이라고 부른다. 흔히 기업의 경쟁우위로 품질, 원가, 납기를 말하는데, SCM은 직접적으로 납기와 원가에 영향을 주게 된다.

먼저, 납기의 관점에서 살펴보자. 전자제품의 주요 고객은 미국의 경우 Best Buy, Circuit City, Sears 등이 주요 유통사들이고, 유럽의 경우에도 Dixon과 같은 유통사들이 존재한다. 이런 유통사들의 경우 품절(Stock out)은 곧 매출 기회의 상실을 가져올 수 있으므로 공급사들의 납기 준수를 매우 중요한 요소로 평가하고 있다. 이들은 주기적으로 공급사들을 평가하여 순위를 매기고, 그 순위에 따라 여러 계약조건에서의 차별성을 두게 된다. 따라서 직시공급은 제품의 차별화가 어려운 가전제품의 경우 매우 중요한 경쟁우위 요소이며 또한 매출에도 지대한 영향을 주게 된다.

둘째로, 원가의 관점에서 살펴보자. LCD TV나 PDP TV 등 가격이 지속적으로 하락하는 제품의 경우 주기(cycle time)가 직접적으로 기업의 손익에 영향을 주게 된다. LCD TV와 PDP TV에 있어서 최근 몇 년 동안 매년 판가가 40% 정도 하락해왔는데, 이 경우 완제품 재고가 2개월치를 가지고 있는 경우와 1개월치를 가지고 있는 경우 이익에 있어서 약 4% 정도가 직접적으로 차이가 나게 된다. 만일 경쟁사는 2개월치의 재고를 가지고서 고객의 주문에 대응을 하고, 우리 기업이 1개월치의 재고를 가지고 고객의 주문을 충분히 대응할 수 있다면 손익에 있어서 그만큼 우위를 가지게 되는 것이다. 가전제품의 특성상 마진이 높지 않기 때문에 경우에 따라서는 전체 손익의 절반 가까운 영향을 주게 되는 것이다. 또한 가격 하락 폭이 크지 않더라도, 예를 들어 매출을 12조 원의 하는 회사를 가정해보면 1개월치의 재고는 약 1조 원에 해당하며 이 금액이 재고로 쌓여 있다고 하면 이는 엄청난 금융비용이며, 또한 기업의 현금흐름에 심각한 영향을 줄 수 있다.

공급망의 상류(upstream)로 갈수록 재고가 크게 쌓이는 불휩효과
(Bullwhip effect)는 수요예측을 기반으로 하는 공급망에서 보이는 현
상으로 이미 여러 산업에서 확인되었다. 이 현상은 공급망의 상류
로 갈수록 수요의 변화 폭이 더 커지기 때문에 발생한다. 고객의 수
요가 항상 일정하다면 이런 현상이 발생하지 않겠지만 일반적으로
수요는 항상 변화한다. 따라서 공급망상의 각 주체들은 고객의 주
문을 예상하고 안전재고를 보유함으로써 대응하게 된다. 수요가 늘
어나게 되면 공급상에서 고객에 가까이 있는 하류(downstream)는
주문을 늘리게 된다. 그러다가 수요가 다시 떨어지게 되면 재고를
줄이기 위해 주문을 멈추거나 줄이게 된다. 이 과정에서 공급망의
상류로 갈수록 이 변화는 더 커지게 된다. 이런 현상은 단지 수요의
변화 또는 수요예측의 부정확성뿐만 아니라 리드타임의 변화 그리
고 묶음(batch)주문, 가격의 변동, 촉진 등의 요인에 의해서도 더 악
화되게 된다. 이렇게 수요의 변화가 커지면 그만큼 생산, 구매 등
기업의 모든 활동에 비효율을 초래하게 되므로, 이런 편차를 줄이
기 위해서 기업들은 가시성을 확보하고 VMI[66], JIT 등의 방식을 도
입하게 된다.

2.2 글로벌 판매운영계획(Global Sales and Operation Planning)

과거에는 각 판매법인에서 제품별로 시장의 수요와 판매법인의
재고를 계산하여 필요한 물량을 결정하고 이를 원하는 공장에 주문
을 하는 형태였다. 따라서 어떤 제품을 얼마나 주문할 것인지는 각
판매법인의 권한이었고, 이에 대한 생산 여부는 각 생산법인의 결

정으로 이루어졌다. 이 경우 전사적인 제품의 전략이나 최적 생산지의 결정 등의 목표를 수행하는 데 어려움이 있게 된다. 먼저 제품 전략의 관점에서 사업부에서는 저가제품에서 고가제품으로 바꾸어가는 전략으로 가려 할 때, 판매법인이 당장 잘 팔리는 저가제품으로만 주문을 내게 되더라도 이를 조정하고 통제하기가 어려우며, 기존제품을 없애고 신제품을 도입하고자 할 때에도 판매법인이 기존제품만을 주문하는 경우가 빈번하게 발생하였다. 또한 최적 생산지라는 관점에서도, 생산지를 판매법인이 결정하여 해당 생산법인에 요청하였기 때문에 일부 공장에서는 물량이 부족하고 다른 공장에서는 요청 받는 물량을 다 생산해내지 못하는 문제도 빈번하게 발생하였다. 또한 생산법인마다 원가구조가 다르고, 판매법인과의 운송 리드타임이 다르기 때문에 이런 운영구조는 글로벌 최적화된 계획과는 달리 비효율적이었다. 1990년대 후반에 들어서면서 네트워크의 향상은 IT 기반을 활용하여 본사에서 생산법인과 판매법인의 정보에 대한 가시성을 향상시킬 수 있었고, 이에 따라 본사에서 각각의 법인 간의 협의나 조율에 의한 지역별 최적화가 아니라 글로벌 최적화의 차원에서 본사가 글로벌 계획을 수립할 수 있게 되었다. 즉 본사에서 전 세계의 시장수요를 받아 이를 원가, 운송 리드타임 등의 요소들을 고려하여 최적의 생산지를 결정할 수 있게 된 것이다. 이에 따라 LG전자에서는 가장 중요한 변화의 포인트로 글로벌 판매기준으로 현지 마케팅과 사업부 생산이 통합관리에 의해 자재구매 등 공급 준비를 하자는 아이디어다.

　글로벌 판매운영상 물동운영의 규정과 프로세스는 다음과 같이 재정립된다. 먼저 수요예측 입력→확정계획→전략물동회의→물동기획(Purchase Sales Inventory) 최종확정으로 정의하고 각 단계별로 운영규정을 정의하였다. 먼저 수요예측의 입력은 합의기반 수요예측의 프로세스로서 판매법인의 PM이 시장수요를 반영한 판매예측을 입력하고, 마케팅은 마케팅 전략을 고려하여 할당 또는 마케팅 버퍼를 반영할 수 있도록 하였다. 확정계획의 단계에서는 자재에 대한 제약을 반영함으로써 실현가능한 배분 및 생산계획이 수립되도록 하였다. 또한 생산의 안정화를 위하여 3주의 확정구간을 가져갈 수 있도록 하였다. 즉 매주 확정계획 시 당주 포함 3주에 대해서는 생산계획을 변동하지 않고 수요변동 및 다른 변동사항들은 4주 이후에 대해서만 반영하도록 하였다. 전략물동회의에서는 매주 목표 대비 실적을 검토하고, 재고부족이 발생한 물량에 대한 의사결정을 할 수 있도록 하였다. 과거에는 전략물동회의를 위해 많은 자료들을 분석하여 전략물동회의용 자료를 만들어야 했으나 이 작업을 최소화하기 위해 표준화된 보고서들은 시스템에 유저인터페이스로 구성하여, 데이터 분석 및 회의자료 작성에 투입되는 시간을 최소화하였고, 가장 최신의 데이터를 정확하게 볼 수 있어 전략물동회의를 효과적으로 운영할 수 있도록 하였다. 이 회의에서 의사결정을 통하여 선적계획에 대한 일부 수정을 하고 나면 이는 전세계의 판매법인과 생산법인에 확정 통보되어 전체가 하나의 계획에 따라 일사불란하게 움직일 수 있게 되었다.

기업에서 혁신활동을 추구할 때는 프로세스, 조직, 시스템이 일관되게 만들어져야 함은 물론이고 변화관리가 매우 중요하다. 변경된 프로세스를 얼마나 잘 준수하고 또 이를 통해 목표로 했던 성과를 내기 위해 기업은 이를 측정할 수 있는 핵심성과지표(KPI : Key Performance Index)를 설계하고 모니터링하게 되는데, LG전자는 수요예측 정확도, 판매능력지수, 수작업 주문 생성률, 선적계획 준수율, 재고일수, 장기 재고비율의 여섯 가지 핵심성과지표를 선정하고 이를 평가하고 인센티브를 부여함으로써 변화를 이끌어냈다.

전 세계에 흩어져 있는 판매법인과 생산법인이 매주 시장변화에 따라 변경된 하나의 계획으로 판매, 생산, 구매 등 각각의 기능이 동기화 되어 움직인다는 것은 매우 커다란 변화인 것이다. 기존에 각각의 기능들은 물리적 위치가 다르고 시간적으로 다른 시간대에 있으면서, 각각의 기능 입장에서는 최선을 다해 일하고 있음에도 불구하고, 시간과 정보의 차이로 인해 서로 상이한 계획을 가지고 운영되었다. 이로 인해 각각의 기능 내에서는 최적화된 계획으로 최선의 노력을 기울인다고 해도, 기업 전체로 보면 최적이 아니며 이로 인한 많은 비효율을 피할 수 없었다. 그러나 IT기술의 발달은 물리적 거리와 시간의 차이로 인한 정보의 차이를 최소화 할 수 있게 하였고, 전 세계의 운영을 같은 정보를 이용하여 하나의 일관된 계획으로 동기화 하는 것을 가능하게 하였다. 이로 인하여 재고 절감, 품절방지를 통한 매출 확대, 리드타임의 단축 등의 많은 효과를 가져왔다.

3. SCM의 개선 방향

LG전자의 최고경영층은 글로벌 SCM의 중요성을 인식하고, 2006년 4월 글로벌 SCM팀 발족, 10월 각 본부별 GOC 조직 발족을 통해서 본격적으로 이런 변화를 전사적으로 추진하도록 적극적으로 지원했다. 목표는 사업전략과 잘 연계되어 있고, 시장변화에 신속히 대응하며, 신제품이나 새로운 공급망, 새로운 유통채널 등에 유연공급 대응할 수 있는 SCM 체제를 구축하는 것이었다. 이를 위한 전략으로 물동기획을 제대로 하고, 물류실행을 사전 기획대로 해서, 물동기획과 물류실행 간의 시너지를 창출하는 한편 물류 거점 및 운송상의 지역별 또는 전 세계적 통합 운영을 추진하는 방안을 제시하였다.

특히 통합관리계획(GSCP) 구현을 통하여 주 단위 관리, 글로벌

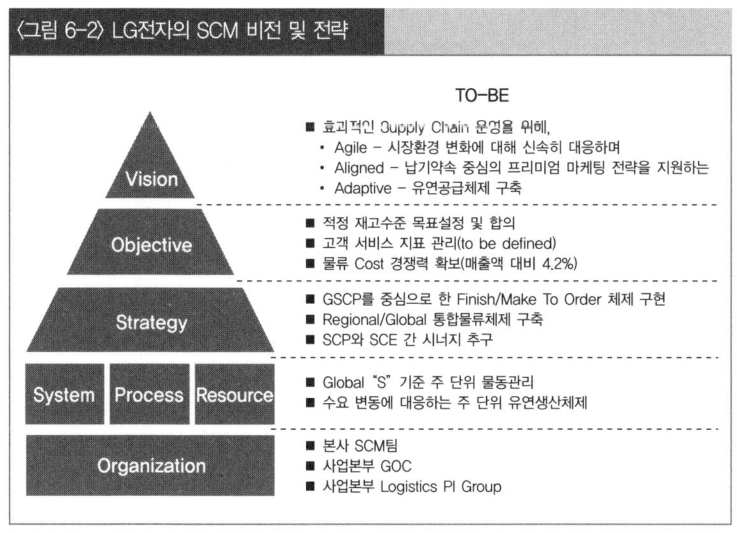

〈그림 6-2〉 LG전자의 SCM 비전 및 전략

판매 기준, 마케팅/생산 연계 체제 기반이 확보되었으며, 다섯 가지 측면에서 성과를 기대했다. 이러한 주 단위 글로벌 물동체제로의 이행을 위해 SCM 관점에서 경쟁사들과 LG전자와의 차이를 구체적이고 상세하게 비교하여 LG전자가 개선해야 할 영역과 방향성에 대해서 구체적인 분석을 실시하였으며, 단계적으로 전사에 확산해야 할 SCM 혁신의 방향과 구체적인 변화의 모습을 정하였다. 2007년까지 SCM 기반 구축을 한다면 2010년까지는 시장 중심적 프로세스 구축과 시장반응 속도의 향상을 통하여 시장친밀성을 강화하고, 2015년까지는 SCM을 통해서 수익성을 극대화하자는 계획이다. 위의 전략을 실행하기 위한 각 본부별 진행 현황은 다음과 같다.

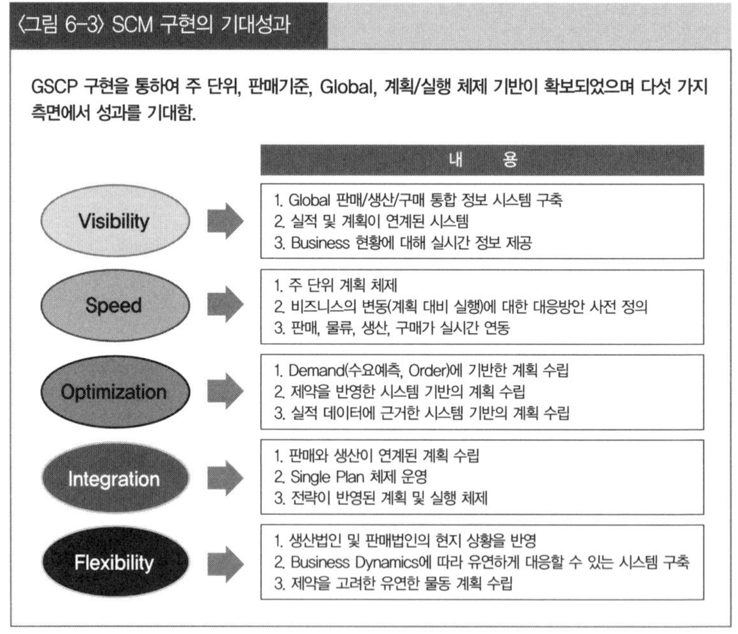

<그림 6-3> SCM 구현의 기대성과

3.1 휴대폰(MC) 사업본부

휴대폰 사업부의 경우에 과거에도 오랫동안 SCM의 수준 향상을 위하여 노력을 기울여 왔었다. 그러나 그러한 노력들은 주로 제조에서의 혁신, 즉 공장에서의 생산성 향상에 초점이 맞추어져 있었다. 휴대폰 사업부에서도 기존의 지역별 물동기획 운영의 한계로 인하여 공급 및 재고상의 문제를 그대로 가지고 있었고, GSCP를 추진하면서 글로벌 물동기획 관점의 주 단위 물동운영 체제로 변화하여 물동운영의 효율성 및 신뢰성이 증대하였다.

휴대폰 사업부는 타 제품사업부보다 제품수명주기가 짧으며, 이에 따른 대응이 매우 중요하다. 즉 여러 신제품을 출시하더라도 시장반응에 따라서 잘 팔리는 제품은 신속하게 생산물량을 늘리고, 그렇지 못한 제품은 빠르게 단종시켜야 한다. 그런데 주요 핵심부품(핵심 반도체류, 카메라) 등은 수개월 전부터 공급선들과 물량을 조정하고 확정해야만 공급을 받을 수 있기 때문에 시장수요와 생산계획 그리고 이를 자재계획으로 신속하고 정확하게 반영할 수 있어야만 한다. 특히 최근에 LG전자 휴대폰은 초콜릿폰, 샤인폰, 프라다폰 등으로 이어지면서 계속적으로 히트상품을 내놓고 있는데, 시장반응이 좋은 제품을 핵심자재의 공급부족으로 물량을 제때에 고객에게 공급하지 못하면 그만큼 판매 실기를 하는 것이고, 또 경쟁사에게 시장을 빼앗기게 되는 것이다. 고객의 판매자 평가기준을 분석한 결과, 가장 중요한 4개 기준 중 2개가 물동 이슈이며, 또한 이 물동 이슈의 대부분은 공급 가시성 및 제품수명주기 관리와 연계된 것으로 나타났다. 따라서 휴대폰 사업부에서는 판매계획이 변하더라도 공급안정성을 높이고 고객에게 납기약속을 할 수 있는 체제를 구축하기 위해 대규모 프로젝트를 시작하였다. 특히 글로벌 물동기획 기준, 주 단위 물동 확정, 시스템 기반의 계획 수립 등의 주요 원칙은 그대로 적용되었지만, 휴대폰 사업의 특성상 제품수명주기 관리에 의한 초동물량/단종관리와 글로벌 수요/공급관리의 연계, 그리고 자재에 대한 전략재고 운영 등이 강조되었다. 전체적으로는 6개 단기과제(주 단위 판매 및 운영 계획, 생산계획 3일간 고정, 자재 준비 점검, 제품수명주기 초동물량 대응, 개발일정 관리, 단종관리)와 2개 장기과제(협업적 계획-예측-보충체제 : CPFR, 주문 후 조립 : ATO)로 추진되었

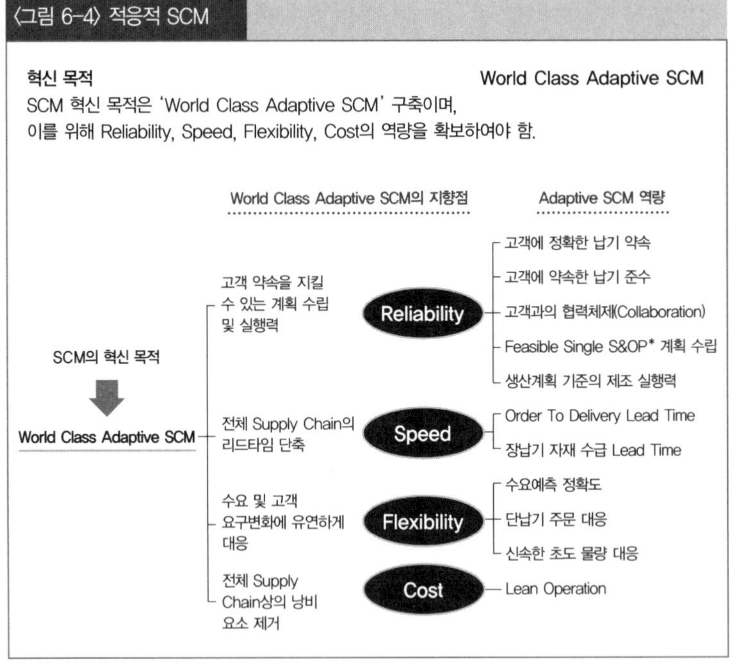

〈그림 6-4〉 적응적 SCM

*S&OP : Sales & Operations Planning

으며, 궁극적 목표는 수요변동에 따라 유연하게 공급하는 적응적 SCM 체제의 구축이었다.

프로젝트의 결과, 고객 납기와 주 단위 물동 관점의 사고 전환과 수요, 선적, 생산, 자재입고/개발계획의 동기화에 상당한 진전이 있었으나, 업무 프로세스와 관리 요소가 구체화되면서 오히려 업무량이 폭주하여 체계적으로 구조적인 개선이 필요하여 연말까지 추진할 예정이다. 내년부터는 SCM 향후과제에 대해 전체적인 리뷰를 통해, 현업부서가 적극적으로 과제를 실행하는 것과 SCM 교육프로그램의 적용 확대 및 우수인력의 외부확보와 OJT를 통해 조직원의 핵심역량을 확보하는 활동을 강화하고 복잡성이 높은 특정 업무부문에 대해서는 지속적으로 외부 컨설팅 또는 우수인력 유치활동을 병행해 추구할 예정이다.

3.2 가전(DA) 사업본부

냉장고, 에어컨, 세탁기, 청소기 등을 생산하는 DA본부도 2006년 GSCP 프로젝트를 수행하였다. 일반적으로 이런 백색가전은 마진율이 매우 낮은 사업임에도 불구하고 LG전자 DA본부는 10% 이상의 수익을 내는 세계 일류의 운영 우수성을 가지고 있는 사업부문이다. 그럼에도 불구하고 이런 운영 우수성을 더욱더 향상시키기 위하여 글로벌 가시성을 확보하고 주 단위 체계를 안정화시키며, 목표지향적(Target-Driven) SCM 및 협력적(Collaborative) SCM의 기반을 조성하겠다는 목표를 가지고 GSCP 프로젝트를 진행하였다. 〈그림 6-5〉에서 보는 바와 같이 시스템을 활용한 주 단위 글로벌 운

〈그림 6-5〉 가전 사업본부의 GSCP 추진 목표

추진 배경
추진 목표

Biz. 환경
• 다품종 소량 생산 및 제품 Life-Cycle이 떨어짐
• 환율 하락 및 가격 경쟁 심화
• 단납기 요청 및 납기 준수율 향상 요구

경영 Needs
• 경영 목표 달성을 지원하는 Tool
• Global Supply Chain에 대한 Demand 및 재고 Visibility 확보
• FCST 정확도 향상을 위한 시스템적 지원
• 해외 생산기지 증가에 따른 해외법인 관리수준 향상 및 시스템적인 물동관리
• 룰과 시스템에 의한 물동관리로 해외생산법인 Operational Excellence 향상

Global Visibility 확보
• 전 조직이 주 단위로 동시/공유하는 수요/공급 관리 체계 수립
• 수요/공급 Mismatch에 대한 Early Warning

Weekly Operation 체계 안정화 가속
• 판매, 생산, 선적이 연계된 Single Plan 수립
• 주 생산/선적 Target과 Operation 실행 동기화

Target-driven SCM
• Global 수요 및 경영전략을 고려한 공급계획 수립

Collaborative SCM 기반 조성
• 주요 거래선 납기 대응력 향상
• 생산계획, 가용재고 등을 고려한 신속/정확한 납기 약속 기반 마련

영의 전사적인 방향이 그대로 반영되어 있는데, 몇 가지 차별화된 부분을 볼 수 있다.

먼저 DA본부의 사업은 LG전자의 다른 사업부들보다 더 다품종 소량생산을 해야 하는 사업이다. 예를 들어 냉장고의 경우 크기, 색상, 기능 등 국가별/고객별로 다양한 제품을 제공해야 하며, 더욱이 이들 제품은 부피가 크기 때문에 그 다양한 조합별로 많은 완제품 재고를 가져간다는 것은 불가능하다. 따라서 시장수요에 따라 필요한 양만큼만 생산할 수 있는 능력이 매우 중요하다. 이런 차원에서 이를 지원할 수 있는 계획시스템은 물론 다품종 소량생산을 지원할 수 있는 생산공정을 보유하는 것은 매우 중요한 경쟁우위인 것이다. DA본부는 다년간 이런 노력을 기울여왔으며, GSCP 프로젝트

□ **핵심 기능 : 거대한 물동의 흐름을 지속적으로 모니터링하고 문제 발생 시 신속한 대응**
1. 화물 운송 현황에 대한 Track & Tracing
2. 해당 화물의 도착 예정 시간 정보를 지속적으로 업데이트하여 제공
3. 각종 예외상황 발생 시 이를 즉시 파악하고, 담당자에게 알려줌으로써 사전 관리
4. 운송 중 재고를 한눈에 파악할 수 있도록 하는 Inventory Visibility 기능

Mode	key Issues	진행현황
Ocean Visibility	• 사전 선적 계획이 확정, 주 단위 항차 • 약 7일에서 50일까지의 긴 L/T → 변동이 발생할 가능성이 상존 • 전체 화물의 50%는 배를 갈아타야 하는 Transshipment 발생	• 컨테이너 선행 관리 시스템을 구축(DA) – 선적 정보를 사전에 선사와 공유하여 Offload 발생 방지 • Ocean Tracing Center 운영 – Transship 포인트와 운송 모드 변경 포인트에서의 문제 발생을 체계적으로 모니터링 • 직선적 Multi-model Visibility 관리 → 도착지 Port 기준 및 최종 배송처 도착 기준의 ETA 관리 동시 추진
Air Visibility	• 일 단위 선적 관리 • 시 단위 도착 시간 관리 (고가 제품에 대한 Expres Delivery) • 여러 운송 모드가 혼재된 Multi-model	• Air Tracing Center(인천공항 범한물류센터, 24Hrs 7Days) 운영 1. 일 단위 선적 물량에 대한 사전 관리 및 Cut-off 시간 준수 통한 Ferry와 항공 Offload 발생을 최소화 2. 운송 재고에 대한 가시성을 제공 → 당일 입고, 당일 출고 고객 주문 대응력 향상 3. Pilferage 발생을 억제 및 모니터링
Trucking Visibility	• 권역 내 운송 • Black Box : 해상/항공에 비해 Tracking 정보를 시스템적으로 얻는 것이 어려움	• Trucking Tracing Center(중국, 폴란드, 멕시코) → Truck Driver와 직접 통화하여 정확한 운송 상황을 파악 및 예정 도착 시간 준수 여부 확인 : 연간 총 비용(통화료+인건비) 2,000만 원

를 통하여 다시 한 번 SCM의 수준을 높이는 노력을 기울이고 있다.

두 번째로, 목표지향적 SCM이라는 부분이다. 앞에서 언급한 바와 같이 SCM의 목표는 시장에서 필요로 하는 물건을, 그 시점에, 그만큼의 양을 위치시키는 것이다. 여기에서 언급되지 않은 부분이 바로 경영목표이다. 기업의 물동운영은 실제로 두 가지 목표를 동시에 추구하게 된다. 즉 시장수요만큼 공급해야 한다는 것과 동시에 기업의 경영목표를 달성할 수 있도록 해야 한다는 것이다. 예를 들어 "A라는 제품의 당월의 판매목표는 100인데, 시장수요는 80밖에 없다면, 80밖에 팔지 못하는 것이 아닌가?"라는 질문을 할 수 있

을 것이다. 이때 시장수요만큼 공급한다면 당연히 80만을 생산해야
할 것이다. 그러나 경영목표는 100이다. 이때 기업이 선택할 수 있
는 여러 가지 대응책이 나올 수 있다. 첫째는 광고나 리베이트와 같
은 촉진책을 통하여 또는 그 제품에 대한 가격할인을 함으로써 수
요를 100으로 늘리는 방법이다(Demand Shaping). 이런 방법이 여의
치 않다면 불필요하게 100을 생산하기보다는 80만큼을 생산해야
한다. 대신 경영목표를 달성하기 위해서 다른 제품의 판매목표를
상향 조정하여 경영목표를 달성할 수도 있다. 또한 특정 지역에서
수요가 부족하다면 다른 지역에서 수요를 늘릴 수 있는 방법을 찾
아야 할 것이다. 이상에서 설명한 바와 같이 기업의 물동운영에서
는 시장수요에 따라 공급망을 동기화시켜야 한다는 대원칙은 유지
하되 기업의 경영목표를 달성하기 위해 적극적이고 다양한 방법을
동원하게 된다.

셋째로, 가전제품은 신제품 출시가 연 1회로 안정적이고, 시간이
흘러도 가격하락이 심하지 않지만 제품이 부피가 커서 물류비가 많
이 소요되는 특성을 가지고 있어 재고관리보다는 물류 효율화 및
판매 실기 예방이 아주 중요하다. 이를 위하여 DA본부는 제품 이동
의 가시성 개선과 이상(Exception)관리 체제 구축에 중점을 두었으
며 상당한 진전을 보았다. 특히 이러한 가시성 개선과 이상관리 체
제는 선박이 항구에 도착하기 전에 이동 물동재고를 고객에게 할당
하여 항구에 도착하자마자 고객에게 직배송할 수 있게 함으로써 물
류비 감축에 지대한 공헌을 하였다.

3.3 디스플레이(DD) 사업본부

LCD TV, PDP TV 및 LCD 모니터 등을 생산하는 DD본부에서는 2005년 8월 북미 SCM 태스크포스를 발족하여, 생산에서 먼저 주별 관리의 중요성 보급, 선적계획 준수율 향상, 자재 완전준비율 개선, 납기단축의 확산 등의 활동을 하였으며, 판매예측을 개선하기 위해 GSCP 도입 전에도 엑셀작업으로 주 단위 수요예측 및 공급 등의 변화관리를 하였다. GSCP 도입 이후, DD사업본부 생산법인의 선적계획 준수율은 2006년 12월 말 44%로 시작하여 2007년 4분기 90%를 달성하여 주 관리 체제가 안정적으로 정착되고 있다.

멕시코 생산법인의 선적계획 준수율이 90%를 넘어서면서, Best Buy의 경우 과거 6주분 재고를 요구하다가 4주분 재고를 요구하게 되었고, 판매법인에 별도의 재고창고를 유지할 필요 없이 생산법인으로부터 직선적으로 해도 좋다는 허가를 해주었고, 2007년 7월 현재 90% 가까이 직선적하여 물류비 절감 및 주문대응 리드타임 감축에 지대한 공헌을 하였다. 이러한 활동은 2006년 11월 Best Buy와의 파트너 회의 시 제품구비율(Customer Availability)이 최고등급으로 평가받기도 하였다. 물론 이러한 성과 뒤에는 멕시코 생산법인의 피나는 노력이 뒷받침되었고, 북미 가전사업부에 SCM 담당임원을 선임하여 Best Buy와 협력적 노력을 하는 한편, 자체적으로 수요추세에 대한 통계분석을 토대로 PM들과 매주 물동 분석자료를 공유하는 등의 활동으로 수요예측 정확도를 60% 이상 높인 데 기인한다.

현지 생산대응력을 높이려면 주요 자재의 사전 준비가 필요하다. 부피가 큰 자재는 현지조달률을 높여야겠지만 LCD 패널과 같이 한국 또는 중국에서부터 준비해주는 경우는 해상 리드타임인 8주를 고려한 자재 사전 준비 및 글로벌 조정, 이를 위한 가시성 확보 등이 중요하다. DD 사업본부는 GOC를 통해서 자재 선행관리 체제를 구축하고 있다. DD 사업본부의 SCM은 생산법인이 현지 밀착형으로 폴란드, 멕시코, 러시아 등에 위치해 있다는 점에서 다른 사업본부와 차별화된다. 현지 판매법인과 생산법인이 직접 커뮤니케이션을 하면 시장상황 변화에 유연하게 대응이 가능한 것이다. 이를 위하여 DD 사업본부는 현재 생산법인 내 물동기획 기능을 부여하고, 한국 내 사업부의 관여를 최소화하는 방향으로 나아가고 있다. 구체적으로는 생산법인인 폴란드 MA법인에 유럽 내 상황실을 만들고 물동관련 인력이 모여서, 단기 이슈에 대해 판매법인과 직접적인 의사소통을 통해 신속한 의사결정을 내리고 고객에게 약속할 수 있는 납기를 결정하면서 고객만족도가 크게 개선되었다. MA법인의 경우, 작년 10월 자재 컨테이너를 600개 이상씩 쌓아놓고도 월 25만 개를 생산하던 상황에서 현재는 자재 컨테이너 110개 수준으로 운영하면서 월 40만 개를 생산하고 있다.

4. SCM의 발전 방향 및 향후 과제

4.1 SCM 선순환 전략

SCM이 모든 부문과 연계되어 있다 보니 모든 부문이 협조해주지 않으면 혁신이 이루어지지 않고, 고무풍선처럼 한 쪽을 누르면 한

쪽이 튀어나오는 현상이 반복된다. 그러한 이유로 SCM은 잘 조율된 오케스트라를 지휘하는 것에 비유되기도 한다. 모든 혁신과 마찬가지로 SCM에서의 혁신은 끊임없는 개선과정이고 마케팅, 생산, 구매부서가 상호 신뢰하고 통합관리계획에 의해 서로 준비해주도록 변해가는 변화관리다.

일반적으로 가전산업에서 수요예측의 정확도는 평균적으로 50%를 넘기가 쉽지 않다. 영업의 입장에서는 예측하지 못했던 시장수요가 발생하는 경우 생산 쪽에 긴급주문을 내게 되고, 이를 지켜달라고 요구하게 된다. 이 경우 생산부서의 입장에서 이를 대응하기 위해서 생산계획을 변경하게 된다. 따라서 긴급주문이 많아지면 생산계획을 자주 변경하게 되며, 결과적으로 생산계획을 지키기가 점점 더 어려워진다. 계획대로 생산일정을 지키지 못하게 되면(선적 준수율의 저하), 영업부서는 점점 더 생산부서를 믿지 못하고, 공급이 부족한 모델에 대해 가수요를 넣게 되며 수요예측을 잘하기보다는 긴급주문으로 시장변화에 대응하려는 경향이 생긴다. 이런 악순환은 수요가 수시로 변화하고 신제품 출시가 많은 가전업체에서 나타나는 대표적인 현상이다. 이런 악순환의 고리는 가장 취약한 부분에서부터 개선을 해야 한다. 즉 공장에서는 생산계획을 반드시 지키기위한 노력을 하여 선적준수율을 높이고, 사전에 제공된 수요예측 자료는 반드시 지켜준다는 것을 영업부서에 보여주어야 한다. 이렇게 되면 영업부서도 정확한 수요예측에 보다 많은 노력을 기울이게 되고, 그러면 긴급주문이 줄어들게 되고, 그러면 생산계획을 변경할 일이 적어지고, 또 생산계획 준수율이 높아지고, 그러면 영

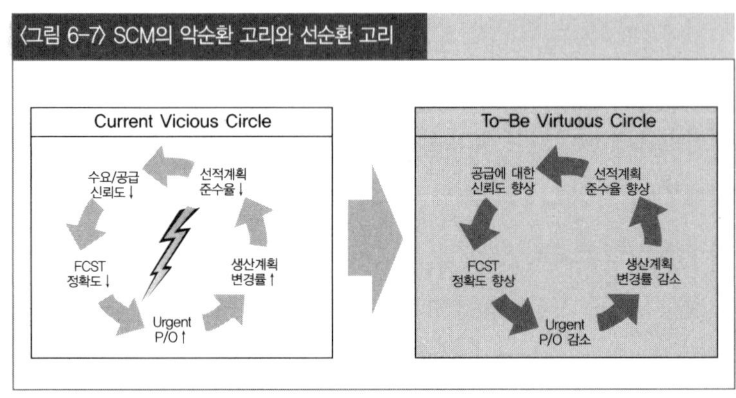

업도 생산을 더 신뢰하게 된다. LG전자의 경우에도 과거 SCM의 역량이 부족하던 상황에서는 악순환의 행태를 보이다가 최근 많은 노력을 기울이면서 선적계획 준수율이 향상되고 또 수요예측 정확도가 향상되는 선순환의 형태로 변화하고 있다.

LG전자는 지난 수년간 GSCP를 추진하면서 많은 어려움을 겪었고, 이를 극복하기 위해 많은 노력을 기울였다. 이제 LG전자의 이런 노력은 서서히 결실을 보여 초기에 목표했던 많은 성과들이 글로벌 재고절감, 고객 납기준수율 향상 면에서 결과물로 나타나고 있다. LG전자 전체적으로 SCM은 아직도 '혼란'스럽지만, 멕시코 RS법인에서 Best Buy로의 직선적, 폴란드 MA법인에서 자재 컨테이너 110개로 운영하는 노하우, 영국 등 판매법인에서 선박이 항구에 도착 즉시 고객에게 직선적, MC본부의 자재재고가 6,000억 원에서 2,000억 원으로, 장기재고비율이 19%대에서 7%로 줄어든 성과 등은 LG전자 SCM의 밝은 미래를 예상케 한다.

4.2 경쟁사 동향

글로벌 경쟁이 심화되면서 많은 경쟁사들도 SCM 능력의 고도화를 위해 많은 노력을 기울이고 있다. 일본의 유명한 가전회사인 파나소닉(Panasonic)은 2005년 당시 PDP TV부분에서 부동의 1위를 차지하고 있었다. Best Buy와 같은 오프라인 유통경로를 통해 소비자에게 판매하고 있었는데, 당시 유통경로에는 10주치 이상의 재고를 가지고 있었다. 유통경로의 입장에서는 재고를 보유하다가 판가가 하락하는 경우에 가격보상 요구를 통하여 손실을 제조사로부터 보전받을 수 있었기 때문에 유통재고가 많아지는 부분에 대해서 그리 심각하게 여기지 않았다. 또한 제조사 영업사원의 입장에서도 매출을 일으키기 위해서 유통경로에 재고가 쌓이더라도 더 많은 매출을 일으키는 데에만 집중하였다. 당시에는 PDP TV와 LCD TV와의 경쟁으로 인하여 지속적으로 가격이 하락하고 있는 상황이었기 때문에 유통경로에 재고가 쌓임으로 인해 회사의 마진은 매우 악화되고 있는 상황이었다.

파나소닉 미국 법인에서는 이런 상황을 타개하기 위해서 매우 혁신적인 방안을 도입하게 되는데, 당시 가전의 유통경로에서는 도입된 바가 없었던 Vendor Managed Inventory의 방법을 도입하게 되었다. Best Buy로부터는 각각의 매장에서 매일매일 실제 고객에게 팔려나가는 정보를 받고, 이를 분석하여 각각의 Best Buy 창고에 필요한 만큼의 물량만을 공급하는 방법을 도입한 것이다. 이 방법을 도입하기 전에는 각 창고별로 실제 팔리는 양보다 불필요하게 많은 재고를 가지고 있거나 부족한 재고를 가지고 있었지만 이 방법을 도입한 이후에는 팔리는 양과 연계되어 있는 재고를 보유하게 되었다. Best Buy 입장에서는 불필요한 창고 공간을 줄일 수 있었고, 또 그만큼의 현금흐름이 좋아지며, 제조사인 파나소닉이 책임지고 물건을 창고에 보충해줌으로써 재고부족을 피할 수 있었다. 반대로 제조사인 파나소닉의 입장에서는 가격보장(Price Protection)으로 발생하던 많은 비용을 없앨 수 있었으며, 매출을 향상시킬 수 있었다. 또한 미주시장에서 제품 및 지역별로 판매 추이를 모니터링하면서 즉각적으로 가장 효과적인 촉진방법을 선택할 수 있었다. 예를 들면 미주 전체적으로 판매가 부진하면 전국적 광고를 실시하고, 특정 지역이나 제품군에서 판매가 부진한 경우 적절하게 리베이트나 할부판매와 같은 촉진방법을 선택할 수 있게 되었다. 파나소닉은 이 프로세스 혁신이 Best Buy에서 성공하자, 미국 내 여타 유통경로로 확산하여 전체적으로 많은 양의 재고절감으로 인한 이익의 상승, 재고부족을 줄임으로써 시장점유율을 올리고 매출이 향상되는 커다란 효과를 거두게 되었다.

4.3 향후 과제

LG전자 또한 다음 단계의 SCM 능력 고도화를 위해 끊임없는 노력을 기울이고 있다. 어제의 성공이 내일의 성공을 보장하지 않는 것은 주지의 사실이다. 2000년 이전에는 해외 가전 유통회사들의 매장에 가서 한국제품을 찾아보면 일부 제품군만, 그것도 매장의 좋지 않은 곳에 진열되어 있었다. 그러나 최근에 이런 매장들에 가보면 LCD, PDP, 모니터, 휴대폰, 냉장고, 세탁기 등 거의 모든 제품들이 글로벌 톱 브랜드로 좋은 위치에 비싼 가격으로 진열되어 있는 것을 볼 수 있다. LG의 LCD TV가 소니 TV 옆에, LG 냉장고가 GE 나 월풀 냉장고 옆에 당당히 진열되어 세계 소비자들의 사랑을 받고 있는 것은 그동안 많은 혁신의 노력을 기울인 결과인 것이다. 이를 지속시키기 위해서는 끊임없는 혁신의 노력을 기울여야만 할 것이 다. 그런 맥락에서 현재 LG전자의 SCM 능력 고도화 과제로 다음의 네 가지를 설정했다. ① 유통 연계(Demand Collaboration) : TV사업에 서의 Best Buy나 Circuit City, 휴대폰 사업에서 Verizon, Sprint과 같 은 통신사들과 효과적인 협업을 통하여 수요를 예측하고 마케팅 계 획을 공동으로 기획하는 협업적 계획-예측-보충체제(CPFR : Collaborative Planning, Forecasting, and Replenishment)는 수요예측 정 확도를 높여서 공급 대응력을 확보하는 데 아주 중요하다. 일반적으 로 CPFR은 고객사가 실판매 정보(POS data)와 자신들의 구매계획(수 요예측) 정보를 공급사에 주기적(일반적으로 주 단위)으로 제공하고, 공 급사는 이를 기반으로 판매계획을 수립하고 이를 생산계획에 반영하 여 생산가능 여부를 확인하고 공급가능 수량을 고객사에게 제공하게 된다. ② 구매 연계(Procurement SCM) : SCM의 기본원칙이 기업 하나 만의 최적화로는 안 되며, 공급망에 걸쳐 있는 모든 기업이 효율화되 어야 전체 공급망이 최적화된다는 생각이다. 이러한 면에서 협력업 체들이 LG전자와 함께 주 단위 관리를 하고, 시장수요 변화에 맞추 어서 자재를 공급한다면, 불필요한 자재재고를 예방하면서 공급망 전체의 원가가 낮추어질 수 있다. 이런 의미에서 자재준비를 결정하 는 구매계획과 판매 및 운영을 연계하는 것은 매우 중요하다. 납기

약속에 있어서 가장 중요한 제약이 자재임에도 불구하고 이 부분은 아직도 개선이 많이 필요한 분야다. ③개발 연계(Assemble-to-Order) : LG전자처럼 1년간 운영되는 모델(model.suffix) 수가 4만여 종에 이르며 신제품이 90일~1년 단위로 출시되는 경우, 모든 모델의 재고를 다 가지고 영업을 하려면 과다한 재고관리의 문제점에 봉착하게 된다. 이 경우 모델들이 모듈화되어 있고, 각 모듈이 표준화 및 공용화되어 있다면, 모듈재고로 가지고 있다가 고객의 주문을 받은 다음 주문에 맞추어 조립(assemble to order)할 수 있다. 이 경우 수요변동성이 뭉쳐져 제품재고보다는 자재재고로 생산준비를 하는 것이 훨씬 재고부담을 줄이게 된다. ④고객 납기약속(Demand Fulfillment) : SCM의 궁극적인 목표는 고객에게 납기 약속을 하고 그 납기를 맞추는 것이다. 하지만 그 납기를 모든 모델에 대해 재고를 가지고 맞추기보다는 다른 방법을 찾아내어야 한다. 예를 들어 제품재고를 기준으로 납기약속을 하는 경우에는 주문에 의한 납기 약속을 할 수 없거나, 또는 재고를 그만큼 남겨두어야만 한다. 그러나 이런 주문을 위해 요청일이 단기 구간에 있는 주문을 충족시키지 못해서는 안 될 것이다. 따라서 고도화된 SCM 능력을 가진 기업들은 현재 재고로 보유하고 있지 않아도 지금 운송 중에 있는 물량 또는 생산계획에 예정된 물량을 기준으로 납기 약속을 한다. 이를 두고 "정보로 재고를 대체한다"라는 표현을 쓰게 된다.

앞에 언급한 네 가지 과제 모두 고객에게 납기 약속을 효과적으로 하기 위한 방법이며, 향후에는 수익성을 고려한 공급계획, 공급사와의 협업, 물동 운영상에서 발생한 문제 및 미래에 예상되는 문제 상황들을 시스템적으로 파악하여 고객에게 납기 약속을 하는 체제 구축 등의 SCM 능력을 고도화할 계획이다.

4.4 바람직한 SCM 조직

LG전자의 SCM 고도화를 위하여 본사에 SCM팀이 중심이 되어 글로벌 판매운영 체계를 구축하였고, 본부에 GOC를 만들어 본부별 특성에 맞는 SCM 전략을 추진해왔다. 특히 SCM 선순환 전략의 수행을 위하여 2007년에는 GOC를 중심으로 생산법인의 선적계획 준수율 및 공급안정성을 높이는 데 매진하였다면, 향후에는 판매법인의 수요예측 정확도를 높이는 데 주력해야 한다. 수요예측 정확도를 높이기 위해서 통계적 수요예측 조직 구성, 유통업체와 협업에 의한 수요예측 등 다양한 방안이 필요한데, 이를 위하여 지역본부 산하 SCM조직을 구성하는 것이 바람직할 것으로 보인다. 지역 SCM 조직은 대표PM제도 도입, 지역별 수요예측 실시, 지역별 거점통합 및 통합 재고관리, 직선적 확대 등을 통하여 자재 구매를 용이하게 할 뿐만 아니라 재고일수를 개선하고 물류비를 줄일 수 있다. 북미 TV 사업부의 SCM 담당임원, 북미 휴대폰 사업부의 시카고 허브 운영, 유럽 모니터 사업부의 EDC 운영, 중국 재고통합 및 COC(China Operation Center)를 통한 재고일수 1/3 단축 등은 성공사례이며, 타 지역 및 타 사업부로의 확대가 필요하다.

본사 SCM 조직은 물동기획과 물류를 연계하여 거점설계 및 운송관리, 시너지 창출 프로세스 개발을 해야 하며, 물류와 정보흐름이

〈그림 6-8〉 본사 SCM팀 미션

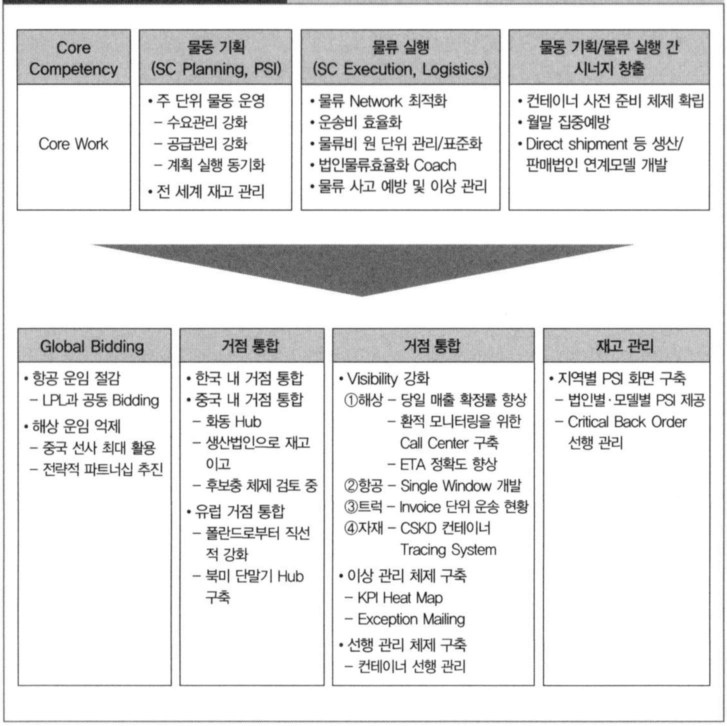

연동되어 공급망의 각 단계에서 제품이 물 흐르듯이 유연하게 흘러가도록 사전 준비되고, 이상이 생겼을 때 긴급 대응할 수 있는 체제를 구축하는 데 전념해야 할 것이다. 또한 전 세계에 흩어져 있는 복잡한 공급망 속에서 이를 운영하고 있는 많은 사람들을 하나의 방향으로 변화시키는 것은 오랜 시간 많은 노력을 통해서만 가능하게 된다. 이를 위해서는 최고경영층의 강력한 추진력을 필요로 하며, 실제 비즈니스를 운영하고 있는 실무자들에 대한 끊임없는 교육 및 변화관리, 그리고 이런 혁신적인 프로세스를 운영하고 개선할 수 있는 전문인력의 양성 등이 필요하며, 본사 SCM팀은 이러한 조직역량 개발에 매진해야 할 것이다.

66 Vendor Managed Inventory. 유통/물류의 흐름을 크게 supplier(vendor)와 buyer로 나눌 때, 일반적으로는 buyer가 재고를 관리하지만, VMI시스템에서는 buyer에게 물품을 납품하는 업체가 주도적으로 재고를 관리한다. 이렇게 하기 위해서는 buyer의 재고 정보를 납품업체들이 알아야 하거나 아니면 재고 자체를 buyer의 창고가 아닌 vendor의 창고에서 관리해야 한다.

* 사례 작성 일자 : 2008년 1월

---

* 이중우 : 인제대학교 경영학과 교수

현대자동차는 한국을 대표하는 자동차 제조기업으로 미국 〈포춘〉이 선정한 글로벌 500대 기업에 76위를 차지한 글로벌 기업이다. 현대자동차는 자동차 수출 30년의 역사 동안 포니 신화를 창조하고, 미국시장에서의 엑셀 자동차의 서비스망 결핍으로 인한 험난한 시장확장의 고비를 넘기며 성장을 거듭해왔다. 더욱이 현대자동차는 한국 수출의 13%를 차지하는 제1수출품목으로 한국경제의 버팀목 역할을 해오며, 글로벌 자동차 기업으로 성장하기 위해 노력하고 있다. 그러나 오늘날 현대자동차는 내부적으로 내수시장의 포화, 외부적으로는 중국과 인도를 비롯한 신흥국가 현지기업들의 맹렬한 추격과 일본, 미국의 글로벌 자동차 기업의 견제라는 어려운 상황에 놓여 있다. 또한 글로벌 자동차 리더기업인 도요타의 절반 수준에 못 미치는 낮은 생산성과 1/4 수준에 그치고 있는 R&D 투자규모, 그리고 미국 Big 3가 선점하고 있는 차세대 자동차시장에서의 열세한 입지로 인해 현대차는 최근 신흥국가에서의 시장점유율이 눈에 띄게 하락하고 있다. 이런 상황에 현지 토종기업의 가격인하 경쟁과 선진기업의 신차 출시에 따라 현대차는 가격과 다양성 면에서 더욱 열세에 놓이게 되면서 삼류기업으로 하락할 수 있다는 우려 섞인 견해도 나오고 있다. 이러한 상황에서 현대자동차는 앞으로 기술을 기초로 한 품질 경쟁력 강화와 내구성 향상을 도모한 가격 및 서비스의 경쟁우위 달성을 통해 무한경쟁 시대에 '2010년 Big 4 진입'이라는 목표를 달성하기 위한 강한 의지를 보이고 있다.

1. 기업 현황

현대자동차는 1967년 12월 설립된 한국을 대표하는 자동차 제조 기업으로 연간 414만 대(2006년 기준, 국내 161만 대, 해외 253만 대)를 생산하고 있다. 현대차는 창사 이래 "창의적 도전정신을 바탕으로 인류의 풍요로운 자동차 생활을 창조하고 주주, 고객, 임직원 및 자동차산업 이해관계자와의 조화와 공명에 이바지한다"라는 경영이념을 가지고 활동하고 있다. 이를 위한 비전으로 '고객을 위한 혁신'을 선포하면서 글로벌 지향, 고객감동, 기술혁신, 인간존중, 문화창조라는 5대 핵심과제를 선정하며, 2006년에는 내수 58만 대, 수출 103만 대, 해외 현지생산 92만 대 등 모두 253만 대를 생산, 판매하여 총 27조 3,000억 원의 매출과 당기순이익 1조 5,000억 원을

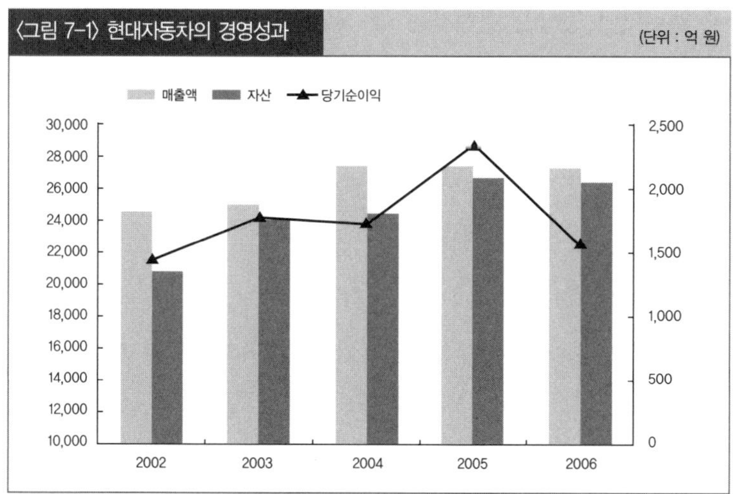

자료 : 현대자동차 연차보고서

달성하여 세계 자동차 회사 중 6위의 위치를 점하고 있다.

현재 한국 자동차 내수시장은 2002년과 비교하면 판매가 21만 대 감소하였으나 수출은 10%, 해외생산량은 약 770%나 증가하는 괄목할 만한 성장을 기록했다. 특히 2006년 현대차의 해외생산량은 전체 생산량에서 36.4%로, 그 비중이 5년 사이에 5배 정도 증가한 것은 주목할 만한 점이다. 그러나 같은 해 해외시장에서의 글로벌 자동차 기업들의 해외생산량 비중은 도요타 48%, 혼다 64%, 폴크스바겐 66%, GM 64%를 차지하고 있는 실정에 비하면 아직은 미진한 실정이다. 해외생산 비중이 전체 실적의 36.4%에 불과한 현대차로서는 치열한 글로벌 경쟁에서 살아남기 위해서는 해외생산 확대를 통해 자동차업계의 선두권 주요 경쟁업체를 추격해야 하는 입장이다. 이를 위해 현대차는 1997년에는 터키 앗산 공장, 1998년에는 인도 첸나이 공장, 2002년에는 중국 북경현대기차, 2005년에는 미국 앨러버머 공장을 건설하는 등 해외시장 확장을 위해 적극적인 투자활동을 하고 있다.

현대차의 국내 경영활동 현황을 살펴보면, 자동차 공장은 울산, 전주, 아산공장 3곳을 중심으로 8,500여 개의 1, 2차 부품협력업체와 22개의 주요 협력업체들로부터 부품공급과 주요 지원을 받고 이들과 밀착 연계된 3개 연구소를 포함한 네트워크를 구축하고 있다.

이러한 현대자동차의 국내 네트워크에 1998년 국내 자동차시장의 경쟁기업인 기아자동차를 합병해 양사가 독자적으로 개발한 자동차 바디 및 부품을 공유하고 표준화함으로써 신모델 개발과 연구에 투입되는 막대한 비용을 절감하고 있으며, 생산설비에 투입되는

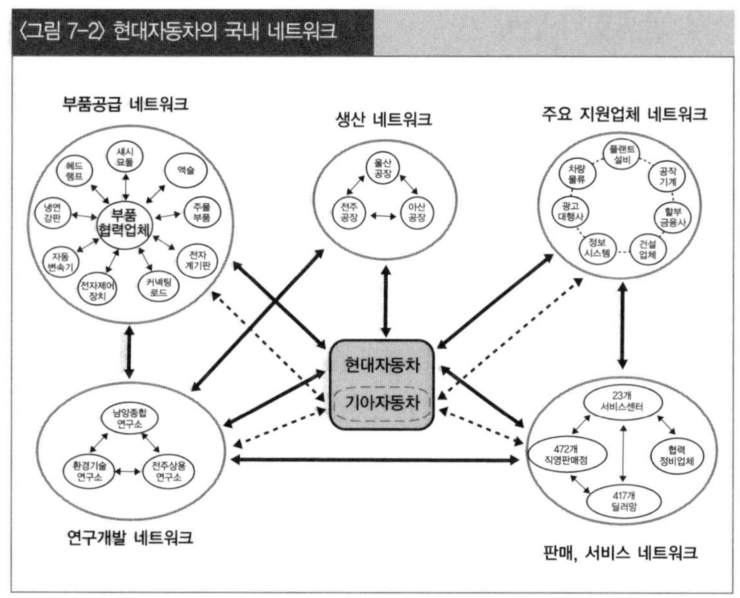

비용 또한 빠르게 회수함으로써 규모의 경제를 실현하고 기업 간 합병에 따른 시너지효과를 창출하고 있다. 그리고 부품협력업체와 주요 지원업체들도 기아자동차의 생산에 필요한 협력 네트워크로 확대·통합함으로써 정보 및 자원 교환이 신속한 더욱 강한 네트워크 관계를 구축할 수 있었다.

현대차의 판매/서비스 네트워크는 국내 판매를 위해 472개의 직영판매점과 417개의 딜러점을 확보하고, 고객서비스 만족을 위한 23개의 서비스센터와 전국 각 지역의 협력 정비업소를 운영 중이다. 또한 소비자들의 구매를 촉진하기 위한 할부 금융회사, 광고대행사 그리고 차량 인도에 따른 물류회사 등으로 연결되는 업체들이 주요 지원 네트워크로 구축되어 있다.

2. 글로벌화 현황

2.1 글로벌 경영 현황

2005년 우리나라의 자동차 생산량 370만 대 중 수출이 258만 대로, 약 70%의 높은 점유율을 차지하고 있기 때문에 한국 자동차 기업의 글로벌화는 무엇보다도 중요하다. 현대차는 1976년 남미 에콰도르에 포니 승용차를 수출한 것을 시작으로 1980년대에는 미국시장에서 엑셀신화를 창조하면서 글로벌 시장으로의 진입을 시도하기 시작했다. 현대차는 1989년 캐나다 부르몽에 현지조립생산(CKD) 공장을 건설한 것을 시작으로 1997년 터키 앗산 공장, 1998년 인도 첸나이 공장, 2002년 중국 북경현대기차 공장, 그리고 2005년 자동차의 본고장인 미국에 앨러버머 공장을 설립함으로써 세계적으로 중요한 시장과 지리적 위치에 글로벌 생산기지를 구축했다. 특히 미국 앨러버머 공장의 준공과 함께 미국 기술연구소, 미국 디자인과 테크니컬센터, 모하비 주행시험장 등의 현지 R&D, 디자인 및 테스트 거점을 함께 구축함으로써 제품개발부터 디자인, 생산, 판매, 마케팅, 고객서비스 등 자동차 전 부문의 현지화를 추진하는 단계로 발전하였다. 그리고 2006년에는 세계경제의 신성장동력으로 부상하고 있는 중국과 인도에 제2공장을 추가로 건설하면서 글로벌 경영을 가속화하고 있다.

이러한 현대자동차의 노력으로 2001년 10만 대에 미치지 못했던 해외생산량은 매년 급증하며, 2005년에는 66.4만 대를 기록했다. 또한 현지조립 생산량도 1996년 19.9만 대에서 2005년 81.3만 대로

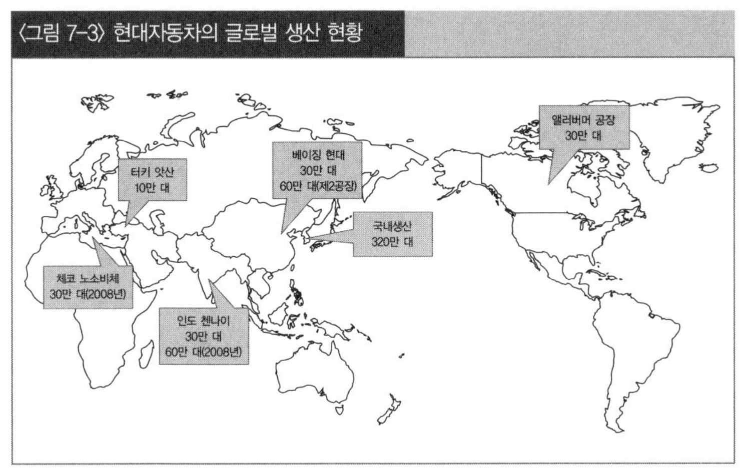

자료 : 현대자동차

4배 정도 증가하였다. 이처럼 한국 자동차산업의 글로벌화를 이끌고 있는 현대차는 현재 4개의 해외 현지생산공장과 5개의 지역본부, 16개의 CKD 공장, 7개의 판매·생산법인, 8개의 사무소, 4개의 연구소를 기반으로 193개국에 자동차를 수출하여 117억 달러의 매출액을 달성하고 있다.

최근 현대차의 지역별 판매량을 살펴보면, 종전에 강세를 보이던 미국과 서유럽에서 판매량 하락으로 고전하고 있지만 신흥 개도국 시장을 중심으로 재도약하고 있다. 지난해 현대차가 해외에서 판매한 1,889,463대 중 중동·아프리카·중남미·동유럽 지역의 판매량 합계는 404,044대로 전체의 21.4%를 차지했다. 이 실적은 서유럽시장의 지난해 판매량인 33만 대를 앞지른 동시에 현대차의 최대 해외시장인 미국시장의 규모인 45만 대에 근접한 실적이다. 또한 신흥시장에서의 판매실적은 그동안 고유가로 축적된 중동 지역의 구매력

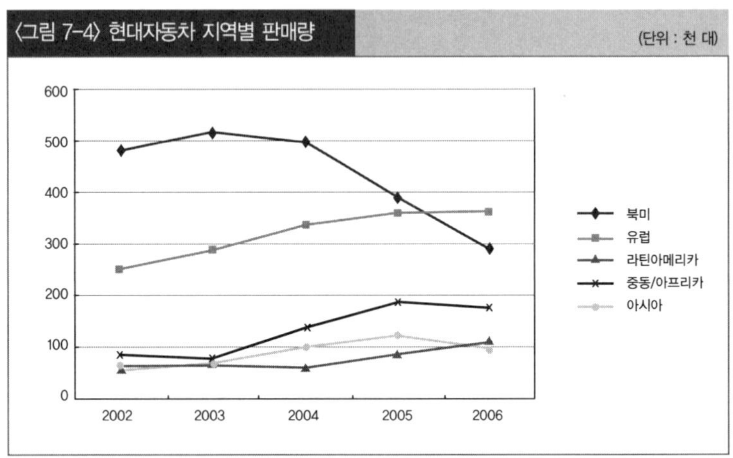

자료 : 현대자동차 연차보고서

과 신흥 개도국의 높아진 소득수준으로 매년 증가하고 있다. 그리고 지역별로는 중동·아프리카의 판매량이 20만 대로 전년 대비 18.1% 증가하여 해외판매량의 11.0%를 차지하고 있으며, 이 지역의 성장세는 세계 최고의 자동차시장 성장세를 보이고 있는 중국(21.6%)의 뒤를 잇고 있다. 그리고 지난해 현대차는 동유럽에서 7만 대를 판매했지만 전년 대비 23.3%의 판매증가율의 실적을 나타내며, 현대차의 해외시장 가운데 가장 높은 성장세를 나타내고 있다.

그러나 이러한 양적 성장에 반해 현대차의 낮은 생산성은 향후 풀어나가야 할 큰 과제다. 근로자 1인당 생산효율성을 측정하는 조립생산성(HPV : Hour Per Vehicle)에 있어 현대차는 31.1시간, 포드 23.2, 혼다 22.1, 도요타 21.1로 도요타보다 약 43% 뒤처진 것으로 나타났다(2006년 기준). 이는 도요타 근로자 한 명이 자동차 100대를 생산하는 동안 현대차의 근로자는 43대밖에 만들지 못한다는

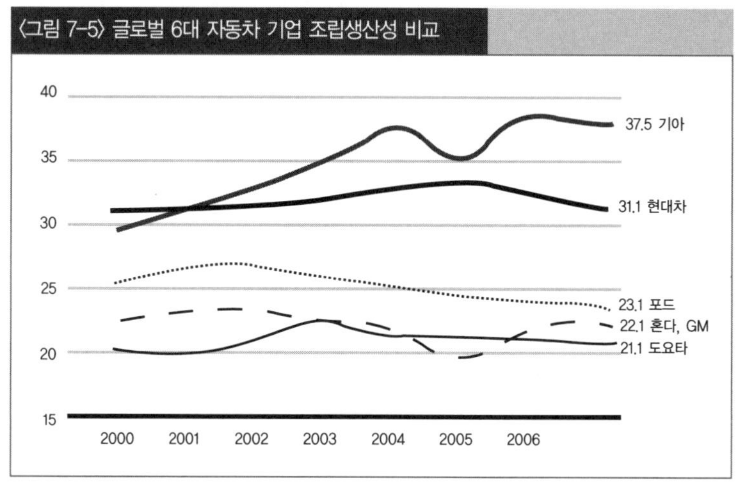

계산이다. 그럼에도 불구하고 현대차의 근로자 1인당 평균임금은 오히려 도요타보다 200만 원이나 많은 것으로 조사되었다(2006년 기준). 더 큰 문제는 생산성이 이러한데 임금은 지속적으로 상승하고 있다는 점이다. 따라서 원가절감과 함께 현대차는 근로자의 생산성에 따라 임금을 결정하는 새로운 임금결정방식을 도입해야 할 것이다.

2.2 글로벌화 전개과정

현대자동차가 글로벌 자동차 생산기업으로 성장한 단계를 살펴보면, 크게 5단계로 구분할 수 있다. 첫 번째 단계는 창업기 및 선진기술 도입단계다. 이 단계에서는 현대차가 1967년 12월에 회사를 설립하고, 1년 뒤인 1968년에 포드자동차의 선진기술을 도입해 코티나 승용차를 조립생산하여 국내시장에 공급함으로써 자동차 기업으로의 발걸음을 내딛었다.

고유모델 개발 및 라인업 구축단계에서 1972년 현대차는 포드와의 합작이 결렬됨에 따라 고유모델 개발 프로젝트를 추진하여 1975년 '포니'를 개발하는 데 성공했다. 이렇게 독자적인 제품개발 후 현대차는 양산체제를 갖추면서 해외시장으로 수출을 모색하기 시작했다. 당시 한국보다 기술후진국인 중남미, 아프리카 등의 주요 해외시장을 개척대상으로 선정하여 1976년 한국 자동차 기업으로는 최초로 포니를 에콰도르에 수출하였고, 이어 중동 특수로 자동차 수요가 급증한 중동지역에서도 수출실적의 호조를 보였다. 이를 토대로 현대차는 기술력을 향상시켜 선진국시장을 공략하였다. 1978년 네덜란드에 현지법인(HMH : Hyundai Motor Holland B.V.)을 설립하였으나 이듬해의 석유파동으로 1982년 철수하였다. 한편 북미시장 공략을 위해 같은 해인 1982년 토론토에 현지법인(HACI : Hyundai Auto Canada Inc.)을 설립하였다.

기술자립/수출기반 확립단계에서는 현대차가 자동차 선진국인 미국 자동차시장에서의 경쟁여건을 감안하여 독자적인 현지법인의 존재 필요성에 따라 미국 현지법인(HMA)을 1985년 4월에 설립했다. 이를 통해 싱글포인트 딜러십을 유도하고, 가격 면에서도 중산층 이하를 겨냥한 5,000~6,000대 규모의 자동차시장을 유지하기 위한 부품 및 애프터서비스망을 조기에 구축했다. 이러한 전략 하에 현대차는 1987년부터 수출시장 다변화를 적극 추진하여 유럽, 중남미, 아시아 태평양 지역 등에 판로를 개척하기 시작하였다.

독자기술 개발단계에서는 1991년 1월 현대차는 국내 최초로 독자적인 자동차 엔진개발에 성공하면서, 이를 바탕으로 유럽 전 지역에 자동차 수출을 추진하는 한편 동유럽으로 시장 진출을 추진하였다. 특히 1994년에는 경기회복으로 자동차 수요가 증가한 미국시장과 중동 및 중남미시장에서의 자동차 수출이 증가한 반면에 캐나다, 유럽 및 아시아시장은 경쟁력 약화로 수출이 감소하였다. 그래서 현대차는 유럽시장과 중동시장을 연결하며 고객과 근접한 전략적 주요 지역의 경쟁력 강화를 위해 1997년 9월 터키 이즈밋시에 현지생산법인인 HAOS(Hyundai Assan Otomotive Sanayi)를 설립했다. 또한 아시아시장에서의 경쟁력 강화를 위해 1998년 10월에는 인도 첸나이에 현지생산법인인 HMI(Hyundai Motor India Ltd.)를 설립했다.

　글로벌 기업 도약단계에서 현대차는 본격적인 글로벌 현지화를 추진했다. 2002년 2월 중국 북경기차와 합작을 통해 북경현대기차를 설립하여 세계 최대 자동차시장으로 부상하고 있는 중국 자동차시장에 진입을 하였다. 그리고 2005년 2월에는 자동차시장으로서 시장규모가 가장 큰 미국시장에 현지생산법인인 HMMA(Hyundai Motor Manufacturing Alabama)를 설립하는 등 글로벌 자동차 기업으로 성장하기 위한 초석을 쌓았다.

　그러나 글로벌 메이저 기업이 되기 위한 현대차의 글로벌 경쟁은 지금부터이다. 현재의 빅 6에서 빅 5, 그리고 최종목표인 2010년 빅 4 진입을 위해서는 앞으로의 10년이 그 어떤 시기보다 중요하기 때문이다. 향후 10년을 대비하기 위해 우선적으로 해결해야 할 과제도 많다. 우선 앞에서 언급한 것처럼 현대차는 원자재, 인건비, 영업비 등 원가구조를 개선하여 생산성 향상을 이루어내야 할 것이다. 특히 치솟는 철강 원자재를 적정가격에 안정적으로 공급받을 수 있는 채널 확보가 시급하다. 다음으로, 미래 경쟁의 큰 화두가 되고 있는 '친환경 자동차'를 위해 도요타의 1/4(2006년 기준, 6조 7,640억 원) 수준에 그치고 있는 지금의 R&D 투자규모(1조 7,350억 원)를 대폭 확대해야 할 것이다. 그리고 친환경 자동차 양산을 위한 글로벌 생산체제를 구축하고 기존 체제들과의 시너지 창출 방안을 모색해야 할 것이다.

3. 해외 지역별 글로벌화

3.1 터키 앗산 공장과 유럽

현대자동차는 유럽과 러시아시장을 확보하기 위한 전진기지를 구축하기 위해 1997년 9월 터키 현지생산법인을 설립했다. 터키는 지정학적으로 유럽과 중동을 연결하는 지역에 위치해 있으며, 1996년 EU의 준회원국으로 가입이 되면서 유럽 자동차시장으로 진입하기 위한 전초기지로서의 역할을 수행할 수 있었다. 과거 미국시장 진입을 위해 캐나다에 먼저 진출한 것과 같은 전략으로 유럽시장을 공략하기 위한 전초기지를 터키에 구축했다. 터키 앗산 공장은 현대차와 터키 키바르그룹이 50 대 50의 합작투자 형태로 현대차가 1억 8,000만 달러를 투자해 베르나, 그레이스, 스타렉스 등의 차종을 연간 10만 대 생산할 능력을 보유하고 있다.[67]

현자동대차가 유럽시장에 진입하기 위한 전초기지로 터키의 이즈밋시를 선택한 이유는 이즈밋시에는 주요 글로벌 자동차 기업들의 생산공장이 밀집되어 있어 원활한 자동차 부품 공급이 가능하고, 20여 분 거리에 자동차 수출입이 가능한 항만시설이 인프라로 구축되어 인근 국가로 수출하는 데 유리한 조건을 갖추고 있었다. 현대차 앗산 공장은 터키 내 자동차 생산공장 중 다섯 번째로 큰 규모로 건설되었으며, 공장 내에 터키 최장 길이의 고속주행 시험로를 갖추고 있어 전 차량에 대한 주행테스트를 실시하고 있다. 이 밖에도 생산공장에는 더블체크시스템을 통해 모든 공정을 한 번 더 확인하는 과정을 거치며 부품의 품질향상을 위하여 주변 현지부품

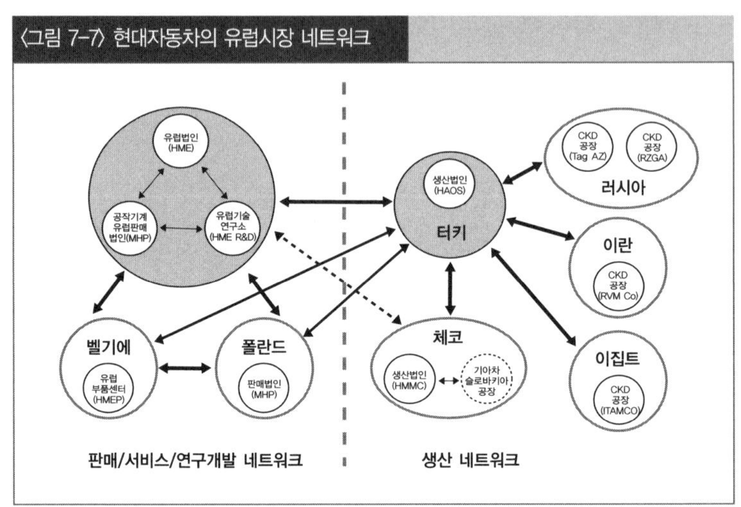

협력업체에서 조립생산된 부품에 대한 품질검사를 강화하고 있다.

최근 현대자동차는 2010년까지 유럽시장에서 자동차 판매 62만 대를 목표로 하고 있다. 이러한 유럽시장의 중장기 판매목표를 달성하기 위해 유럽 소비자의 기호와 취향에 맞춘 유럽 전략형 모델의 개발과 생산이 절실히 필요한 상태이다. 기존 터키 공장은 합작투자 형태로 이러한 연구개발 활동을 하기에는 여러 가지 제약조건이 있기 때문에 전략적 생산기지로 활용할 수 있는 제2의 유럽 생산공장인 체코 공장 건설을 추진하게 되었다.

체코 공장을 통해 현대차는 세계 2위의 자동차시장인 유럽시장에서 유럽 자동차 기업뿐만 아니라 미국의 Big 3 및 일본 경쟁기업들과의 대등한 경쟁을 통해 유럽시장에서의 거점뿐만 아니라 경쟁력 확보를 통해 판매 증대 및 브랜드 이미지 제고라는 부가적인 효과도 기대하고 있다. 향후 현대자동차 체코 공장 건설이 완료되어 정상적으로 운영된다면, 현대차는 독일에 유럽법인(HME), 공작기계 유럽판매법인(MHP), 유럽 기술연구소(HME R&D)와 벨기에에 유럽부품센터(HMEP), 터키 앗산공장(HAOS), 폴란드에 판매법인(MHP)을 하나의 네트워크로 연결하여 유럽 지역에서 자동차 개발에서부터 생산·판매·서비스까지 수행할 수 있는 네트워크를 구축하게 된다. 따라서 현대차는 자동차 설계 및 디자인에서부터 차량시험 및 평가에 이르기까지 철저한 현지화를 추진해 현지고객의 감성과 기호에 맞는 자동차를 판매하여 시장 확대를 도모하고 글로벌 브랜드로 이미지를 제고한다는 목표를 두고 있다.

3.2 인도 첸나이 공장과 서남아시아

현대자동차 인도 공장은 신속한 성장을 거듭하고 있는 신흥 개도국에 글로벌 자동차 기업들이 밀집한 서남아시아 지역의 자동차시장에 판매를 위한 거점을 확보한다는 목표로 1998년 5월에 완공한 현지생산공장이다. 현대자동차가 인도시장에 진입할 당시 인도 첸나이를 선택한 이유는 1991년 라오정권 집권 후 대외개방정책으로 자동차산업에 대한 외국인 직접투자 규제가 완화되고 제2의 중국으로 불리며, 시장잠재력이 풍부한 매력적인 자동차시장이었기 때문이다. 현대차는 인도 첸나이 생산공장 설립 당시 생산공장 건설의 초기비용을 최소화하기 위해 연간 자동차 생산량 40만 대의 생산계획을 12만 대로 축소하고, 생산라인은 폐쇄한 캐나다 부르몽의 현지조립생산공장의 프레스 장비를 재활용하여 건설한 인도 최초의 100% 단독투자한 자동차 생산공장이다.[68] 인도 첸나이 공장은 생산설비에서부터 연구개발 센터, 성능시험연구소, 주행시험장 등의 연구시설을 자체적으로 갖추고 있으며, 인도 현지의 시장상황에 적합한 자동차를 연구 · 개발하고 시험 및 제조 · 판매까지 자체적으로 해결할 수 있는 자족형 종합 자동차 생산공장이다. 특히 현대차는 인도시장 진출 3년 만에 인도 내 자동차시장 점유율 2위로 뛰어오르며 글로벌 자동차 경쟁기업들과 대등한 시장위치를 확보하고 있다. 앞으로 인도는 물론 서남아시아 지역의 늘어나는 자동차 수요에 대응하기 위해 최근 현대차는 인도 제2공장 건설을 추진하며, 서남아시아 지역의 전략적인 요충지로 중요한 역할을 수행하고 있다.

현대자동차가 인도시장에 진출한 초기에는 어려움이 많았다. 그러나 다음의 네 가지 전략과 활동을 통해 현대자동차는 인도시장에 진출한 지 불과 9년 만에 승용차 부문에서 15만 5,157대의 자동차를 판매하며 업계 2위로 시장점유율 18.2%를 기록하고 있다. 특히 판매신장률은 자동차 Big 5 중 1위를 차지하고 있다.

첫 번째 전략은 바로 현지화 전략이다. 사업 초기 특히 현대차는 인도인의 생활습관과 카스트제도 등의 문화적 차이로 인해 생산과정에서 어려움을 겪었다. 이를 해결하기 위해 현대차는 공정한 대우를 통해 계급의식을 불식시켜 나아갔으며, 영어가 공용어임에도 대부분의 현장작업자는 영어가 서투른 편이어서 제안제도와 간담회 활성화를 통해 의사소통을 활성화시켰다. 그리고 목표의식이 높고 책임감 있는 새로운 현대자동차의 인도인이란 의미로 현디안(Hyundian : Hyundai＋Indian)이란 용어도 창안해내는 등 문화적 이질감을 극복하기 위해 많은 노력을 하였다.

2부 · 글로벌 전략 및 시스템 구축 사례

둘째, 제품 차별화 전략이다. 현재 현대차 인도공장에서는 상트로 (아토스), 클릭, 베르나, 아반떼, 쏘나타 등 5개 차종을 생산하고 투싼을 한국에서 수입해 판매하고 있다. 특히 현대자동차가 인도에 진출한 외국기업에 비해 빠른 성장세를 이루고 있는 비결은 우선 제품 차별화 전략을 들 수 있다. 인도시장 진출 당시 아토스를 주력차종으로 생산할 계획이었지만, 인도 현지의 도로 사정과 기후에 적합하고 소비자들의 기호에 맞도록 아토스의 인도형 모델인 1,000cc 상트로를 개발해 폭발적인 반응을 이끌어냈다.

셋째, 적정 마진을 보장하는 딜러정책과 고객만족을 위한 애프터서비스 정비체계 구축이다. 현대차의 인도시장 진출 초기의 상황은 공급자 위주의 시장으로 경쟁업체들은 차종에 따라 단 한 가지 가격만으로 운영하는 실정이었다. 그러나 현대자동차는 동일 차종 내에서도 배기량, 엔진 종류 등에 따라 3~4개의 다양한 가격을 운영하면서 소비자들의 선택 폭을 확대했다. 또한 딜러들에게는 적정마진을 보장해주는 판매정책을 펼쳐 딜러들의 만족도를 높였다. 그리고 전국적인 애프터서비스망도 구축해 정비공장이 없으면 딜러허가를 내주지 않았다. 또한 전 딜러 긴급 정비차량 운영과 고객관리 프로그램 및 권역별 부품공급기지 운영 등 부품공급경로의 차별화로 고객서비스를 극대화하였다. 이를 통해 현대자동차 인도법인은 160개인 딜러망을 200개로 확대할 예정이다.

넷째, 사회공헌활동을 통한 좋은 이미지 구축이다. 뉴델리의 출근시간이 되면 현대자동차의 브랜드가 새겨진 옷을 입은 150명의 대학생이 길가에서 교통정리를 실시하고 있다. 이러한 활동은 인도

7. 현대자동차의 글로벌화와 네트워크 구축 전략

에서 교통사고로 연간 10만 명이 목숨을 잃고 있다. 이런 무질서를 바로잡기 위해 현대자동차는 150명의 학생을 모집해 교통질서 교육을 실시한 이후 이 중 120명을 현장에 투입하고 있다. 이외에도 지역사회에 대한 의료, 교육, 직원봉사, 재난구호 및 기부 등 기업의 사회·문화 공헌활동을 실시하고 있다.

3.3 북경현대기차와 중국시장

중국의 자동차시장은 중국경제의 성장과 더불어 시장잠재력이 매우 높은 시장으로 세계 자동차 기업들의 주목을 받고 있다. 이러한 자동차시장 환경은 중국정부의 개혁개방정책과 중국의 WTO 가입으로 자동차시장의 성장이 가속화 되어 글로벌 자동차 기업들이 앞 다투어 중국시장에 진출하며 경쟁하고 있다. 중국의 자동차산업은 외국 자동차 기업의 소매판매 금지, 자국 자동차 딜러(4S)를 통한 판매허용, 3대 3소, 2미 정책 등으로 정부의 규제가 가장 심한 산업으로 볼 수 있다. 그러나 중국경제의 고도성장에 따라 중국인들의 소득이 증가하면서 3M(My Car, My Home, Mobile Telecom)운동이 확산됨에 따라 승용차 구매와 승용차 구매능력이 있는 소비자가 급증하고 있다.[69]

이러한 중국 자동차시장을 공약하기 위해 현대자동차는 2002년 5월 북경기차와 합작 계약을 통해 중국시장에 진출하였다. 현대차는 중국 자동차시장에 후발주자로 진출하여 2002년 10월 북경현대기차를 설립하고 단 2개월 만에 차량 생산을 가능케 해 '현대속도'라는 신조어를 만들어냈다.[70] 북경현대기차는 중국의 수도 북경에

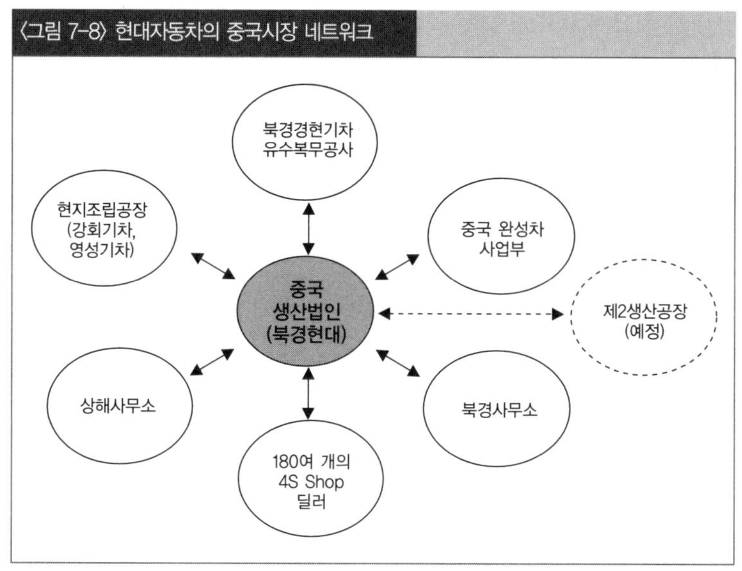

위치한 유일한 승용차 생산기업으로서 상징적 의미가 있을 뿐만 아니라, 2008년 베이징올림픽을 계기로 세계경제의 주역으로 부상할 중국 자동차시장을 선점할 수 있는 유리한 조건을 갖추고 있다. 설립 이후 1년 만에 북경현대기차는 5만 대 생산, 판매라는 높은 성과를 이루어냈다. 그동안 현대차는 관세 장벽으로 인하여 진입을 하지 못하던 중국 자동차시장에 성공적인 진입을 했다. 실제로 현대자동차는 중국시장에 진출하기 이전인 2001년부터 2003년까지 중국에 직접 수출한 자동차 수가 1만 대에도 미치지 못했기 때문이다.

중국정부가 외국 자동차 기업의 소매판매를 금지하고 있는 상황에서 중국의 WTO 가입으로 인하여 이 규제가 완화될 것이라고 하나 아직은 중국 내에서 자국 자동차 딜러(4S)가 자동차 판매에 미치는 영향력은 매우 크다. 현대자동차의 경우 이미 품질이 증명된 EF

쏘나타를 북경기차가 구축한 180여 개의 딜러를 통해 판매함으로서 빠르게 중국 자동차시장에서의 위치를 확보할 수 있었다.

현대차는 중국에 현지생산공장인 북경현대기차를 중심으로 2개의 현지조립공장과 현지법인인 북경경현기차 유수복무공사와 중국 완성차 사업부를 설립하여 중국경제의 중심인 북경과 상하이에 현지사무소를 운영 중이다. 그리고 2002년 설립 당시 4개에 불과하던 4S 숍 딜러를 현재 180여 개로 확대하여 판매 네트워크 구축을 위해 노력하고 있다. 최근 중국시장 판매 확대를 위해 연간 30만 대 규모의 중국 제2공장과 상용차 합작공장 설립을 발표하는 등 중국 내 최고의 종합 자동차 기업으로 성장하기 위한 시장 확장을 가속화하고 있다.

현지 친화형 제품개발과 마케팅 전략을 위하여 현지도로 사정과 중국인들의 기호와 욕구에 적합한 중국형 자동차 생산을 위해 코드명 'HDC'를 생산할 준비를 하고 있다. 이 차는 현재 세계시장에서 판매되고 있는 아반떼 XD를 기본 모델로 하여 중국 소비자 및 중국 내 자동차 전문가들의 설문조사를 통해 중국인 기호와 감성 등을 반영하여 제작한 현대자동차의 첫 번째 현지 맞춤형 모델이다. 특히 북경 제2공장이 본격 가동되는 2008년 4월부터는 중국형 '아반떼'의 현지 생산 및 판매에 돌입할 계획이다. 또한 현대자동차는 최근 출시된 '제네시스' 양산형 모델을 '로헨스(Rohens)'라는 이름으로 중국 자동차시장에서 출시함으로써 중국시장에서의 경쟁력 강화를 위해 노력하고 있다.

3.4 앨러버머 공장과 북미시장

현대자동차의 미국시장 진입은 '포니'의 수출로 거슬러 올라간다. 포니는 개발 당시부터 미국시장 수출을 목표로 하고 있었다. 이를 위해 현대자동차는 사전 시장(Market Reference) 경험을 쌓기 위해 캐나다에 먼저 진출하여 북미지역의 시장환경과 고객들의 반응을 살피면서 미국시장 진출을 기대하였다. 그러나 현대차는 미국 자동차의 안전 및 배기가스 부문의 문제가 해결되지 않아 상대적으로 이러한 규정이 까다롭지 않은 캐나다시장으로 전환하게 되었다. 비록 미국시장 진출은 실패했지만 포니는 1985년 캐나다시장에서 수출 2년 만에 수입차 판매 1위를 차지하기도 했다.

현대자동차가 이러한 실패를 딛고 다시 미국시장에 진입하기 위해 1985년 미쓰비시와 협력을 통해 전륜구동의 '엑셀' 자동차의 개발에 성공하고, 1년간의 테스트를 거쳐 1986년 2월에 엑셀을 미국시장에 최초로 수출하였다. 현대차의 엑셀은 미국시장에서 엑셀신화를 창조하였다. 엑셀의 판매실적은 1987년 26만 4,000대를 판매하여 소형승용차 부문에서 베스트셀러 카로 등극했다. 이는 캐나다시장 진출경험을 바탕으로 철저한 준비와 노력이 일구어낸 값진 성과였다.

그 후 엑셀의 판매는 점차적으로 감소하여 현대자동차에게 사업실패를 안겨주었다. 이러한 현대자동차의 실패는 현지경영에 대한 경험부족으로 초기단계에 대규모 과잉투자와 애프터서비스망 미비 및 가격경쟁력 상실 등의 요인이 복합적으로 작용되어 미국 소비자들은 현대자동차에 값싼 자동차라는 이미지를 가지게 되었다.

현대자동차는 미국시장에 재도전하기 위해서 자체 엔진 개발과 기술 수준을 제고하며, 품질에 대한 자신감을 바탕으로 '10년 10만 마일' 보증제도를 시행하는 등 기존의 값싼 자동차라는 이미지를 쇄신하기 위해 공격적인 전략으로 미국 자동차시장을 공략하였다. 이와 동시에 신흥국가인 터키, 인도, 중국의 현지생산공장 운영의 경험을 바탕으로 자동차 선진국인 미국 자동차시장에 품질로 인정받을 수 있다는 자신감으로 2005년 5월 미국 현지생산공장인 앨러버머 공장을 준공하기에 이르렀다.

앨러버머 공장은 현대자동차의 글로벌 경영에 있어 매우 의미 있는 공장이다.[71] 이제 명실상부한 글로벌 자동차 기업으로 도약하기 위한 발걸음으로 Made in USA의 첫 출시와 함께 한국 자동차산업의 신기원을 열었다. 그리고 자동차 개발, 생산, 마케팅, 판매, 애프터서비스 등 자동차 라이프사이클의 전 부문을 현지화하는 Made in USA 시스템을 구축함으로써 미국인의 손으로 직접 만들어진 자동차를 판매할 수 있었다. 이는 최근 고조되고 있는 미국 소비자들의 'Buy America'의 감정과 정서에 적극적으로 대응할 수 있게 된 것이다.

현대자동차가 앨러버머에 현지생산공장을 건설하게 된 것은 정부의 지원이 큰 작용을 했다. 앨러버머 주정부와 몽고메리시의 전폭적인 지원은 한미 산업협력의 성공사례로까지 평가받고 있다. 앨러버머 주정부와 몽고메리시는 약 2억 5,000달러에 달하는 직간접적인 지원을 하고, 교육훈련을 위해 고용된 2,000여 명의 생산직 근로자들에게 주정부가 6주간의 채용 전 기초교육에 필요한 일체의 교육비를 부담하였다. 결론적으로 앨러버머 주정부는 현대자동차 공장의 유치 및 성공적인 가동을 위해 파격적인 지원을 아끼지 않

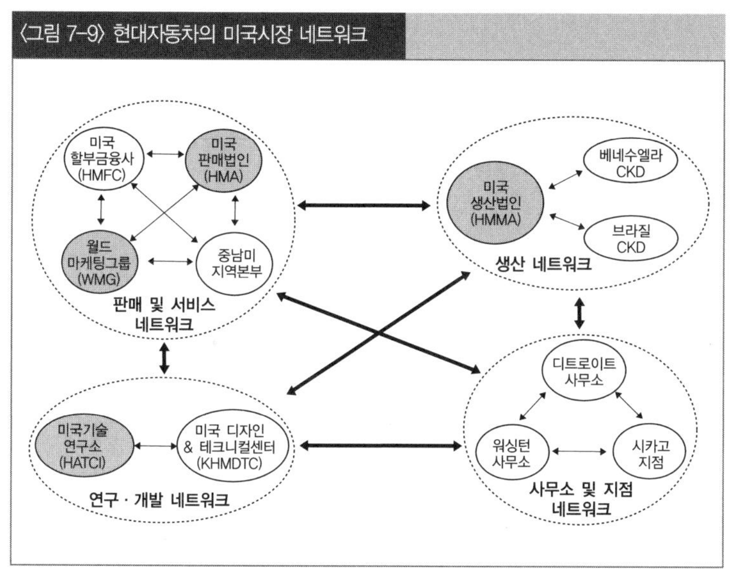

았다. 또한 몽고메리시 시장 및 시정부 고위층 인사로 구성된 지역 지도자 방문단이 한국 본사를 방문해 '현대차 앨러버머 성공기원 결의문'을 전달하는 등의 노력을 하였다.

현대자동차 앨러버머 공장의 생산라인은 255대의 로봇을 가동하여 자체 용접라인 자동화율 100%를 달성했을 뿐 아니라 생산되는 모든 차량에 대해 로봇에 의한 실시간 정도 검사를 실시하여 완벽한 품질 확보가 가능하다. 또한 자체 개발 업그레이드된 글로벌 바디라인(Global Body Line)은 승용차 및 SUV 차량을 동시에 생산할 수 있는 다차종 생산라인으로 설비투자비가 감소하는 장점을 가지고 있다. 앨러버머 공장 설립을 계기로 현대자동차의 미국 내 660개의 딜러 수를 700개로 확대하고 현대자동차 단독 딜러 비율도 39%에서 50%까지 늘리는 등 미국 소비자들의 현대자동차 브랜드 이미

구분	지역	명칭		진출시기
현지생산 공장	America	미국(HMMA : Hyundai Motor Manufacturing Alabama)		2005. 5
	Middle East	터키(HAOS : Hyundai Assan Otomotive Sanayi)		1997. 9
	Asia	인도(Hyundai Motor India)		1998. 10
		중국(Beijing Hyundai Motor Company)		2002. 10
현지조립 공장 (CKD)	Europe	러시아	Tag AZ	2003. 3
			Rostovskly Zavod Gruzovih Avtomo	2006. 10
	America	베네수엘라(MMC Automotriz, S. A.)		1996. 6
		브라질(Fabrica Da Hyundai No Brasil)		2007. 4
	Middle East	이집트(ITAMCO)		1995. 2
		이란(RVM Co)		2004. 8
	Asia	말레이시아	ORIENTAL ASSEMBLERS SDN BHD	2001. 8
			Inokom	1999. 10
		인도네시아	PT Hyundai Indonesia Motor	2001. 2
			KORINDO	2007. 3
		중국	강회기차(安徽工准汽車)	2003. 10
			영성기차(榮成汽車)	2000. 9
		파키스탄(Dewan Farooque Motors LTD.)		1999. 10
		대만(Sanyang Ind)		2002. 10
		베트남(Vina Motor)		2005. 2
	Africa	수단 현지조립공장(SUDAN MOTOR TECHNOLOGY)		2002. 7
연구소	Europe	유럽기술연구소(HME R&D : Europe Engineering Center)		1995. 7
	America	미국기술연구소(HATCI : Hyundai America Technical Center, Inc)		1986
		미국디자인센터(HKMDTC : Hyundai & Kia Motors Design & Technical Center(Irvine))		1990
	Asia	일본기술연구소(HMJ R&D : Hyundai Motor Japan R&D Center)		1995

자료 : 현대자동차

지 구축과 충성도 제고에 적극적으로 나서 미국 내 시장점유율을 3%까지 끌어올린다는 목표를 가지고 있다. 그리고 2억 달러를 투자한 캘리포니아 디자인연구소와 1억 2,000달러를 투자한 디트로이트 기술연구소 및 6,000달러를 투자한 모하비 주행시험장 등의 현지 연구개발 및 테스트 거점과 연계하여 시너지효과를 창출하고, 철저한 현지화 전략을 완성해 미국 고객들의 감성과 기호에 맞춘 미국형 자동차를 생산, 판매한다는 목표를 달성하고 있다.

4. 글로벌화 전략

4.1 5대 글로벌화 전략 지침

현대자동차는 글로벌 기업으로 새롭게 탈바꿈하기 위해 5대 글로벌 전략과 3대 경영방침을 세워 글로벌화를 추구하고 있다.[72]

첫째, 상품경쟁력 강화이다. 현대차는 이를 위해 매출액 5% 이상을 연구개발에 투자하는 등 글로벌 시장에서 고객을 만족시킬 수 있는 세계 최고 수준의 품질과 상품성 및 기술력을 확보하는 데 주력하고 있다. 이러한 성과로 2004년 4월 미국 J. D. Power사의 신차 초기 품질조사에서 EF쏘나타가 중형차 부문에서 1위, 브랜드별 순위에서 도요타, 벤츠, BMW 등을 제치고 7위, 업체별 순위에서는 도요타에 이어 혼다와 공동 2위를 차지하는 등 현대자동차의 품질과 기술력은 세계인들이 인정하고 많은 사람들이 선택하는 수준에 올랐다.

둘째, 현지화 전략이다. 최근 자동차시장은 전쟁터라고 할 정도로 글로벌 자동차 기업 간의 경쟁은 더욱 치열해지고 있다. 이런 상황에서 생존을 위해 현지생산공장을 통해 현지와 인접 국가의 소비자 욕구에 부응하며, 급변하는 현지시장환경에 경쟁기업보다 빨리 적응해 나아가는 것으로 글로벌 시장에 대한 연구 및 생산 체계를 현지시장에 맞춤형으로 변환함으로써 기업의 경쟁력을 갖기 위해서이다.

셋째, 브랜드 강화이다. 브랜드 강화를 통해 판매확대는 물론이고 보다 높은 수익성을 확보할 수 있기 때문이다. 이를 위해 현대차는 지속적인 품질개선과 판매 전후의 대고객 서비스 강화 및 고객들을 감동시킬 수 있는 제품 개발에 노력하고 있다.

넷째, 지속가능 경영체제 구축이다. 글로벌 기업으로서의 윤리경영과 투명경영 등을 통해 사회적 책임을 자발적으로 준수하고 또한 다양한 사회적 책임을 다하는 데에도 소홀함이 없도록 하며, 소비자, 종업원, 협력업체들과 비전을 함께 공유하며 성장함으로써 기업의 사회적 역할을 실천하여 지속가능한 경영체제를 구축하고 있다.

다섯째, 글로벌 경영혁신이다. 급속하게 변화하는 환경에서 지속적인 경영활동의 개선을 위해서는 대량생산, 경직된 조직, 국내생산 등의 경영 패러다임으로는 더 이상 글로벌 경쟁환경에서 경쟁력을 확보하기 힘든 실정이다. 이에 따라 고객 중심의 글로벌 프로세스를 확립하여 변화에 적응하며 혁신하는 기업으로 쇄신하기 위해 노력하고 있다.

현대자동차는 이러한 5대 글로벌 전략을 뒷받침하기 위해 신뢰

경영, 현장경영, 투명경영의 3대 경영방침을 세우고 있다. 첫째, 신뢰경영은 인간 존중의 정신을 토대로 생산적 노사관계와 상하 간 신뢰관계를 더욱 공고히 함과 동시에 고객 및 사업 파트너의 기대와 믿음에 부응하고자 노력하고 있다. 둘째, 현장경영은 고객의 만족과 직원의 일하는 즐거움을 배가시키고, 경영역량을 생산과 판매 현장에 집중하여 현장 중시의 풍토를 정착시키며 '품질과 서비스 최우선'의 정신을 구현하고 있다. 셋째, 투명경영을 통해 모든 업무를 투명한 기준과 글로벌스탠더드에 따라 처리하고, 사업 파트너와는 상호 공정한 거래관계를 유지하여 존경받는 기업으로서 거듭나고 있다.

4.2 부품협력업체와의 동반진출

현대자동차의 1차 부품협력업체의 수는 377개로 이들 협력업체들의 부품공급은 현대자동차가 글로벌 시장을 개척하는 데 큰 공헌을 하고 있다. 현대자동차의 경우 국내 부품협력업체와 동반진출하여 글로벌화를 추진했다. 자동차의 경우 수만 개의 부품으로 생산되기 때문에 부품 하나하나의 품질이 자동차 전체의 품질을 좌우하여 부품품질은 매우 중요하다. 따라서 현대자동차는 해외시장에 동반진출한 부품협력업체를 통하여 제품의 품질이 보증되지 않는 현지 부품업체로부터 부품을 공급받는 위험과 불확실성에서 벗어날 수 있었다.

이제 현대자동차가 본격적인 글로벌 경쟁체제 속에서 경쟁력을 강화하기 위해서는 중소 부품협력업체들과 함께 동반하여 성장할 수 있는 방안을 강구하여야 한다. 이를 위해 현대자동차는 2006년부터 '협력업체 지원단'을 설립하여 운영하고 있다. 이 조직은 자동차부품산업진흥재단과 함께 설립한 조직으로 각 부문별 전문성을 가진 자동차 제조업체 전임 임원들로 구성되어 이들이 가진 경영전략 노하우를 전수해줌으로써 부품협력업체들의 글로벌 경쟁력을 향상하는 데 기여하고 있다. 또한 부품협력업체의 생산공정 개선활동과 신규설비 설치지도는 물론, 수출 판로개척 및 해외공장 설립과 운영에 관련된 각종 노하우 전수, 경영 전반에 걸친 컨설팅 제공 등의 활동을 벌이고 있다. 이러한 활동은 서로 간의 '윈-윈(Win-Win)' 전략으로 볼 수 있으며, 부품협력업체의 재무구조 개선 및 경쟁력 제고와 동반성장을 목표로 하고 있다.

현대자동차는 2010년까지 부품협력업체의 연구개발 및 품질·기술개발 등을 위해 15조 원 지원방안을 제시했다. 또한 협력업체의 품질운영시스템을 평가하는 5스타 등급제도 도입 및 현장 위주의 품질관리와 점검을 하는 협력업체 품질(SQ) 마크 제도를 운영하여 부품협력업체의 품질 경쟁력을 향상시키기 위한 노력을 하고 있다. 특히 게스트 엔지니어 제도를 도입하여 현대자동차에 부품협력업체의 기술자들을 파견해 부품설계에서부터 기술지원과 공동연구를 실시하고 있다.

최근까지 국내 자동차 부품업체 1, 2위인 현대모비스와 만도가 이러한 현대자동차와의 상생협력체계를 통해 적극적인 해외시장 진출에 나서고 있다. 현대모비스의 해외 생산거점의 경우 2002년 12월 장쑤모비스를 시작으로 베이징 등 중국 지역에 6곳, 미국 앨러

2부·글로벌 전략 및 시스템 구축 사례

버머와 오하이오에 각각 1곳 등 부품공급을 위한 생산공장 8곳을 건설하였다.

현대모비스에 이어 국내 2위의 자동차 부품업체인 만도도 해외 시장 공략에 적극적이다. 현재 만도베이징과 만도하얼빈 등 중국 지역 4곳, 미국 앨러버머 한 곳 등 5개 지역에 해외 공장을 운영하고 있다. 특히 연 30만 대의 섀시모듈을 생산하는 앨러버머 공장은 GM과 포드, 다임러크라이슬러 등 미국 Big 3 자동차 업체와 현대자동차 앨러버머 공장에 공급되고 있다. 만도는 주요 자동차시장으로 떠오른 중국, 브라질, 러시아, 인도 등 신흥 개도국 지역을 중심으로 해외 생산공장을 설립한다는 계획을 세우고 있다.

4.3 글로벌 네트워크 구축

이상에서 살펴본 봐와 같이 현대자동차는 각 지역별로 글로벌화를 시도함과 동시에 〈그림 7-10〉과 같이 글로벌 네트워크를 구축하고 있다. 현대자동차의 전체 네트워크 구조는 자동차산업 네트워크 내에서 상호 연결되어 있는 행위자들의 전략적 위치 및 그들의 관계를 살펴볼 수 있다. 현대자동차의 경우 국내 3개의 생산공장과 해외 4개의 현지생산공장 및 16개 조립생산공장을 자동차 생산 네트워크로 구축하고 있다. 그리고 자동차 생산을 위한 부품공급 네트워크로는 국내에 8,400여 개의 1, 2차 협력업체를 통해 자동차 부품을 원활히 공급받고 있다. 또한 해외 현지생산공장에서도 이들 국내 부품공급 네트워크를 기반으로 부품협력업체들과 함께 해외 현지생산공장의 인근 지역으로 동반진출하여 전략 부품조달 및 품질

7. 현대자동차의 글로벌화와 네트워크 구축 전략

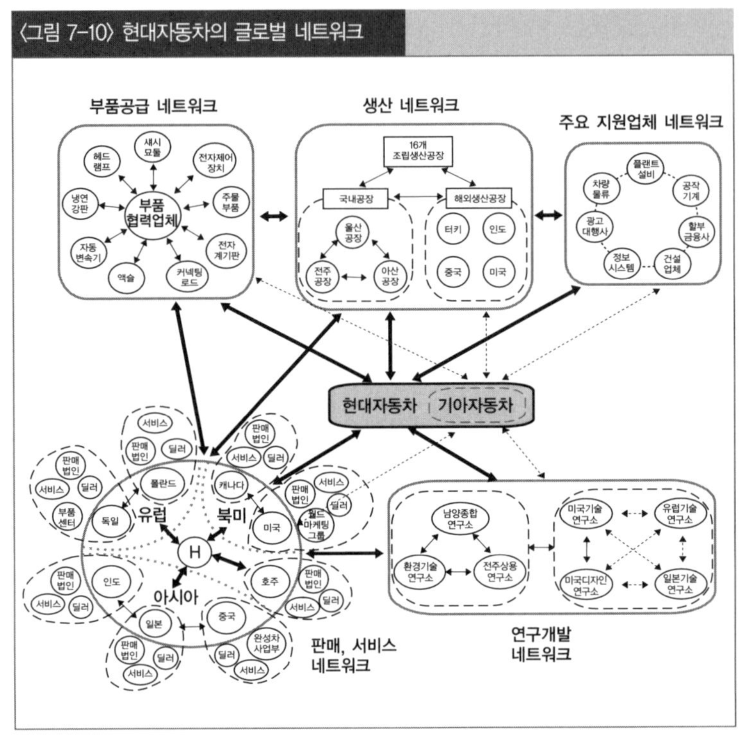

의 불확실성을 감소시키는 등 현대자동차의 글로벌화와 부품협력 업체의 글로벌화를 동시에 추진하고 있다. 또한 주요 지원업체 네트워크를 해외시장까지 함께 동반진출함으로써 해외시장에서도 소비자들에게 자동차 구매에 따른 편의를 제공하고 있다.

현대차의 판매/서비스 네트워크는 세계 주요 자동차 판매시장을 중심으로 판매법인과 서비스 지점, 딜러들의 수를 늘려가고 있다. 판매/서비스 네트워크는 크게 3개의 권역을 중심으로 형성되어 있다고 할 수 있다. 독일, 폴란드 판매법인과 부품센터, 유럽 각지의 서비스 지점, 딜러망을 중심으로 형성된 유럽지역 판매/서비스 네

2부 · 글로벌 전략 및 시스템 구축 사례

트워크와 인도, 일본, 중국의 판매법인을 중심으로 한 아시아 지역 판매/서비스 네트워크, 그리고 미국과 캐나다를 중심으로 한 북미 지역 판매/서비스 네트워크가 유기적으로 연결되어 있으며, 각 지역별로 차별화된 서비스와 마케팅 활동을 수행하고 있다.

연구개발 네트워크는 국내 남양종합연구소를 중심으로 미국, 일본, 유럽 기술연구소와 미국 디자인 연구소를 통해 자동차 개발 및 품질향상을 통한 경쟁력 강화를 위해 노력하고 있다. 또한 각 지역별 소비자의 욕구를 충족시키기 위한 현지형 자동차를 개발하는 중요한 역할을 수행하고 있다.

이처럼 현대자동차가 구축한 글로벌 네트워크는 하나의 유기체로 생산과 판매/서비스, 연구개발, 부품공급이 유기적인 협력체제를 구축하고 있다. 국내 네트워크를 활용해 해외 현지생산공장까지 확장함으로써 해외시장에서의 불확실성을 감소시키고 시너지효과를 창출하고 있다.

4.4 현지화

현대차는 마케팅 능력과 브랜드 가치 향상을 위해 지역별 특성에 적합한 높은 가치를 갖춘 다양한 신형 자동차 모델을 생산·판매하여 시장에서의 경쟁적 우위의 위치를 확보한다는 것이다. 이러한 예로 인도시장에서의 현대자동차의 경영활동은 주목할 필요가 있다. 인도시장에서 큰 인기를 끌고 있는 현대자동차의 '쌍트로'는 아토스의 개량모델로 인도인들의 기호에 맞게 디자인을 바꾸고 고급 옵션을 달아 비록 배기량 800cc의 경차지만 고품질의 자동차라는 인식을 심어주는 데 성공했다. 이는 현대자동차가 1994년 인도시장에 진출하면서 시장을 정확히 분석하여 현지 도로 실정과 소비자의 기호에 적합한 모델을 투입했기 때문이다. 그리고 1990년 진출한 러시아시장은 러시아에 동유럽 지역본부를 설립해 특별 관리한 것이 큰 효과를 거두었다. 현대차는 러시아시장의 성장단계에 적합한 캣츠(한국명 클릭), 베르나, 엘란트라, 쏘나타, 투싼 등 다양한 차종을 적시적소에 공급하면서 소비자들의 마음을 사로잡았기 때문이었다.

이러한 맥락에서 현대자동차는 최근 미국시장에서 아제라와 베라크루즈 등 고급 차종의 판매에 주력해 브랜드 이미지를 높이고 있으며, 유럽시장에서는 유럽전략형 준중형 해치백 모델(i 30)을 발표하고 투싼과 클릭 등 인기모델에 대한 적극적 마케팅을 통해 판매성과를 높이며 시장점유율을 끌어올리고 있다. 중국에서는 2008년 베이징 올림픽을 앞두고 폭발적인 판매성장을 예상하여 준중형 해치백 모델과 투스카니 개조차량 등 젊은 층을 겨냥한 모델로 마케팅을 강화함으로써 젊고 활력 있는 브랜드 이미지를 심고 있다. 그리고 인도시장에서는 우수한 품질과 뛰어난 성능으로 인도 고객들에게 절대적인 사랑을 받고 있는 쌍트로의 후속 모델을 개발해 시장에 판매하고 있다.

5. 글로벌화와 전략의 연속성

현대자동차의 글로벌화 전개과정을 기업의 국제화 과정의 이론

2부·글로벌 전략 및 시스템 구축 사례

적인 측면으로 살펴보면, Jan Johanson & Jan Erik Vahlne(1977)의 기업 글로벌화 과정에 대한 이론에서는 비정기적 수출→대리상을 통한 수출→판매자회사→현지생산 순으로 해외개입도를 늘려간다고 보고 있다. 이를 자동차 기업의 측면에서 글로벌화 과정을 살펴보면 수출→현지조립생산→판매법인→생산법인의 순으로 발전되어 가는 것이 일반적인 과정이 될 것이다. 이러한 관점에서 현대자동차의 글로벌화 과정을 생산공장이 위치한 지역을 중심으로 분석해보면 아래의 〈그림 7-11〉과 같다.

현대자동차의 경우 터키를 중심으로 한 유럽지역, 미국을 중심으로 한 북미지역, 인도와 중국을 중심으로 한 아시아 지역을 중심으로 글로벌화를 전개하였다. 그러나 현대자동차의 해외시장 진입과

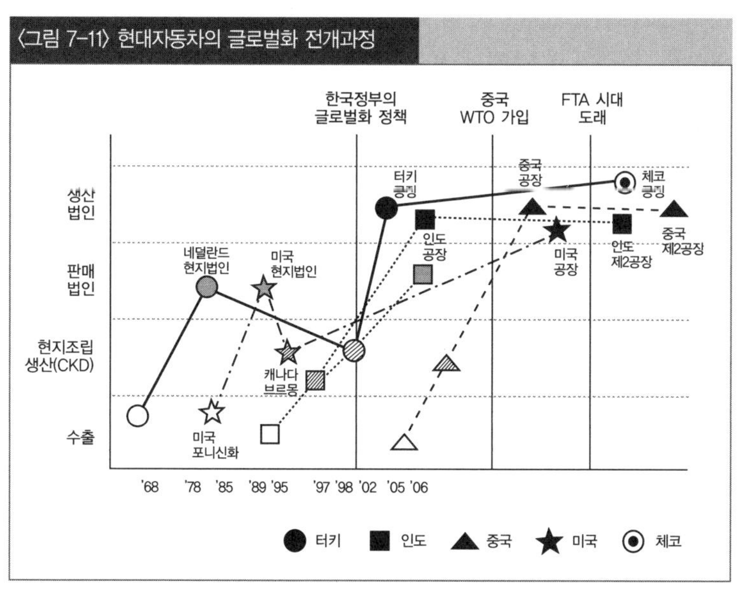

〈그림 7-11〉 현대자동차의 글로벌화 전개과정

정은 순차적이기보다는 시장규모, 정부의 정책과 세계경제의 흐름에 따라 진입과정의 순서가 비순차적으로 다르게 나타나고 있다.

유럽시장의 경우, 1968년 포니를 수출하며 유럽시장에 진입한 이후 본격적인 시장진입을 위해 현지조립생산 단계를 거치지 않고 1978년에 네덜란드에 판매법인을 설립했다. 그 이후 유럽시장에서 뚜렷한 활동이 없던 현대자동차는 1990년대에 유럽 자동차시장의 중심지인 독일에 유럽법인과 공작기계 판매법인 및 유럽기술연구소를 설립하고 폴란드, 벨기에에 판매법인을 설립하는 등 현지생산을 위한 판매, 서비스 및 연구개발 네트워크를 강화하며, 생산법인 설립을 위한 준비를 했다. 또한 유럽지역의 중심인 서유럽 지역보다 상대적으로 값싼 인건비를 활용할 수 있는 동유럽 지역을 중심으로 현지조립생산공장을 설립하며 유럽시장 진입에 전초기지를 구축하며 시장 확장을 위한 노력을 경주했다. 그 이후 한국 정부의 글로벌화 정책과 맞물려 현대자동차는 1997년에 중동과 유럽의 중간에 위치한 터키에 유럽시장을 확대하기 위한 최초의 해외생산법인인 앗산 공장을 건설하며 성공적으로 유럽시장에 진입했다. 최근 현대자동차는 본격적으로 유럽시장 확대를 위해 체코에 유럽 제2 생산법인의 설립을 착수하는 등 활발한 활동을 전개하고 있다.

아시아시장의 경우 기업의 글로벌화 과정의 순차적인 진입과정 순으로 아시아 자동차시장에 진입하고 있다. 아시아 개발도상국을 중심으로 수출을 행하다가 1995년에 인도네시아에 현지조립생산 공장과 일본에 기술연구소를 설립하고 1998년에 인도 첸나이 생산법인을 설립했다. 아시아시장의 경우 중국시장을 먼저 진입하려고 했으나 중국정부의 규제에 의해 시장 진입이 어려워 차선책으로 인도를 선택하게 되었다. 그러나 2002년 중국이 WTO에 가입하면서 중국 자동차시장이 부분적으로 개방되면서 북경기차와 합작을 통해 중국시장에 진입하게 되었다. 현재 아시아시장이 급속한 성장으로 말레이시아, 인도네시아, 파키스탄, 대만, 베트남에 현지조립생산공장을 설립하는 등 가장 활발한 활동을 하고 있다.

미국시장의 진입과정을 살펴보면, 현대자동차는 미국시장에 진입하기 위해 수출을 먼저 행하였지만 1980년대 미국시장에서 엑셀의 신화를 창조함과 동시에 미국시장에 수출이 증가하면서 현지조립생산 과정을 거치지 않고 바로 판매법인을 설립했다. 그러나 판매법인 설립 이후 미국시장에서의 정비 및 서비스 네트워크 구축의 결핍으로 인하여 판매 부진과 저가의 이미지가 형성되면서 현대차는 생산법인을 설립하지 않고 인근 지역인 캐나다 부르몽 지역에 현지생산공장을 설립하여 미국 소비자들의 욕구와 시장상황 등을 조사하며 미국 현지생산공장 설립을 위한 사전조사를 실시했다. 그 이후 현대차는 마침내 2005년에 미국 현지생산법인인 앨러버머 공장을 건설하게 된다.

이러한 현대차의 글로벌화에 가장 크게 영향을 미친 것은 1995년 한국정부의 글로벌화 정책과 2006년 한국의 FTA 시대의 도래로 분석된다. 1995년 한국정부의 글로벌화 정책에 힘입어 현대자동차는 해외시장에 현지생산법인을 본격적으로 추진하여 1997년 터키, 1998년 인도에 현지생산법인을 설립하였고, 2006년 한국의 FTA 시

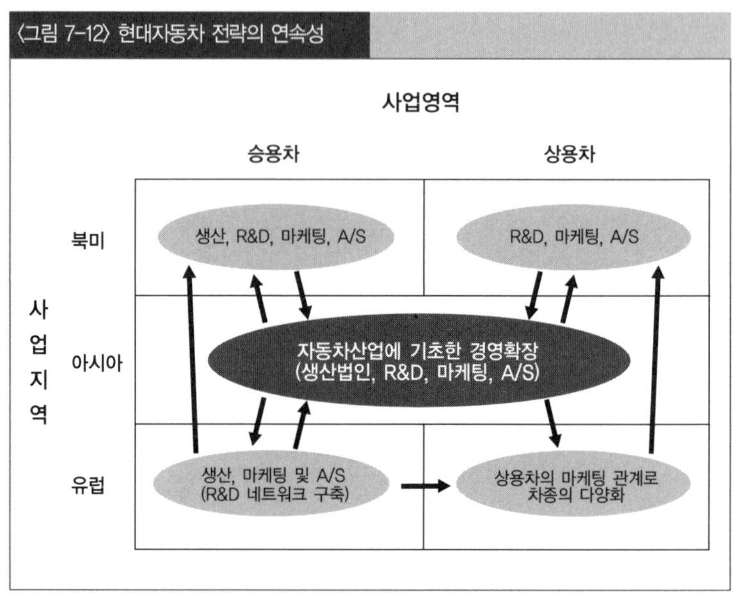

대 도래로 인해 현대자동차는 인도, 중국, 터키에 제2 생산공장을 건설하는 등 해외 현지생산법인을 확대하게 되었다.

현대자동차의 네트워크 구축 전략은 현대자동차의 글로벌화와 함께 수행되었다. 이러한 전략의 수행을 위하여 현대자동차는 유럽, 아시아, 북미 등 여러 지역에서 자체 전략의 연속성을 유지하였다. 현대자동차는 3개의 지역 시장진출 초기에 지역 내 미국·일본 기업들에 비해 상대적으로 진출이 늦었기 때문에 시장경쟁력과 구축한 네트워크 위치가 약했다. 따라서 현대자동차는 초기 미국, 중남미 수출과 현대그룹의 다른 산업분야에서 일찍 서유럽에 진출한 판매법인과 최근 동유럽에 진출한 생산법인을 거점으로 하여 자동차 사업을 위한 마케팅 및 서비스 네트워크를 구축하였다. 또한 그

2부 · 글로벌 전략 및 시스템 구축 사례

네트워크를 활용함과 동시에 상용차의 부가적인 판매로 차종을 다양화하고 이를 기초로 제품 다양화 전략을 수행하였다.

현대자동차가 아시아에서의 경영활동을 바탕으로 유럽과 미국에서의 현지 생산·마케팅 및 애프터서비스를 확장하고, 외국 기술연구소 및 그곳에서 첨단 기술을 습득한 연구원들과 협력함으로써 한국·일본·유럽·미국의 기술연구소를 확장할 수 있었다. 또한 새로운 기술연구소들을 설립하여 연구 인력을 충분히 충원하였다. 결론적으로 유럽·아시아·북미시장에서 수행한 전략의 연속성에 의해서 형성된 협력의 연계는 기술개발을 신속하게 수행할 수 있는 전문적 분업의 장점을 살린 한국·유럽·미국 중심의 기술개발 네트워크를 구축할 수 있었다.

그러나 현재 현대자동차는 유럽·아시아·북미 자동차시장에서 글로벌 선진기업들과 효과적으로 경쟁할 만한 수준이 아니기 때문에 선진기업들의 진입이 상대적으로 미진한 동유럽·중동·아프리카·중남미 신흥시장 등을 목표시장으로 설정하여 본격적인 투자와 함께 시장위치를 선점한 이후 경쟁력을 강화하였다. 아시아에서 자동차산업에 기초한 경영확장은 대규모 생산법인의 설립, 연구개발, 마케팅, 서비스 등으로 연결되는 과정에서 생산-마케팅 통합의 네트워크 구축을 바탕으로 시장집중 전략을 구사하였다. 특히 현대자동차는 생산공장에서의 채산성과 마케팅 및 애프터서비스 전문회사를 바탕으로 고객을 위한 브랜드 이미지 강화에 관심을 두었다. 이렇게 현대자동차가 승용차와 상용차 사업부문으로 구분하여 업종전문화와 다양화함으로써 아시아에서 유럽과 북미지역으로까지 사업영역을 확장할 수 있었던 것은 네트워크 구축 전략의 연속성에서 이루어졌다.

6. 결론

본 사례에서는 현대자동차의 글로벌화를 위한 해외시장 진입과 시장에서의 위치개발은 다양한 행위자들과의 협력과 경쟁 상태에서 자원교환이 연결된 네트워크의 관계 형성, 구축, 통합의 구조적 발전과정을 통하여 이루어지는 것이 나타났다.

주요 시사점은, 첫째 현대자동차의 해외시장 진입은 자동차 수출부터 시작하여 일찍 서유럽 네덜란드에 진출한 판매법인과 터키, 인도, 중국, 미국의 생산법인으로까지 네트워크를 연결하면서 동유럽에 진출한 생산법인을 지역거점으로 하여 글로벌 시장에서의 네트워크 위치를 개발하였다. 따라서 기업의 해외시장 진입은 CEO의 합리적인 의사결정에 의해서 수립된 전략에서 이루어진 것이 아니라 그 기업이 정립한 국내외 중요시장의 위치로부터 전략적 진입행위가 효과적으로 시작되어야 한다.

둘째, 현대자동차는 시장에서의 초기 위치를 신속히 구축하기 위하여 부품협력업체와 주요 지원업체와의 협력을 통해 시너지효과를 창출함과 동시에 해외지역 정부의 적극적인 지원과 협력관계를 바탕으로 시장에서의 초기 위치를 구축할 수 있었다. 또한 한국 부품협력회사들과 동반진출을 유도하고, 다른 부품협력회사와 딜러 및 애프터서비스점들과 협력관계를 형성함으로써 생산-마케팅의 네트워크를 구축하였다. 이때 현대자동차는 최대한 내외부 자원을 활용하여 최소 자본 투자로 사업을 추진하였다. 따라서 기업이 해외시장 진입 시에는 전략적으로 중요한 현지고객 및 사업 파트너들과 정보와 자원교환의 상호작용을 통하여 이룩한 장기적인 관계구축이 시장에서의 네트워크 위치강화에 중요하다. 이때 기업이 접근할 수 있는 자원의 활용을 최적화하여야 한다.

셋째, 현대자동차는 연구개발, 생산, 부품, 판매 및 애프터서비스 등 다양한 특정 기능을 국내외로부터 이전하여 하부 네트워크를 통합함으로써 글로벌 네트워크를 구축하였다. 이때 네트워크 위치의 강도는 조직들의 위치 연결과정에서 상호의존성 확대와 밀접한 관계가 나타났다. 따라서 기업이 해외 자동차시장 진입 시에는 강한 위치 구축을 위하여 네트워크 전략의 연속성을 유지하고 특정 전문활동의 분업화를 통한 업종 전문화와 다양화를 추진하면 사업영역을 범세계적으로 확장할 수 있을 것이다.

67 현대차 터키 앗산 공장은 이스탄불 동쪽 이즈밋시에 위치해 있으며, 현대차와 터키 키바르 그룹이 50 대 50 합작투자 형태로 현대차가 1억 8,000만 달러를 투자해 건설한 자동차 생산공장이다. 터키 공장은 총부지 30만 평에 총건평 3만 평으로 건설되었으며, 생산차종은 베르나, 그레이스, 스타렉스로 연간 자동차 생산능력은 6만 대이지만 2010년까지 연간 10만 대를 생산할 예정이다.

68 현대차 인도 첸나이 공장은 인도 남부 타밀나두주 첸나이시에 위치해 있으며, 현대차가 4억 달러를 단독 투자해 건설한 자동차 생산공장이다. 첸나이 공장은 총부지 65만 평에 총건평 3만 6,000평으로 건설되었으며, 상트로, 클릭, 베르나, 아반떼XD, 쏘나타 등의 승용차를 연간 25만 대 생산할 수 있는 능력을 갖추고 있으며, 2010년까지 연간 생산능력을 연간 60만 대로 확대할 예정이다.

69 이동기 2005, 이장로 2007.

70 현대차 중국 북경공장은 북경현대기차유한공사(北京現代汽車有限公司)라는 명칭으로 북경시 순의구 임하공업개발구에 위치해 있으며, 현대차가 3억 달러를 투자해 북경기차공업유한공사와 50 대 50으로 합작투자해 건설한 자동차 생산공장이다. 북경공장은 총부지 20만 평에 총건평 2만 평으로 건설되었으며, 쏘나타, 아반떼XD, 투싼 등의 승용차를 연간 30만 대 생산할 수 있는 능력을 갖추고 있다.

71 현대차 미국 앨러버머 공장은 미국 앨러버머주 몽고메리시에 위치해 있으며, 현대차 11억 달러를 단독 투자해 건설한 자동차 생산공장이다. 앨러버머 공장은 총부지 210만 평에 총건평 5.6만 평으로 건설되었으며, 생산차종은 쏘나타, 싼타페로 연간 자동차 생산능력은 30만 대다.

72 자료출처 : 현대자동차 홈페이지.

세계 철강산업의 재편과 포스코의 대응 08

1. 세계 철강산업의 통합화

   1.1 통합화 배경

   1.2 통합화 추세

2. 철강산업의 재편과 향후 전망

   2.1 지역별 재편

   2.2 글로벌 재편

3. 포스코의 글로벌 성장과 전략 변화

4. 전략적 당면 과제

* 사례 작성 일자 : 2008년 1월

---

* 김경찬 : 포스코경영연구소 수석연구위원

세계 철강산업은 타 산업 대비 글로벌화 압력이 낮은 산업으로 개별 국가 차원에서 성장해왔다. 하지만 수요산업의 글로벌화에 따른 글로벌 진출과 시장 및 원료 공급사에 대한 경쟁력 강화 차원에서 1차적으로 자국 내 통합을 통한 경쟁력 강화가 이루어졌다. 하지만 글로벌 차원에서 지속적인 M&A를 통해 세계 1위로 성장한 미탈(Mittal)이 2위인 아르셀로(Arcelor)를 인수하면서 세계 철강업계는 글로벌 재편이라는 전기를 맞이하게 된다. M&A를 통한 성장과는 달리 자체적 생산능력 확장을 통하여 글로벌 철강업체로 성장하고 있는 포스코의 글로벌 성장전략을 검토하고, 중장기적으로 세계 철강산업 재편과정에서 포스코(POSCO)의 글로벌 성장전략의 타당성을 점검함으로써 경영환경 변화에 따른 글로벌 성장전략 최적화에 대한 시사점을 찾아보았다.

1. 세계 철강산업의 통합화

1.1 통합화 배경

2006년 6월 25일 세계 2위 철강업체인 아르셀로의 이사회에서 세계 1위 업체인 미탈이 337억 달러에 아르셀로를 인수하겠다는 제안을 만장일치로 승인하면서 세계 철강업계는 엄청난 혼란에 휩싸이게 되었다. 같은 해 1월 27일 미탈이 아르셀로에 대해 294억 달러에 인수하겠다는 제안을 처음 발표할 때만 해도, 동 제안의 실현 가능성에 대해서 전 세계 전문가들이 의구심을 품었으며, 아르셀로

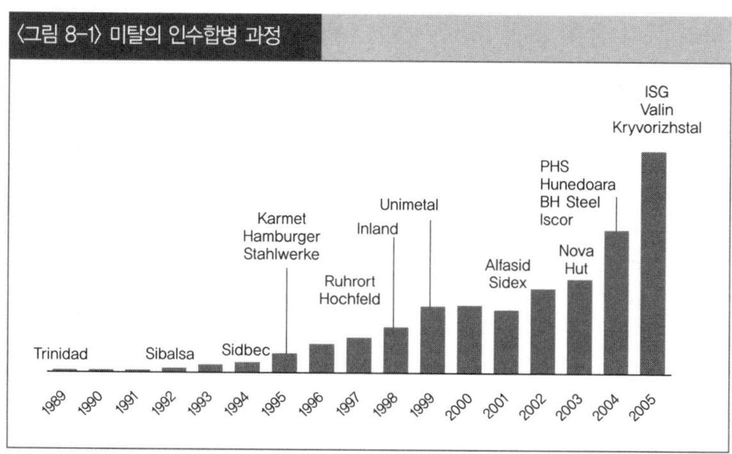

자료 : Credit Suissue, "Mittal Fact Book", Jan. 2006.

본사가 위치한 룩셈부르크 정부도 미탈의 적대적 인수합병에 대해 부정적인 입장을 천명했다. 인수 대상으로 지목된 아르셀로도 세계 12위인 러시아의 세버스탈(Severstal)을 합병하는 등 전면적인 방어 노력을 기울였으나 결국은 허사로 돌아갔던 것이다. 이렇게 하여 조강생산량 1.2억 톤의 거대한 글로벌 철강기업인 아르셀로미탈 (ArcelorMittal)이 탄생하게 되었다.

세계 철강업계를 더욱 긴장하게 만든 것은 아르셀로미탈의 로드 쇼에서 발표된 중장기 비전 때문이었다. 이미 20여 개 이상의 철강 업체에 대한 M&A를 통해 16개국에 걸쳐 생산기지를 보유한 세계 1 위 철강업체로 성장한 미탈이 아르셀로를 인수하여 생산능력이 3,000만 톤 수준의 신닛테쓰(新日本製鐵 : NSC), 포스코, JFE 등의 2 위 업체보다 4배나 큰 규모를 확보하였음에도 불구하고 향후 5∼10 년 내 생산능력 2억 톤을 달성하기 위하여 BRICs와 아시아, 동유럽,

터키 등의 신흥 성장시장에서 M&A를 통하여 생산기반을 확대하겠다는 비전을 발표한 것이다. 이에 따라서 상대적으로 저평가되어 있던 아시아에 있는 2위권의 철강업체들은 아르셀로미탈의 M&A 대상으로 거론되기 시작하였고, 이들 업체는 다양한 방어전략을 구상하게 되었다.

철강산업은 자동차, 조선, 건설 등의 다양한 산업에서 필수 소재로서 국가 경제발전에 절대적으로 필요한 산업이다. 이러한 이유로 철강산업은 국가 기간산업으로 간주되어 정부의 보호를 받으며 성장하였고, 그 과정에서 철강회사의 경쟁범위도 해당 국가로 제한되었다. 또한 철강산업은 제품의 크기나 무게에 비해 저가이어서 물류비용이 큰 비중을 차지하고, 건설을 위한 초기 투자비가 크기 때문에 주요 산업별 글로벌화 압력에 있어서도 가장 낮은 기초 내수산업으로 분류되는 것도 같은 이유를 가진다.[73] 따라서 철강업체의 규모도 내수시장의 규모 및 경쟁 철강업체의 존재 유무와 관련성이 컸다. 〈표 8-1〉에서와 같이 철강산업의 다양한 성장한계 요인으로 인해 철강업체들은 철광석, 석탄 등의 원료 공급업체나 자동차, 조선 등의 철강 수요산업에 비해 규모 면에서 열세에 있었으며, 이로

〈표 8-1〉 주요 산업별 상위 10개 기업의 시장점유율(2006년)

산업	철광석	니켈	알루미늄	철강	자동차
점유율(%)	98	95	49	40	80

주 : 자동차는 르노닛산 통합 반영
자료 : 1. CRU, World Steel Conference, 2007.
　　　2. Global Insight, "World Car Industry Forecast Report", 2007. 6.

2부 · 글로벌 전략 및 시스템 구축 사례

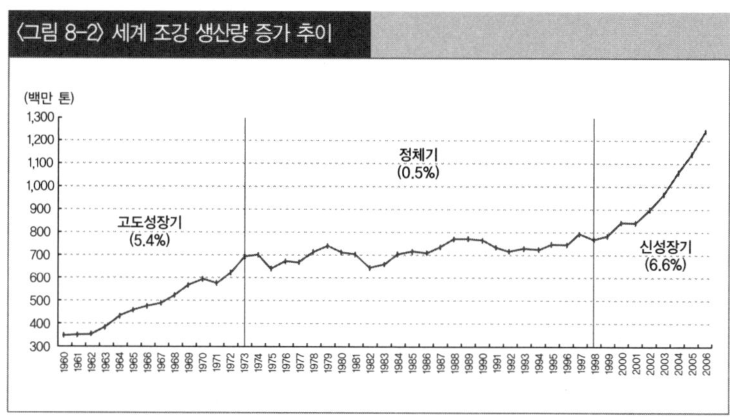

자료 : IISI 각 연호

인해 협상력이 약할 수밖에 없었다. 이러한 구조적 한계는 고가의 원료 구매와 저가의 제품 판매로 이어져 철강업체들의 수익성을 하락시키는 결과를 가져왔다.

세계 조강 생산량은 〈그림 8-2〉에서 보듯이 1950년 1.8억 톤에서 연평균 5~6% 수준의 성장을 지속하여 1960년 3.5억 톤, 1970년 6.0억 톤, 1973년 7.0억 톤으로 성장하였다. 이러한 고도성장은 선진국의 고성장과 규비증강 경쟁에 힘입어 선진국을 중심으로 이루어진 것이다. 그러나 1970년대의 두 번에 걸친 석유파동과 군비축소 분위기, 과잉 설비에 대한 전 세계적인 조정으로 인하여 1990년대 후반까지 세계 철강산업은 연평균 1% 미만의 저성장을 기록하였다. 전체적으로는 장기 저성장으로 큰 변화가 없는 것처럼 보일 수 있으나 세부적으로는 많은 변화가 일어난 시기다.

세계 철강산업을 지탱해주는 주요 요인은 〈그림 8-3〉에서와 같은 중국경제의 초고속 성장이었다.[74] 1998년 일본의 가와사키(川崎)스

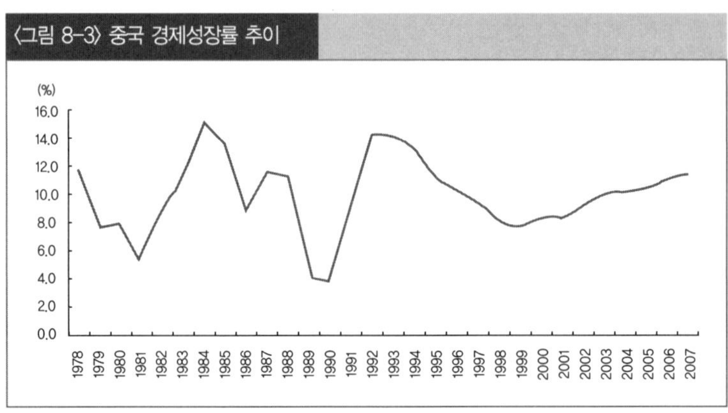

자료 : 중국경제망

틸이 기존의 비가동 상태에 있던 생산설비를 대대적으로 가동하면서 촉발된 불황의 늪에서 세계 철강산업을 이끌어낸 견인차도 다름 아닌 중국경제의 급격한 철강수요 증가다. 이로 인해 부도 직전까지 내몰리던 미국의 철강업체들은 중국 특수로 인한 호황기를 맞이하게 되었고, 이때부터 현재까지 이어지고 있는 철강산업의 호황은 글로벌 차원의 인수합병 바람으로 이어졌다.

중국경제의 급속한 성장으로 인해 중국의 철강산업은 세계 철강산업이 1% 미만의 성장률을 보이던 1990년대에도 〈그림 8-4〉와 같이 7% 수준의 높은 성장을 기록하게 되었고, 본격적으로 세계무대에 등장하기 시작하였다.

상대적으로 북미와 유럽의 철강업체들은 통폐합을 통한 구조조정에 휘말리게 되었다. 2000년 세계 조강 생산량이 8.5억 톤을 기록한 이후 연평균 6.6%씩 증가하여 2004년 10억 톤을 넘어섰고, 2006년에는 12.4억 톤을 기록하였다. 2000년부터 이어지고 있는 급격한

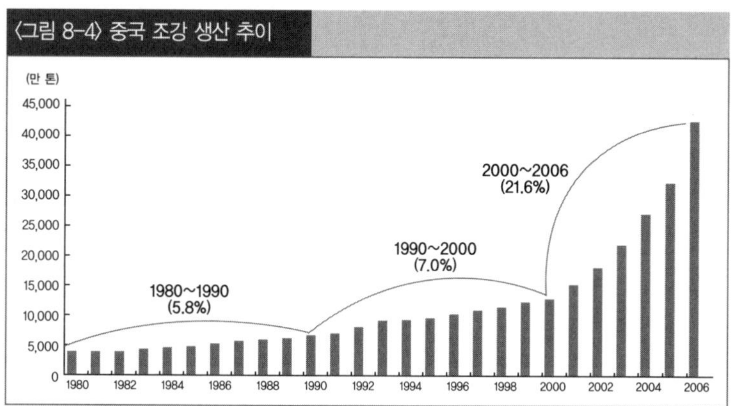

자료 : 중국강철공업협회

성장은 중국 등 신흥국가의 부상으로 국가 내뿐만 아니라 국가 간의 철강업체 인수합병이 활발히 전개되면서 철강업체들의 대형화가 급속히 추진되고 있다. 이러한 글로벌 통합화는 세계무역기구(WTO) 출범으로 세계경제의 개방화가 진전되면서 철강 수요산업의 글로벌화에 대응하여 철강업계의 사업범위도 글로벌 차원으로 확장되게 되었으며, 이 과정에서 타국 철강업체와의 통합을 통한 양적 성장과 기술 및 제품믹스 고도화라는 질적 성장을 동시에 추구하게 되었다.

1.2 통합화 추세

1990년대 이전에는 철강산업이 개별 국가 차원에서 육성됨에 따라 해당국 내에서 경쟁력을 가지기 위한 구조조정이 정부 주도로 실시되었다. 영국, 독일, 미국이 세계 철강산업을 주도하던 시절에는 한 국가의 철강 생산능력은 국력의 중요한 척도로 간주되었다.

	배경	특징	사례
1960~ 1980년대	• 철강산업 구조조정	• 정부 주도 • 자국 내 통합	• British Steel(1967) • 新日鐵(1970) • Usinor-Sacilor(1987)
1990년대	• 세계적 공급 과잉 • 수익성 악화 및 민영화	• 기업 주도 • 유통/판매/ 생산 통합	• Riva-Ilva(1995) • Arbed-Bremen(1995) • Krupp-Hoesch(1996)
1990년대 후반	• 전후방 산업 통합화 • 생존 전략 차원	• 기업 주도 • 대형 철강업체 간 통합	• TKS(1997), 上海寶鋼(1999), Corus(1999)
2000~ 2003년	• 역내 통합을 통한 수요산업 협상력 제고	• 자국 내 통합	• Arcelor, Nucor(2002) • JFE, ISG, USS(2003)
2003~ 2004년	• 지역 간 통합 • 내수시장 한계	• EU-남미, 미국-동유럽, 남미-북미, 러시아-미국	• Arcelor, USS, Gerdau, Severstal
2004년 이후	• 글로벌 통합 필요성 인식 • 시황 및 원료산업 협상력	• 철강 다국적 기업 등장	• Mittal(2004) • ArcelorMittal(2006)

자료 : 1. 나병철, "세계 철강업계의 통합화 전개방향 및 경쟁구도 변화 가능성에 관한 분석", POSRI 경영연구, 2003. 1.
2. 임정성 외, "세계 철강산업의 통합 전망", 포스코경영연구소 연구보고서, 2004. 12.

그러다가 오일쇼크로 세계경제가 휘청거리던 1970년대에 이르러서는 일본과 한국이 중요한 철강 생산국으로 성장했다. 1990년에 중반까지도 철강업체들의 구조조정은 해당 국내에서 발생하였는데, 기존의 정부 주도에서 개별기업 주도로 추진되는 특징을 보이고 있다. 1990년대 중반에 출범한 WTO 체제 및 이에 따른 글로벌화의 진전으로 세계 철강산업의 패러다임은 통합화를 가속화시키는 방향으로 전개되었다. 통합화는 비단 철강산업에 국한된 이슈가 아니었다. 금융, 항공, 제약, 자동차산업 등 다양한 업종에 걸쳐 통합화가 추진되었으며, 특히 자동차산업의 경우 인수합병을 통한 통합화가 유럽 및 미국을 중심으로 활발하게 진행되었다. 이로 인해 철강산업의 통합화를 수요산업들의 통합화 및 글로벌화에 따른 산업구조적 연쇄반응으로 해석하는 시각이 일반적이다.[75]

1990년대 후반 이전에는 철강산업에서의 M&A는 경쟁력 및 수익성의 약화에 대응하여 구조조정의 수단으로 정부 또는 개별 기업 주도로 자국 내에서 제한적으로 추진된 반면, 1990년대 후반 이후에는 대형 철강업체 간에 통합이 이루어졌다. 세계 철강산업이 본격적인 인수합병 바람에 휘말린 것은 2001년으로 거슬러 올라간다. 당시 철광석 업체와 고철 업체의 가격 결정력이 지나치게 강화됨에 따라 이를 저지하기 위한 수단이 필요하다는 대형 철강업체들의 공통된 현실 인식이 주된 원인으로 작용했다.

결과적으로 2002년 프랑스, 스페인, 룩셈부르크의 대형 철강업체들이 통합을 통해 아르셀로를 탄생시키면서, 본격적인 글로벌 인수합병의 장을 열면서 세계 최대의 철강업체로 부상하게 되었다. 이를 통해 수요산업에 대한 협상력을 제고하였고, 2004년까지 통합 범위가 지역 간 통합으로 확대되었다.

세계 철강산업에서 유일하게 글로벌 차원의 M&A를 통해 성장하던 미탈이 2004년 출범하면서 당시 세계 12위였던 미국의 ISG(International Steel Group)와 2005년 우크라이나의 크리보리츠 스틸(Kryvorizhstal) 및 중국의 화링(華凌)관선을 인수하면서 세계 1위의 철강업체로 부상하게 되었으며, 2006년에는 세계 2위인 아르셀로를 합병하여 아르셀로미탈(ArcelorMittal)로 출범하였다. 2000년

<표 8-3> 세계 철강산업 업체별 조강 생산 순위 추이

조강 생산 (백만 톤)	2000			2001		
	철강사	국가	생산량	철강사	국가	생산량
1위	Nippon Steel	일본	28.4	Arcelor	룩셈부르크	43.1
2위	POSCO	한국	27.7	POSCO	한국	27.8
3위	Arbed	룩셈부르크	24.1	Nippon Steel	일본	26.2
4위	LNM Group	네덜란드	22.4	LNM Group	네덜란드	19.2
5위	Usinor	프랑스	21.0	Baoshan	중국	19.1
6위	Corus	영국	20.0	Corus	영국	18.1
7위	ThyssenKrupp	독일	17.7	ThyssenKrupp	독일	16.2
8위	Baoshan	중국	17.7	Riva	이탈리아	15.0
9위	NKK	일본	16.0	NKK	일본	14.8
10위	Riva	이탈리아	15.6	Kawasaki	일본	13.3

조강 생산 (백만 톤)	2002			2003		
	철강사	국가	생산량	철강사	국가	생산량
1위	Arcelor	룩셈부르크	44.0	Arcelor	룩셈부르크	42.8
2위	LNM Group	네덜란드	34.8	LNM Group	네덜란드	35.3
3위	Nippon Steel	일본	29.8	Nippon Steel	일본	31.3
4위	POSCO	한국	28.1	JFE	일본	30.2
5위	Baoshan	중국	19.5	POSCO	한국	28.9
6위	Corus	영국	16.8	Baoshan	중국	19.9
7위	ThyssenKrupp	독일	16.4	Corus	영국	19.1
8위	NKK	일본	15.2	US Steel	미국	17.9
9위	Riva	이탈리아	15.0	ThyssenKrupp	독일	16.1
10위	US Steel	미국	14.4	Nucor	미국	15.8

2부 · 글로벌 전략 및 시스템 구축 사례

조강 생산	2004			2005		
(백만 톤)	철강사	국가	생산량	철강사	국가	생산량
1위	Arcelor	룩셈부르크	46.9	Mittal Steel	네덜란드	63.0
2위	Mittal Steel	네덜란드	42.8	Arcelor	룩셈부르크	46.7
3위	Nippon Steel	일본	32.4	Nippon Steel	일본	32.0
4위	JFE	일본	31.6	POSCO	한국	30.5
5위	POSCO	한국	30.2	JFE	일본	29.9
6위	Baoshan	중국	21.4	Baoshan	중국	23.8
7위	US Steel	미국	20.8	US Steel	미국	19.3
8위	Corus	영국	19.0	Nucor	미국	18.4
9위	Nucor	미국	17.9	Corus	영국	18.2
10위	ThyssenKrupp	독일	17.6	Riva	이탈리아	17.5

조강 생산	2006		
(백만 톤)	철강사	국가	생산량
1위	Mittal Steel	네덜란드	63.7
2위	Arcelor	룩셈부르크	54.3
3위	Nippon Steel	일본	33.7
4위	JFE	일본	32.0
5위	POSCO	한국	31.2
6위	Baoshan	중국	22.5
7위	US Steel	미국	21.3
8위	Nucor	미국	20.3
9위	Tangshan	중국	19.1
10위	Corus	영국	18.3

자료 : IISI, Annual Report 각 연호

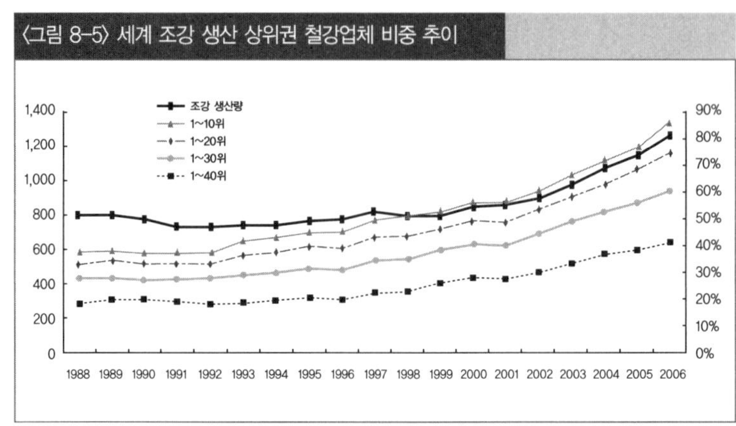

자료 : IISI 각 연호

이후의 통합화는 기업의 생존과 가치창출이라는 전략적 목표 하에
서 추진되었다.

〈그림 8-5〉에서와 같이 글로벌 통합화 과정을 통하여 세계 조강
생산 상위 10위 업체의 비중이 지속적으로 증가하여 2006년 40%를
점하고 있으며, 상위 40위 업체의 비중이 90%에 육박하게 되었다.

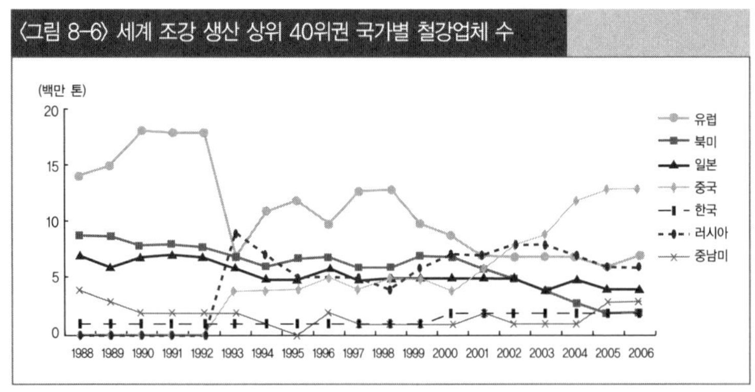

자료 : IISI 각 연호

2부 · 글로벌 전략 및 시스템 구축 사례

이 과정에서 특징적인 변화는 〈그림 8-6〉에서와 같이 1990년대 초반에 세계무대에 등장한 중국 철강업체들이 2000년대 신성장기를 거치면서 자국 내 통합으로 통합 대형화를 달성하였으며, 2002년부터는 세계 조강 40위권 내에서 가장 많은 철강업체를 포진시키면서 지속적으로 다른 나라와의 차이를 확대하고 있다는 점이다.

세계 철강산업의 글로벌 재편은 세계 철강산업이 가지고 있는 근본적인 문제점에서 출발한다.[76] 첫째, 과잉 설비의 보유 문제다. 세계 철강생산량의 20~25%인 1.7~2억 톤 정도가 선진국을 중심으로 과잉 상태에 있고, 설비 가동률은 이상적인 수준에 미치지 못하고 있다. 특히 상공정 대비 하공정의 과잉이 심한데, 개도국을 중심으로 지속적인 신증설이 추진되고 있어서 공급능력 과잉 현상의 해소를 기대하기 어려운 실정이다. 둘째, 철강제품의 일반 상품화 경향이다. 철강제품의 국제 규격이 표준화됨에 따라 다른 제품으로의 대체가 용이해지고, 결국 철강업체들이 경쟁적으로 고급강 분야에 집중 투자해도 투자수익이 정체되고 있다는 것이다. 셋째, 공급구조의 경직성인데, 유사한 기술과 서비스의 채용으로 인한 철강업체 간의 원가격차 축소로 가격의 조절이 용이하지 못하다는 점이다. 넷째, 시장지배력 및 원료산업에 대한 교섭력의 약화 문제이다. 수요산업의 통합이 급진전됨에 따라 상대적으로 통합화가 덜 이루어진 철강산업의 시장지배력은 분산되었고, 집중화된 원료산업에 대한 교섭력도 약화되었다. 세계 철강업계는 이러한 근본적인 문제점들을 해결하기 위해 개별 기업 또는 철강업계 공동으로 통합화를 통하여 원가절감 및 시너지 극대화, 수요산업에 대한 교섭력 강화를 목표로 설정하고 추진하였다.

2. 철강산업의 재편과 향후 전망

2.1 지역별 재편

유럽은 가장 많은 철강업체가 위치한 지역으로서 1998년 EU 출범과 함께 자동차, 기계, 전자산업에 걸쳐 활발한 M&A가 이루어졌으며, 이에 따라 철강산업에서도 대대적인 M&A가 이어졌다. 1995년에는 이탈리아의 리바(Riva)가 일바(ILVA)를 인수합병하였고,

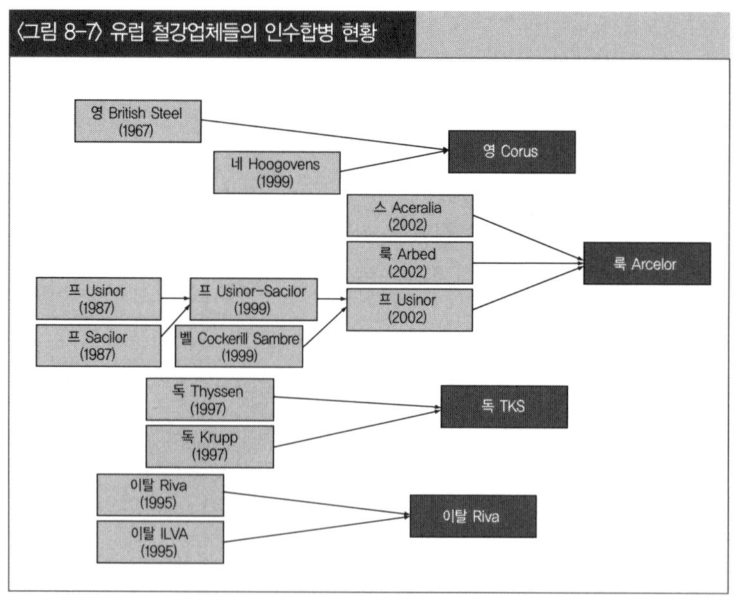

〈그림 8-7〉 유럽 철강업체들의 인수합병 현황

자료 : IISI 각 년호

1997년에는 독일의 티센(Thyssen)과 크룹(Krupp)이 철강부문을 합병하였으며, 1999년에는 영국의 브리티시(British)스틸과 네덜란드의 후고벤스(Hoogovens)가 합병하여 코러스(Corus)를 창설하였다. 2002년에는 프랑스의 유지노(Usinor), 룩셈부르크의 알베드(Albed), 스페인의 아세랄리아(Aceralia)가 합병하여 아르셀로라는 세계 최대의 철강업체로 탄생하였다. 알베드와 아세랄리아는 이미 1997년에 실질적인 통합 상태에 있었으며, 유지노와 알베드는 판재류 부문에서 경쟁관계에 있었지만 표면처리강판 부문에서는 스페인에서 세 건의 합작사업(Galmed, Solmed, Sidmed)을 추진하는 등 긴밀한 협력 관계에 있었기 때문에 통합을 용이하게 하였다. 통합에 성공한 아르셀로는 시너지 극대화를 위해 노력하였는데, 원가절감을 위해 일부 노후 제철소를 폐쇄하고, 스테인레스 생산설비 증설 및 하공정 생산을 집약하였을 뿐만 아니라 통합 구매를 통해서 비용을 절감하고, 조업 및 연구개발 노하우를 공유하는 등 간접부문에서의 시너지 극대화도 병행하여 추진하여 통합 이후 많은 효과를 거두었다.[77]

<표 8-4> 아르셀로의 통합 전 현황

	Usinor(프)	Arbed(룩)	Aceralia(스)
조강 생산	2,100만 톤	1,350만 톤	950만 톤
매출액	143억 달러	84억 달러	37억 달러
강점	자동차강판	글로벌 유통망	고수익성
약점	저수익, 저평가	지배력 취약	규모의 경제 부족
주력제품	판재류, STS	STS, 판재류	판재류, 조강류

자료 : 나병철, "세계 철강업계의 통합화 전개방향 및 경쟁구도 변화 가능성에 관한 분석", POSRI 경영연구, 2003. 1.

미국의 철강업체들은 1990년대 지속적인 경기하락에 따른 경제의 저성장으로 독자 생존의 한계를 인식하게 되었다. 원가경쟁력 열위로 대규모 적자가 발생하였고, 파산이 이어졌다. 총 13개 고로사체 중 7개사가 파산보호 신청을 하였고, 이 중 4개사는 가동이 중단되었다. 뉴코어(Nucor) 같은 전기로 생산방식을 가진 미니밀의 시장점유율이 2000년대에 들어서면서 20% 수준을 넘어섰다. 고로사의 시장지배력은 약화되었고, 수요산업의 통합 및 공동구매 방식이 확산됨에 따라 철강업체 간 과당경쟁이 발생하였다. 이에 따라 미국 정부는 강력한 철강산업 구조조정을 요구하게 되었고, 철강 노조의 기득권 포기 등 통합을 위한 환경이 조성됨에 따라 2000년대 초반부터 대대적인 통합이 이루어졌다. 미국 1위인 유에스(US)스틸은 1984년 인수 시도 이후 20년 만인 2003년에 내셔널(National)스틸을 인수하여 세계 10위에서 8위로 부상하였다. ISG는 2002년 LTV와 에크미(Acme)스틸에 대한 인수를 완료하고, 2003년 미국 2위인 베들레헴(Bethlehem)스틸을 인수함으로써 세계 13위로 부상하였다. ISG는 더 나아가서 2004년 위얼톤(Weirton)스틸과 조지타운(Georgetown)스틸을 인수하였다. 1990년 세계 34위로 세계무대에 등장한 미니밀인 뉴코어는 지속적인 설비 확장을 통해 성장하였고, 2002년 트리코(Trico)와 버밍행(Birmingham), 2004년 코러스의 미니밀인 투스칼루사(Tuscaloosa)를 인수하면서 2006년 세계 8위로 성장하였다. 암코(Armco)는 일본의 카와사키스틸과 1989년 탄소강 합작사를 설립하여 1994년에 에이케이(AK)스틸로 사명을 변경하였으며, 1999년에 합작사인 에이케이스틸이 모사인 암코를 인수하면서

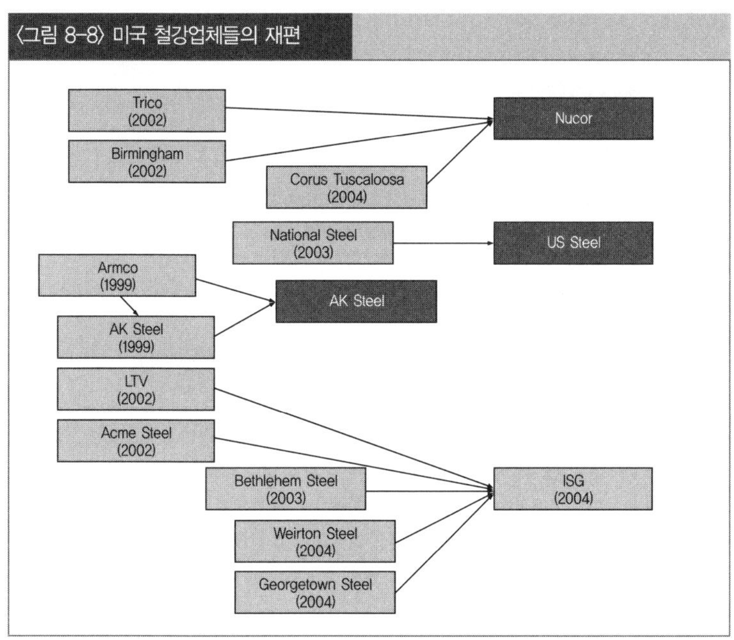

자료 : IISI 각 연호

확대 출범하였으나 유에스스틸의 인수합병설이 지속적으로 회자되고 있다.

일본은 신닛테쓰(新日鐵), 카와사키스틸, 스미토모금속(Sumitomo Metal), 고베(Kobe)스틸, NKK, 일신(Nisshin)스틸의 6개 철강업체들이 경쟁하는 체제에서 2001년 4월 2위 업체인 NKK와 3위 업체인 카와사키스틸이 통합에 합의하였고, 2003년 JFE를 출범시켰다. 이러한 통합은 일본 내 철강업체 간의 협조체제가 붕괴되고, 수요산업의 대형화 추진 및 집중구매 확산 등 구매패턴의 변화에 대응하기 위한 것이다. 조선산업의 가와사키(川崎) 중공업과 이시가와지마하리마(石川島播磨) 중공업이 통합하였으며, 닛산자동차와 미쓰

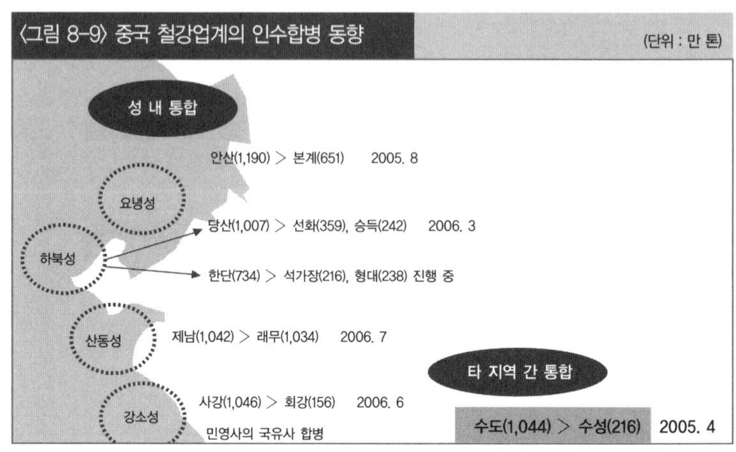

자료 : 심상형, "중국 철강산업, 유통시장 불안정과 인수합병 열풍", 친디아저널, 포스코경영연구소, 2007. 5.

비시자동차 등이 소요 강재를 집중 구매하여 비용절감을 추진함에 따른 것이다. JFE는 통합 이후 경쟁력 있는 품종 및 제철소를 중심으로 생산을 집약하고, 간접부문에 종사하는 중복인원을 합리화하였으며, 재무 체질 강화 등을 통해 수익성 개선에 주력하였다. 동일한 시점에 신닛테쓰는 스미토모, 고베, 일신과 상호 지분보유를 통한 제휴관계를 강화하게 된다. JFE의 출범은 기존에 자본 제휴를 통한 협력관계를 구축하고 있는 신닛테쓰, 고베스틸, 스미토모금속, 일신스틸의 통합을 촉진시키는 요인으로 작용할 것으로 전망된다. 이러한 복점시장(Duopoly) 체제 하에서 JFE는 유럽의 TKS, 한국의 유니온(Union)스틸 및 현대제철과 제휴관계를 구축하였으며, 신닛테쓰 계열은 유럽의 아르셀로, 중국의 보산강철, 한국의 포스코와 제휴관계를 구축하게 되었다.

중국 철강산업은 지속적인 성장을 거듭하면서 과도한 양적 성장을 이루었다. 이에 따라 중앙정부는 투자억제정책을 추진하게 되었으며, 지방정부도 대출 및 심사권한 등을 회수하는 투자제한조치를 취하게 되었다. 중국정부는 2005년 7월 발표한 신철강산업 발전 정책에서 4대 정책 목표를 발표하였는데, 첫째 생산능력 제한, 둘째 산업 집중도 제고, 셋째 철강산업 재배치, 넷째 환경 보호 및 자원 효율성 제고다. 중국정부는 기업 기준에서 규모 기준으로 철강정책을 전환하게 되었고, 철강 생산능력 총량을 제한하여 신증설과 동시에 기존 설비의 구조조정을 유도하는 정책으로 선회하게 되었다. 이에 따라 주요 철강업체들은 주도권 확보를 위한 설비확장 경쟁이 가열되었으며, 대형화 및 시장진입 수단으로 인수합병이 증가하고 있다. 중국정부는 2006~2010년 기간 중 '철강산업 11.5 계획'에 따라 중국 철강산업의 경쟁력 강화를 위해서 노후설비 퇴출, 연해 철강기지 신규 건설, 대형 철강업체 육성, 상위 10사의 생산비중 50% 달성을 목표로 구조조정을 가속화시킬 계획이다. 중대형업체를 중심으로 역내 소형업체에 대한 통합이 본격적으로 진행되고 있다. 민영업체의 국유업체 합병 및 원료 확보 등을 위한 지역 간 인수합병도 증가하고 있다. 중국 1위인 바오산(寶山)강철은 중앙정부의 강력한 지원 하에 시장 재편의 중심축으로 등장하였으며, 타 지역 업체와의 연계를 강화하고 있다. 철강 교역 및 자원의 전략적 요충지를 지키려는 정부의 전략과 연계되어 최근 전략적 제휴가 급진전되고 있으며, 파이(八一)강철 및 바오터우(包頭)강철과의 인수합병이 완료단계다.

이와 같이 중국정부 및 대형 철강업체들은 외국업체의 인수합병에 대한 경계심을 강화하고 있다. 저평가된 중국 철강업체에 대한 외국자본의 M&A를 중국시장에 대한 악의적 시도로 규정하고 제지되어야 한다고 천명하고 있다. 이에 따라 중국 내 대형 철강업체가 M&A를 주도해야 한다는 필요성을 표명하면서, 외국자본의 진입조건을 강화하고 있는 것이다. 그러나 기술과 자금, 선진 경영기법을 가진 외국업체가 중국 철강시장 통합과정에 참여하는 것은 제한적으로 허용함으로써 산업 고도화를 유도하고 있다. 중국 최대 철강업체인 바오산강철은 2006년부터 다양한 방법으로 타 지역의 중형 철강업체들과 연계를 강화하고 있다. 이러한 노력은 중국 내 합병이 증가하고, 외국자본에 의한 M&A 등으로 압박감이 증가하면서 급진전되는 추세다. 특히 파이강철과의 합작은 철광석 보호 및 철강 교역의 전략적 요충지를 지키려는 정부의 의지가 개입된 대표적인 사례다. 향후 중국 철강산업의 재편은 철강업체 규모에 따라 차별적으로 추진될 전망이다. 바오산강철, 안산(鞍山)강철, 우한(武漢)강철과 같은 대형업체는 중앙정부의 정책적 지원 하에 소형업체를 합병하고 연안지역에 신규 설비를 건설하는 방향으로 대형화를 강화시킬 전망이다. 2007년 8월 바오산강철은 5,000만 톤 확대 계획을 발표하였으며, 안산강철과 우한강철도 3,500만 톤 체제 구축 계획을 발표하였다. 서우두(首都)강철, 탕산(唐山)강철, 마안산(馬鞍山)강철, 한단(邯鄲)강철, 지난(濟南)강철, 라이우강철, 화링관선, 판즈화(攀枝花)강철, 바우터우강철, 사강(沙鋼)과 같은 중형업체는 독자 생존을 모색하기 위하여 역내 소형업체를 합병하고, 중형업체 간의 제휴 및 대형사와의 신규사업을 추진할 전망이다. 소형업체들은 일부 중대형업체에 통합되거나 설비 폐쇄가 전망된다.

2.2 글로벌 재편

1971년 인도의 작은 철강공장으로 시작한 미탈은 〈그림 8-10〉에서와 같이 다수의 해외 철강사들을 인수하면서 세계 최대의 철강업체로 성장하였다. 미탈은 2004년 미국의 ISG 인수로 세계 1위의 철강업체로 등극하였지만, 2005년에 우크라이나의 크리보리즈스탈을 인수하고 중국의 화링관선에 2대 주주(36.673%)로 지분참여함으로

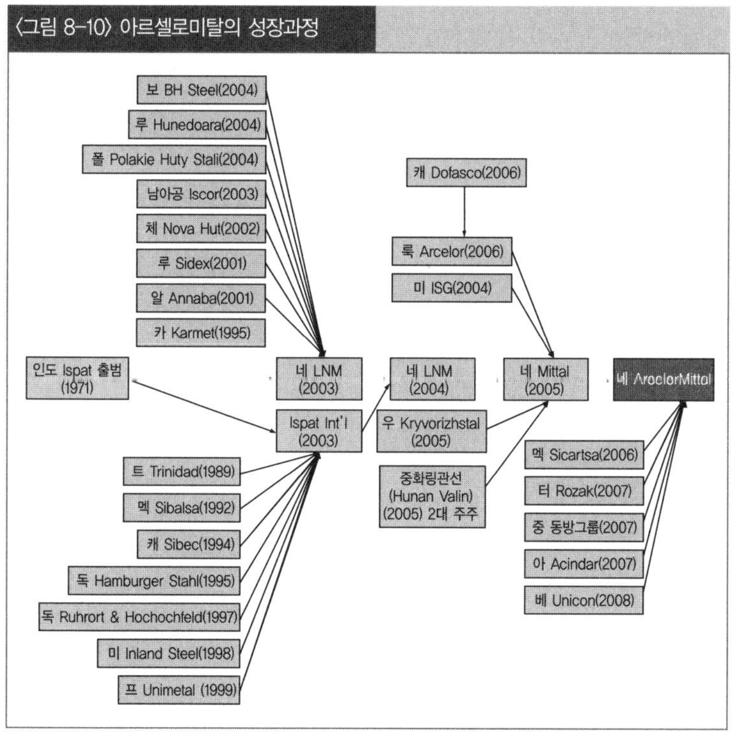

자료 : IISI 각 연호

써 글로벌 통합을 강화하였고, 결국은 2006년 캐나다 최대 철강업체인 도파스코(Dofasco)를 인수하여 미탈의 적대적 M&A를 저지하려 했던 아르셀로를 2006년 인수하게 되었다. 아르셀로미탈은 독보적인 세계 1위를 차지한 이후에도 신흥 성장시장에서 지속적 인수합병을 지속하고 있다. 2006년 멕시코의 시카르자(Sicartsa)를 인수하였으며, 2007년 아르헨티나 봉형강업체인 아신달(Acindar), 그리고 최대 철강유통업체인 마흐달라니(M.T. Majdalani y Cia. SA)를 인수하였다. 같은 해 터어키의 로작(Rozak)을 인수하였으며, 2008년에는 아르헨티나의 강관업체인 유니콘(Unicon)을 인수하였다. 미주 지역에서는 미국의 에이케이스틸 인수를 계획하고 있다.

아르셀로미탈은 중국에서 2007년 11월 7일 진시(津西)강철의 모회사인 중국 동방그룹의 지분 28.03%의 지분을 6.47억 달러에 인수하고 11월 22일 73%로 확대하기 위하여 중국정부에 신청한 상태다. 이미 아르셀로미탈은 라이우(萊蕪)강철에 대한 인수를 위해 37.3%의 인수를 추진 중으로, 동사의 중국 투자 전략도 중국정부의 정책 변화에 따라 난관이 예상되고 있다. 조강 능력 400만 톤 규모의 중형 제철소인 진시강철을 보유하고 있는 중국 동방그룹의 지분을 버뮤다에 근거를 둔 지주회사를 통해 홍콩 증시에 상장된 차이나 오리엔탈 그룹의 지분을 인수함으로써 중국정부의 견제를 피한 것이다. 중국 동방그룹은 중국 철강업체 중 유일하게 중국 본토 이외의 증권 거래소에 상장된 업체로서 아르셀로미탈의 뛰어난 인수합병 능력이 발휘된 작업이었다는 평가를 받고 있다(〈Financial Times〉 2007. 11. 22). 중국 동방그룹은 광주불산의 진란(金蘭) 냉연강

판공사의 지분을 60% 보유하고 있어 금번 인수는 아르셀로미탈의 중국 내 생산거점 확충에 중대한 영향을 미칠 것으로 전망된다. 아르셀로미탈은 이미 2007년 10월 15일 룽청청산(榮成成山) 타이어코드 유한공사의 지분 90% 인수를 성공하였다. 현재 래이우(莱芜)강철의 인수를 위해 중앙정부에 신청해놓은 상태다.

아르셀로미탈은 2007년 매출이 전년 대비 18.8% 늘어난 1,052억 달러를 기록했다고 밝혔다. 영업이익은 전년 대비 25.4%나 늘어난 148억 달러를 기록했다. 순이익은 30.0% 늘어난 103억 달러를 기록했다. 매출과 이익 지표들은 모두 세계 철강 역사상 전례가 없는 기록이다. 영업이익률은 아직까지 포스코(19.5%)가 아르셀로미탈(14.1%)에 비해 5%포인트 정도 높다. 그러나 이 격차가 점차 줄어들고 있다. 같은 기간 신닛테쓰는 1.3%포인트 하락했고 포스코는 큰 변동이 없었다.

2007년 2월 인도의 타타(Tata)스틸[78]은 브라질의 CSN을 물리치고

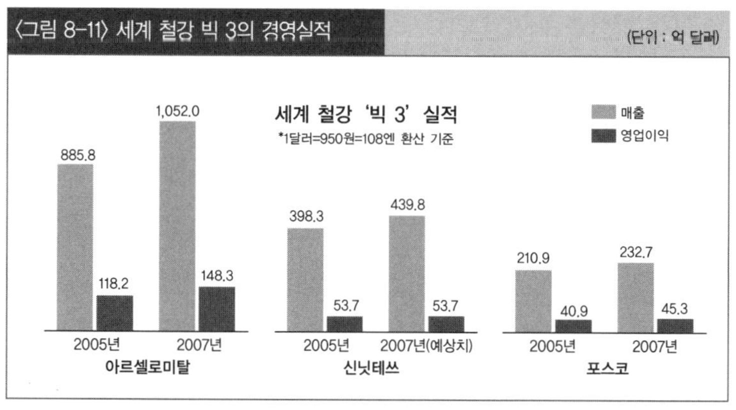

자료 : 매일경제신문, "336억 달러 세기의 도박 통했다", 2008. 2. 15.

113억 달러에 영국의 코러스(Corus)를 인수하여 세계 5위로 부상하였다.

향후 세계 철강산업의 통합은 계속 진행될 것으로 전망된다. 우선 당장에 중국이 정부 차원의 통합계획을 추진 중에 있으며, 대형 철강업체들이 M&A를 통한 성장계획을 추진 중에 있기 때문이다. 대표적으로 세계 1위인 아르셀로미탈이 2015년까지 2억 톤 수준의 생산능력 확보를 추진 중에 있고, 포스코와 일본 철강업체들도 M&A를 검토 중에 있다. 현재까지 진행되고 있는 철강산업 호황기에 철강산업의 주가가 타 산업에 비해 우세하기는 했으나 최근 대체로 양호했던 주가와 높은 수익을 기반으로 하여 M&A는 더욱 활발해질 것이다. 초대형 1위 업체가 탄생함으로 인해 주식시장에서 높은 주가를 형성하고 있는 대형 철강업체들조차 M&A의 표적이 될 위험에 처하게 되었다. 이에 대한 대표적인 전략은 강력한 현금보유력을 활용해서 스스로 M&A 전선에 뛰어드는 것이다.

선진국과 개발도상국 철강업체 모두 국제적 입지를 강화시키고자 하는 명백한 동기가 있다. 선진국의 철강업체는 저비용 국가의 설비를 이용하여 상공정 입지의 구조개선을 추구할 가능성이 높고, 동시에 저비용 국가로 생산설비를 이전하고 있는 자동차 및 가전산업의 고품질 철강제품에 대한 수요도 증가할 것이다. 한편 개발도상국의 철강업체들은 고품질 철강제조업체들을 따라잡고자 노력할 것이 분명하다. 이들은 궁극적으로 미주와 구주 시장에서 하공정 및 유통 네트워크를 구축할 것이다.[79] 지속적인 글로벌 통합은 생산설비 과잉을 줄이고 수급균형 유지가 더 양호하다는 장점이 있다.

2부 · 글로벌 전략 및 시스템 구축 사례

즉 대형 철강업체들이 생산입지와 시장의 수가 증가할수록 수요변동에 대응해 생산량을 조절하는 것이 더 용이해지기 때문이다. 또한 원자재에 대한 구매력을 더욱 강화할 수 있다. 규모의 증대로 인한 또 다른 효과는 지식을 통한 가치창출과 관리를 들 수 있다. 두 철강업체가 합병되면 운영관련 지식을 교류하고 통합된 기업 내에 선진사례를 빠르게 전파시킬 기회가 추가로 발생한다.

세계 철강산업의 양극화는 더욱 심화되어 대량생산시장과 소수에 의한 독점시장으로 구분될 것으로 전망된다. 일반제품은 설비증가로 인해 국제 무역량이 증가함에 따라 대량생산시장은 개발도상국으로 확대될 것이고, 자동차 및 가전과 같은 고가시장의 경우 품질 및 성능에 대한 요구사항이 더욱 엄격해질 것이다. 따라서 선진국 철강업체들은 고품질 제품에 계속 주력하고 저비용 국가에서의 상공정 능력을 증가시키며, 고객과 근접한 거리에서 최종 생산설비를 유지함으로써 짧은 리드타임에 대한 고객들의 수요를 충족시킬 것이다.

3. 포스코의 글로벌 성장과 전략 변화

대부분의 글로벌화 단계 모델은 유사한 단계를 제시하고 있다. 수출, 현지판매, 현지생산, 글로벌 통합으로 설명되는 일반적인 글로벌화 단계가 철강산업에서는 〈그림 8-12〉에서와 같이 '현지생산' 유형에 따라 네 가지 유형으로 세분화될 수 있다. 첫 번째 유형은 시장 확대를 위하여 유통 및 하공정 투자를 수행하고, 점차적으로 원가 경쟁력 확보를 위한 상공정 투자를 수행하는 것으로서 포스코가 현재 추진하고 있는 글로벌화 방식이다. 두 번째 유형은 일본 철강업체들의 경우와 시장 확보를 위한 유통/하공정 투자에서 계속 머물고 있는 모델이다. 일본 철강업체들은 수요산업의 글로벌화를 대응하기 위하여 글로벌화를 추진하였고, 이러한 글로벌 차원의 공급 관계는 다른 철강업체들에게는 매우 높은 진입장벽을 구축함으로써 상공정 진출을 통한 원가경쟁력 확보의 필요성이 상대적으로 낮아졌기 때문이다. 세 번째 유형은 세계 최대 철강업체인 아르셀로미탈의 성장 모형으로서, 상하공정을 한꺼번에 M&A함으로써 원가경쟁력 제고와 시장확보를 동시에 추구하는 방식이다. 마지막 유형은 철강업체가 아닌 철강원료 공급사들이 원가절감을 위한 전방통합 차원에서 상공정 투자를 수행하고, 더 나아가서 성장을 위한 하공정 투자까지 확대하는 방식이다.

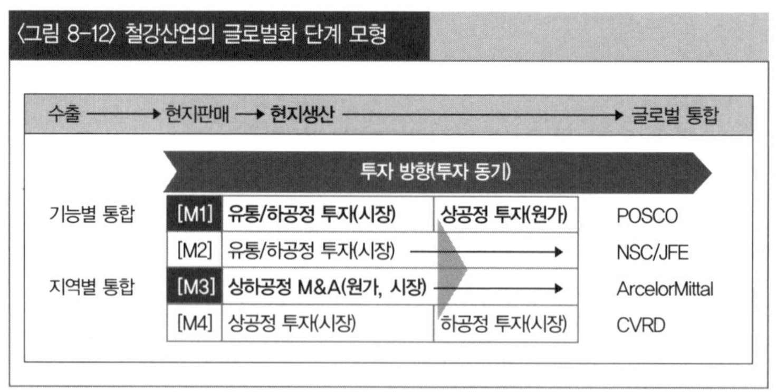

〈그림 8-12〉 철강산업의 글로벌화 단계 모형

자료 : 김경찬, "포스코 글로벌 생산/판매 체제 최적화를 통한 시너지 극대화 방안", 연구보고서, 포스코경영연구소, 2007. 6.

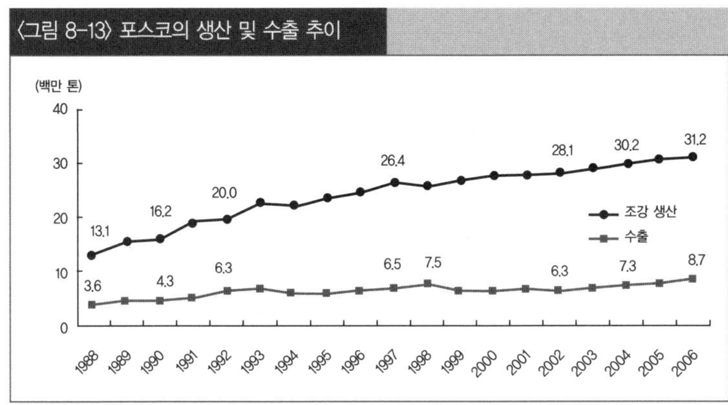

자료 : 포스코

주요 철강업체들이 M&A를 통해 성장한 것과는 달리 포스코는 자체적인 생산능력 확장을 통해 성장하였다. 1980년대부터 지속적으로 1~5위를 유지하면서 글로벌 철강업체로서의 위상을 정립해 왔다. 포스코는 1968년 창립하여 세계 철강산업 통합화단계 중 고도성장기가 종료되는 1973년 포항 1고로 준공으로 103만 톤을 생산한 포스코는 세계 철강산업이 연평균 1% 미만의 정체기인 1999년까지 포스코는 한국 경제성장의 물결을 타고 내수시장의 수요 충족 및 한국 산업구조의 중공업화시기를 거치면서 연평균 13.7% 성장이라는 괄목할 만한 성장을 하였다. 이러한 성장은 생산능력 확장을 통해 2006년까지 10%가 넘는 고성장이 이어졌다.

포스코는 2007년 10월 현재 전 세계 20국에 24개의 사무소와 51개의 공장을 보유하고 있다. 해외직접투자 중 철강 제조 및 가공은 중국, 일본, 동서남아를 중심으로 한 아시아권에 집중되어 있고, 최근에 북미와 동유럽에 대한 투자가 강화되고 있다. 원료 조달은

	해외진출 전 단계	→	초기시장 진입단계	→	현지시장 확장단계
시기	〈1982~1994〉		〈1995~2002〉		〈2003~ 〉
사업 형태	단순수출 현지사무소	C/C 투자 하공정 투자		P/C 투자 하공정 증설	상공정 투자 발표
유통	1('94) → 2('95) → 6('98) → 10('02) → 11('05) → 14('06) → 28('07) → 35('08)				
하공정	미국 1, 베트남 2	동남아 2, 중국 4		중국 3, 멕시코 1, 동남아 1, 인도 1	

주 : 1. 유통 : C/C(Coil Center), P/C(Processing Center : 자동차 및 가전용 강판 전용)
　　2. 하공정 : Slab, HR, FH의 철강소재를 가공하여 판재류를 생산하는 공정
　　3. 상공정 : 철 원료를 가열하여 용선(쇳물)을 생산하는 공정
자료 : 김경찬, "포스코의 Globalization 전략과 전망", 한국국제경영학회 춘계세미나, 2006. 5.

호주와 캐나다에 대한 의존도가 높으며, 브라질에 대한 투자 강화가 추진 중이다. 포스코의 글로벌화 과정은 사업의 특성에 따라 해외진출 전 단계, 초기 시장진입단계, 현지 시장확장단계, 글로벌 통합단계의 네 단계로 구분할 수 있고, 현재 현지 시장확장단계에 있다.

■ 시장진출 모색기(1972~1994년)

수출 개시 이후 1994년까지의 기간이다. 이 단계는 포항제철소 가동 이후 3개월이 지난 1972년 11월 7,400톤을 미국과 대만으로 수출함으로써 시작되었고, 지속적으로 수출이 확대되어 수출시장도 중국, 일본, 동남아 미국 등으로 다변화되었다.

한편 포스코는 조업 초기부터 철광석과 원료탄의 안정 조달을 위하여 호주로부터 공급받는 수입 전략에서 해외 자원개발 수입 전략

으로 수정하고, 1978년 미국 타노마(Tanoma) 탄광, 1981년 호주 마운트쏠리(Mount Thorley) 탄광, 1982년 캐나다 그린힐스(Greenhills) 탄광을 개발하였다. 1986년 미국의 USS와 합작으로 UPI를 설립하였고, 중국 및 일본에 수출을 강화하기 위하여 1985년에 홍콩에 POA(POSCO Aisa Co. Ltd)를 설립하였으며, 1988년에 오사카에 PIO(POSCO International Osaka Inc)를 설립하였다. 이 시기에는 제품을 국내에서 생산하여 본국 주재의 수출 조직과 해외 영업망을 보유한 국내 상사를 통해 수출위주의 마케팅 활동을 전개하였으며, 원자재를 확보하기 위한 해외직접투자가 주를 이루었다.

■ 시장 진입기(1995~2002년)

포스코가 1990년대 중반부터 해외투자를 강화한 것은 광양 4기 건설을 마친 후 증강된 생산능력을 소화하기 위해서는 해외시장을 개척할 필요가 있었기 때문이었다. 포스코는 이 시기로부터 점차 전략적 차원에서 해외투자를 확대해나가기 시작하였는데, 가장 크게 역점을 둔 곳은 1992년에 수교한 중국이었다. 포스코는 중국에 진출함에 있어서 화북, 화동, 화남 지역의 3대 생산·판매거점을 확보하고 후에 점차 내륙으로 진출한다는 전략적 목표를 세웠다. 이에 따라 화북지역에서는 도금공장과 가공센터를 설립하였고, 화동지역에는 스테인레스 냉연공장과 가공센터를, 화남지역에는 도금공장과 가공센터를 설립하였다.

포스코는 중국 못지않게 베트남에도 정성을 기울였는데, 일본이 아직 진출하지 않은 베트남에 1990년대 초반에 진출하여 도금공장

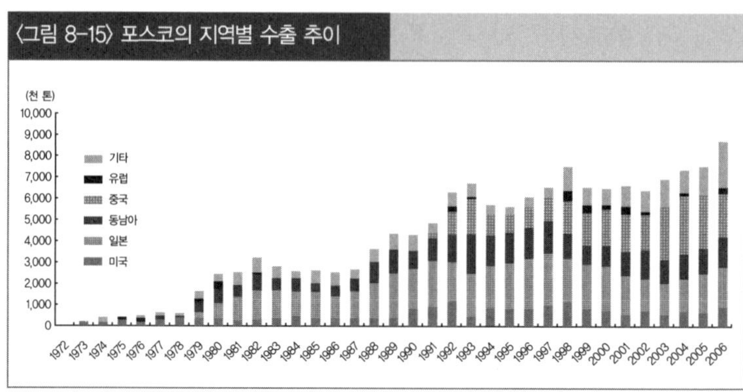

자료 : 포스코

과 파이프공장을 설립하였으며, 인도네시아의 현지 철강업체와 합작으로 스테인레스 냉연강판사업을 추진하였고, 미얀마에도 진출하여 도금공장을 건설하였다. 특히 원료의 안정적 확보를 위하여 브라질에 코브라스코(KOBRASCO)와 베네수엘라 7년에는 고철 대체제인 HBI[80] 합작생산을 위하여 베네수엘라에 포스벤(POSVEN)을 설립하였다.

포스코의 해외투자는 1997년 말에 시작된 아시아 금융위기로 전면 중단되었으며, 추진 및 계획 중이던 많은 사업들이 취소되었다. 우선 중국시장의 석도강판 수요에 대한 낙관적인 전망으로 중국 대련에 추진하던 연산 10만 톤 규모의 대련 ETL(석도강판설비) 사업과 백색가전 수요를 감안해 시작한 중국 광주의 EGL(전기도금설비) 사업을 전면 백지화하였다. 1999년 6월에는 크라카타우(Krakatau)스틸과 합작 추진 중이던 인도네시아 미니밀 사업을 중단하였고, 스테인리스 냉연사업을 위하여 설립한 피티 포스네시아(PT.

POSNESIA)의 사업도 동결하기로 결정하였다. 또한 HBI를 생산하기 위해 베네수엘라에 설립한 포스벤은 2002년에 최종적으로 청산하였다. 이 시기에 포스코는 현지 수요대응을 위한 가공센터[81] 및 냉연/도금공장 등의 하공정 투자를 시행하였고, 국내 상사를 통한 수출과 현지법인을 통한 생산 및 판매가 동시에 이루어졌다.

■ 시장 확대 정착기(2003년~)

아시아 금융위기로 인하여 소강상태에 머물던 포스코의 해외투자사업은 국내 경제의 위기감이 다소 진정되고 경기 불황의 터널을 거의 빠져나오고 있던 2002년 이후 다시 재개되었다. 포스코는 안정적인 철광석 수입을 위하여 호주 서부지역의 포스맥(POSMAC) 광산을 공동 개발하였다. 중국의 대련포금강판에 컬러강판 생산설비를 추가로 착공하였으며, 순덕포항도신강판에도 무방향성 전기강판 생산라인과 연산 5만 톤 규모의 컬러강판 생산라인을 추가로 건설하였다. 2006년에는 원래의 장가항포항불수강에서 연산 60만 톤 규모의 스테인리스 해외 일관제철소를 처음으로 쥰공함으로써 중국에 대한 해외투자가 가속화하였다.

한편 규모의 경쟁력을 갖추고 새로운 시장과 원료를 확보한다는 목표 하에 포스코는 세계 철강 역사상 처음으로 본국이 아닌 해외에 새롭게 탄소강 일관제철소를 건설하는 인도 프로젝트를 추진하고 있다. 2005년 6월에 이미 인도 오릿사 주정부와 일관제철소 건설 및 광산개발을 위한 양해각서(MOU)를 체결하였다. 건설 예정인 인도제철소는 약 500만 평 규모로 건설되며, 1단계로 최첨단 기술

8. 세계 철강산업의 재편과 포스코의 대응

인 파이넥스(FINEX)[82] 공법을 채택해 2012년까지 열연제품 400만 톤을 생산하고 최종 생산규모를 1,200만 톤까지 확대할 계획이다. 또한 베트남 및 동남아시아시장의 성장잠재력을 성장기회로 활용하기 위해 2007년 8월 연산 120만 톤 규모의 냉연공장을 베트남 호치민시 인근에 착공하였다.

포스코는 국내시장 성장 정체에 따라 수출을 주도적으로 확대하기 위하여 글로벌 차원의 가공센터 네트워크를 대대적으로 구축하고 있다. 포스코는 'SCM4444' 라는 전략 방향을 설정하고, 글로벌 생산거점과 판매시장 간의 시너지효과의 극대화를 꾀하고 있다. SCM 4444는 2010년까지 4억 달러를 투자하여 전 세계 40개의 유통거점을 구축하여, 400만 톤을 판매하고 이를 통해 40억 달러의 매출을 달성한다는 내용이다. 포스코가 해외 SCM 기지를 확대하는 이유는 크게 세 가지인데, 고부가가치 전략제품 판매 확대와 EVI[83] 활동의 시스템 제공, 그리고 글로벌 생산판매 네트워크 구축이 그것이다. 즉 해외 전략제품 주요 수요거점에 SCM 기지를 직접 운영하면서 전략제품의 마케팅 능력을 제고시키고, 2006년부터 본격화한 EVI 활동을 고객 접점의 최전방인 SCM 기지에서 더욱 빠르게 수행하고, 베트남, 인도, 멕시코, 중국 등 현재 추진 중인 해외 생산

<표 8-5> 포스코의 글로벌 SCM 기지[84] 확충 계획

	2005	2006	2007	2008	2009	2010
가동기지 수	12	14	28	35	40	43

자료 : 포스코

2부 · 글로벌 전략 및 시스템 구축 사례

(단위 : 천 톤)	'94·'95	'96	'97	'02	'03	'04	'05·'06	'07
유통 거점	ASSAN ('92.1) 10% 후지우라 물류창고 ('93.4) 30% POSMETAL ('94.7) 50% 140 POS 천진 ('94.10) 70% 160	효사강재 ('96.10) 17.5% 115	광동성포 ('97.6) 21.1% 120 POS현대 ('97.10) 29.5% 100 POS-Thai ('98.3) 75.2% 120	POS청도 ('02.10) 100% 80 POSMMIT ('02.11) 30% 150 POSMI ('02.12) 36.7% 84	POS-SPC ('03.8) 100% 200	불산강재 ('04.12) 100% 100	POS-TPC#2 ('06.1) 100% 120 POS-NPC ('06.2) 100% 168	POS-MPC('07.3) 100% 170 WESC('07.4) 5% 50 POS-ESDC ('07.5) 50% POS-OPC ('07.6) 100% 170 POS-CORE ('07.6) 100% 50 POS-SPC#2 ('07.7) 100% 70 HAMOS ('07.8) 20% 50 MNMP ('07.9) 5.26% 190 POS-FPC#2 ('07.10) 100% 120
생산 설비	UPI ('86.4) 50% CR 1,440 POSVINA ('92.4) 50% GI/Color 40 VPS ('94.1) 40% 봉강 200 대련CGL ('95.11) 40% GI 100 Color 150 SUS ('95.7) 10% CR910	장가항STS ('96.11) 82.5% GI 120 STS CR 280	순덕CGL ('97.4) 93.8% GI 100 NO/COLOR 150 미얀마GI ('97.11) 70% GI 30	청도 STS ('02.12) 80% STS CR 150		본계 POSCO ('04.6) 10% CR 1,800 청도포금 ('04.8) 100%	POSCO INDIA MOU체결 ('05) 100% 12,000 장가항 STS 증강 ('06) STS HR 800	베트남 냉연 착공 ('07.8) 100% 12,000 멕시코 도금 착공 ('07.9) 100% 400
판매 원료 기타	POSA ('81.1) 100% 원료탄 4,500 POSCAN ('82.3) 100% 원료탄 4,500 POSAM ('84.8) 100% POSCO Aisa ('85.10) 100% POSCO in Osaka ('88.4) 100% 광주진도 컨테이너 ('92.7) 12.5% POS-PLAZA ('95.4) 100% POS Invest ('95.12) 100%	KOBRASCO ('96.3) 50% 펠렛 4,000 POSCHROME ('96.7) 25% 페로크롬 62.5	장가항 포사 부두 ('97.8) 90% CAML ('99.4) 100% 원료탄 4,000	POSORE ('02.3) 100% 철광석 20,000 POS-Bio ('02.9) 80%		POSCO-China Holding Corp. ('04.1) 100% POSCO Japan Holding Corp. ('94.8) 100%	POSCAN Elkview ('05.2) 100% POS CD/GCi ('05.3) 100% 원료탄 6,500 POSCO Si ('05.12) 30% Fe-Si 30	SMSP ('06.4) 49% 니켈, 30

자료 : 1. 김경찬, "포스코의 Globalization 전략과 전망", 한국국제경영학회 춘계세미나, 2006. 5.
2. 관련기사 종합

기지와 네트워크를 강화한다는 복안이다. 2007년에는 SCM4444 전략을 SCM5555 전략으로 확대하는 계획을 수립하였다.

포스코는 글로벌 SCM기지를 구축하면서 두 가지 구체적인 추진전략을 설정하였다. 첫째는 전략제품 판촉기지는 포스코에서 직접 투자한다는 것이고, 둘째는 유통 특성이 복잡한 기지는 상사 및 고객사의 투자를 유도하고 포스코는 일부 지분을 참여한다는 것이다.

예를 들면 폴란드에 구축한 POS-PPC는 LG전자에 공급하기 위한 것으로 아주스틸과 LG상사가 70%, 포스코가 30%를 참여하였고, 중국의 POSK-PPC는 SK네트웍스가 80%, 포스코가 20%를 참여하였다. 포스코는 이 시기에 현지 마케팅 강화를 위한 하공정 및 유통망 투자가 강화하였다. 현지 경영을 통합 조정하기 위하여 2004년에 POSCO-China와 POSCO-Japan과 같은 지주회사를 설립하고, 그 산하로 현지법인 및 현지 유통도 통합하였다. 그러나 강력한 글로벌 성장을 위해 2007년부터 모든 해외 하공정과 유통거점은 본사 마케팅부문 산하로 재편하고, 본국 중심의 기능별 통합 조정체계를 구축하였다.

4. 전략적 당면 과제

2007년 10월 7일 국제철강협회(IISI) 회장으로 취임한 포스코의 이구택 회장은 독일 베를린에서 〈파이낸셜 타임스〉와의 인터뷰에서 다음과 같이 이야기했다. "철강산업이 국제화되고 있다. 아시아 이외 지역의 판매 비중이 5%를 넘지 못하면 국제화됐다고 보고 어렵다. 유럽 혹은 북미시장에 진출할 수 있는 기회가 주어진다면 그 기회를 잡을 것이다." 이러한 언급은 포스코가 현재 추진하고 있는 그린필드 방식의 해외 직접투자 외에 추가적으로 동종업체에 대한 인수합병을 고려한다는 의미다. 동 신문은 독일의 TKS와 미국의 USS에 관심을 가질 가능성이 크다는 추측기사를 실었다. TKS는 본사인 독일에서 미국과 브라질에 대대적인 투자를 추진 중이고, USS는 본사인 미국에서 슬로바키아와 세르비아 등으로 시장을 넓히는 중이어서 미구주에 시장 기반이 상대적으로 약한 포스코에게는 매력적인 투자대상이라는 의견이다.

이구택 회장의 언급은 비단 두 회사에 대한 제한적인 의미를 가지는 것은 아닐 것이다. 세계 철강시장에서 규모를 더욱 확대하기 위해서는 글로벌 기업 간 M&A가 필요하며, 포스코 역시 어떤 형태로든 정면 대응에 나설 필요가 있음을 시사하는 것이다. 몇 년 전 포스코의 시가총액이 220억 달러였을 때는 M&A의 대상으로 거론되었으나 〈표 8-6〉에서와 같이 2007년 11월 현재 시가총액이 660억 달러로 1위인 아르셀로미탈에 이어 2위로 성장한 상황에서 포스코는 세계 철강업계에서 강력한 M&A 추진업체로 간주되고 있다. 지금까지 아시아 철강업체들은 M&A를 기업의 주요한 성장도구로 간주하지 않았다. 서양 회사나 노조를 관리하기가 매우 힘들 것이라고 생각하면서, 1990년대 일본 철강업체의 미국 진출을 실패한 투자로 간주하였다.[85]

2007년 12월 26일 연산 12만 톤급 말레이시아 유일의 전기도금 강판 생산업체인 MEGS의 지분 60%를 인수했다. 이는 포스코가 최초로 외국 철강업체를 인수한 사례다. 총 1,563만 달러를 투자했고, 대우 인터내셔널도 10%의 지분을 투자했다. 포스코는 향후 글로벌 경쟁력을 확보하기 위하여 외국 철강업체에 대한 M&A에 적극 나서겠다는 의지를 발표하였다. 최근 포스코 경영진이 표방한 적극적인 인수합병의 신호탄으로 받아들여지고 있으며, 실제로는 다양한

(2007년)	Market Cap. (U$ 백만)	EV/EBITDA (%)	EV/Ton (U$)
Asia-Pacific Average		9.3	1,606
Baoshan	43,200	10.1	2,294
POSCO	66,515	8.9	1,966
TISCO(Tata Steel)	12,311	4.8	1,015
SAIL	22,336	7.1	1,395
Hyundai Steel	7,718	9.6	876
Europe Average		7.0	1,465
ArcelorMittal	110,520	7.5	1,720
TKS	30,543	5.3	NA
US Average		7.5	1,039
US Steel	12,856	7.5	682
Nucor	17,684	6.0	798
Global Average		8.3	1,465

자료 : Goldman Sachs, Global Investment Research, Oct. 11, 2007.

인수합병 추진을 검토 중인 것으로 알려지고 있다.

포스코가 글로벌 성장의 두 축으로 삼고 있는 글로벌 생산체제 구축과 인수합병이 향후 어떻게 최적 조합되어 이루어질 것인지가 중요한 관심사다. 포스코에게 성장은 선택이 아니라 생존을 위한 필수 전략이다. 양적으로 5,000만 톤 이상의 조강 생산 체제를 구축 하기 위하여 국내 3,300만 톤이고, 나머지는 해외이다. 따라서 현재 추진 중인 인도와 베트남의 인관제철소 착공이 시급한 문제일 것이 고, 멕시코, 베트남, 인도 등의 하공정과 상공정과의 연계문제도 매 우 중요한 문제다. 더불어서 중국 등의 주요시장에 대한 진입 가능성도 관심의 대상이다. 가장 중요한 이슈는 점차적으로 구축되어지는 글로벌 네트워크의 효율적 운영을 위한 글로벌 통합 관리방안을 최적화할 수 있는 사전적 준비가 필요할 것이다.

73 김경찬, 1994.

74 *The Economist*, 2005. 12. 8.

75 김경찬, 2006.

76 보스턴컨설팅, 2002.

77 제품 톤당 기준으로 2002년 U$2.6→2003년 U$7.9→2004년 U$12.9로 개선되었으며, 매출액 영업이익률도 2001년 △0.3%→2003년 2.9%→2004년 10.6%로 개선되었다.

78 TISCO로 불리기도 하며, 2005년 WSD가 발표한 세계 철강업체별 경쟁력 비교에서 1위 차지.

79 *BCG Report*, 2008.

80 Hot Briquetted Iron : 철광석을 천연가스로 환원시켜 만든 DRI를 장거리 수송에 유리하도록 압축한 철광석 덩어리.

81 가공센터는 철강 코일을 판재로 전절단하는 설비(Slitting/Shearing Line)를 갖춘 코일센터(Coil Center)로 다양한 유통기능을 수행하는 프로세싱센터(Processing Center)로 진화하고 있다.

82 파이넥스 공법이란 가루 형태의 철광석과 유연탄을 사전 처리공정 없이 그대로 사용하는 차세대 제철기술로서 기존의 용광로 대비 15%의 비용절감은 물론 환경오염을 대폭 줄일 수 있다.

83 Early Vendor Involvement : 고객사들을 연구개발단계부터 개발에 참여시키는 활동.

84 SCM기지는 가공센터의 물류창고를 포함하는 유통 거점 통칭.

85 Goldman Sachs, 2007.

두산중공업의 변신과 도약 09

1. 두산그룹의 구조조정(1995년~현재) : 식품 그룹에서 중공업 그룹으로

   1.1 두산그룹의 현황

   1.2 1995년 이후 두산그룹의 구조조정

2. 구조조정의 핵심 : 한국중공업 인수

   2.1 한국중공업의 성장과정과 인수배경

   2.2 두산의 한국중공업 인수

3. 한국중공업 인수 후의 Post-Merger Integration

   3.1 인력 구조조정 및 평가보상제도 혁신

   3.2 그룹 정보시스템 업그레이드

   3.3 임직원 교류 프로그램

4. 인수 후의 추가 투자

5. 현재 당면한 전략저 과제

* 사례 작성 일자 : 2007년 7월

---

* 강원 : 세종대학교 경영대학 조교수

설립된 지 100년이 넘는 국내기업 두산은 1995년 그룹 역사상 가장 중대한 결정을 내리게 되었다. 반세기 이상 식품산업의 선두를 차지해오던 그룹의 전통을 깨고 식품과는 전혀 상관없는 중공업으로 주력사업을 바꾸려 한 것이다. 이러한 배경에는 기존 식품사업이 환경사고 및 경쟁심화로 인해 수익성이 급속히 악화되었다는 사실이 있었다. 두산의 변신은 여러 의미를 가진다. 먼저 이론적으로는 두산이 주력사업을 재정비하는 과정에서 신제도학파의 주장처럼 경로의존성을 따르기보다는 신고전학파의 주장처럼 수익성을 따랐다는 점이다. 즉 두산은 이미 풍부한 경험을 가지고 있던 식음료 산업에서 차별화나 고도화 전략을 통해 돌파구를 찾기보다는 과거 경험은 없으나 성장과 수익을 가져다줄 것으로 기대되는 새로운 산업을 선택하였다. 또한 두산이 변신의 첫 신호탄으로 쏘아 올린 한국중공업의 인수는 우리나라에서 공기업 민영화의 성공 모델이 되었다. 네 번의 실패를 거치면서 계속 논란의 대상이 되었던 한국중공업 민영화는 두산이 참여하면서 성공적으로 이루어졌다. 한편 두산은 이를 통해 식품 그룹에서 중공업 그룹으로, 그리고 내수기업에서 글로벌 기업으로 환골탈태할 수 있는 발판을 마련하게 되었다. 두산의 변신이 갖는 의미는 우리나라에서도 삼성, LG 등과 같은 상위그룹뿐만 아니라 중견그룹도 자원의 효율적인 재배치와 글로벌화를 통해 세계 굴지의 기업으로 자나랄 수 있다는 것을 보여주었다는 데 있다.

1. 두산그룹의 구조조정(1995년~현재)
: 식품 그룹에서 중공업 그룹으로

1.1 두산그룹의 현황

두산은 1986년 창업주 박승직 전 회장이 서울 베오개에서 면직물을 취급하는 작은 점포를 개점하면서 태동하였다. 이후 장남인 박두병 전 회장이 1946년 두산상회로 이름을 바꾸고, 1950년대 OB맥주, 1960년대 두산산업개발, 두산음료, 1980년대 출판, 광고 등으로 사업을 확장하면서 국내 대표 주류기업으로 성장하였다. 그러나 1991년 페놀 사건 이후로 OB맥주의 국내 맥주시장 점유율이 70%에서 40%로 급락하면서 전국의 대리점 시스템이 무너지게 되었고, 이후 경쟁업체인 하이트맥주가 다시 시장을 잠식해오면서 1995년에는 9,000억 원의 적자를 기록하는 등 기존 사업에서 어려움을 겪게 되었다. 이에 그룹은 1995년부터 구조조정을 시작하여 OB를 비롯한 대표적인 주력기업을 매각하고, 대신 한국중공업(이후 두산중공업으로 사명 변경), 대우종합기계(이후 두산인프라코어로 사명 변경) 등을 인수하며 중공업그룹으로 전환하는 데 성공하였다. 1996년에는 음식료와 그의 관련업종인 유통 사업이 두산그룹의 전체 매출에서 차지하는 비중이 72.3%이었고 기계관련 사업은 존재하지 않았었다. 그러나 구조조정이 거의 마무리된 2005년에는 기계관련 사업, 즉 중공업의 비중 78.5%나 차지하게 되었고 음식료의 비중은 18.6%, 유통사업의 비중은 0%를 기록하여, 10년 만에 그룹의 사업구조와 완전히 변했음을 알 수 있다.

	1996년	2000년	2005년
음식료	41.3%	36.4%	18.6%
건설	31.0%	14.4%	14.7%
유통	11.2%	0.0%	0.0%
기계	0.0%	43.8%	63.9%
기타	12.6%	5.4%	2.8%

주 : 기타는 운송/레저/임대, 광고/출판, 화학, 투자/금융, 전자/정보통신, 자동차판매, 의류
자료 : 한국신용평가정보, 두산그룹사의 각 연도 사업보고서

이러한 변신을 통해 두산은 2006년 매출규모 11조 4,000만 원, 자산규모 13조 6,000만 원을 기록하며 국내에서 자산규모 재계 10위의 종합 중공업 그룹으로 부상하였다. (주)두산, 두산중공업, 두산인프라코어, 두산산업개발(두산건설) 등 4개의 상장사와 두산엔진, 두산메카텍, 네오플럭스 등 14개의 비상장사를 포함해 총 18개의 계열사를 두고 있다. 이들 계열사의 사업을 보면, 구조조정 전과 비교했을 때 선택과 집중의 그룹 전략이 반영되어 있음을 알 수 있다. 즉 식음료, 광고, 출판 등 비관련 계열사를 두었던 과거와는 달리 구조조정 이후 계열사들은 상호 간의 사업관련성이 매우 높다.

신규 진입한 두산중공업, 두산인프라코어는 경쟁력 강화 측면에서 괄목할 만한 성과를 보이고 있다. 특히 두산중공업은 대규모 담수설비와 발전시설을 턴키베이스로 건설할 수 있는 세계 제일의 기업으로 경쟁력을 확보하였다. 이러한 경쟁력을 바탕으로 글로벌 시장에서 매출과 수주가 확대되고 있는데, 특히 담수설비는 중동시장

점유율 100%, 세계시장 점유율 42%로 1위를 차지하고 있다. 담수
설비 건설에서 기념비적인 성과는 아랍에미리트 연방에 위치한 푸
자이라 설비인데, 이 설비 하나만 가지고도 매일 45만 톤의 담수를
생산하여 인구 120만 명의 도시에게 물을 공급할 수 있다. 한편 두

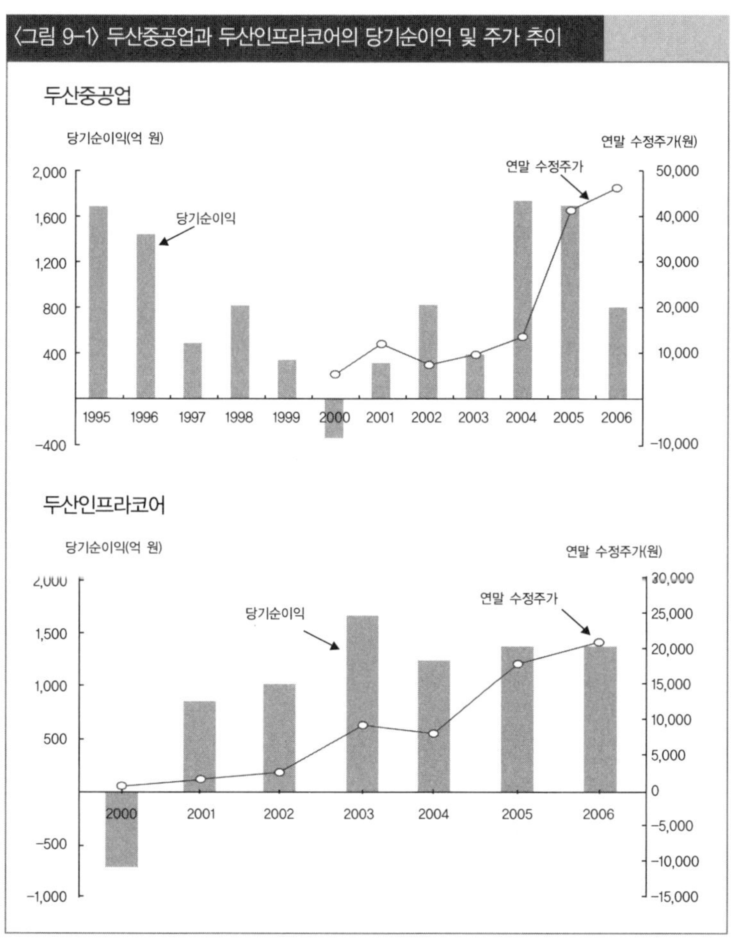

<그림 9-1> 두산중공업과 두산인프라코어의 당기순이익 및 주가 추이

자료 : 한국신용평가정보

산인프라코어는 굴착기시장에서 빠른 성장을 시현하고 있다. 동사는 중국 굴착기시장의 20%를 차지하고 있는데 2006년 중국에 지주회사를 설립하면서 중국시장 공략에 더욱 박차를 가하고 있다. 또한 벨기에에 위치한 굴착기 공장을 향후 3배로 증설하면서 서유럽 시장에서도 시장점유율을 높일 계획이다. 이 계획대로라면 2010년까지 두산인프라코어는 연매출 10조 원의 세계 5대 건설장비 제조업체로 성장할 전망이다.

이러한 성과를 바탕으로 두산중공업과 두산인프라코어는 2000년 이후 높은 가치상승을 가져왔다. 한국중공업(현 두산중공업)은 2000년 10월 말에 직상장을 통해 기업을 공개하고, 같은 해 12월 두산이 인수하게 되었는데, 주가는 2000년 말 3,780원에서 2006년 말 4만 4,250원으로 약 11.7배가 뛰었다. 회계적 성과도 인수 당시 당기순손실을 기록했었으나 2004년과 2005년에는 1,600억 원 이상의 순이익을 기록하여 한국중공업이 공기업으로서 독점지위를 누리던 1995년의 성과에 근접하게 되었다. 한편 2005년에 두산이 인수한 두산인프라코어(대우종합기계)는 인수 당시 이미 구조조정의 효과를 나타내고 있었다. 대우종합기계는 2001년에 흑자로 전환하였고, 2002년부터 1,000억 원이 넘는 순이익을 기록하였다. 〈그림 9-1〉에서와 같이 주가는 흑자로 전환한 2001년 말 대비 2006년 말에 11배 이상의 상승을 보였다.

수익성 면에서도 결과는 매우 양호하다. 두산중공업의 경우 2005~2006년 연평균 당기순이익률과 자기자본수익률은 각각 3.5%와 5.9%를 기록하였다. 2006년 중공업 부문 세계평균은 당기

〈표 9-2〉 두산중공업의 수익률 추이

	2000	2001	2002	2003	2004	2005	2006
당기순이익/매출	-1.0%	1.0%	2.8%	1.3%	6.7%	4.9%	2.1%
매출액총이익/매출	11.1%	11.5%	11.5%	12.6%	15.1%	13.4%	13.5%
당기순이익/총자기자본	-1.5%	1.7%	4.7%	1.7%	8.7%	8.1%	3.7%

자료 : 한국신용평가정보, 두산중공업의 각 연도 사업보고서

〈표 9-3〉 두산인프라코어의 수익률 추이

	2000	2001	2002	2003	2004	2005	2006
당기순이익/매출	-18.8%	5.5%	5.4%	7.1%	4.3%	4.8%	4.1%
매출액총이익/매출	17.0%	20.8%	22.1%	22.1%	19.6%	20.6%	22.4%
당기순이익/총자기자본	-12.3%	12.9%	13.4%	17.8%	11.8%	12.3%	12.8%

자료 : 한국신용평가정보, 두산중공업의 각 연도 사업보고서

순이익률이 1.9%이고 자기자본수익률이 8.1%였다. 비록 자기자본 수익률이 다소 떨어지기는 하나 이는 두산중공업이 글로벌 경쟁사에 비해 부채비율이 낮다는 사실을 고려하면 그렇게 낮은 수준이라 보기 힘들다.[86] 두산인프라코어의 경우는 두산중공업보다는 높은 수익률을 보였다. 당기순이익률과 자기자본수익률의 2005~2006년 연평균은 각각 4.4%와 12.5%를 기록하였다.

한편 지배구조 면에서도 가시적인 변화가 있을 예정이다. 2006년 말 현재 두산 지배구조는 두산과 두산중공업, 두산산업개발로 이어지는 순환출자구조를 가지고 있었다. 그러나 2007년 순환출자를 해소하였고, 2008년까지는 (주)두산을 중심으로 한 지주회사체제를 구축할 예정이다. 리더십 측면에서도 박두병 전회장의 장남 박용곤

명예회장과 5남인 박용만 부회장이 그룹의 중심에서 전열을 정비하였고, 과거 두산의 구조조정을 담당했던 맥킨지 컨설턴트 제임스 비모스키를 2006년 11월 (주)두산의 CEO이자 그룹 부회장으로 임명하면서 박용만-제임스 비모스키 체제가 형성됐다.

1.2 1995년 이후 두산그룹의 구조조정

이렇게 두산의 경영이 다시 활력을 얻게 된 것은 1995년부터 실행된 구조조정 덕분이다. 당시 주력기업인 OB맥주가 경쟁사와의 시장점유율 경쟁을 하면서 3년 연속 적자를 기록하자 사내 위기감이 고조되었다. 이에 두산은 맥킨지 컨설팅, 엔더슨 컨설팅 등 외국의 우수한 자문회사를 고용하여 구조조정의 청사진을 마련하게 된다. 당시 구조조정에 대한 경영진의 결의는 대단하였다. 박용성 전 회장은 "나에게 걸레이면 다른 사람에게도 걸레다"라는 이른바 '걸레론'을 내걸고 비주력사업뿐 아니라 주력사업도 매각을 해야 함을 천명하였다. 다른 말로 하면 두산은 이미 음료를 중심으로 한 사업구조에서 탈피하여 새로운 업종으로 주력사업을 변경할 것을 생각하고 있었다고 볼 수 있다.

구조조정은 1995년부터 총 3단계의 과정을 거쳤다. 첫 번째 단계는 1995년부터 1997년까지로, 주로 한계사업에서 철수하면서 한계자산의 매각을 통해 현금을 확보하는 한편 계열사 통폐합을 진행하여 중복투자를 축소하는 것을 목표로 삼았다. 1995년 OB맥주가 보유하고 있던 영등포 공장을 매각한 것을 시작으로 하여 여러 공장을 매각하고, 1996년에는 코닥을 비롯한 여러 합작사를 매각하였

<표 9-4> 1단계 구조조정의 주요 내용

	연도	매각자산	가격(억 원)	비고
매각	1995	OB맥주 영등포공장	1,142	–
		두산농장 청하공장	214	–
		두산백화 군산공장	108	–
	1996	한국코닥 지분	500	합작사에 매각
		3M 지분	900	합작사에 매각
		한국네슬레 지분	235	합작사에 매각
	1997	코카콜라사업권	4,322	코카콜라에 매각 음료사업 종료
통폐합	1997	OB맥주와 두산음료, 두산개발과 두산농산을 각각 통합		
		두산창업투자, 두산렌탈, 두산환경산업을 두산동아로 통합		

자료 : 두산그룹사의 각 연도 사업보고서, 두산의 보도자료, 5대 일간지의 관련기사

고, 1997년에는 코카콜라 사업권을 4,300억에 매각하였다. 이를 통해 투하자본수익률(ROIC)이 1996년에 1.7%에서 이듬해 7.7%로 개선되었으며, 현금흐름도 1조 원이 증가하였다. 또한 1994년 이후 적자를 지속해오다 한계자산의 매각으로 1997년부터 흑자로 전환하게 되었다.

두 번째 단계는 1997부터 1999년까지로, 매각은 계속 진행하되 유사업종을 통폐합하여 시너지효과를 극대화하는 기간이었다. 이 기간 중 중요한 매각은 OB맥주의 지분 50%를 3,500억 원에 네덜란드의 인터브루(Interbrew)사에게 양도한 것이었다. 그 결과 1997년 말 부채 6,300억 원 중 78.6%에 달하던 단기부채를 모두 상환할 수 있었고, 부채비율은 500%(1998)에서 200%대(1999)로 감소하였다. 그리고 그룹 계열사는 1995년 29개에서 1999년 12개로 축소하게

	연도	매각자산	가격(억 원)	비고
매각	1998	두산씨그램 지분	1,275	두산소유 50% 중 27.8%
		OB맥주 지분(50%)	3,500	인터브루사에 매각, 합작사 설립
통폐합	1998	두산유리와 두산제관 통합		
		OB맥주, 두산경월(소주), 두산백화(청주)가 통합		

자료 : 두산그룹사의 각 연도 사업보고서, 두산의 보도자료, 5대 일간지의 관련기사

되었다.

세 번째 단계는 2000년부터이다. 이 시기는 기존사업에 대한 구조조정을 마무리하고 공격적인 기업인수로 중공업그룹의 기틀을 마련하는 것을 목표로 삼았다. 기존사업을 마무리하는 가운데 가장 어려운 것은 OB맥주의 잔여지분을 매각하는 것이었다. 인터브루사에게 이미 50%를 양도한 상태에서 나머지 지분을 팔기는 그렇게 쉽지 않았다. 매수자 입장에서는 잔여지분을 차지하여도 OB맥주의 경영권을 가져올 수 있는 것도 아니고, 잔여지분에 대한 매수액도 적은 금액이 아니었기 때문이다. 인터브루사 입장에서도 이미 경영권 확보를 위한 지분은 충분히 가지고 있었기 때문에 더 이상 지분을 매입할 이유도 없었다. 그러나 두산은 향후 신사업에 진출하기 위해서는 잔여지분을 매각해서 현금을 확보해야 했기 때문에 다시 인터브루사의 도움을 요청하였다. 인터브루사도 한국에서 성공적인 영업을 하기 위해서는 두산의 도움이 계속 필요했었기 때문에, 두산의 요청에 응하여 두산과 함께 제3의 매수자를 찾아줄 것을 약속하였다. 인터브루는 적극적으로 매수자 탐색에 나서 결국 홉스

	연도	매각자산	가격(억 원)	비고
매각	2000	반도체장비사업(CMP)	900	세미콘테크에 매각
	2001	OB맥주 지분(45%)	5,600	홉스에 매각
	2002	두산CPK 지분(25%)	815	한국중공업 인수자금
		여의도 빌딩 등 부동산	600	한국중공업 인수자금
	2004	두산CPK 지분(33%)	678	사업 양도
	2006	식품사업부(종가집김치)	1,500	대상그룹에 매각
인수	2000	한국중공업(36%)	3,057	이후 외환은행과 한중지분 15.7% 의결권위임약정
	2003	고려산업개발	3,364	유상증자 참여 : 2,198억 회사채 인수 : 1,166억
	2005	대우종합기계	16,880	국내외 금융기관이 공동으로 여신을 제공
	2006	연합캐피탈(20%)	680	기존 지분 20%를 포함, 총 40% 확보
		루마니아 IMGB(99.75%)	145	발전설비소재 업체
		일본 미쓰이밥콕(100%)	1,600	세계 4대 발전보일러 기술업체

자료 : 두산그룹사의 각 연도 사업보고서, 두산의 보도자료, 5대 일간지의 관련기사

(Hops)사를 끌어들이는 데 성공하였고, 두산은 45%의 지분을 5,600억 원에 홉스에게 매각하게 되었다.

이후에도 두산은 지속적으로 식품사업을 정리하며 현금을 확보하였다. 1995년부터 매각을 통해 계속 마련했던 현금은 운영자금이외에도 신사업 진출을 위한 종자돈으로도 활용되었다. 2000년 말한국중공업의 인수가 신사업 진출의 첫 사례가 되었다. 이를 계기로 해서 두산은 중공업관련 기업을 지속적으로 인수하였다. 2005년워크아웃을 거쳐 우량기업으로 재탄생한 대우종합기계를 1조 7,000

억 원에 가까운 금액으로 인수하면서 외형과 경쟁력을 갖춘 중공업 그룹으로 발돋움하게 되었고, 2006년 영국 소재 일본기업인 미쓰이 밥콕을 인수하면서 글로벌 기업으로 성큼 다가서게 되었다.

두산의 이러한 구조조정과 변신은 자립형 변신의 성공사례라고 볼 수 있다. 어떠한 외압이나 은행의 여신특혜가 주어지는 워크아웃이나 또는 정부의 공적자금을 활용한 구조조정이 아니었기 때문이다. 기업 자체의 경영적인 판단에 의해 구조조정을 시작하여, 업종전환을 하는 과정에서도 기본적으로 기존사업 매각을 통한 신규사업 매입자금 조달의 형태를 띠었다. 실제로 1995년 이후 사업매각 대금은 2000년 이후 신규사업 인수대금을 상회한다. 1995년 이후 주요 매각대금은 2조 6,900억 원인 데 반해 2000년 이후 주요 인수대금은 2조 5,645억 원이었다. 인수대금을 주요 조달원별로 나누어보면, 내부유보 및 매각대금 일부가 1조 4,345억 원이고, 인수 시 증자나 사채발행이 3,300억 원 그리고 은행차입이 8,000억 원이었다. 두산이 사용한 선택과 집중 전략과 매각을 통한 매입자금 확보 전략은 한계산업에 위치한 국내 중견기업에게도 많은 시사점을 제공하고 있다.

2. 구조조정의 핵심 : 한국중공업 인수

2.1 한국중공업의 성장과정과 인수배경

한국중공업은 매우 복잡한 성장과정을 거쳤다. 그 과정에서 국가가 주도적으로 한국중공업의 영위사업인 발전설비에 대해 산업정책을 펼쳤기 때문에 한국중공업의 성장과정을 이해하는 것은 이후 두산의 인수결정과 경영성과를 분석하는 데 필요한 작업이기도 하다.

한국중공업은 원래 현대그룹의 계열사인 현대양행이란 이름으로 1962년 설립되었다. 1980년 전두환 정권이 들어서면서 정부는 중공업 통폐합 조치를 단행하고, 현대양행을 공기업화하면서 사명도 한국중공업으로 개명하였다. 이때 대주주로 산업은행, 한국전력, 외한은행 등이 참여하였다. 동시에 정부는 발전설비 일원화조치를 단행했다. 그러나 이러한 조치에도 불구하고 한국중공업은 수요가 거의 없어 적자를 지속하면서 최악의 경영위기에 놓이게 된다. 그러다 노태우 정권이 들어선 후 1989년 정부는 한국중공업의 민영화를 추진하였다. 그러나 두 차례에 걸친 유찰로 민영화 추진이 사실상 실패로 돌아가자 1990년 정부는 한국중공업에 대한 민영화 계획을 철회하고 대신 자금지원 등 지원책을 보강해 공기업 유지방침을 확정하였다. 그러나 이듬해인 1991년부터 한국중공업은 경영환경이 개선되고 독과점의 효과가 나타나면서 누적적자가 해소되기 시작하자 정부는 다시 민영화 계획을 수립하였다. 1996년에는 산업합리화 조치를 종료하고 현대중공업과 삼성중공업의 참여를 허용하면서 발전설비 부문을 일원화 체제에서 다시 경쟁체제로 바꾸었다.

그러나 1997년 외환위기를 맞게 되자 정부는 1998년에 발전설비는 한국중공업이든 현대중공업이든 간에 일원화하기로 합의하여 다시 독점체제로 돌리기로 결정하였다. 이 당시 발전설비시장은 3대 회사로 나뉘어 한국중공업이 1조 5,000억, 현대중공업과 삼성중공업이 각각 1,500억 원의 매출을 올리고 있었다. 한국중공업은 모든 부문에서 생산능력을 보유하고 있었고, 현대중공업과 삼성중공업은 각각 보일러/터빈발전기와 화력발전분야에서 생산을 하고 있었다. 결국 일원화 대상은 한국중공업으로 결정되어, 1999년 12월에 현대중공업과 삼성중공업의 발전설비 사업을 한국중공업에게 일원화시켰고, 선박엔진은 한국중공업과 삼성중공업이 별도 법인을 설립하여 2000년 1월에 출범시켰다. 2000년 10월 한국중공업은 기업공개 및 직상장을 하면서 민영화에 필요한 준비를 마쳤다.

비록 한국중공업은 독점지위를 얻게 되었으나, 2000년 한국중공업의 상황은 그렇게 유리한 것만은 아니었다. 1999년 한국중공업의 수주실적은 3조 1,592억 원으로 국내 49%, 해외 51%로 분포되어 있었다. 그리고 국내에서는 다시 한전 36%, 비한전 64%으로 나뉘었다. 즉 한국중공업은 일부 시장에서만 독점 프리미엄을 누릴 수 있었다.[87] 또한 국내 발전시장은 이미 개방되어 있어 독점의 혜택은 부분적이었고, 세계적으로는 선두기업의 기업인수를 통한 외형확장이 진행되어 발전시장은 GE, 지멘스, 알스톰 등 3강체제로 재편되어 있었다. 즉 한국중공업은 국내 수주물량은 점차 한계를 드러내고 해외시장은 거대기업과 경쟁을 해야 하는 상황에 처한 것이다.

한편 오랜 구조조정을 거치는 동안 한국중공업의 경쟁력은 상당히 제고된 상태였다. 국내 유일의 발전설비 전문업체로서 기초소재부터 완제품에 이르기까지 일괄생산 공급체제를 보유하고 있었고, 당시까지 총 160기, 42,335MW에 달하는 발전설비를 제작, 공급한 실적을 가지고 있었다. 특히 태안 화력발전소 등 500MW급에서 한

2부·글로벌 전략 및 시스템 구축 사례

국의 표준을 만들었고, 원자력 증기발생기 및 원자로 등 원자력 핵심설비를 국산화하였다. 원전에서는 글로벌 시장도 공략하고 있었는데, 중국의 진산, 미국의 세쿼야 원전 등이 그 예다. 또한 이 당시 이미 해수 담수화 플랜트 건설시장에서는 세계 제1위의 업체로서 1990년 이후 25% 이상의 세계시장 점유율을 확보하고 있었다.

2000년 한국중공업의 민영화는 이러한 배경에서 나왔다. 한국중공업은 담수화 설비 시장에서 세계적인 경쟁력을 보유하고 발전설비 부문에서 국내 독점지위를 가지고 있어 현금흐름의 창출에는 큰 어려움이 없는 기업이었으나, 이 기업을 인수하는 기업은 협소한 국내시장의 한계를 뚫고 해외시장에서 거대기업과 싸우기 위해 경쟁력을 글로벌 수준으로 키워야 하는 부담을 감당해야만 했었다. 그럼에도 불구하고 한국중공업은 민영화 대상 공기업 중 많은 관심을 끌어왔다. 무엇보다 매출규모가 3조 원을 훨씬 넘기 때문에 어느 기업이 인수하느냐에 따라 중공업 시장판도는 물론 재계판도도 바뀔 수 있었다. 또한 매우 긍정적인 관점에서 바라본다면 발전설비 부문에서 향후 업게 전망은 좋아질 것으로 예상되었었다.[88] 따라서 재벌에게 한국중공업을 넘겨줘서는 안 된다는 지적이 거세었고, 산업자원부는 한국중공업의 주인을 찾기 위한 제한경쟁 입찰대상에서 4대 재벌을 제외하는 내용의 입찰공고안을 마련하였다. 이렇게 4대 재벌을 제외할 수 있었던 것은 공기업 민영화 관련 법안이 특정 재벌의 경제력 집중현상을 방지하자는 내용을 담고 있었기 때문이다. 그 결과 한국중공업은 당시 재계 순위 12위의 두산이 인수할 수 있는 환경이 조성되었다. 마침내 2000년 12월 민영화를 위한 입찰에서 두산 컨소시엄이 지배주주로 선정되어 2001년 3월 두산이 인수하고 곧이어 사명을 두산중공업으로 변경하게 되었다.

2.2 두산의 한국중공업 인수

한국중공업의 인수가 과연 두산에게 호재인지 아닌지는 매우 판단하기 어려웠다. 차라리 한국중공업에게는 민영화에 성공했다는 점에서 호재로 작용할 수 있었지만, 막상 두산에게는 그 효과가 제한적일 것이라는 분석이 지배적이었다. 먼저 한국중공업을 둘러싼 경쟁환경이 급변하고 있었기 때문에 한국중공업 자체의 미래 사업성도 판단하기 어려웠다. 그 예로 한국중공업의 민영화가 성공했다면 곧이어 한국중공업의 든든한 수요처였던 한국전력도 곧 민영화될 것이라는 시장의 관측이 나오기 시작했었다. 만약 한국전력이 민영화된다면, 한국중공업의 독점력은 크게 떨어져 시장지배력을 잃게 될 것은 당연한 일이었다. 또한 식음료를 전문으로 하던 두산이 과연 중후장대형 장치산업에서 어느 정도 실력을 발휘할 수 있을지도 알 수 없었다. 두산의 인력 중에 장치산업의 경험을 가지고 있는 사람이 많지 않았고, 기존사업과의 시너지도 별로 찾아볼 수 없었기 때문이다. 그리고 당시 민영화를 반대하며 상당히 과격했던 한국중공업의 노조에 대해 두산이 어떻게 대처할지도 의문이었다. 또한 1997년 폐지되었다가 1999년 공정거래법을 개정하면서 부활한 출자총액제한제도에 두산의 한국중공업 인수가 저촉되는지, 아니면 예외로 인정될지가 결정되지 않아 제도적인 불확실성도 안고 있었다. 두산은 처음 들어가는 업종에서 그것도 두산의 기업문화와 다른 조직을 가지고 체질 개선과 경쟁력 강화를 이루어야 하는 어려움을 안고 있었던 것이다. 당시 두산의 한국중공업 인수가 위험을 내포하고 있었다는 사실은 주식시장에도 반영이 되었다. 인수발표일에 한국중공업의 주가는 큰 동요가 없었으나 두산의 주가는 3.23% 하락을 기록하였다.[89]

한국중공업 인수의 효과는 인수 후 약 6개월 이후인 2001년 5월 중순부터 나타나기 시작했다. 이 시기에 인력 구조조정이 성공적으로 이루어져 노사관계에 대한 불확실성이 약화되고, 컨소시엄에 참여했던 두산건설에 대한 토목건설 부문 시너지효과가 창출될 것이라는 증권계의 평가가 보도되었다. 미국을 중심으로 에너지 관련 시장이 확대되고 사우디아라비아의 담수시설 수주 가능성이 보도되면서 두산중공업의 향후 사업성에도 긍정적인 분위기가 만들어졌다. 또한 이 시점에서 공정거래위원회가 핵심사업 출자 시에만 혜택을 주고 있던 총액제한 예외 적용대상을 신규사업으로 확대키로 결정하면서, 출자총액제한에 걸려 있던 두산그룹의 한국중공업 인수문제도 해결될 것이라는 기대가 형성되었다. 이때부터 한국중공업의 주가는 급상승하기 시작해서 약 한 달 만에 주가상승률은 250%를 기록하였다.

인수 발표 후 6개월 동안 시장이 한국중공업에 대한 평가를 확실히 내리지 못했던 이유 중에 하나는 두산의 자금 동원력이었다. 비록 두산은 그동안의 구조조정과 여러 자구책을 통해 자금조달에 문제가 없을 것이라고 발표했으나 두산의 입장에서도 3,000억 원이 넘는 금액을 부담해야 함에 따라 일시적으로 그룹 내 유동성이 제

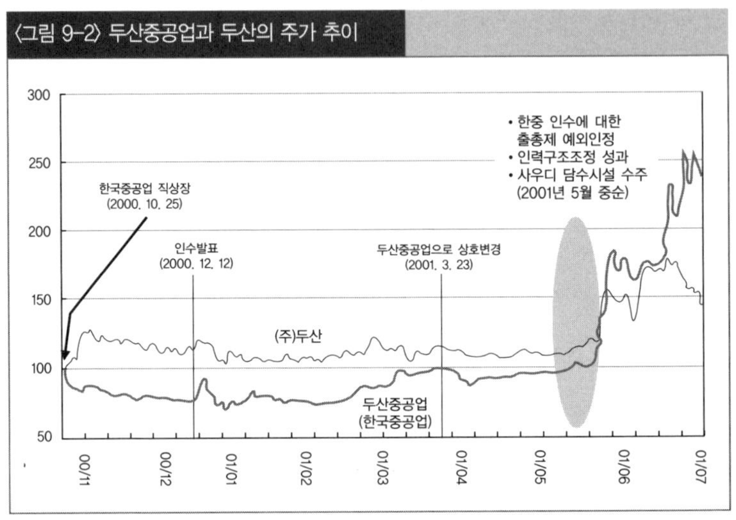

〈그림 9-2〉 두산중공업과 두산의 주가 추이

주 : 2001년 10월 25일 주가 = 100
자료 : 한국신용평가정보, 두산그룹사의 각 연도 사업보고서, 두산의 보도자료

약받을 가능성이 높아지기 때문이다. 이에 대해 두산은 두산CPK의 일부 지분과 OB맥주의 일부 지분 등 주요 계열사의 지분매각에서 얻은 현금과 KFC매장 인수 보증금 등 유동화 자산으로 ABS를 발행하여 추가로 2,000억 원을 조성하면서 빠른 시일 내에 한국중공업의 인수자금을 완납하였고, 시장의 긍정적인 평가를 받아내는 데 성공하였다.

두산은 한국중공업을 인수하고 경영정상화를 시킨 뒤 두산중공업이 곧바로 다른 계열사에 출자하게 함으로써 그룹 내 두산중공업의 지위를 격상시키고 두산중공업 인수에 들어갔던 일부자금이 또 다른 확장을 위해 순환되도록 하였다. 두산중공업은 2003년까지 계열사나 다른 회사 주식에 약 2,662억 원 상당의 출자를 하게 되는

데, 그 대표적인 예가 2001년 12월과 2002년 1월 두 차례에 걸쳐 두산메카텍에 800억 원을 출자한 것이다. 두산메카텍은 2001년 말 (주)두산의 기계사업부문, 즉 두산기계를 프리미엄 212억 원을 합쳐 총 2,957억 원에 인수한다. 인수대금을 결제하기 위해 두산메카텍은 두산중공업으로부터 출자를 받은 800억 원으로 현금결제하고 부족한 인수대금 2,148억 원에 대해서는 두산의 부채를 인수하기로 한다. 이로 인해 메카텍은 부채비율이 138%에서 566%로 급증하게 되었으나, (주)두산의 입장에서는 현금 800억 원이 다시 들어오고 부채비율의 하락으로 자금 동원력이 높아져 향후 확장을 위한 자금력을 회복하게 되었다.[90]

3. 한국중공업 인수 후의 Post-Merger Integration

두산은 한국중공업 인수를 외형적으로는 성공시켰으나 '인수 후 통합'이리는 더 큰 과제를 남겨두고 있었다. 먼저 한국중공업은 8,000명에 가까운 인원을 거느린 방대한 조직이었다. 표시판, 장비 등에 한국중공업으로 적혀져 있던 사명이나 책자, 봉투, 사무기기에 적혀 있던 사명을 두산중공업으로 바꾸는 데만 적어도 10억 원 이상이 소요될 정도였다. 또한 오랜 구조조정을 겪으며 임직원 간에 형성된 '한중' '한중맨'이라는 한국중공업의 기존 조직문화가 너무 강했기 때문에 이들을 두산그룹으로 융합시키는 데는 많은 어려움이 예상되었다. 예를 들어 이미 한국중공업에서 두산중공업으로 사명을 변경하였는데도 사명변경에 반대해왔던 노조는 여전히 한국중공업 노동조합으로 활동하고 있었고, 회사 및 노조 홈페이지도 여전히 한국중공업 당시 사용되던 홈페이지 도메인을 그대로 개설, 운용되고 있었다.

두산은 인수 직후 발 빠르게 움직였다. 두산의 내부인력으로 구성된 인수반을 한국중공업에 파견하여 빠른 시간 내에 조직을 장악하고, 기존의 연공서열식 인사시스템을 능력평가에 기초한 고과시스템으로 바꾸면서 한국중공업의 기존 조직문화에 급격한 변화를 가져왔다. 또한 점진적인 그룹 전산시스템의 통합과정을 거치면서 정보의 장악이 가능해졌다. 그 외에도 두 조직 간의 활발한 교류를 위한 여러 프로그램이 도입되었다. 이 모든 과정에서 두산은 이전과 같이 외부의 우수한 경영자문회사를 적극 활용하였다. CI작업을 위해서는 광고기획사인 오리콤을 이용하고, 그룹의 전사적 전산작업을 위해서는 오라클과 딜로이트를 활용하고, 경영프로세스의 설계를 위해서는 멕킨지와 엔더슨을 사용하였다.

3.1 인력 구조조정 및 평가보상제도 혁신

먼저 조직 장악을 위해서 두산은 2001년 1월 박용곤 명예회장의 2남 박지원 씨를 중심으로 하여 11명의 임직원들로 구성된 한국중공업 인수반을 구성한다. 그리고 이들은 곧 한국중공업에 파견되어 생산, 관리, 재무 등 경영프로세스 전반에 걸쳐 업무파악을 하고 조직개편 계획과 향후 경영방침을 만들어가기 시작하였다. 이후 즉각 인력 구조조정을 시작하여 72명의 임원 중 24명을 해임하고 1,200

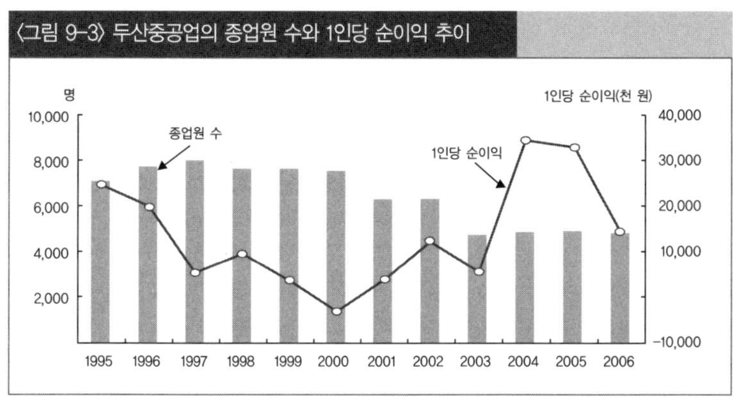

자료 : 한국신용평가정보

명의 과장급 이상 간부들 중 350명을 명예퇴직시키는 등 3개월 동안 약 20%의 인력을 줄였다. 또한 700명의 일반직원들도 희망퇴직을 시켰다. 그러면서도 공개채용방식으로 선출된 윤영석 사장 등 최고경영진은 재선임하였다. 이는 전통적으로 식음료 등 소비재 산업을 주력으로 하던 두산으로서는 당연한 처사라고 할 수 있다. 중공업 분야의 경영 노하우 및 네트워크 능력을 보유한 중진인사 없이는 두산은 새로운 사업에서 성공할 수 없었기 때문이다.

연공서열에 기초한 한국중공업의 기존 조직문화 하에서는 임직원의 생산성을 향상시키기가 어려웠다. 두산은 연공서열제도를 폐지하고 기존의 복지수준을 축소하는 대신 성과급제를 도입하면서 공기업의 체질에 젖어 있던 한국중공업을 글로벌 경쟁에 맞설 수 있는 강한 두산중공업으로 바꾸기 시작하였다. 이에 따라 700%에 달하던 상여금을 500%로 줄이고 대신 생산성 향상, 원가절감 등 개인의 실적에 따라 상하반기에 한번씩 50~150%의 성과급을 차등

지급하기로 하였다. 또한 노조원 3,800명에 노조 전임자 13명은 지나치게 많다고 판단하고 전임자를 6명으로 줄이고 직원들의 휴가, 의료비 등 복지수준도 대폭 감축하기로 했다. 20개가 넘는 특별휴가 종류도 줄이고 휴가일수도 줄였다. 또한 개인질병에 대한 수술비 지원과 미사용 생리휴가에 대한 100% 임금지급도 폐지하기로 했다. 이러한 인력 구조조정 및 성과급제의 도입은 기타 비용절감 노력과 함께 두산의 영업이익률을 4%에서 10% 이상으로 높일 것으로 기대되었다. 실제로 두산중공업의 1인당 순이익은 2001년에 397만 원에서 2004년에는 3,295만 원으로 상승하였다.

3.2 그룹 정보시스템 업그레이드

두산중공업은 특히 ERP(Enterprise Resource Planning) 구축 프로젝트를 통해 인수 후 통합작업을 완결하였다. 두산중공업은 2002년 ERP 구축 프로젝트를 전담하기 위한 PI팀을 구성하였다. 시스템이 방대한 만큼 PI(Process Innovation)팀은 기획, 설계, 생산, 영업, 재무, 정보기술 등 6개 팀으로 구성되었고 참가인원만 해도 100여 명에 이르렀다. 이들이 약 3년 동안 원자력, 화력, 담수, 터빈 발전기, 주단, 건설 등 6개 BG(Business Group) 부문에 걸쳐 경영프로세스 혁신을 가져오기 시작한 것이다. 이들의 목표는 먼저 경영프로세스 전반의 재설계 및 새로운 시스템 구축, 데이터 표준화를 통해 73%의 업무수행 시간을 단축하면서 단위시간당 업무처리량을 극대화하는 것이다. 예산 승인까지의 소요기간, 총 투입 예정원가 산정 소요기간, 경영계획 수립에 소요되는 시간, 자료의 검색 및 배포 소요

시간, 월별 생산실적 집계시간, 품질분석 소요기간 등 부문별로 업무 프로세스를 대폭 줄이기로 하였다.

두 번째로 대형 프로젝트의 효율적인 관리를 목표로 하였다. 수천억에서 수 조에 이르는 발전설비 제작 등 대형 프로젝트는 장기간 진행되기 때문에 지속적이고 일관성 있는 수익관리와 품질관리가 중요하다. 특히 원자력 발전소의 경우는 작은 부품 하나까지도 관리망에 연결되어 있어야 한다. 문제 발생 시 원인을 바로 파악할 수 있도록 사후 추적이 가능해야 하며, 불량을 최소화하기 위한 예방 품질관리와 이러한 품질관리의 소요 비용까지도 투명해야 한다. 새로운 ERP시스템은 이러한 기능을 지원할 수 있도록 설계되었다.

마지막으로 최고경영자에게 적기에 정보를 제공하는 것도 중요한 목표였다. 모든 사내 데이터를 표준화하고, 표준화된 데이터로 계획관리 규칙을 정하고, 프로젝트 리스크 선행관리를 통해 정보를 사전에 정확하게 파악할 수 있도록 했다. 또한 ERP와 연계된 전략경영정보시스템(EIS) 등이 구축되고 자체 개발한 문서관리시스템인 두산다큐먼트관리시스템(DDMS)을 ERP와 연계해 설계도면 및 기술문서, 기술 계산서 등 방대한 자료를 상급자가 언제 어디서든 웹상에서 열람할 수 있도록 했다. 따라서 새로운 ERP시스템이 완성되면 두산중공업의 모든 작업과정과 연계비용에 대한 정보가 투명해지고 관리도 수월해진다. 이러한 투명성은 두산중공업의 경쟁력을 높일 뿐만 아니라 새로운 인수자가 피인수자를 효율적으로 관리하기 위해서 없어서는 안 되는 중요한 요소다.

이를 위해 두산은 먼저 딜로이트와 함께 BPR(Business Process

Reengineering)을 수행하였다. 여기서 도출된 결과를 바탕으로 향후 경영프로세스를 설계하였다. 한국중공업은 원래 반(BAAN)사의 ERP 솔루션을 사용하고 있었으나 국내 기술지원 능력이 떨어진다는 이유로 오라클의 ERP 패키지로 대체하기로 결정하였다. 재설계된 프로세스를 지원하기 위해 오라클 ERP 패키지 등 여러 가지 전문 경영패키지를 이용하여 제품수명주기관리(PLM), 프로젝트관리시스템, 전자무역 솔루션, 품질관리시스템 등 분야별 시스템을 구현하기로 하였다. 2003년에는 회사의 PI추진 담당자들과 IBM BCS와의 컨소시엄을 구성하고 70명의 컨설턴트가 본격적인 ERP시스템 구현 작업에 들어갔다. 4개월 동안 현재의 ERP 시스템과 목표로 잡은 향후 경영프로세스 간의 차이를 분석하고 새로운 설계를 완료하였다. 2004년에는 회사의 변화된 프로세스에 맞춰 설계된 ERP 시스템의 구현에 착수하였고, 2005년에는 ERP와 연계되는 다양한 시스템의 개발과 시스템 가동을 거쳐 안정화 작업에 들어갔다. 이 안정화단계에서는 문제 발생 시 즉각적인 대응조치를 할 수 있도록 각 BG에는 PI BG/부문 지원센터을 운영하고 기획조정실에는 PI 전사지원센터를 설치하였다.

3.3 임직원 교류 프로그램

두산은 한국중공업과의 통합을 위해서 위에서 언급한 하드웨어적인 통합작업과 병행하여 두 집단 간의 교류와 상호 이해를 증진시키기 위한 소프트웨어적인 프로그램도 수립하였다. 먼저 이질적인 두 기업문화를 이해하기 위해 서로의 제도를 연구하는 기업문화

통합 태스크포스팀을 신설했다. 인사, 자금, 관리, 교육, 홍보 등 다양한 분야에 걸쳐 기존의 제도와 관행을 연구하여 두 조직 간의 차이점을 발견하고 이를 그룹 내에 홍보하여 서로의 문화에 대한 이해를 높이기 위해 노력하였다. 또한 직원 간의 이질감을 없애기 위해 전 직원을 대상으로 두산그룹 길동 연수원에서 '듀 스타트 교육'이라는 연수를 실시하였다. 그리고 인력 구조조정으로 사기가 저하된 두산중공업 임직원의 사기를 북돋고 분위기를 쇄신하기 위해 해외 배낭여행을 통한 직원들의 기(氣) 살리기 정책을 전개하였다. 매년 150명을 선발하여 각자의 희망날짜에 출발해 보름 동안 유럽의 여러 나라를 자유롭게 여행할 수 있게 하였다. 이는 직원들에게 국제 감각을 익히게 하면서 두산중공업이 앞으로 글로벌화를 하기 위한 준비 작업이라고도 볼 수 있다.

또한 기존의 두산 직원에게 중공업에 대한 이해를 높이기 위해 창원 공장을 방문토록 하였다. 향후 그룹의 주요 계열사가 될 두산중공업에 대해 기존 직원의 이해도를 높이는 것은 매우 중요한 일이었다. 그리고 각종 홍보물, 사보, 인트라넷 게시판 등을 통해 계열사 간의 소식을 접할 수 있게 하면서, 두산중공업이 그룹의 한 식구임을 임직원에게 각인시키는 노력을 계속하였다.

4. 인수 후의 추가 투자

두산중공업은 이후 국내외 관련 기업을 추가로 인수하면서 경쟁력을 보강하고 글로벌화를 추진하였다. 두산의 이러한 행보는 한국 중공업의 인수가 단순히 몸집을 늘리기 위한 단발성 투자가 아니었음을 시사한다. 이보다는 글로벌 경쟁력을 갖춘 중공업 그룹으로 변신하려는 장기 청사진을 가지고 이를 실행하는 과정에서 나온 단계적 투자였다고 할 수 있다. 그리고 중요한 것은 두산중공업은 글로벌 기업으로 성장하기 위해 해외에 시설을 자체적으로 신규설립하는 것과 병행하여 인수합병을 병행하였다는 점이다. 1990년대 초 중반에 몇몇 국내 대기업이 해외기업을 인수했다가 실패한 적이 있었다. 이로 인해 국내 대기업은 문화적인 이질성과 관리의 어려움 때문에 해외기업 M&A를 통한 해외시장 진입은 국내기업에게 맞지 않는 전략이라고 생각해왔었다. 이런 점에서 두산중공업의 대담한 해외기업 인수는 국내 대기업의 경영관행을 깨는 행보였으며, 또한 문화적인 조건에 구애받지 않고 담대히 국제 경영트렌드를 쫓아가는 혁신이었다고 볼 수 있다.

두산중공업이 해외 자체설립을 선택하지 않고 해외 인수합병을 선택한 이유는 다른 해외 선도기업과 다르지 않았다. 경쟁사보다 빠르게 성장하여 글로벌 시장에서 먼저 시장장악력을 확보하기 위해서다. 즉 연이어 해외기업을 사들임으로써 중동지역에 편중되었던 해외사업 구조를 미국, 유럽 등 선진시장까지 빠르게 확대할 수 있는 기반을 마련하려는 것이다. 또한 두산중공업의 담수, 발전, 주단조 부문에서 모두 기술력을 빠르게 도약시키기 위해서다. 특히 발전설비 부문에서는 두산중공업이 국내 독점이었기 때문에 기술을 업그레이드하고 핵심기술을 취득하기 위해서는 해외 선진기업을 인수할 수밖에 없었다.

두산은 이를 실행하기 위해 그룹 내에 Tri-C라는 사령탑을 두고 그룹의 장기성장 청사진과 연계하여 M&A전략을 총지휘하게 하였다. 또한 인수합병에 경험이 많은 글로벌 경영자문사 출신 인력을 대거 영입해 Tri-C에 전담 배치하였다. 이를 통해 Tri-C는 그룹의 기존문화에 방해받지 않고 수익극대화와 성장을 위한 최선의 전략을 수립하고 과감히 수행할 수 있었다. 그 진두지휘를 맡았던 박용만 부회장은 "유기적 성장(자체증설을 통한 내적 성장)과 비유기적 성장(인수합병 등을 통한 외적 성장)을 모두 달성해야 한다"라고 선포하며, 지속적인 인수합병에 대해 강력한 의지를 보였다.

두산중공업의 첫 번째 해외인수는 미국 AES사(American Engineering Services Inc)의 RO(Reverse Osmosis : 역삼투압 방식) 수처리 사업부문이었다. 미국에 설립한 두산 하이드로 테크놀로지(Doosan Hydro Technology Inc)사를 통해 2005년 총 60억 원에 인수한 뒤 계열회사로 편입하였다. AES사의 RO 수처리 사업부문은 관련 원천기술을 보유하고 있었고, 미국 전역에 걸쳐 영업 네트워크를 가지고 있음은 물론 북미 및 중남미 지역에서 80여 곳의 담수 플랜트와 100여 곳 이상의 공공부문 RO 방식의 상하수도 시설을 공급했던 실적을 가지고 있었다. 두산중공업은 이 인수를 통해 담수분야의 3대 원천기술[91]을 모두 갖춘 토털솔루션 업체(Total Solution Provider)가 됐으며, 기존의 중동시장 이외에 미국, 유럽, 동남아 등 지역 다각화가 가능해져 연간 4조 원 규모의 세계 담수설비시장을 공략할 수 있게 되었다. 또한 당시 시장점유율 40%로 세계 1위의 경쟁력을 확보하고 있는 기존의 대형 담수사업과 RO 방식의 소형 담수사업을 연계해 경제성을 높인 하이브리드 플랜트 등 차세대 담수 플랜트 개발을 추진함으로써 시너지효과를 극대화시킬 수 있다는 것이 두산중공업의 계산이었다. 이 밖에도 AES사의 RO 기술을 활용해 기술연관성이 높은 연간 2조 원 규모의 상하수도, 오/폐수 처리시설 등 수처리사업으로도 영역을 넓혀 나간다는 계획을 세웠다.

두 번째 인수한 해외기업은 루마니아의 크배르너 IMGB였다. 크배르너 IMGB는 루마니아 유일의 대형 주/단조 업체로서 두산중공업과 함께 세계 최대의 1.3만 톤 프레스를 갖추고 두산중공업 자체 생산능력의 70%에 달하는 연간 14만 톤을 생산할 수 있는 대형업체다. 2006년 두산이 크배르너 IMGB를 인수하기로 결정한 것은 동유럽시장에 진입하기 위해서는 자체설립보다는 M&A가 확실히 빠르고 저렴하다는 판단 하에서 이루어졌다. 주/단조 제품에 대한 수요가 공급을 초과하고 있었기 때문에 M&A가 자체설립보다 투자비용이 낮을 수밖에 없었다. 국내에서 동 규모의 설비를 확충하려면 최소 3여년의 제작기간과 3,000억 원 상당의 설비투자가 필요하다는 것이 두산의 계산이었다. 또한 인수자금을 조달하는 면에서도 두산은 소요현금을 최소화할 수 있었다. 크배르너 IMGB의 지분 99.75%을 인수하기 위해 92억 원의 부채상환금액을 제외한 145억 원을 현금으로 지불하였는데, 인수 이후 IMGB의 재차입을 통해 현금을 회수할 수가 있었기 때문이다.

세 번째 해외기업 인수대상은 미쓰이밥콕이었다. 미쓰이밥콕은 일본 미쓰이가 소유하고 있던 영국의 보일러 설계 및 엔지니어링

회사로써 미국의 B&W, 포스터 휠러, 프랑스의 알스톰과 함께 발전소 보일러의 원천 기술력 면에서 세계 4대 기업이었다. 또한 세계 3대 성장시장인 미국, 유럽, 중국을 포함한 세계 30여 개 국가에 진출한 글로벌 기업이었다. 두산중공업은 2006년 12월에 주식 전량을 미쓰이밥콕의 모기업인 미쓰이조선으로부터 200억 엔(약 1,600억 원)에 인수하였다. 이를 통해 두산중공업은 세계 4대 발전소 보일러 기업으로 부상할 수 있었고, 유럽·미주지역에서 지역 발전설비 시장진출의 교두보를 확보하면서 담수시설에 이어 발전설비시장에서도 글로벌화에 박차를 가할 수 있게 되었다. 특히 미쓰이밥콕의 원천기술을 취득하면서 두산중공업은 해외시장을 단독으로 개척할 수 있게 되었다. 석탄 화력발전소시장은 미국과 유럽, 중국만 해도 2030년까지 약 7,500억 달러 규모에 이를 정도로 매우 큰 시장이다. 이렇게 큰 시장을 앞에 두고도 두산중공업은 그간 원천기술 없이 알스톰과 제휴하여 보일러 사업을 해왔기 때문에 성장하는 데 제약이 따랐었다. 그러나 미쓰이밥콕을 인수하면서 원천기술력을 확보할 수 있었기 때문에 이제 두산중공업은 해외수주 시 기술력을 지원해줄 파트너를 구해야 하는 제약에서 벗어나 마음껏 독자적으로 해외시장을 공략할 수 있게 된 것이다. 또한 두산중공업의 제작/마케팅 능력과 약 7,500억 원 규모의 매출을 올리고 있던 미쓰이밥콕을 결합시켜 향후 3년 내에 1조 원 이상의 기업으로 성장시키는 한편, 보일러 기술 외에도 친환경 설비개발 등 기술개발을 활성화 해 글로벌 리딩업체로 성장시킬 계획을 수립하였다. 두산중공업은 미쓰이밥콕을 두산밥콕에너지(Doosan Babcock Energy Limited)로 사명을 변경하고, 기존 미쓰이밥콕의 사업운영을 총괄해왔던 이안 밀러(Iain Miller)가 두산밥콕의 CEO를 맡도록 하였다. 피인수사의 기존 경영진을 계속 기용하는 조치는 두산이 이미 한국중공업을 인수하며 습득한 노하우였다. 특히 인수의 목적이 피인수기업이 보유하고 있던 기술, 노하우, 네트워크 등 무형자산이라면 인수의 목적물은 결국 사람이 되어야 한다는 사실을 두산중공업은 잘 알고 있었다.

두산중공업은 해외기업을 인수하는 것 이외에도 세계 곳곳에 글로벌 R&D센터를 직접 설립하고 해외사업기지를 직접 증설하는 등 해외네트워크 확대에 주력하였다. 먼저 차세대 담수 플랜트 기술 개발과 수처리 기술개발을 위해 2007년에 두바이와 미국 템파에 R&D센터를 설립할 예정이다. 이는 현지 전문인력과 국내 기술진을 연계한 시너지를 극대화하기 위해서다. 또한 베트남에 두산중공업 계열사를 한곳에 모은 대규모 생산단지를 건설하고 동남아시장을 공략한다는 계획을 발표했다. 이를 통해 2009년부터 중동과 동남아 시장에 공급할 담수플랜트를 생산할 방침이다.

5. 현재 당면한 전략적 과제

두산중공업의 향후 성장 가능성은 두산그룹 전체의 경쟁력과 무관하지 않다. 세계적으로 설비건설시장은 일괄수주(턴키)가 추세다. 이를 위해서는 해외건설 면허와 경력을 가지고 있는 대형 건설사가 필요하다. 현재 두산그룹이 발전소, 중장비, 건설의 3대 축을 포괄하는 글로벌 종합 중공업 그룹으로 성장한다는 미래 청사진을 그리고 있는 이유 중에 하나도 이 때문이다. 2007년 현재 플랜트, 설계, 해외수주는 두산중공업이, 설비기자재와 건설장비는 두산인프라코어가 담당하고 있다. 그리고 두산중공업은 미쓰이밥콕을 인수하면서, 그리고 두산인프라코어는 2007년 미국의 건설기계 업체인 잉거솔랜드사의 3개 사업부를 인수하면서 각각 경쟁력을 강화하고 있다. 그러나 건설부문을 맡은 두산산업개발은 주택과 SOC 건설전문 기업이기 때문에 두산의 미래 청사진 하에서 사실상 설비건설 기업이 비어 있는 상태다. 따라서 두산중공업도 해외 대형프로젝트를 일괄수주 하기 위해서는 두산중공업을 보좌해줄 수 있는 건설부문이 그룹 내에 존재해야 한다.

이 같은 맥락에서 두산그룹은 2006년 대우건설 인수에 사활을 걸었던 것이며, 인수가 실패로 돌아서자 2007년에는 현대건설 인수에 총력전을 펼칠 예정이었다. 그러나 현대건설의 연내 매각이 어려워지자 두산은 현재 몇 가지 대안을 두고 고심하고 있다. 첫 번째는 현대건설, 대우조선해양 등 구조조정 졸업 기업들의 매각이 가시화될 때까지 계속 기다리는 것이고, 두 번째는 다시 해외로 눈을 돌려 유수한 해외건설업체를 인수하는 것이고, 세 번째는 현재 두산건설을 자체적으로 강화하는 것이다. 2007년 8월 현재 두산의 입장은 원론적으로는 건설부문 강화를 위한 인수가 필요하지만 두산건설이 해외건설 면허도 가지고 있고 시공능력도 키워가고 있기 때문에 상황을 좀더 지켜본다는 입장이다. 어느 대안이 되든 두산은 이미 글로벌 과점기업들이 경쟁하는 시장에 뛰어들었기 때문에 가장 빠르게 건설부문을 강화할 수 있는 방법을 선택해야 한다. 이는 두산중공업의 향후 수주물량에 적지 않은 영향을 줄 것이다.

두산중공업 스스로도 앞으로 인수합병이나 자체설립을 통한 해외진출은 더욱 많아져야 하며, 해외 아웃소싱 및 제휴의 기반이 더욱 넓어져야 한다. 두산중공업 자체적인 평가에서도 밝힌 것처럼 발전설비업체의 경쟁력은 크게 생산과 원자재 조달의 글로벌 전략, 엔지니어링 능력 그리고 전략적 제휴 등을 통한 규모의 경제성 확보에 의해 결정된다고 볼 수 있다. 현재 발전설비업의 선도업체들은 모두 국제 인수합병을 통해 거대화 및 글로벌화를 추구하고 있으며, 시장장악력 확대에 따른 추가 이윤을 이용하여 대규모 개발투자와 설비투자를 실행하고, 이를 통해 결국 가격 및 품질 경쟁력을 제고시키고 있다. 또한 설계, 엔지니어링 등 고부가가치 부문은 직접 수행하고 설비의 단순제작이나 조립 설치 등은 후발업체와의 하청계약 등을 통한 수직적 재편을 통해 수익성을 제고하고 있다. 한편 담수 및 산업플랜트 시장은 이미 완전경쟁 체제로 막강한 자금력과 기술력을 가진 해외 선진업체와 치열한 각축을 벌이고 있다. 그리고 주단소재 시장에서의 경쟁력은 소량 다품종의 제품을 고객 요구조건에 부합하게 생산할 수 있는 역량에 의해 좌우된다. 이를 위해서는 고철 및 합금철 등 경쟁력 있는 원재료의 확보 및 아웃소싱 업체의 확보, 그리고 각 공정의 생산성을 기초로 한 원가경쟁력이 주요한 경쟁요소다.

결국 발전설비, 담수, 주단에서 모두 글로벌화를 통한 시장점유율 확대와 제휴를 통한 조달과 아웃소싱의 최적화가 업계의 키워드가 되고 있으며, 이를 통해 시장장악력, 원가경쟁력, 품질경쟁력을 갖지 못하면 도태될 수밖에 없는 상황이다. 이러한 업계의 구조변화에 대응하여 두산중공업은 현재 글로벌화와 기술개발에 노력하고 있으나, 아직 시장점유율은 충분치 못한 수준에 머물러 있고 제휴기업도 더 많이 발굴해야 할 상황이라 할 수 있다. 향후 두산중공업이 해외시장을 어떻게 공략할 것인지, 이에 소요되는 막대한 자금을 어떻게 조달할 수 있을지, 그리고 해외조달, 아웃소싱을 모두 아우르는 글로벌 경영시스템을 어떻게 시연할 수 있을지는 계속 지켜봐야 할 것이다.

또한 두산중공업은 두산그룹에 속해 있는 한 두산그룹의 지배구조의 변화에 영향을 받지 않을 수 없다. 2005년 대주주 간의 갈등이 있은 후 두산그룹은 2008년까지 (주)두산을 중심으로 한 지주회사체제로 전환하는 것을 골자로 하는 지배구조 선진화 방안을 발표하였다. 이후로 개선안이 본격 실행되면서 두산 각 계열사는 이사회를 중심으로 한 독립경영을 목표로 전문경영인체제가 도입되고 있는 상태다. 특히 두산산업개발이 보유하고 있던 (주)두산의 보통주 전량 171만 주를 923억 원에 대주주 10명에게 매각하면서 두산→두산중공업→두산산업개발→두산으로 이어지는 순환출자 문제를 해소하는 데 성공하였다. 또한 2006년 10월 종가집 김치를 대상에 1,050억 원에 매각하여 부채비율을 축소하면서 지주회사체제로 전환하는 데 한 걸음 성큼 다가서게 되었다. 그룹이 지주회사체제로 전환할 준비를 하면서 시장에서는 두산중공업의 경영투명성도 제고될 것이라는 기대가 커지고 있다. 그러나 지주회사체제로 전환되

고 각 계열사가 이사회를 중심으로 독립경영을 하도록 권한을 이양
받은 상태에서 두산중공업이 타 계열사와 시너지를 유지하고 과감
한 투자와 신속한 경영의사결정을 지속하기 위해 어떤 행보를 걸을
지는 두고 봐야 할 것이다.

86 중공업에서 글로벌 선도기업인 ABB는 2005~2006년 기간에 당기순이익률과 자기자본수익률이 각각 4.4%, 25.1%를 기록하고 있어, 두산중공업보다 높은 성과를 보였다.

87 특히 한국전력과의 거래에서 한국중공업은 독과점 혜택을 향유했었다. 실제로 1998년 일원화 조치가 다시 시행되면서 한국중공업은 한국전력에게 발전보일러 가격을 1.5~2.7배까지 올릴 수 있었다는 지적이 제기되었었다. (《한겨레21》, 2003. 10. 30.)

88 당시 한국중공업은 수주목표를 2005년 7조 811억 원, 2010년 11조 2,998억 원으로 예상했다. 한국중공업은 국내 장기전력수급계획과 아시아권의 경제회복 등을 고려하여 이러한 예상치를 내놓았었다. (정용택 · 이승현 · 송태경 · 곽노현, "한국중공업 민영화에 관한 연구", 2000)

89 한편 한국중공업이 직상장한 2000년 10월 말부터 계산하면 두산의 주가는 약 20% 정도 올라와 있는 상태였다. 두산의 한국중공업 인수 가능성에 대해서 시장은 이미 이때부터 점칠 수 있었기 때문에 인수 효과는 두산의 주가에 선반영되어 있었다고 볼 수도 있다.

90 이후 두산메카텍이 두산기계 사업부문을 영업양수 하는 과정에서 두산기계의 가치를 과대평가하였다는 주장이 두산중공업의 소액주주로부터 제기되어 법적 소송으로 이어졌다. 이에 2003년 3월 두산은 계약 시점부터 계산한 자산 가치 하락분 63억 원과 이자 6억 7,000만 원 등 모두 69억 7,000만 원을 자산재평가 정산금으로 두산메카텍에 지급했다.

91 RO 방식이란 역삼투압 막을 이용해 바닷물 속의 염분을 제거 후 담수를 생산하는 기술이다. 다단증발법(MSF 방식) 및 다중효용 증발법(MED 방식)과 함께 3대 담수화 방식 중 하나이며 담수 플랜트 이외에 수처리 사업 등에도 광범위하게 사용된다. 이 방식은 발전소를 함께 건설할 필요가 없어 경제성이 매우 뛰어나 미국과 유럽을 중심으로 연간 2조 원 규모의 시장이 형성되어 있다.

아모레퍼시픽의 글로벌 전략

* 사례 작성 일자 : 2007년 12월

* 전인수 : 홍익대학교 경영대학 교수

(주)아모레퍼시픽은 아시안 뷰티 크리에이터(Asian Beauty Creator)라는 글로벌 비전을 달성하기 위한 글로벌 사업 확대에 박차를 가하고 있다. 2006년 상반기에는 프랑스 향수시장 4위에 빛나는 롤리타 렘피카(Lolita Lempicka)의 두 번째 향수 롤리타 렘피카 엘(L)을 전 세계 향수시장에 화려하게 론칭했으며 아모레퍼시픽의 글로벌 대표 브랜드인 AMOREPACIFIC(상호브랜드라 상호와 브랜드가 같음)으로 2003년 미국에서 성공적으로 론칭하였다. 이어서 2006년 하반기에는 본격적으로 일본시장 공략에 나섰다. 그 결과 아모레퍼시픽은 2006년 1억 6,000만 달러의 해외매출을 달성하였으며, 국내 1위를 넘어 세계적인 화장품 기업이 되기 위한 작업에 박차를 가하고 있다.

아모레퍼시픽은 1960년대에 해외진출을 시작하여 1980년대 말까지는 수출중심의 해외시장 개척을 추진했다. 1990년 초부터 글로벌 브랜드 전략을 추구하게 되면서 중국과 프랑스에 공장을 설립해 현지생산을 시작했으며, 이를 기반으로 2000년대에 들어서면서 본격적인 글로벌 전략 추진기를 맞이하고 있다. 현재 아모레퍼시픽의 글로벌 전략은 중국, 프랑스, 미주 지역을 3대 축으로 하여 전개되고 있다.

1. 성장역사와 글로벌 기업으로서의 위치

개성상인의 맥을 이은 창업자 고 서성환 회장 일가가 화장품사업을 시작한 것은 1932년 개성에서부터였지만, 1945년 광복을 맞은 기쁨을 간직하여 태평양 바다처럼 큰 기업을 만들겠다는 의지를 담고 1945년 9월에 '태평양화학공업사'라는 상호로 창립되었다. 〈표 10-1〉과 같이 태평양화학공업사는 태평양화학(주), (주)태평양을 거쳐 오늘의 아모레퍼시픽으로 발전하게 된 것이다. 창립 60주년을 훌쩍 넘긴 이 회사는 창업 2세인 서경배 사장의 탁월한 경영능력을 동력으로 글로벌 top10 비전으로 글로벌 전략을 추구하고 있다.

한국의 기업 중 1세대 글로벌 기업으로 분류할 수 있는 기업들은 삼성전자, 포스코, 현대자동차, LG전자, 현대중공업 등이며 아모레퍼시픽 국내 2세대 글로벌 기업의 대표적인 기업이다. 그러나 아모

〈표 · 10-1〉 아모레퍼시픽의 역사

1945. 09	태평양화학공업사 창립
1951.	ABC 브랜드 발매
1964. 09	방문판매제도 도입
1973. 04	기업공개
1993. 03	(주)태평양으로 상호 변경
1994. 02	아모레화장품 삼양유한공사 설립
1994. 08	라네즈 발매
1995. 10	헤라 발매
1996. 10	아이오페 발매
1997. 04	설화수 발매
2000. 01	헤어컬러링브랜드인 미쟝센 발매 및 이니스프리 발매
2001. 09	설록차 뮤지엄 오'설록 개관
2003. 03	AMOREPACIFIC 글로벌 로고 도입
2006. 07	지주회사 출범 AMOREPACIFIC corporation
2006. 09	창립 61주년을 기념하여 Asian Beauty Creator 및 2015년 글로벌 톱 10이라는 비전을 발표하고 동시에 〈그림 10-1〉과 같은 새 로고를 발표

2부 · 글로벌 전략 및 시스템 구축 사례

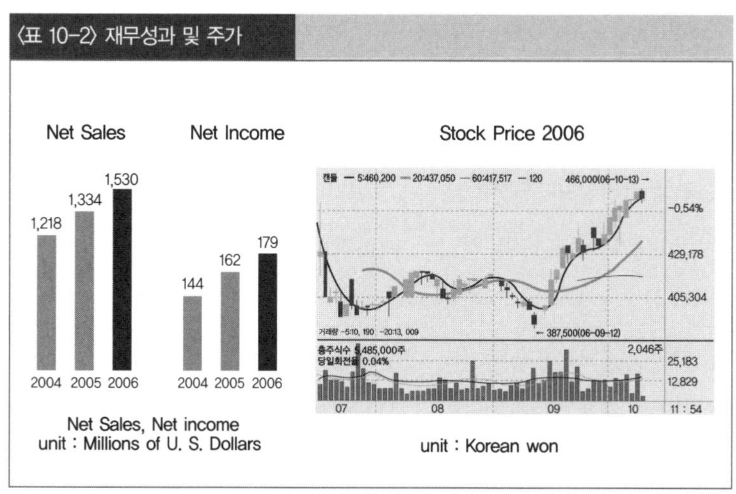

레퍼시픽은 1세대 국내 글로벌 기업들과는 여러 부분에서 상이한 특징을 갖는다. 화장품산업은 소위 말하는 문화산업에 가까워 글로벌 시장에서 후발업체가 선발업체를 추격하는 일이 매우 어려운 업종이다. 패션이나 시계에서 세계적 명품을 만드는 것이나 진배없어 글로벌 top10은 쉽지 않은 목표라고 볼 수 있다. 또한 화장품은 성숙산업이면서 파편화된 산업이라 매출액성장 및 시장점유율 학대가 매우 어렵다는 한계도 있다.

하지만 〈표 10-2〉와 같이 아모레퍼시픽은 매출액성장률 및 순이익률에서 10%를 넘기고 있어 글로벌 플레이어로서의 조건을 갖추고 있다. 기업의 미래가치를 가늠할 수 있는 주가 또한 65만 원 정도로 국내 상장사 중 top10에 들고 있다.

2. 글로벌 브랜드 포트폴리오

'미와 건강의 토털제공자'를 미션으로 하고 있는 아모레퍼시픽은 크게 3가지 사업도메인을 보유하고 있다. 가장 중요한 사업인 화장품은 회사 전체 매출의 78%를 차지하고 있어 압도적이다. 또한 헤어케어, 바디케어, 치약 등 퍼스널 케어 비즈니스가 전체 16%를 차지하고 있다. 한편 웰빙을 표방하는 건강제품군이 4%로 미미한 점유이지만 가능성과 역할은 매우 중요하다. 그 이유는 설록차는 웰빙 트렌드와 부합하고 주력인 화장품에 동양적 스토리텔링과 체험을 제공하는 역할을 하기 때문이다.

국내 화장품의 유통경로는 〈그림 10-2〉와 같이 4가지 유형으로 나누어진다. 대표적인 경로가 백화점이다. 백화점의 노른자위라고 할 수 있는 1층 매장을 화장품이 차지하고 있어 '백화점 1층 = 화장품'이라는 인식이 소비자의 머릿속에 뿌리 깊게 박혀 있다. 따라서 세계적 화장품 브랜드는 하나같이 백화점 1층에 좋은 매장을 차지하기 위해 치열하게 경쟁한다. 주요 백화점의 가장 좋은 매장을 어느 브랜드가 차지하고 있는지를 보면 시장 전체의 화장품 브랜드의 선호도를 짐작할 수 있다. 아모레퍼시픽은 헤라, 설화수, 아모레퍼시픽 등의 고급브랜드를 기반으로 전체 화장품 매출의 약 20% 정도를 백화점을 통해 판매하고 있다.

다음으로 아모레퍼시픽이 1964년에 최초로 시작한 방문판매다. 흔히들 아모레아줌마로 알고 있는 판매사원을 통한 방문판매제도는 오늘날의 아모레퍼시픽을 있게 한 동력으로 지금은 외국기업들이 모방하기 어려운 핵심역량이 되고 있다. 1990년대 이후 화장품 시장이 본격적으로 개방되었지만 국내업체가 글로벌 브랜드의 공세를 견뎌낼 수 있었던 힘은 바로 방문판매라고 할 수 있을 정도로 핵심성공요인으로 볼 수 있다. 방문판매 또한 백화점과 같은 브랜드를 판매하고 있으며 약 47%를 이 경로에서 판매하고 있다. 백화점과 방문판매를 합하면 70%에 육박하여 두 경로가 주력 유통경로임을 알 수 있다.

세 번째로 흔히들 로드숍이라고 부르는 화장품전문점이다. 전문점은 주로 프랜차이즈 형태로 운영되고 있으며 한때는 할인의 온상처럼 인식되기도 했다. 다시 말해 유통과정에서 흘러나온 거의 모든 브랜드를 30~70%나 할인해서 판매하는 것으로 유명했다. 하지만 오늘날은 잘 정리되어 매스시장을 겨냥한 브랜드들의 유통경로로 자리를 잡고 있다. 최근 저가화장품이 침투한 공간도 바로 전문점 유통경로이다. 아모레퍼시픽은 주로 젊은 여성층을 겨냥하여 이 경로에 라네즈, 아이오페, 마몽드 등의 브랜드를 투입하고 있다.

네 번째로 할인점이다. 할인점이 거의 모든 포장소비재의 주요 유통경로로 등장하면서 화장품의 유통경로도 그 중요성이 증가하고 있다. 할인점 외에 편의점이나 드러그스토아 등 소위 말하는 셀프채널이 다른 나라에서는 화장품의 주요 유통경로가 되고 있지만 국내에서는 소비자의 습관과 인식을 바꾸지 못해 그다지 활성화되지 못하고 있다. 아모레퍼시픽은 이 경로에 이니스프리를 판매하고 있으며 전체 매출에서 약 10%를 차지하고 있으나 매장수의 급격한 증가에 비해 매출 비중은 그다지 크게 높아지지 않고 있다.

끝으로 인터넷이나 홈쇼핑이다. 이들은 이머징채널로 시장리더십 브랜드들이 외면하여 크게 성장하지는 못하지만 그 중요성은 무시할 수 없다. 브랜드의 편익이 분명한 중소기업에게는 매우 효율적인 시장접근의 통로이기 때문이다. 그러나 아모레퍼시픽은 시장리더십 브랜드를 가지고 있는 업체이기 때문에 이 경로는 활용하지 않고 있다.

한 회사의 브랜드구조는 다양하게 구성될 수 있는데 아모레퍼시

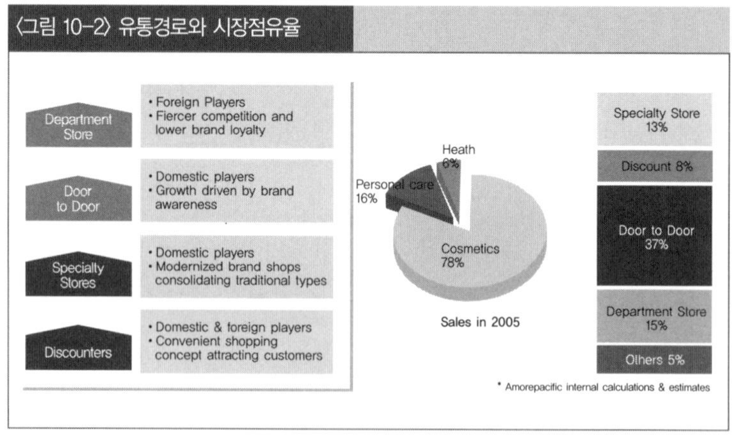

2부 · 글로벌 전략 및 시스템 구축 사례

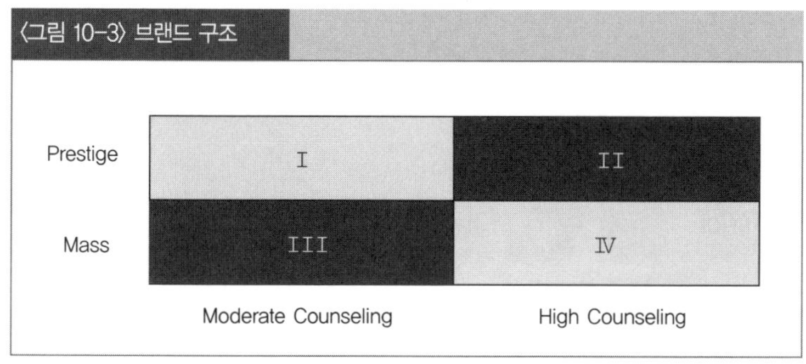

픽은 〈그림 10-3〉과 같이 프레스티지와 매스, 카운슬링의 정도라는 두 차원으로 브랜드를 구성하고 있다. 프레스티지와 매스는 일반적으로 시장을 세분화할 때 사용하는 기준이기 때문에 새로울 것이 없지만 카운슬링의 정도는 시사하는 바가 크다. 카운슬링은 화장품 유통경로를 구분하는 기준으로 사용되기 때문이다. 흔히들 뷰티전문가의 서비스가 있는 경로를 헬프채널, 없는 경로를 셀프채널이라고 하는데 아모레퍼시픽은 헬프채널을 이용하는 브랜드 구조를 가지고 있음을 시사한다.

〈그림 10-4〉와 같이 프레스티지/하이 카운슬링 경로에 속하는 브랜드는 설화수, 헤라, 롤리타렘피카, 아모레퍼시픽 등이 대표적이다. 반면에 매스/중간 카운슬링 경로(매스시장경로라고 함)에 속하는 브랜드는 라네즈, 아이오페, 마몽도, 이니스프리 등이다. 각 브랜드의 표적시장, 가격대, 품목, 브랜드 콘셉트 등은 홈페이지에 상세히 소개되어 있다(참조 : http : //www.amorepacific.co.kr).

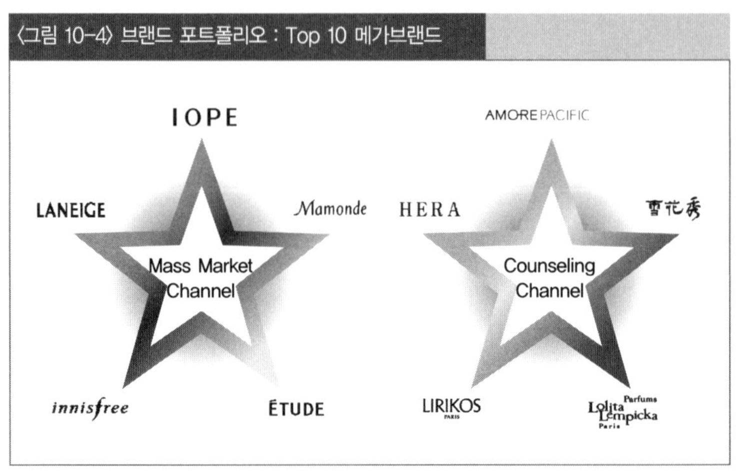

3. 글로벌 사업 추진 내역

3.1 중국 사업

중국 화장품시장의 가능성은 〈표 10-3〉에서 보는 바와 같다. 성장률에서 2006년 현재 13.2%에 달하고 있어 한국과 일본을 능가하고 있다. 일반적으로 화장품시장의 성장률은 GDP 성장률을 앞서가는데 중국은 향후에도 GDP가 매년 10% 정도는 성장할 것으로 예측되고 있어 그 잠재성을 짐작할 수 있다. 특히 중국시장은 2008년 베이징올림픽을 계기로 급속히 팽창할 것으로 예상되고 있다. 특히 주목할 만한 것은 외국브랜드의 침투가 보다 용이한 백화점이 유통경로로서의 비중이 가장 높다는 점이다.

아모레퍼시픽의 중국시장 진출은 1990년대 초반으로 거슬러 올라간다. 중국시장의 개방이 가속화되기 이전인 1993년, 이미 선양

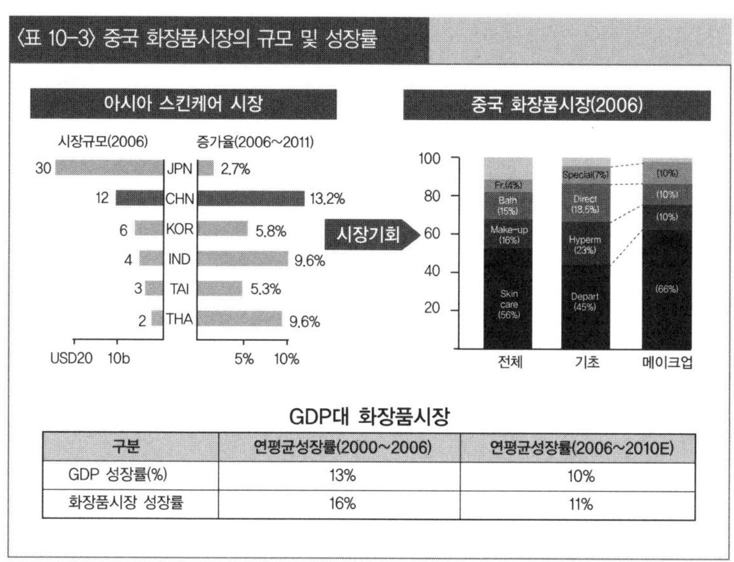

구분	연평균성장률(2000~2006)	연평균성장률(2006~2010E)
GDP 성장률(%)	13%	10%
화장품시장 성장률	16%	11%

에 현지법인을 설립하여 선양(瀋陽), 장춘(長春), 하얼빈(哈爾濱) 등 동북 3성을 중심으로 백화점과 전문점 경로에 마몽드와 아모레 브랜드를 공급하였으며, 영업력을 지속적으로 강화하여 동북시장에서 시장점유율 4~5위를 유지하면서 안정적인 성장을 기록하고 있다. 〈그림 10-5〉와 같이 다양한 브랜드로 단계적으로 중국시장에 진입하는 전략을 특히 눈여겨볼 만하다.

아모레퍼시픽은 1994년 한국시장에서 처음 론칭, 1년 만에 1,000억 원의 매출을 기록하며 지속적으로 성장해온 대표 브랜드 라네즈를 아시아 브랜드화 하기로 결정하고, 중국시장 도입에 앞서 3년간의 철저한 사전조사와 3,500명에 이르는 현지 소비자 조사를 실시했다. 이와 같은 조사를 통해 장기적 관점에서의 브랜드 관리를 위해 라네즈 브랜드의 국내 유통경로보다 고급 이미지를 추구할 수 있는 백화점에 한정하여 도입하기로 전략을 수립하였다. 또한 중국 한류열풍의 대표주자인 전지현을 대표 모델로 기용했다.

아모레퍼시픽은 라네즈의 중국진출을 본격화하기 전인 2002년 5월 중국시장 도입에 앞서 글로벌 브랜드의 각축장이며, 중국시장의 창이라 할 수 있는 홍콩시장을 겨냥하여 경쟁력 및 브랜드 이미지 제고 활동을 벌였다. 홍콩 소고 백화점에 1호점을 오픈한 라네즈는 현재 홍콩에 이미지 숍을 비롯하여 14개의 매장을 보유하고 있으며, 매장당 월평균 매출이 1억 원을 넘는 좋은 결과를 기록하고 있다. 특히 2004년 봄에는 라네즈 딸기 요구르트 팩이 크게 히트하면서 또 하나의 한류열풍을 만들기도 하였다.

아모레퍼시픽은 이러한 활동들을 통해 축적된 중국시장에 대한 이해와 인력을 바탕으로, 중국 유행의 발신지인 상하이에 별도의 현지법을 설립하고, 2002년 9월부터 라네즈 브랜드로 중국시장을 본격적으로 공략하고 있다. 라네즈의 젊고, 해피한 이미지와 부합되는 백화점 경로만을 집중한 결과 2007년 2월 현재, 상하이의 1급 백화점인 팍슨(百盛), 태평양(太平洋) 등은 물론 주요 37개 도시 118개 백화점에서 매장을 운영하고 있다.

아모레퍼시픽은 홍콩과 중국시장에서 구축한 브랜드 이미지를 기반으로 하여 라네즈 브랜드의 아시아화에 박차를 가하고 있다. 2003년 싱가포르의 중심에 있는 이세탄(伊勢丹) 백화점에 진출하여 동남아시아를 향한 이미지의 발신지 역할을 하고 있으며, 2004년에는 대만의 미츠코시(新光三越) 백화점, 인도네시아의 소고 백화점 등에 진출하여 현지 소비자들로부터 호평을 받고 있다. 뿐만 아니라 올해는 러시아 등 미진출 국가에 대한 조사를 마무리하고 본격 진출할 계획이므로, 아시아 브랜드로서의 활약상이 더욱 기대되고 있다.

이와 더불어 마몽드 브랜드의 중국 진출도 가속화할 예정이다. 마몽드는 1997년부터 선양(瀋陽)을 중심으로 장춘, 하얼빈 등 동북 3성에서 현지 생산, 판매되고 있으며, 동북지역 및 상하이 중심 백화점 진출을 시작으로 전문점까지 경로를 확장하여, 2007년 2월 현재 84개 백화점 매장 및 350여 군데 전문점에서 판매되고 있다(〈표 10-4〉는 계획수치도 포함).

또한 2004년 9월 25일에는 한국을 대표하는 아모레퍼시픽의 명품 한방화장품 설화수(雪花秀)가 홍콩 센트럴 빌딩에 부티크 형태의 독립매장을 연 데 이어, 세이부 백화점, 하비 니콜스 백화점 등에 잇달아 입점하고 있다. VIP고객들을 대상으로 한 설화수만의 차별화된 서비스를 제공해 마니아층을 늘이고 있다.

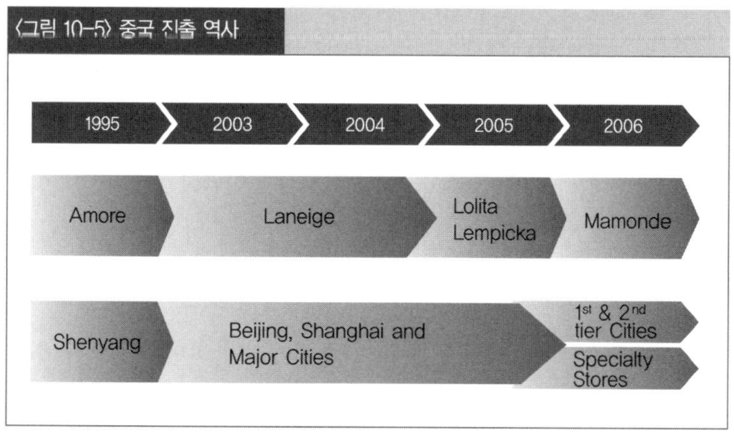

<table>
<tr><td colspan="8">〈표 10-4〉 연도별 오픈 매장수</td></tr>
</table>

브랜드	2003	2004	2005	2006	2007	전체	평균개점일수
Laneige	29	40	30	14	7	120	15일
Mamonde(D)	–	–	47	33	20	100	11일
Mamonde(S)	–	–	27	309	864	1,200	0.9일

〈그림 10-6〉 중국시장에서 시장성과

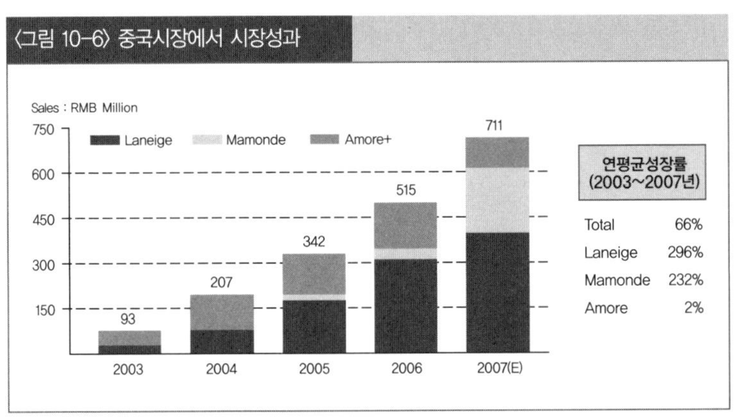

〈그림 10-6〉과 같이 중국에 진출하고 있는 세 브랜드 중 라네즈가 특히 선전하고 있다. 따라서 라네즈의 마케팅전략을 눈여겨볼 필요가 있다. 특정 브랜드의 마케팅전략을 요약한 것이 가치제안기술서인데 라네즈의 가치제안기술서와 마케팅 프로그램은 〈표 10-3〉과 같다. 국내시장의 가치제안기술서와 큰 차이를 보이고 있는 것이 유통경로다. 2003년 라네즈가 중국시장에 진출할 당시, 국내에서는 매스 경로였으나 중국에서는 백화점 경로로 시작하였다. 하지만 2007년 현재는 라네즈 프리미엄 메이크업 라인과 스킨케어라인 출시로 국내 백화점에 입점하고 있다(2007년 9월 현재 3곳 입점).

- **표적고객**　　(중국) 25세 전후
- **가격대**　　usd 20~30
- **출시 시기**　　2002년 론칭 ~
- **유통 경로**　　백화점
- **독특한 마케팅 프로그램**
  - CRM의 효율적 운영
  - 시즌 및 목적에 맞는 판촉물 개발(ex : 5주년 기념 핸드폰줄, 라네즈 로고송 컬러링)
  - 중국시장 전용 제품 사용용 파우치 개발 및 DM 발송
  - 온라인 미니사이트 오픈하여 활발한 인터렉션 마케팅 전개

라네즈의 시장성과는 〈그림 10-7〉과 같이 매우 양호하다. 비록 매출액에서 7위이기는 하나 랑콤을 제외하면 2위에서 8위까지는 큰 차이가 없어 2위로의 도약은 시간문제로 볼 수 있다. 다만 점포 수가 많으나 점포별 매출은 낮아 점포효율성을 높이는 전략이 필요하다. 한편 〈표 10-6〉에서 보는 바와 같이 기업별로는 에스티 로더에 이은 5위이고 아시아 브랜드로는 시세이도에 이은 2위다. 이러한 성과로 볼 때 아모레퍼시픽은 이미 아시아의 대표적인 브랜드로 자리를 잡았다고 할 수 있다.

〈표 10-6〉 중국 화장품시장에서 기업별 매출액(2006년 현재)　　(Unit : RMB Million)

구분	L'oreal	P&G	Shiseido	E.Lauder	AP	Kose
Net Sale	4,120	2,620	1,860	650	330	280
브랜드별 매출 (소비자가)	Lancome　910 Biothern　360 L'oreal　1,650 Maybelline　960 Yue-sai　500	SK II　510 Olay　3,200	Shiseido　440 Aupres　1,500 CS　330 Za　150 P&M　130	E.Lauder　470 Clinique　330	Laneige　314 Amore　101 Mamonde　83	B. D Kose 150 Avenir　90 Recipeo　250

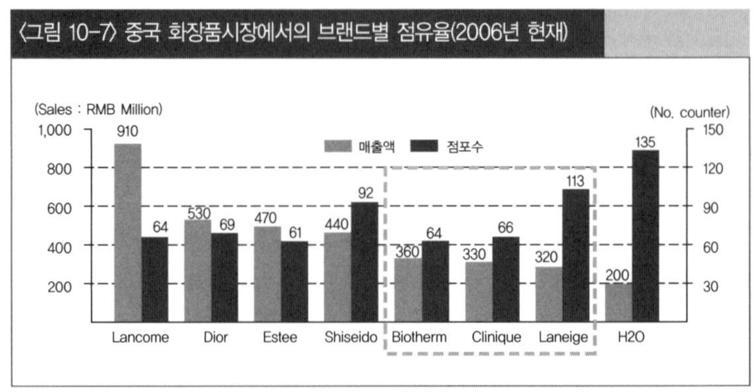

3.2 프랑스 사업

아모레퍼시픽은 1959년 9월에 프랑스 코티사와 기술 제휴를 시작한 이래, 1988년 10월 순(SOON) 브랜드로 프랑스에 수출했다. 1990년 9월에는 샤르트르에 현지법인을 설립하고 1997년 4월 야심작 향수브랜드인 롤리타 렘피카를 선보였다.

롤리타 렘피카는 현재 미국(1998년 10월), 일본(1999년 10월), 한국(1999년 9월) 등 전 세계 80여 개 국가에서 판매되고 있다. 프랑스 내에서는 약 1,650여 곳의 선택경로에서 판매되고 있으며, 2004년 4월 29일에는 샤르트르 약 3만 평 대지 위에 초현대식 설비를 갖춘 공장을 준공했다.

롤리타 렘피카는 기존의 획일적이고 전통적인 향수들과 다른, 여성적이고 환상적인 향취와 용기 디자인으로 폭발적 인기를 끌며 출시 8개월 만에 1% 가까운 시장점유율로 프랑스 향수시장에 확고하게 자리 잡음은 물론, 세계권위의 향수협회(Fragrance Foundation : FiFi)가 선정하는 최우수 여성 향수상, 최우수 남성 향수, 최우수 남성 향수 디자인상 등 수차례 수상했다. 여성 향수의 성공 이후로도 지속적인 브랜드 이미지 구축과 함께 남성 및 바디 라인을 보강하는 등 더 많은 성과를 위해 노력해왔다. 롤리타 렘피카가 큰 성공을 거두면서 2003년 9월 5일에는 서경배 대표이사가 파리시장으로부터 감사패를 받기도 했다.

프랑스는 화장품과 향수에 관한 한 글로벌스탠더드를 확보하고 있으며, 프랑스에서의 성공은 글로벌화의 지름길이다. 따라서 화장품의 본고장인 프랑스에 진출해 입지를 구축하는 것은 아시아 기업으로서의 경쟁상 약점을 보완하는 동시에, EU라는 거대시장 공략과 세계시장 진출의 근거지를 마련한다는 점에서 매우 중요한 전략적 의미를 가지고 있다.

롤리타 렘피카는 2006년 봄, 9년 만에 두 번째 향수 롤리타 렘피카 엘(L)을 전 세계 향수시장에 화려하게 데뷔시켰다. 롤리타 렘피카 엘(L)은 사이렌(Siren)의 신화를 바탕으로 한 프레쉬 오리엔탈 향이 특징이다. 지난 2006년 2~3월에 파리 쁘렝땅 백화점에서 한 달간 진행한 프리 론칭 행사에서 예상을 뛰어넘는 매출(목표 대비 180%)을 올리는 등 첫 번째 향수를 능가하는 성공을 예감케 했으며, 2006년 한 해 동안 1,800만 유로의 매출을 올렸다. 2006년 상반기 프랑스, 영국, 스페인, 러시아, 중동, 캐나다 등에 이어 2006년 하반기에 독일, 이탈리아, 남아메리카, 호주 등에 입점하였으며(한국은 9월 백화점에 입점), 2007년에 미국, 중국, 동유럽, 라틴 아메리카에 론칭할 계획이다.

아모레퍼시픽의 서경배 대표이사는 롤리타 렘피카의 전 세계적

순위	브랜드명	기업명	점유율(%)
1	ANGEL	Thierry Mugler	4.6
2	CHANEL No. 5	Chanel	4.2
3	J'ADORE	Christian Dior	3.0
4	LOLITA LEMPICKA	Parfums Lolita Lempicka	2.6
4	FLOWER	Kenzo	2.6
6	SHALIMAR	Guerlain	2.5
7	ALLURE	Chanel	2.2
7	OPIUM	Yves Saint Laurent	2.2
7	PARIS	Yves Saint Laurent	2.2
10	TRESOR	Lancome	2.1

자료 : SECODIP

인 성공과 두 번째 향수 롤리타 렘피카 엘(L)의 성공적인 론칭 등을 통해 한·불 협력을 비롯해 양국 간 경제협력과 우호증진에 기여한 업적으로 2006년 7월 27일 프랑스 정부로부터 국가 최고 훈장인 레종 도뇌르(Legion d'honneur)를 받기도 했다.

〈표 10-7〉과 같이 100여 개 브랜드가 치열하게 경쟁하고 있는 프랑스 향수시장에서 4위를 차지하고 있다. 화장품은 기초화장품, 색조화장품, 향수 등으로 분류하는데 향수의 본 고장인 프랑스에서 4위 브랜드가 될 수 있는 것은 획기적인 성과라고 할 수 있다. 프랑스에서의 이러한 성과를 바탕으로 롤리타렘피카는 〈표 10-8〉과 같이 세계시장으로 진출하고 있다.

〈표 10-8〉 롤리타 렘피카의 지역별 매출구성 (2002년, 총매출액 3,220만 유로)

지역	프랑스	기타 유럽	미국	아시아	중동	아프리카	계
비중	60.4%	16.9%	12.0%	6.2%	2.7%	1.8%	100.0%

자료 : PLL

3.3 미국 사업

미주 사업은 동양의 아름다움을 현대적으로 승화시킨 아모레퍼시픽의 글로벌 대표 브랜드인 아모레퍼시픽을 중심으로 추진되고 있다. 아모레퍼시픽은 뉴욕과 서울에서의 성공적인 론칭을 발판으로 진정한 명품 브랜드로서의 입지를 탄탄히 굳히며 자신만의 독특한 브랜드 세계를 새로운 해외시장에 전달해나가고 있다.

아모레퍼시픽은 2003년 9월, 86개국의 언어가 사용되고 전 세계 고급 브랜드들이 매장을 열고자 희망하는 뉴욕 소호에 플래그십 스토어 형식의 아모레퍼시픽 뷰티 갤러리 앤 스파로 첫발을 내디뎠다. 아모레퍼시픽의 세계를 오감으로 체험할 수 있도록 꾸며진 이곳은 세계 트렌드의 중심지인 뉴욕에서 트렌드 세터들의 마음을 사로잡고 있다.

이후 전 세계 패션시장의 중심지 뉴욕 맨해튼 5번가에 위치한 세계 최고 프레스티지 백화점 버그도프 굿맨(Bergdorf Goodman) 백화점에 한국 화장품 최초로 입점했으며, 고급 백화점 체인인 니먼 마커스(Neiman Marcus) 백화점의 뉴욕, 워싱턴, LA, 라스베이거스를 비롯한 20여 군데 지점에 입점하는 등 미국 전역으로 매장을 넓히고 있다.

아모레퍼시픽의 브랜드슬로건은 "(주)아모레퍼시픽의 플래그십 브랜드로서 헤리티지와 함께, 최고 수준의 상품과 서비스를 추구하는 트루 케어브랜드"이다. 이를 구체적으로 표현하면 다음과 같은 세 가지 핵심편익으로 정리된다. 첫째, 헤리티지다. 60년을 이어온 뷰티기업 아모레퍼시픽의 역사와 전통성을 계승한 창업주 서성환 회장의 열정이 녹아 있는 녹차스토리다. 둘째, 고귀한 원료와 혁신적인 기술이다. 까다롭게 얻어낸 원료인 첫물 녹차에 최첨단 피부과학의 정수를 적용하여 피부에 최고의 품격을 증명해주는 토털 안티 에이징 콜렉션이다. 셋째, 트루 케어 서비스이다. 개인화된 스파 트리트먼트 서비스를 통해 고객의 피부는 물론, 마음속 케어까지 추구하는 고급스러운 서비스이다.

미국시장은 자세히 기술하지는 않지만 세계적 브랜드의 전장이며 특히 뉴욕은 그 중심이다. 아모레퍼시픽의 미국시장 진출을 이해하기 위해서는 두 가지를 살펴볼 필요가 있다. 첫째는 전략을 요약해놓은 가치제안기술서이고 두 번째는 독특한 아모레퍼시픽마케팅이다. 아모레퍼시픽은 35~45세를 표적시장으로 하고 있고 가격대가 40만 원대로 고가이며 POD(point of difference)는 녹차추출물과 현대적 오리엔탈케어다. 고객층과 POD는 판매와 마케팅 프로그

〈표 10-9〉 아모레퍼시픽의 가치제안기술서

– **표적시장**	35~45세
– **경쟁브랜드**	시슬리, 라메르
– **가격대**	40만 원대
– **유통경로**	최고급 상류층이 주로 이용하는 독점적 경로
– **브랜드 콘셉트**	녹차추출물, 현대적 오리엔탈케어

2부 · 글로벌 전략 및 시스템 구축 사례

2002년 9월 '패션과 뷰티의 메카' 뉴욕 소호에 위치한 플래그십 스토어. 할리웃 스타 & 셀러브리티들이 즐겨 찾는 핫 스파로 자리매김.

2003년 8월 입점. 까다롭고 철저하게 브랜드를 선별하는 뉴욕 5번가 최고의 럭셔리 백화점. 국내 브랜드 최초로 입점.

까다로운 입점 기준을 가진 미국의 대표 럭셔리 백화점. 2005년 4월 워싱턴 D. C를 시작으로 미국 전역으로 입점 확대.

램을 결정하기 때문에 매우 중요하다(〈표 10-9〉 참조).

우선 아모레퍼시픽의 미국시장에서의 성과는 개략적으로 〈그림 10-8〉과 같이 정리할 수 있다. 니먼 마커스 27개 점포에 입점하고 있으며 뉴욕의 버거도프 굿맨 백화점에서는 top10에 들고 있어 초기 진출은 일단 성공으로 볼 수 있다. 아모레퍼시픽은 후발로서 미국시장에 진출하기 위해 독특한 마케팅을 전개하고 있다. 이른바 AP마케팅이라고 할 수 있는데 4가지로 요약할 수 있다. 첫째, 체험마케팅이다. 패션과 뷰티의 메카 뉴욕 소호에 뷰티갤러리 앤 스파를 만들어 아모레퍼시픽의 문화적 가치를 높이고 있다. 둘째, WOM마케팅이다. 고급시장의 특성상 구전마케팅은 특히 중요하다. 따라서 최고의 럭셔리백화점인 버거도프 굿맨에 입점하여 소문을 만들어 내고 있으며 최상류층 잡지를 중심으로 광고를 하고 있

다. 셋째, 스타마케팅이다. 현재 잘나가고 있는 스타들, 헤일리 더프, 시에나 밀러, 우나 써만 등을 고객으로 모시는 스타마케팅을 하고 있다. 끝으로, 광고/홍보이다. 〈그림 10-9〉와 같이 광고는 기본적으로 잡지를 주로 이용하고 있으며 세계적으로 공통된 광고주제는 고급이미지다.

4. 글로벌 전략 성과

지금까지 중국, 프랑스, 미국을 중심으로 하여 아모레퍼시픽의 글로벌 전략을 살펴보았다. 그 외에도 동남아, 러시아, 대만 등지로 진출하고 있으며 그 현황은 〈표 10-10〉과 같다.

이러한 해외시장에서의 사업성과는 시장성과와 재무성과로 나눌

〈표 10-10〉 해외법인 현황(2007년 5월 기준) : 총 15개

국가	설립 연도
AMOREPACIFIC EUROPE S.A.S(프랑스)	1990.09.26
AMOREPACIFIC Cosmetic(USA) Co., Ltd.(미국)	1978.04.02
AMOREPACIFIC Cosmetic (Sanghai) Co., Ltd.(중국)	2000.11.27
AMOREPACIFIC Cosmetic (Shenyang) Co., Ltd.(중국)	1993.12.31
AMOREPACIFIC Trading Co., Ltd.(중국)	2006.06.23
AMOREPACIFIC Japan Co., Ltd.(일본)	2005.03.07
PACIFIC Japan Co., Ltd.(일본)	1978.06.01
AMOREPACIFIC Taiwan Co., Ltd.(대만)	2003.12.01
TAIWAN AMORE Co., Ltd.(대만)	1989.06.23
Laneige Singapore Pte., Ltd.(싱가포르)	2003.08
Laneige Hongkong Co., Ltd.(홍콩)	2001.10.24
Laneige Indonesia Pacific Co., Ltd.(인도네시아)	2004.03
AMOREPACIFIC (Thailand) Limited.(태국)	2005.05.27
AMOREPACIFIC RUS CO., LTD(러시아)	2006.04.10
LANEIGE MALAYSIA SDN. BHD.(말레이시아)	2006.09.06

수 있다. 먼저 시장성과를 살펴보기로 한다. 시장성과는 매출액과 시장점유율 등으로 측정하는 것이 일반적인데 아모레퍼시픽의 해외매출액은 〈표 10-11〉과 같이 2007년 현재 약 2,000억 원으로 국내 매출액의 14%에 불과하지만 그 비율은 해마다 높아지고 있으며 2015년에는 1조 2,000억 원을 목표로 하고 있다. 해외매출 중 아시아의 비중이 60% 정도로 높아 아시아시장에서의 성공여부가 특히 중요하다고 할 수 있다(〈표 10-12〉 참조).

이러한 시장성과는 매우 중요한데 그 이유는 아시아가 세계시장

	2003	2004	2005	2006	2007(E)	2015(E)
국내	1조 1,198	1조 1,053억	1조 1,719억	1조 2,800억	1조 3,800억	5조
해외	809억	896억	1,091억	1,651억	1,973억	12,000억

〈표 10-11〉 아모레퍼시픽의 매출액 (단위 : 원)

〈표 10-12〉 아모레퍼시픽의 해외 주요 지역별 2006년 매출액 (단위 : 백만 원)

지역	매출액
유럽	63,373
미주	7,682
아시아	94,069

〈그림 10-10〉 아시아시장의 중요성

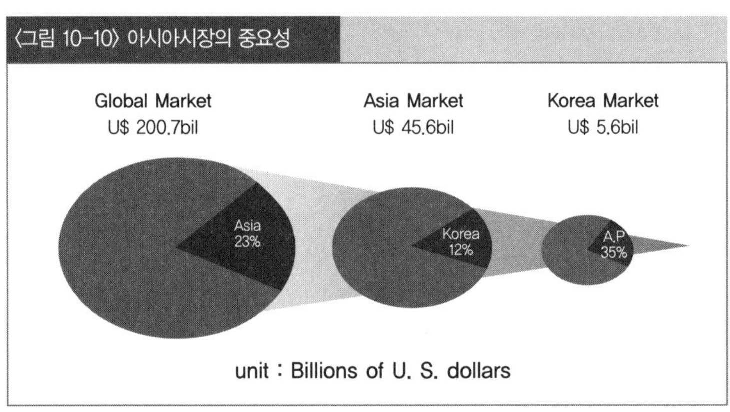

에서 차지하는 비중이 높고 점차 증대하기 때문이다. 〈그림 10-10〉은 유로모니터가 2005년에 조사한 자료다. 전체 시장규모가 2,000억 달러 정도이고 그중 아시아는 456억 달러를 차지하고 있으며 한국의 시장규모는 56억 달러이고 아모레퍼시픽은 그중 35%를 차지하고 있다.

한편 기업단위로 볼 때 글로벌 랭킹과 시장점유율은 〈표 10-13〉

〈표 10-13〉 아모레퍼시픽의 세계적 시장점유율

Ranking	Company 2006 시장점유율
1	Procter & Gamble 12.7
2	L'Oréal Group 10.2
3	Unilever Group 7.1
4	Colgate-Palmoive Co. 4.0
5	Estée Lauder Cosmetics Inc. 3.9
6	Avon Productd Inc. 3.3
7	Beiersdorf AG 3.1
8	Johnson & Johnson Inc. 2.8
9	Shiseido Co. Ltd. 2.6
10	Kao Corp. 2.5
22	AMOREPACIFIC Corp. 0.6

자료 : *Women's Wear Daily*, 2006.

과 같다. P&G와 로레알 그룹이 압도적인 1, 2위를 달리고 있고 아모레퍼시픽은 22위, 시장점유율 0.6%로 아직은 갈 길이 멀다고 볼 수 있다. 하지만 〈표 10-14〉와 같이 아시아태평양 지역 시장에서는 8위이고 시장점유율 2.6%를 달성하고 있어 그 가능성을 엿볼 수 있다. 랭킹과 시장점유율 산정에 생활용품까지를 포함하기 때문에 순수 화장품기업만을 대상으로 분석하면 아모레퍼시픽의 서열이 높아질 수 있다.

다음으로 재무성과이다. 기업의 성과 중 궁극적으로 가장 중요한 것은 재무성과일 것이다. 국내시장에서의 매출액이익률과 영업이익률은 매우 높다. 특히 영업이익률이 20%에 달하여 글로벌 표준에 부합한다(〈그림 10-11〉 참조). 하지만 해외시장에서는 꾸준히 손실을

Ranking	Company 2006 시장점유율
1	Procter & Gamble 8.8
2	Kao Corp. 8.8
3	Shiseido Co. Ltd. 8.7
4	Unilever Group 7.7
5	L'Oréal Group 3.7
6	Kosé Corp. 2.9
7	Colgate-Palmoive Co. 2.6
8	AMOREPACIFIC Corp. 2.6
9	Alticor Inc. 2.1
10	Lion Corp. 1.9

자료 : *Women's Wear Daily*, 2006.

보고 있다. 시장확장을 위한 초기투자가 많아 그렇다고 볼 수 있으나 경영진의 입장에서는 떨쳐버리기 어려운 고민이다. 다만 〈그림 10-12〉와 같이 2005년을 고비로 손실의 정도가 점차 줄어들고 있어 그나마 위안이라고 할 수 있다.

현재까지 글로벌 전략을 추진하면서 아모레퍼시픽이 내세운 기본전략을 정리하면 다음과 같다. 이러한 글로벌 전략을 서경배 사장은 도요타의 글로벌 전략과 유사하다고 판단하고 있다.[92]

첫째, 통합과 현지화를 적절히 구사한다. 예를 들어 프랑스에서는 현지브랜드로 현지에서 생산판매하는 철저한 현지화 전략을, 미국에서는 본사와 현지제품을 표준화하는 통합전략을, 중국에서는 현지화와 통합의 중간전략을 택하고 있다.

둘째, 강하고 다양한 브랜드를 가지고 있다. 다시 말해 브랜드 포

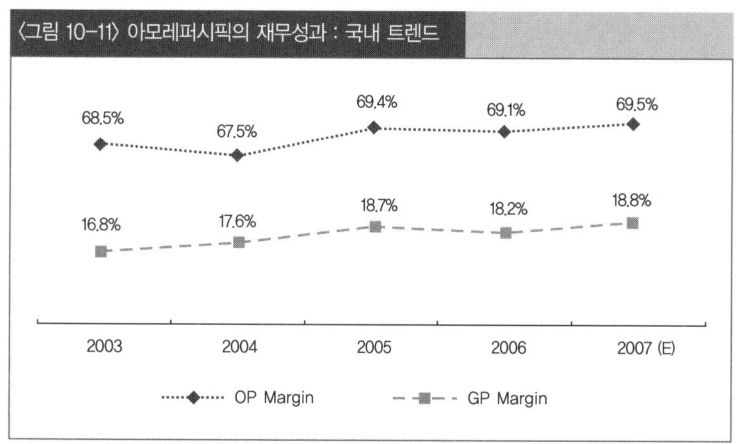

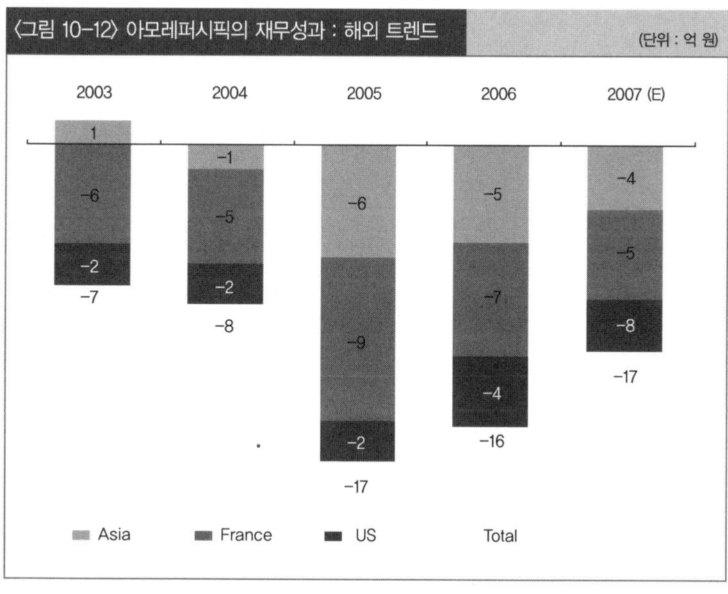

트폴리오가 뛰어나다. 아모레, 라네즈, 마몽드로 중국시장에 침투
하였고, 향수의 메카에서 개발한 롤리타렘퍼카로 세계시장에 진출
하고 있다.

셋째, 다양한 브랜드가 있지만 브랜드미션을 달리하여 자기시장 잠식을 피할 수 있었다. 유통경로별로 브랜드미션을 부여하고 브랜드의 가치제안기술서를 분명히 하고 있다.

넷째, 전체시장이 아니라 작은 시장에 진출하여 점차적으로 확장한다. 예를 들어 중국의 경우처럼 철저히 세분화하여 홍콩, 상하이 등 거점을 중심으로 초기 침투하고, 미국 또한 뉴욕을 중심으로 침투하고 있다. 이렇게 할 수 있는 이유는 위에서 언급한 브랜드 다양성 때문이다.

다섯째, 본사와 해외법인 간의 상호의존성을 잘 살렸다. 구체적으로 수평적 커뮤니케이션을 활성화하고 현지인력을 충분히 활용하며 현지국 정부나 규제에 대해 열린 자세로 대처한다.

끝으로 본사의 누적된 역량을 현지국(해외법인)에 이전한다. 본사의 누적된 역량이란 본사의 지식, 체험, 인력 등을 말하며 덧붙여 해외법인의 인력개발에도 적극적으로 투자하고 있다.

주 

92 회사 내부 인터뷰를 통해 정리한 것임.

이마트의 중국 진출 사례

* 사례 작성 일자 : 2007년 11월

* 최순규 : 연세대학교 경영대학 부교수
* 이재은 : 연세대학교 경영학과 박사과정

본 사례는 한국의 대표적 유통기업인 이마트의 중국 진출 전략을 살펴본다. BRICs의 한 국가로 큰 성장가능성을 지니고 있는 중국의 소매유통시장을 고찰해보고, 중국시장이 지닌 독특한 시장특성에 대응하기 위한 이마트의 전략을 기존 문헌과 현장조사, 현지법인 인터뷰 및 현지소비자 인터뷰 등 다각적인 방법을 통해 분석하였다. 본 사례를 통하여 중국시장에서의 이마트의 향후 과제가 무엇인지를 전망해본다.

1. 서론

중국시장은 세계 최대 소비시장으로 부상하고 있으며, 세계 유수 기업들은 중국에서의 시장지배력을 높이기 위하여 전력을 다하고 있다. 특히 중국은 2001년 WTO에 가입한 이후 유통산업을 전면 개방하면서 매년 급성장하고 있으며, 2008년 베이징 올림픽과 2010년 상하이 엑스포 개최의 호재 속에서 유통시장에서의 경쟁은 더욱 가속화될 것으로 예상되고 있다. 이미 중국에는 월마트, 까르푸, 매트로 등 세계적인 다국적기업들이 진출하여 중국시장에서의 지위를 넓혀나가고 있다.

중국 유통시장에서의 경쟁이 더욱 치열해지고 있는 가운데, 한국의 대표적 유통기업인 신세계 이마트 역시 중국시장에서 여러 다국적 유통기업들과의 경쟁에 직면해 있다. 이마트는 월마트나 까르푸 등 거대 다국적 유통기업에 비해 상대적으로 선진유통경험과 자금력에서의 열세에도 불구하고 중국시장에서의 입지를 넓혀나가고 있다. 특히 이마트는 최근 상하이를 핵심지역으로 설정하고 주변지역으로 점포망의 확대를 도모하던 기존의 도미넌트(dominant) 전략[93]에서 벗어나 여러 지역에서 동시다발적으로 점포망을 확대하는 '공격적 다점포화 전략'으로 중국 진출 전략을 수정하였다.

본 사례에서는 먼저 중국의 유통시장에 대해 개괄적으로 살펴보고, 성장 잠재력이 높은 중국의 유통시장에서 다국적 유통기업들과 경쟁하고 있는 신세계 이마트의 중국 진출 전략을 살펴보았다. 또한 현지조사와 현지고객의 인터뷰를 바탕으로 중국 상하이지역의 이마트와 까르푸의 경쟁구도를 살펴보고, 마지막으로 이마트가 중국시장에서 지속적인 성장을 위해 해결해야 할 과제들이 무엇인지를 살펴보았다.

2. 중국의 소매유통산업

1978년 중국의 경제개혁이 시작되기 이전에는 중국내 소매유통 분야가 중국정부의 직접적인 통제를 받았으나, 중국정부의 개혁개방 정책으로 인해 정부 주도의 유통 시스템은 점차 중앙기관의 통제에서 벗어나 다양한 유통 판매망의 민간 소유가 허용되었다. 그러나 이러한 유통시장 개방정책에도 불구하고 상당부분 폐쇄적인 제도가 잔존하여 중국시장은 밖으로는 열려 있는 듯하지만 안으로는 닫혀 있는, 제한된 개방시장으로서의 특징을 지니고 있었다. 이러한 중국

개방 이전		개방 이후
- 상하이, 선전 소재 합자기업 및 개방 시범도시 소재 합자소매업체에 한해 외국 생산제품의 중국 내 유통 허용 - 외국기업의 타사제품 도매 금지 - 4개 직할시에 한해 외국인 소수지분합자 도매업체 각 1개사 설립 허용 - 외국기업의 유통망 도매점 창고시설 소유 및 경영 금지	도매	- 외국기업의 식염, 연초 도매업은 불허 - 2005년 1월, 합자기업의 화학비료, 석유제품, 원유 등의 유통 허용 - 2003년 1월, 서적, 신문, 잡지, 약품, 살충제, 제초, 필름 등의 유통 허용 - 2002년 1월, 합자기업의 외자 다수 지분 허용 - 유통업체 진출지역 및 수량 제한 폐지 - 외국인 투자기업의 중국 내 제조상품 유통 및 관련 서비스의 제공 허용 - 외국 서비스업자의 유통상품 관련 서비스 전면 허용(A/S 포함)
- 각 성의 성도, 자치구 수도, 직할시, 계획단열시, 경제특구에 한해 합작소매업체 제한적 허용 - 3개 이하 분점 소유 합자소매업체 외국 측 지분 65% 허용. 분점 3개 초과 시 중국 측 다수 지분 소유 요구됨 - 합자소매업체의 도매업 가능(별도 승인 필요)	소매	- 연초는 개방 대상에서 제외 - WTO 가입 후 5개 경제특구와 베이징, 상하이, 톈진, 광저우, 따리엔, 칭다오, 정저우, 우한에 합자소매업체 허용 - 베이징, 상하이는 합자소매업체 4개 이하 허용, 기타 도시는 2개 이하로 제한 - 베이징 소재 합자기업 2개사의 베이징 내 분점 설치 허용 - 2002년 1월, 외국 측 다수지분 허용 및 각 성의 성도, 충칭(中京), 영파(寧波)에 합자소매기업 허용 - 2003년 1월, 소매유통업의 지역, 수량, 주식보유비율 제한 규정 - 점포 면적 20,000s/m 미만 제한 폐지

자료 : 外商投資商業企業試点辨法, 1999. 1. 7. 일부 시행.

유통산업의 제한된 개방은 2001년 중국이 WTO에 가입하면서 획기적인 전기를 맞이하게 되는데, 외국기업의 진출지역과 제품 판매 수량의 제한, 주식 보유비율 및 투자규모에서의 규제를 폐지하고,

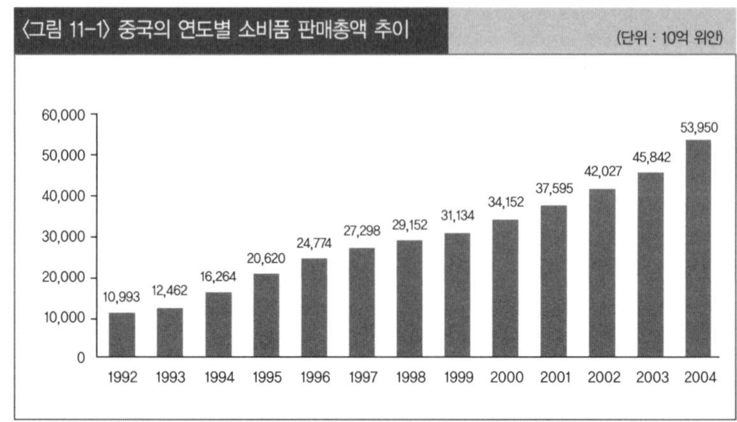

자료 : 중국 상무부, 중국통계연감, KOTRA 중국의 유통업 진출 가이드, 2005.

외국 도소매 유통업체의 진출을 전면적으로 허용하였다.

중국은 유통산업에서 지역, 외자기업 지분, 영업 가능 범위에서 각종 규제를 철폐하였고, 유통산업에서의 개방정책과 세계화는 많은 다국적기업들이 중국에 진출해 경쟁할 수 있는 환경을 마련해주었다. 또한 아직 새로운 유통환경에 익숙하지 않은 중국기업들 역시 개방 이후의 환경에 빠르게 적응하고 있다. 중국 소비시장의 규모는 꾸준한 성장세를 이어와 2004년에는 1992년 대비 약 5배 규모로 성장하였으며, 2010년에는 2004년의 약 2배 규모로 성장할 것으로 전망되고 있다.[94]

중국 유통산업의 현황은 다음과 같이 요약할 수 있다. 첫째, 외국계 기업의 선전과 대형 할인점의 확산을 들 수 있다. WTO 가입 이전에는 국내 소매유통기업이 전체의 85%를 차지하였고 백화점 형태의 소매가 주를 이루었지만, 개방 이후 까르푸, 월마트, 테스코와 같은 세계적인 소매유통기업들이 대거 진출하면서 백화점의 비중은 줄어드는 대신 대형 할인점이 그 비중을 늘려나가고 있다. 현재 세계 50대 유통업체의 75% 이상이 중국에 진출해 있고, 이들 외국계 유통업체들은 선진 유통시장에서 축적된 노하우를 바탕으로 중국 현지기업과의 경쟁에서 우위를 점하고 있다. 2005년 중국 유통점포별 점유율을 살펴보면 1위 까르푸(CARREFOUR, 프랑스) 4.9%, 2위 트러스트마트(TrustMart, 대만) 3.3%, 3위 하이몰(Hymall, 영국) 2.8%, 4위 월마트(Wall-Mart, 미국) 2.5%, 5위 리췬(중국) 2.2%로 상위 5개 기업 중 4개 기업이 외국계 기업이다.

두 번째로는 유통업체들이 동부 해안지역에 밀집되어 있고, 서쪽 내륙지역으로 갈수록 그 분포가 희박해진다는 점이다. 지역적인 분포를 살펴보면, 100대 소매기업 중 베이징에 15개가 있으며 매출액은 382억 위안을 기록하고 있고, 상하이에는 13개 기업이 매출액 582억 위안을 기록하고 있다. 반면에 서부지역에 있는 12개 성과 직할시에는 100대 소매기업이 9개에 불과하고 매출액도 146억 위안에 그치고 있다. 지역적 편차가 심한 이유는 지역별로 경제수준이 크게 차이 나기 때문이다. 동쪽 해안지역은 일찍부터 경제특구로 지정되어 높은 경제성장을 이루었고, 특히 상하이를 중심으로 하는 장강 삼각주 지역은 2004년 중국 국내총생산의 21%를 담당하고, 상하이의 경우 1인당 가처분소득이 1만 6,638 위안(약 250만 원)으로 전국 평균치인 9,422위안(약 141만 원)보다 훨씬 높은 소득수준을 보인다. 따라서 경제발전이 더딘 서부 내륙지방보다 동부 해안지역에서 유통업이 발달하였다.

특히 장강 삼각주는 중국 내 유통산업의 핵심지역으로서, 이 지역에는 상하이(上海), 난징(南京), 항저우(杭州), 쉬저우(蘇州) 등 16개 도시가 속해 있으며, 상하이가 중심적인 역할을 하고 있다. 소비시장의 규모를 나타내는 소비재 소매판매 총액은 2004년 8,259억 위안(약 124조 원)으로 중국 전체의 15.3%에 달하며 소비시장 성장률이 14.5%로 전국 평균치인 11.2%보다 4.3%높은 성장률을 보여주고 있다. 이 중 상하이는 소비시장 규모가 2,455억 위안(약 37조 원)으로 장강 삼각주 중에서도 가장 큰 소비시장을 형성하고 있는데, 기존의 백화점을 중심으로 한 유통업체의 성장이 제자리걸음을 하고 있는 반면, 대형 할인마트, 편의점, 연쇄 슈퍼가 급격히 성장하고 있다. 2003년 상하이의 대형 할인점은 195개로 2002년의 140개보다 39%나 증가하였으며, 편의점은 2002년 3,548개에서 2003년 4119개로 33%의 증가율을 보였다. 또한 외국계 기업의 선전 역시 상하이지역의 특성으로 들 수 있다. 특히 대형 할인점 부문에서 이러한 경향이 두드러지게 나타나고 있는데, 2004년 상하이 대형 할인점의 시장점유율을 살펴보면 1위가 하이몰 13%, 2위가 루터스 10.2%, 3위가 농공샹 9.8%, 4위가 트러스트마트 8%, 5위가 화롄지마이셩 7%, 6위가 까르푸 6.8%로서, 이 중 중국계 기업은 농공샹과 화롄지마이셩 두 개이며, 나머지는 모두 외국계 유통기업들이다. 하지만 현재 중국계 유통기업들은 인수합병과 신규매장의 개점 등을 통하여 매장 수와 규모를 크게 늘리면서 공격적인 경영에 나서고 있다. 상하이의 지리적 · 문화적 특징 역시 유통업에 많은 영향을 미치고 있다.

3. 이마트 중국 진출 전략

3.1 이마트 중국 진출 현황

국내 최초의 할인점인 신세계 이마트는 1993년 11월 '신세계 이마트 창동점'을 개점한 이래로 오늘날까지 국내 최대의 유통망[95]을 보유한 유통 전문기업으로 성장을 거듭해왔다. 특히 이마트는 2006년 9월 세계 최대의 유통회사인 '월마트코리아(주)'의 16개 점포를 인수한 국내 유통시장의 선두주자로서 브랜드 인지도, 매출 규모, 점포 수, 매장 운영, 물류 망, 정보시스템의 운영 등에서 경쟁우위를 보이고 있는 것으로 평가받고 있다.

이마트는 1997년 상하이에 '이마이더(易買得 : E-mart)'[96]라는 상호로 1호 취양점을 오픈함으로써 '짜르푸우(家樂福 : Carrefour, 1995.11)' '마이뜨으롱(麦得龙 : Metro, 1996. 10)' 이후 3번째로 중국에 진출하였다. 1호점을 오픈할 당시 1,700여 평의 협소한 매장, 주차시설의 미비, 낮은 브랜드 인지도, 중국시장에 대한 경험 부족뿐만 아니라 중국 현지 합작업체와의 잦은 마찰, 상품 구매채널 확보의 어려움, 인근에 위치한 경쟁사(까르푸 취양점)의 위협 등 현지 경영활동을 수행하는 데 상당한 어려움을 겪었다. 하지만 이마트는 상품의 99%를 중국 현지에서 저가로 조달해 가격경쟁력을 높이고, 각종 비용절감을 통해 어려움을 극복해나갔다. 이러한 노력의 결과로 1호 취양점은 지속적인 매출액 증가를 기록하게 되었고, 1호점의 성공을 바탕으로 이마트는 2004년 상하이 이마트 2호 루이홍점을 오픈함과 동시에 톈진에 '천진태달역매득초시유한공사(天津泰達

〈표 11-2〉 중국 이마트 연도별 점포 추이 및 매출액 규모

구분	1997	1998	1999	2000	2001	2002	2003	2004	2005	2006
매출액 (억 원)	360	495	430	440	450	440	430	600	998	2,181
점포 수	1	1	1	1	1	1	1	2	4	7

자료 : 이마트 중국법인

易買得超市有限公司)'라는 법인을 설립함으로써 본격적인 확장 전략을 도모하였다. 1호 취양점을 오픈하고 약 6년여 간의 준비기간을 거친 이마트는 2004년부터 적극적인 점포 확장을 실시하여 2005년에는 상하이 3호 인뚜점, 톈진에 아오청점을 개점하였다. 2006년에는 톈진에 이마트 탕구점을, 상하이 4호 무단장점, 5호 싼린점을 개점하였다. 중국 이마트의 연도별 점포 수와 매출액 규모는 〈표 11-2〉와 같다.

위에서 살펴본 바와 같이, 이마트는 1997년 중국 1호점을 개점하고 2004년 2호점을 오픈하기까지 6년이 넘는 시간을 보냈다. 이는 개점 초기 이마트가 겪은 어려움 때문으로 볼 수 있는데, 현지법인장의 인터뷰에 따르면 1호점을 오픈할 당시 주변 경쟁업체보다 협소한 매장 크기(하드웨어 미비), 현지 합작업체와의 잦은 마찰, 주변 경쟁업체(까르푸 취양점)와의 과도한 경쟁체계, 원활하지 못한 소싱(구매채널 확보의 어려움), 낮은 브랜드 인지도 및 주차시설의 협소 등의 이유로 어려움을 겪었다고 한다. 이와 같은 이유로 이마트는 2호점을 개점하기까지 6년이 넘는 기간을 보냈으며, 위와 같은 취약점들을 극복하며, 일종의 시행착오와 탐색기간을 보낸 2004년 이후

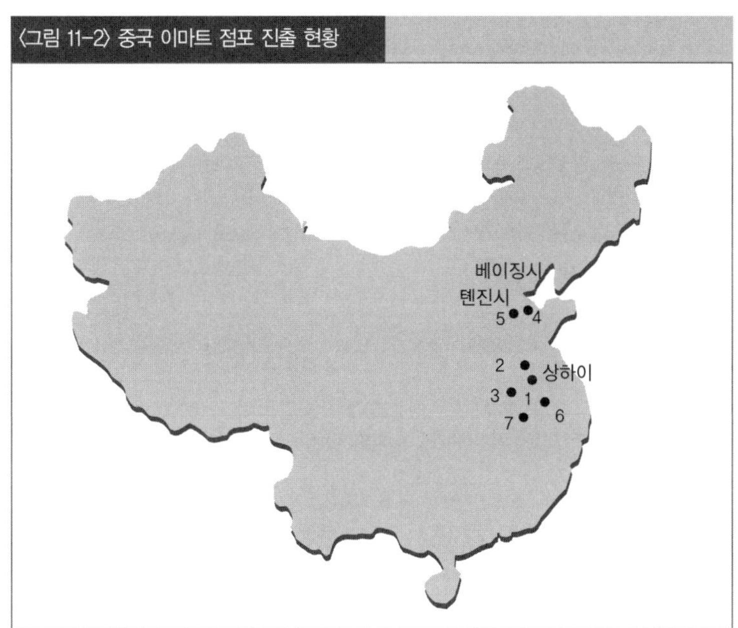

자료 : 이마트 중국법인

본격적으로 점포 수를 늘려나갈 수 있었다.

이마트가 상하이지역을 집중 공략하는 것은 상하이가 중국, 한국, 미국, 프랑스, 대만 등 14개 국가를 대표하는 할인점이 각축을 벌이고 있는 지역이며, 인구 9만 명당 할인점 1개가 영업하는 등 전 세계에서 할인점 경쟁이 가장 치열한 도시로, 중국시장 공략의 성공 여부를 판가름하는 시험무대이기 때문이다. 2007년 11월 기준으로 이마트가 중국에 진출하여 개점한 7개 매장의 진출 현황은 〈그림 11-2〉와 같으며, 이 중 상하이에 위치한 이마트 5개 점포의 구체적인 진출 현황은 〈표 11-3〉과 같다.

이마트는 2006년 무단장점 오픈과 동시에 이마트 단독 자체상표

	취양 (중국 1호, 상하이 1호점)	루이훙 (중국 2호, 상하이 2호점)	인뚜 (중국 3호, 상하이 3호점)	무단장 (중국 6호, 상하이 4호점)	싼린 (중국 7호, 상하이 5호점)
개점일	1997년 2월 1일	2004년 6월 29일	2004년 12월 25일	2006년 3월 29일	2006년 5월 12일
위치	상하이시 홍구구 곡양로 800호	상하이시 홍구구 신항로가도 149 방 1구	상하이시 민행구 매용진 15가방 1/1구	상하이시 보산구 무단장로	상하이시 푸둥구
임차 면적	매장면적 1,667평	매장면적 2,200평	매장면적 4,680평	매장면적 3,249평	매장면적 4,640평
주차 대수	150대 (사업주, 유료)	100대 (전용, 무료)	350대 (전용, 무료)	자동차 1,000대 자전거 1,000대	자동차 205대 자전거 1,000대 셔틀버스12개 (11노선/일)
경쟁 점포	▶ 외자기업 • Carrefour 취양점 • RT-Mart 황싱점 ▶ 현지기업 • WU-Mart 쓰핑점	▶ 외자기업 • Carrefour 취양점 • Auchan 장양점 ▶ 현지기업 • WU-Mart 홍커우점	▶ 외자기업 • RT-Mart 춘선점 • Carrefour 난팡상청점 ▶ 현지기업 • HL-GMS 신좡점, • Century Mart 민항점	▶ 현지기업 • Century Mart 보산점 • 농공상 보산점	▶ 외자기업 • Carrefour 신리성점

자료 : 이마트 중국법인

인 '이푸라이(易福來, E-PLUS의 중국어 표현)'를 첫 출시하였다. 상하이 이마트 5호 싼린점에도 이러한 이푸라이 상품들이 개점할 때부터 적극적으로 배치되었다. 싼린점의 경우, 주변 아파트 단지에 중산층과 서민층이 주거함을 고려하여 이들의 접근성을 증대시키기 위한 방안으로 11개의 셔틀버스를 운영하고 있으며, 2006년 말부터 입주할 거주민들을 고려하여 소형 가전제품과 전자제품 부문을 강화하여 다양한 상품을 매장 내에 준비하였다. 상하이에 있는 이마트 5개 매장 중 3개 점포(취양점, 루이훙점, 무단장점)는 흑자를 내고 있으며, 특히 4호 무단장점이 가장 큰 흑자를 내고 있다. 상하이 이마트에서는 인뚜점의 경우 매장 규모가 워낙 크고, 싼린점의 경우 아직 주변 상권이 성숙하지 않았기 때문에 적자가 나고 있으나, 가까운 시일 내에 흑자경영이 가능해짐으로써 15억 위안 목표를 달성할 수 있을 것으로 전망하고 있다.

현재 이마트는 상하이에 5개 점포에서 향후 6 · 7 · 8호 점을 조만간 개점할 예정이며, 세 개 점포의 경우 매우 좋은 입지를 확보하였기 때문에 낙관적인 매출 전망을 하고 있다. 7호점부터는 직접 부지를 매입하는 자가점의 형태로 운영될 예정이다. 이마트는 현재 중국에 4,500만 달러를 투자한 상태이며, 1,500여 명의 직원 중 7명만이 한국인이며 매장 매니저까지 중국인으로 채용하는 등 철저한 현지화에 기반을 둔 경영을 하고 있다.

3.2 이마트 중국 진출 전략

중국 유통시장은 무한한 성장가능성을 가진 매력적인 시장인 동시에 많은 제약 조건과 규제가 존재하는 시장이다. 중국이 WTO 가입 이후 외자기업의 진출에 대한 규제를 많이 완화한 것은 사실이나 아직까지도 정부의 규제가 상당부분 남아 있으며, 지역 및 계층별 소득 및 소비수준이 상이하기 때문에 철저한 사전조사를 바탕으로 한 진출 전략이 요구되는 시장이다. 이마트는 이러한 중국시장의 독특한 상황에 효율적으로 적응함으로써 중국시장에 진출할 수 있었다. 그 주요 진출 전략은 중국 중앙정부 및 상하이정부와의 원

만한 관계 형성, 합작법인의 설립, 철저한 현지화, 매장의 고급화,
자체상표의 도입 등을 들 수 있다.

■ 정부관계

중국이 WTO 가입 이후 외자기업 진출에 대한 제약이 많이 완화
되었다고는 하나 아직 내수시장 진입에 대한 법규를 정비해나가는
과정에 있기 때문에 관련 법규가 없는 경우도 많고, 기존 법규도 그
대로 시행되지 않는 경우가 많다. 더욱이 중앙정부와 지방정부의
내수시장 진입에 대한 이해관계가 다르기 때문에 법규의 시행과 해
석에 있어서도 일관성과 명확성이 부족하다. 그러므로 외자기업이
중국에 진출할 경우에는 중앙정부뿐만 아니라 지방정부와도 원만
한 관계를 유지하는 것이 필수적인 조건이 된다. 특히 중국은 지방
분권화가 많이 진행되어 있기 때문에 외자기업에 대한 법규 적용에
있어서도 지방정부에게 재량권을 부여하고 있다. 상하이정부 역시
이러한 중국정부의 정책에 따라 적극적으로 외화유치에 나서고 있
기 때문에 상하이에 진출하는 다국적 유통업체의 경우 중앙정부와
의 관계뿐만 아니라 상하이정부와의 원만한 관계 형성은 매우 중요
한 요소로 여겨진다. 또한 아직까지도 중국정부와의 관계에는 인치
(人治)가 강하고, 꽌시(關系) 문화가 여전히 존재하고 있기 때문에,
상하이 이마트는 중앙정부뿐만 아니라 상하이정부를 대상으로 원
만한 관계 형성을 위해 적극적인 활동을 펼쳤다. 이렇게 형성된 상
하이정부와의 원만한 관계는 이마트의 상하이 진출에 긍정적인 영
향을 미쳤다고 볼 수 있다. 이러한 정부와의 관계가 소매유통업에

2부 · 글로벌 전략 및 시스템 구축 사례

미치는 영향이 막대한 이유는 특히 입지 선정에 있어서 정부의 허가가 필수적이기 때문이다. 대형 할인점과 같은 유통업에서 성공하기 위해서는 입지 선정이 차지하는 비중이 85%이며, 나머지 15%는 경쟁업체와 차별화 정도에 따라 결정된다는 말이 있을 정도로 점포의 위치 선정은 매우 중요한 성공요인이다. 일례로 곧 개점할 6호점의 부지는 까르푸와 경쟁할 만큼 매우 좋은 입지였는데, 이 부지를 확보하는 데에는 정부의 담당자와 상하이 이마트 지점장과의 좋은 관계가 크게 영향을 미쳤다고 한다.

■ 합작법인 설립

외자기업은 단독진출이 아닌 중국 내 기업과의 합작형식으로 중국에 진출할 수 있다. 특히 소매업의 경우 합자형식의 진출비중이 매우 높은데, 합작 파트너의 주관 행정부문, 소유형태, 재무상태, 신용도, 지방정부와의 관계를 면밀히 검토할 수 있는 정보가 부족하고 제약되어 있다는 한계가 존재한다. 이마트는 철저한 사전조사를 통해 합작 파트너를 신중히 선택하여 단독 경영권을 유지한 채 중국에 진출할 수 있었다. 이마트는 1997년 초기 진출 시 정부와의 원만한 관계를 유지한 결과 초기 합작에서 상하이상무중심(인민정부 기관 소속 자회사)과의 합작형태로 신세계가 98.04%의 지분을 가지는 형식적 합작법인 설립이 가능했다. 상하이상무중심(Shanghai Trade Centre)은 중국 국영기업으로, 이마트는 상무중심과의 관계를 맺음으로써 현지의 유통경로 개척에 소요되는 시간을 단축할 수 있었다(송은숙, 2006). 2002년 합작법인 설립에 관련된 법이 변경됨에

구분	초기 합작법인	2002년 합작법인	현재 합작법인
법인 명칭	상하이상무세계백화유한공사 (上海商務世界百貨有限公司)	상하이이매득초시유한공사 (上海易買得超市有限公司)	상하이이매득초시유한공사 (上海易買得超市有限公司)

자본금
및
출자
비율
	자본금 : $ 510만$
	• 신세계 : $ 500만$
	  (98.04%)
	• 상무중심 : $ 10만$
	  (1.96%)
		자본금 : $ 2,500만$
		• 신세계 : $ 1,225만$
		  (49%)
		• 상무중심 : $ 50만$(2%)
		• 구백 : $ 1,225만$(49%)
			자본금 : $ 4,500만$
			• 신세계 : $ 3,645만$
			  (81%)
			• 상무중심 : $ 360만$
			  (8%)
			• 구백 : $ 495만$(11%)

합영 기간	합자기한 : 20년 (1997년 1월 ～ 2016년 12월) (上海 기존 합작법인 설립일부터 기산)		

자료 : 이마트 중국법인

따라 이마트는 현지기업인 '구백(九百, 조우바이)'과 함께 새로운 합작법인을 설립하였으나 이때도 법인의 경영권은 전적으로 이마트에게 주어졌다. 이후 이마트는 본격적인 점포 확장 전략을 펼치면서 2002년 당시 2,500만 달러에서 현재 4,500만 달러로 자본금을 증액하였다. 또한 신세계 이마트와 '구백' 간의 자본금 출자비율이 조정되면서 이마트는 경영권을 비롯한 모든 권리에 대해 주도권을 갖게 되었다. 상하이 이마트 합작법인 현황은 〈표 11-4〉와 같다.

■ 철저한 현지화

상하이 이마트는 철저한 사전조사를 바탕으로 현지화된 전략을 수립하였으며, 이는 단계적 확장 전략으로 이어졌다. 이마트가 상하이에 진출할 때, 가장 중요한 것은 한국형 대형 할인점이 아닌 중국 현지인들을 위한 대형 할인점을 설립하는 것이었다. 이를 위해 이마트는 본사와 지사의 관계에 있어 채용과 대규모 투자 외 거의 모든 결정권을 현지지사에 위임하였다. 신세계 이마트 본사는 현지에서 직접 매장을 경영, 관리하는 지사가 가장 옳은 결정을 내릴 수 있을 것이라는 판단 하에 과감히 권한을 위임한 것이다. 본사는 중국 상하이지사에서 내려진 결정에 대해 검토 및 승인하는 절차상의 과정을 통해 중국 현지에서 이루어지는 경영에 간접적으로 참여한다. 과감한 권한 위임은 상하이 이마트로 하여금 중국시장이 원하는 요구에 대해 발 빠르게 대응할 수 있게 해주었다. 상하이에서 대형 할인점을 방문하는 고객들은 대부분 자가용을 이용하지 않는 특성을 보이고 있으며, 한국 소비자들과는 달리 상대적으로 적은 양의 상품을 자주 구매한다. 때문에 이마트는 매장 내에서 한국과는 달리 묶음상품 판매보다는 낱개로 상품을 판매하고 있으며, 상하이 소비자들의 접근성을 증대시키기 위해 셔틀버스를 운행하고 있다. 또한 중국 문화에 대한 이해를 바탕으로 문화적·지역적 접근을 통한 현지화된 마케팅 전략을 펼치고 있다. 일례로 상하이 이마트 매장에서 실시했던 '오전 9시 계란 최저가 한정 판매' 이벤트는 계란을 선호하는 현지인들로부터 좋은 호응을 얻어 전체적인 매장 매출을 향상시키는 홍보 효과를 이뤄내었다. 2007년 현재 상하이 이마트의 전체 직원 1,500여 명 중 단지 7명만이 한국 주재원일 정도로 인력관리의 측면에서도 철저하게 현지인력을 활용하고 있다. 이와 같이 거의 전 직원을 현지인으로 채용하는 인사정책은 최종적으로 이마트가 지향하는 현지화가 단순히 현지인에 맞춘 마케팅 전략뿐만 아니라 조직 자체를 현지화하기 위한 노력으로도 이해할 수 있을 것이다.

■ 매장의 고급화

중국시장은 통일된 단일시장이 아니라 분할된 시장의 집합체로서 소비자들이 서로 단절되어 있으며 지역별 진입장벽이 높아 획일적 접근방식으로는 효과적인 시장공략이 어렵다. 이러한 특성 때문에 지역 및 계층별로 세분화한 목표시장 설정 후 마케팅 역량을 집중하는 것이 필요하다. 상하이 이마트는 고객층을 한정시키는 집중화 전략을 통해 고급제품을 고소득층에게 판매하는 전략적 실천을 단행하였다. 중국에 진출한 유럽, 대만계와 같은 다국적 대형 할인점의 경우는 이미 정형화된 매장 형태가 있었기 때문에 매장 인테리어를 통해 고급화 전략을 나타내기 어려운 점이 있었다. 반면에 이마트는 진출 초기부터 브랜드 고급화 전략의 일환으로 매장 콘셉트와 인테리어를 고급화하였다. 이는 매장을 방문하는 상하이 시민들에게 이마트 이미지를 제고시키는 광고 효과를 가져왔다. 또한 이마트가 판매하는 다수의 한국 제품들은 대다수가 한국에서 생산 후 중국으로 진출한 브랜드로서, 고품질·고가격의 상품으로 이마트의 고급스러운 매장 분위기와 적절한 조화를 이루었다. 또한 상하이 소비자들의 소비 경향도 변해, 과거에는 가격이 가장 큰 구매요인으로 작용하였지만 소득수준이 높아짐에 따라 다양한 요인이 소비에 영향을 미치고 있다. 이러한 구매요인의 변화로 인해 타 경쟁업체들의 주요 경쟁요인이 가격인 반면, 이마트는 매장 고급화 전략이라는 차별화 요소를 가질 수 있다.

■ **자체상표의 활용**

상하이 이마트는 2006년 3월 29일부터 '이푸라이(易福來)'라는 자체상표 제품을 출시하여 판매하기 시작하였다. 자체상표 제품이란 중간마진과 브랜드 사용료를 없애 양질의 제품을 값싸게 제공할 수 있는 제품을 말하는데, 이러한 자체상표 제품은 물류비용의 절감 등을 통해 일반 경쟁제품보다 30%가량 저렴한 가격을 앞세워 최저 가격제를 표방하는 할인업체에게 가격경쟁력을 갖추게 해줌과 동시에 타 제품 대비 상대적으로 높은 마진을 남길 수 있는 장점이 있다. 2007년 2월 기준 까르푸는 3,000여 개의 자체상표 상품이 매장에서 판매되고 있으며, 상하이 이마트는 140개의 자체상표 제품을 2007년 500개로 확대하여 최종적으로는 한국 이마트처럼 약 4,000여 개의 자체상표 상품 출시를 목표로 하고 있다.

3.3 중국에 진출한 대형 할인업체

현재 중국에 진출해 있는 대형 할인점은 까르푸와 같은 다국적 유통업체가 중국 내에 합작형태로 진출한 경우와 센추리마트(世纪联华华商店 : 스지리엥화샨띠엔), 에이첼지엠에스(华联吉买盛 : 화리엔지마이션), 우메이(物美集团) 등과 같은 중국 현지 할인업체의 두 부류로 구분된다. 그러나 아직까지는 중국 현지 할인업체들은 다양한 경영 노하우가 축적되어 있고 높은 인지도를 가진 다국적 유통업체를 따라가기에는 역부족이다. 실제로 현지에서 선호되는 대형 할인점을 살펴보면, 상위권은 대부분이 다국적 유통업체임을 알 수 있다. 중국의 주요 할인점 현황은 〈그림 11-3〉과 같다.

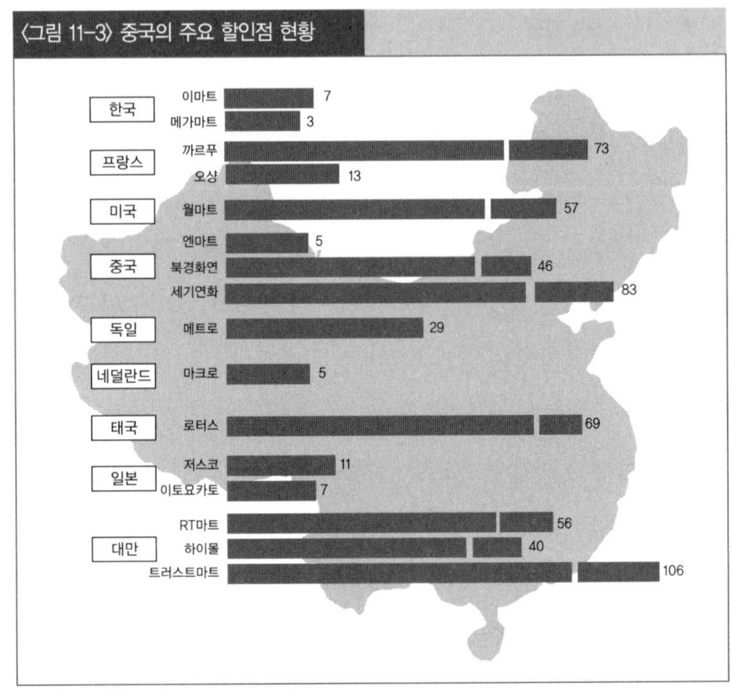

자료 : 신세계 이마트

현재 상하이 내에서 선두를 달리고 있는 대형 할인업체는 까르푸, 알티마트, 테스코 그리고 로터스를 꼽을 수 있다. 이외에도 세계 최대의 소매업체인 월마트의 경우 중국 화남지역을 중심으로 세력을 확장하고 있으며, 상하이에는 아직 점포가 들어서지 못한 상태이다. 상하이지역의 상위권 대형 할인점들을 간략히 살펴보면 다음과 같다.

■ CARREFOUR(家樂福 : 짜르푸우)

까르푸는 1995년 연화슈퍼와 45% 합작형태의 법인을 설립함으로써 중국 진출에 나섰다. 2007년 현재 중국에 95개의 점포를 가지고 있으며, 2010년까지 200개 매장소유를 목표로 하고 있다. 까르푸는 여러 도시에 동시다발적으로 매장을 개설함으로써 시장 선점 효과를 충분히 활용하는 한편 매장 최고책임자의 권한을 강화함으로써 시장상황에 신속히 대응하는 전략적 특징을 지닌다. 상하이에 11개 점포를 개장한 까르푸는 심천, 베이징, 톈진, 충칭 등 대도시에 적극 진출하여 대도시를 중심으로 중국 전역에 거대한 브랜드 이미지를 구축하였다. 2004년 기준 매출액 162억 위안으로 중국에 진출한 외자기업으로서는 가장 큰 매출규모를 달성하였다.[98] 중국 내 까르푸 전 매장 중 매출 상위 5위에 드는 매장이 모두 상하이에 있을 만큼 상하이 현지인들에게 까르푸는 가장 저렴한 가격의 상품을 파는 최고의 대형 할인점으로 인식되어 있다. 까르푸는 중국 진출 시 중국의 전반적인 소득수준이 개발도상국 수준으로 가격에 따른 수요탄력성이 매우 크다는 사실에 주목하여 초저가 판매전략을 실시하였다. 까르푸의 초저가 전략은 저가상품 조달, 높은 상품회전율 유지, 장식비용 절감 등을 통해 실현되고 있다. 특히 상품을 공급하는 구매업체와의 돈독한 관계를 구축함과 동시에 점포 수를 바탕으로 규모의 경제를 실현하여 대량구매에 따른 저가조달은 이러한 초저가 전략의 바탕이 되었다. 이러한 까르푸의 초저가 전략과 많은 점포 수는 현지인들로 하여금 까르푸를 선호하는 대표적 대형 할인점으로 인식되게 했다.

■ RT MART(大润发 : 따루언파)

대만계 대형 할인업체인 알티마트는 오상과 합작형태의 법인을 설립함으로써 중국에 진출하였다. 중국에 조기 진출함으로써 시장 선점효과를 보고 있으며, 현재 전국에 60개의 점포 중 11개가 상하이에 위치하고 있다. 2004년 기준 매출액 95억 위안으로 중국에 진출한 외자기업으로서는 여섯 번째로 큰 매출규모를 달성하였으며, 2007년 현재 상하이 내에서 2위에 손꼽히는 매출액을 달성하고 있다.[99]

■ HYMALL(乐购河滨店 : 르거으흐삥띠엔)

상하이에서 3위의 매출규모를 달성하고 있는 대형 할인업체는 하이몰이다. 하이몰은 원래 대만의 정신(頂新)그룹이 운영하던 대형 할인점이었으나, 2004년 세계 3위의 유통업체인 영국의 테스코(Tesco)가 주식 50%를 인수하면서 본격적으로 중국 유통업계에 뛰어들었다. 비록 후발주자이지만 공격적인 경영으로 점차 그 입지를 넓혀가고 있으며, 2006년 12월에는 테스코가 하이몰의 주식 90%를 확보함으로써 사실상 경영권을 확보하였다. 2004년 31개 매장에서 2007년 현재 중국 전역에 44개의 매장을 보유하고 있으며, 상하이에는 전체 매장 중 16개 점포가 위치해 있다.

■ LOTUS(易初蓮花 : 이추리엔화)

태국 정대(正大)그룹(CP)의 계열사인 로터스(LOTUS, 易初蓮花)는 1997년 상하이 푸동에 1호점을 개설하였고, 2006년 기준 중국 전체에 70개의 점포를 가지고 있다. 이 중 20개 점포가 상하이에 있어 가장 많은 매장이 상하이에 집결되어 있는 대형 할인업체로서 상하

2부 · 글로벌 전략 및 시스템 구축 사례

이 내에서 4위의 매출규모를 달성하고 있다. 매년 평균 20~30%의 꾸준한 매출신장을 보이고 있으며, 태국과 중국 양국의 우호적인 관계 속에 중국 유통시장에서 자리를 잡아가고 있다.

3.4 상하이지역에서의 경쟁구도 : 이마트와 까르푸

상하이에서 까르푸와 이마트는 묘한 경쟁구도에 놓여 있다. 점포 수와 총매출액 규모를 고려하면 단연 까르푸가 이마트를 앞서고 있지만, 이마트는 적은 점포 수에도 불구하고 단위면적당 높은 매출액을 이뤄냄으로써 까르푸의 경쟁자로서 급부상하고 있다. 더군다나 이마트가 적극적인 확장 전략을 펼치고 있는 상황에서 두 업체 간의 경쟁구도는 더욱 치열해질 것으로 예상된다. 이마트 쌴린점과 까르푸 신린성점에 대한 현장조사[100]와 해당 매장을 찾은 상하이 현지 중국고객의 인터뷰 내용[101]을 종합하여 이마트와 까르푸의 경쟁 상황을 살펴보았다. 상하이 이마트 5호 쌴린점과 까르푸 11호 신리성점은 모두 상하이시 포동구에 위치하고 있다. 포동구는 정부 주

<그림 11-4> 까르푸 신린성점과 이마트 쌴린점의 매장 내부

까르푸 신린성점　　　　　　　　　이마트 쌴린점

도 하에 대규모 아파트 단지가 건설되고 있는 지역으로서 중산층과 서민들이 고루 분포하는 상권이며, 아파트 단지 건설이 한창 진행 중이기 때문에 완전히 성숙된 상권이라고 판단하기는 힘들지만 향후 소비수준이 크게 증가할 것으로 예상되는 지역이다.

■ 매장 분위기의 차이

상하이 이마트는 프리미엄 하이퍼마켓을 지향하며, 고급스러운 매장 인테리어를 통해 브랜드 이미지를 각인시키려 노력하고 있다. 이러한 프리미엄 매장 콘셉트는 상하이 까르푸와 직접적인 차이를 보이고 있었는데, 〈그림 11-4〉에서 볼 수 있듯이 까르푸 신린성점의 상품 간의 배치 간격이 좁아 고객들의 동선이 짧고, 매장 분위기가 유럽에서 전통적인 창고형 할인점의 느낌을 주는 반면, 이마트는 동선이 넓고 상품 간 배치 간격이 넓어 보다 고급스러운 느낌을 준다. 이러한 매장 분위기의 차이는 대부분의 할인점과 이마트의 차별화 전략을 나타내주는 단적인 예로서 이마트는 기존 대형 할인점

〈그림 11-5〉 까르푸 신린성점과 이마트 싼린점의 상품진열 방식

까르푸 신린성점

이마트 싼린점

이 제공하지 못하는 고급스러움을 바탕으로 중국인들의 시선을 사로잡고 있다.

상품을 진열하고 판매하는 방식에 있어서도 상당한 차이가 나타나고 있었는데, 〈그림 11-5〉와 같이 까르푸는 상품을 일렬로 쌓아서 올려 진열해 놓았고 곳곳에서 손으로 직접 쓴 가격표를 쉽게 찾을 수 있었다. 반면에 이마트에서는 상품을 돋보이게 하도록 계단식 진열 방식을 사용하고 있었으며, 상품 가격표도 일정한 규격과 양식으로 프린트함으로써 보다 정돈된 인상을 주었다. 또한 까르푸와는 달리 이마트에는 매장과 분리된 독립된 공간에 여러 브랜드들이 입점함으로써 고객의 차별화된 욕구를 충족시킬 수 있는 서비스를 제공하고 있었다.

이마트와 까르푸의 매장 분위기는 〈그림 11-6〉에서처럼 해산물 판매 코너에서 분명한 차이를 보이고 있었는데, 이마트의 경우는 깔끔하고 청결하게 매장을 관리하고 운영하는 반면에 까르푸에서는 수산시장에서처럼 매장 수족관에서 선택한 어류를 즉석에서 직접 손질하여 팔고 있었다. 중국 현지인들은 까르푸의 해산물코너 운영방식에 더 친숙함을 보인다고 한다. 이는 중국인들이 백화점과 같은 깔끔한 공간보다는 수산시장과 같이 생동감 있는 분위기에 더 친숙하기 때문이라는 설명을 이마트의 현지 매니저를 통해 들을 수 있었다.

■ 상권 특성을 고려한 차별화 전략

이마트 싼린점은 쾌적한 환경 이외에도 중산층과 서민층이 고르게 고객층을 형성하는 상권 특성을 감안하여 저렴한 가격과 신선한 식품, 편리한 교통을 차별화 요소로 내세우고 있다. 상품에서 야채와 청과는 직매입을 통해 재래시장보다 가격은 저렴하면서 신선도를 향상시켜 식품 위생에 민감한 중국 소비자를 공략하고 있으며, 동시에 자체 브랜드상품인 이푸라이(易福來) 상품 종류를 기존보다 10개 많은 40개로 늘리고, 이를 최저가격으로 제공함으로써 가격에 민감한 중국 소비자를 끌어들이고 있다. 이러한 저가 전략을 통해 이마트는 초저가 전략을 펼치는 까르푸에 뒤지지 않는 가격경쟁력을 가지고 있었다. 인근 지역이 신규 주거단지로서 향후 본격적인 입주가 시작되면 입주민을 중심으로 가전제품과 가구 등의 생활용품에 대한 수요가 크게 증가할 것이라는 예상 하에 다양한 상품라인을 갖추고 있었다. 특히 전기포트, 다리미, 드라이기 등 중저가 소형 가전의 상품력을 강화하기 위해 가전 카테고리에서 경쟁력을 지니고 있는 업체인 '쑤닝'과 전략적 제휴를 체결함으로써 까르푸와의 경쟁을 준비하고 있었다. 상하이지역의 소비자들은 대형 할인

구분	이마트 5호 쌴린점	까르푸 11호 신린성점
공통점	• 접근성을 고려한 셔틀버스 운행 • 저렴한 가격의 다양한 상품 판매 • 다양한 자체상표 제품 판매 • 매장 내 현지 인력 고용	
차이점	• 매장 고급화 전략 • 동선이 짧은 매장 • 점포 내 브랜드 매장 입점 • 상권을 고려한 제품 선별 : 소형가전제품 · 가구 판매	• 원색 사용을 통해 복잡하고 활기찬 장내 분위기 연출

자료 : 현지조사 및 현지인터뷰를 통해 작성

마트를 선택하는 이유로 저렴한 가격뿐만 아니라 손쉬운 접근성 역시 중요하게 고려한다고 한다. 이마트에서는 주차 및 교통 편의를 위해 자동차 205대, 자전거 1,000대를 동시에 주차할 수 있는 공간을 마련하였고, 접근성을 높이기 위해 11개의 노선에서 12대의 셔틀버스를 30분에서 1시간 간격으로 운영하고 있다. 이상의 내용과 현지 소비자들을 대상으로 한 인터뷰 내용을 정리해보면 〈표 11-5〉 및 〈표 11-6〉과 같다.

상하이의 소비자들은 접근성과 다양하며 저렴한 상품의 구입 등을 중요하게 고려하고 있었으며, 이마트 쌴린점과 까르푸 신린성점은 이러한 서비스를 고객에게 충실하게 제공하고 있었다. 하지만 까르푸의 경우는 앞서 살펴본 바와 같이 매장 내 동선이 짧고 다소 복잡한 감은 있지만 활기찬 매장 내 분위기를 연출함으로써 생동감 있는 느낌을 주고 있었으며, 이마트의 경우에는 다른 할인마트에서는 느낄 수 없는 고급화된 매장 분위기와 매장 내 다른 브랜드 상품

		교통수단	방문 빈도수	방문 이유
이마트 샨린점	쉬라이 (여, 34세, 전업주부)	셔틀버스	일주일에 1~2번	1. 편리한 교통(근접성) 2. 쇼핑하기 편리한 쾌적한 매장 내부
	쉐이후아 (여, 43세, 전업주부)	셔틀버스	일주일에 2~3번	1. 편리한 교통(근접성) 2. 다양한 상품 구비 (의류, 가구류)
	챵 부부 (50대 중후반)	자가용	일주일에 1~2번	1. 편리한 교통 (근접성 및 주차공간) 2. 쇼핑하기 편리한 쾌적한 매장 내부 3. 다양한 제품 (가전제품과 의류)
까르푸 신린성점	치엔창호아 (남, 26세, 직장인)	도보 자전거	일주일에 1번	1. 편리한 교통(근접성) 2. 저렴한 생필품
	마오진이엔 (여, 24세, 직장인)	버스 셔틀버스	일주일에 2번	1. 편리한 교통(근접성) 2. 저렴한 상품
	리 부부 (40대 초반)	자가용 셔틀버스	일주일에 2번	1. 편리한 교통(근접성) 2. 신선한 식품

자료 : 현지인터뷰를 통해 작성

매장의 입점, 상권을 고려한 제품 구비 등을 통해 중국 소비자에게 차별화된 이미지를 어필하고 있음을 알 수 있다.

4. 향후 과제

지금까지 이마트 사례를 중심으로 이마트의 중국 진출 전략에 대하여 살펴보았다. 중국시장은 여러 제약조건과 규제가 존재하며,

지역 및 계층별 차이가 상이하게 존재하지만 현재까지 이마트는 이러한 중국시장에 효율적으로 적응해왔다. 이마트는 중국의 중앙정부 및 지방정부와 원만한 관계를 유지하며, 풍부한 현지시장 정보를 보유한 현지기업과의 합작법인을 설립하고, 철저한 현지화 전략을 사용함으로써 중국시장에서 입지를 넓혀왔다. 또한 기존에 중국시장에 진출한 대형 다국적 할인점과는 다르게 매장을 고급화하는 프리미엄 전략을 구사하고 있다.

이마트는 이러한 전략들을 효율적으로 실행함으로써 중국 내에서 독보적 지위를 차지하고 있는 까르푸와의 격차를 조금씩 좁혀가고 있다. 특히 이마트는 최근에 중국 10호점(상하이 8호점)인 난차오(南橋)점을 오픈함과 동시에 핵심지역 점포망을 완성한 뒤 주변지역으로 점포망을 확대하던 '도미넌트(Dominant)' 전략에서 중국 전역에 동시다발적으로 점포망을 확대하는 '공격적 다점포 전략'으로 중국 진출 전략을 수정해 출점 속도를 한층 높일 계획을 밝혔다.

그리고 오는 2012년까지 점포 수를 100개로 늘리며 중국 내 시장점유율 3위 업체로의 두약을 공표[102]한 것에서도 알 수 있듯이 보다 적극적으로 중국시장으로의 투자를 늘려가고 있는 실정이다. 또한 2006년 7월 중국에 진출한 외국계 할인점으로는 최초로 모든 점장을 100% 중국인으로 교체한 데 이어 2007년 3월 상하이에 교육센터를 오픈하였고, 상하이지역의 자이퉁대, 티엔진 난카이대 등 지역 일류대학의 성적 우수자들이 이마트에서 실습과정을 밟을 수 있도록 프로그램을 제공함으로써 현지의 우수인력들을 확보할 수 있는 기회도 만들어가고 있다. 이와 같이 기존의 대형 다국적 할인점들과는 다른 이마트의 전략들은 현지 중국 소비자들로 하여금 이마트가 다른 경쟁업체와는 다른 차별화된 이미지를 각인시키고 있다.

이마트의 중국 진출 전략 중 현지정부와의 원만한 관계 유지, 합작법인의 설립, 편리한 근접성 및 낮은 가격의 상품 구비 등은 까르푸의 전략과 유사한 반면에 고급화된 매장 전략, 철저한 현지화 전략 등은 이마트의 강점으로 제시할 수 있을 것이다. 현재 이마트는 중국에 물류센터를 보유하고 있지 않지만, 2009년까지 상하이 인근에 중국 1호 물류센터를 건립하기로 함으로써 중국 내 물류 인프라 구축에도 적극적인 태도를 보이고 있다. 물류센터를 보유하는 것은 규모의 경제를 가능하게 함으로써 보다 낮은 가격으로 상품을 제공할 수 있기 때문에 상당히 중요한 요소이다.

아직까지는 중국에서 독보적 지위를 차지하고 있는 까르푸에 비해 상대적으로 열세에 놓여 있지만 공격적인 경쟁 전략을 바탕으로 지속적인 성장을 이루어내고 있다. "이마트의 이러한 공격적인 경쟁전략이 중국시장에서 어느 정도의 효과를 거둘 수 있을 것인가?" "이마트는 한국 유통시장에서의 선두기업으로 만족하지 않고, 중국시장에서 까르푸에 견줄 수 있는 유통기업으로 지속적인 성장을 이루어낼 수 있을 것인가?" 등의 질문에 대한 해답을 찾기 위한 이마트의 향후 행보에 귀추가 주목된다.

93 특정 지역에 복수의 점포를 집중적으로 개설하는 전략을 말한다. 특정 지역에 점포를 집중적으로 개설하면 모든 점포의 지명도가 올라가고, 그 지역 내의 다른 동종의 점포보다 우위를 점할 수 있으며, 운송비 절감효과도 얻을 수 있다 (오세조, 2006).

94 KOTRA, 2005.

95 신세계 이마트는 2007년 4월 현재 국내 최다인 106개의 매장을 보유하고 있다 (신세계 홈페이지).

96 이마이더(易買得)는 '쉽게 사고 이득을 얻는다' 라는 의미로서 할인매장의 이미지를 효과적으로 나타내는 상호이다(송은숙, 2006).

97 2007년 12월 현재 이마트는 중국 8·9·10호점(상하이 6·7·8호점)인 라오시먼(老西門)점(2007년 8월 30일 개점), 창장(長江)점(2007년 9월 28일 개점), 난차오(南橋)점(2007년 12월 7일 개점)을 개점하여 중국에 10개의 매장(상하이지역에는 8개의 매장)을 오픈하였으나, 본 사례에서는 중국 7호점(상하이 5호점)까지만을 살펴본다.

98 2004년 기준 주요 외자기업 중국매출규모 현황은 "2005年中國連鎖經營年鑒", 〈2004年部分中外合資/合作零售企業發展情況〉, 2005, pp. 267-268와 〈2004年 中國連鎖百强企業〉, pp. 262-264 자료를 참조하여 작성.

99 상하이 이마트 법인 대표장 인터뷰 참조.

100 현장조사는 해당 할인점의 매장운영방식, 매장환경, 매장분위기, 상품진열방식, 판매제품, 편의시설 등을 중심으로 실시되었다.

101 인터뷰는 매장에 대한 인지도와 평소 선호도, 방문횟수 등을 묻는 내용으로 매장에서 간략하게 진행되었다.

102 "이마트 '중국, 더 깊숙이'", 동아일보, 2007. 12. 5. 참고.

12 휴맥스의 글로벌 성장전략

* 사례 작성 일자 : 2007년 11월

* 손용민 : Humax Hong Kong Ltd. Managing Director
* 신인혜 : 연세대학교 경영학과 박사과정
* 박용석 : 연세대학교 경영학과 조교수

휴맥스는 엔지니어들이 주축이 되어 창립한 회사로서 한국의 대표적인 벤처기업이다. 이제는 셋톱박스(STB) 부문에서 세계적인 기업으로 성장한 어엿한 중견기업이 되었다. 디지털 시대의 시장 변천에 따라 사업영역을 선정해온 과정과 셋톱박스 전문기업으로 처음부터 세계시장을 무대로 글로벌 성장을 추구한 휴맥스의 발전과정을 설명하고자 한다. 이 사례는 ①휴맥스의 국제화 과정이 사업환경에 의해 크게 영향을 받았다는 점, ②제품 개발과 원가경쟁력 그리고 각 세분시장별 접근을 위해서 휴맥스가 기업의 여러 직능을 어떻게 조직해왔는가를 보여 주며, ③세계시장에서 휴맥스가 성장전략에 따라 구조, 조직문화 및 인적자원을 어떻게 관리하고 있는가를 보여준다.

방송 디지털화의 초창기에는 위성 셋톱박스(방송수신기) 시장은 공급자가 흔치 않았던 틈새시장이었으며, 제품기술도 아날로그에서 디지털로 전환되는 시기였다. 휴맥스는 이러한 기회를 포착하여 아날로그 셋톱박스를 생산하던 여타 경쟁업체들보다 앞서 디지털 셋톱박스를 개발하여 시장세분화를 통한 목표시장 선정 후 일반 유통시장과 직거래시장을 각각 공략함으로써 글로벌 방송장비 산업의 변천과정에 발맞춰 자리매김할 수 있었다.

1996년 아시아 최초이며, 세계에서 세 번째로 개발한 디지털 위성방송 수신용 셋톱박스로 휴맥스는 세계시장에서 현재 점유율 2위를 차지하고 있다. 전체 매출 중 수출 비중이 95%인 휴맥스는 영국, 미국, 독일, 일본 등 13개국에 마케팅 거점, 중국, 폴란드 등 6개국에 생산거점, 한국과 폴란드에 2개의 R&D센터를 두고 80여 개 국가에 셋톱박스를 수출 판매하고 있다. 더욱이 글로벌 시장의 미래를 주도하는 기술력에 기초하여 기업전략을 정확히 분석함으로써 새로운 시장수요를 반영한 독특한 아이디어와 미래시장 예측력을 통해 외환위기 이후 10년 동안 매출이 50배 늘어나 중소기업을 넘어 중견기업으로 급성장하였다.

따라서 글로벌 기업을 꿈꾸는 벤처기업이나 중소기업과 연구자들에게 있어 휴맥스의 글로벌 성장전략과 배경을 분석하는 것은 큰 의미가 있을 것이다. 1989년 자본금 5,000만 원으로 휴맥스[103]를 설립하여 오늘날 매출 8억 달러의 세계적인 디지털 셋톱박스 업체로 키워낸 변대규 사장의 모험을 담은 휴맥스의 다각화 및 글로벌 전략에 관한 사례는 한국의 모든 기업에게 시사하는 바가 크다고 할 수 있다.

1. 기술 벤처기업에서 글로벌 기업으로

1.1 회사 설립

1989년 2월에 대표이사 변대규 사장을 포함한 서울대 제어계측학과 석/박사 7인이 (주)건인 시스템[104]을 창업하였다. 벤처라는 개념조차 생소한 시기에 기술력을 믿고 시작한 회사였다. 설립 초창기의 개발활동은 과거에 연구소에서 개발하던 품목에서 크게 벗어나지 못했고 기업역량이라고 할 수 있는 것은 연구소 시절부터 관계를 맺어온 한국전력이나 포스코 등과 같은 대기업으로부터 개발용역을 의뢰받아 그 기업들이 원하는 제품을 제조하는 것에 불과했다. 하지만 뛰어난 기술력을 바탕으로 다수의 대기업을 고객으로 확보할 수 있었다. 즉 기술력 하나만으로 기업의 수명을 이어간 것이다. 건인시스템이 자체상품 개발의 첫 번째 대상으로 삼은 것은 컴퓨터 개발용 장비인 MDS(Micro-processor Development System)였다.

MDS는 컴퓨터의 CPU와 같은 역할을 하는 것으로서 제품의 하드웨어 또는 소프트웨어를 설계하는 작업을 도와주는 첨단장비였다. 그러나 MDS 개발은 신설 벤처기업에게 재무적으로 부담이 가는 사업이었을 뿐만 아니라 개발기간도 예상했던 1년을 넘어 2년이 넘게 소요되었고, 개발비용도 1990년의 매출액 1억 6,000만 원에 정부가 지원하는 정책자금까지 추가되었다. 이 때문에 휴맥스는 매출액의 1.5배를 연구개발비로 투입하는 기록까지 남기게 되었다. 몇 달 동안 밤샘작업을 한 끝에 개발에 성공하였고, 완성도가 높은 시제품을 생산했으나 완제품을 생산하는 데 소요되는 추가자금을 감당하기 어려웠다. 문제는 시장의 상황을 제대로 파악하지 못했을 뿐만 아니라 순수 개발 입장에서 희소하고 어려운 기술을 만들겠다는 의욕만을 앞세워 프로젝트를 추진했다는 것이었다. 제품을 누가 살 것이며, 왜 살 것이며, 경쟁자가 누군지 파악할 여력이 없었기에 사업은 실패하고 말았으며, 이에 따른 충격도 컸다.

1.2 사업영역 선택

휴맥스가 두 번째로 내놓은 작품은 PC용 영상처리보드였다. 디지털 MPEG 압축기술을 활용한 동 제품은 카메라에 잡힌 영상신호

를 디지털 데이터로 바꿔 컴퓨터에 저장한 다음 필요할 때 꺼내 쓰
도록 하는 장치였다. 이것은 과거의 제품과는 달리 실제로 TV 화면
에 글자를 띄울 수 있는 기술이었다. 이 기술의 다양한 용도 중 '영
상 위에 자막을 올릴 수 있다'는 광고에 고객들의 예상치 못한 민감
한 반응이 쇄도했다. 시장의 반응과 요구를 인식한 휴맥스는 자막
삽입을 전문적으로 구현할 수 있는 자막처리 보드인 비디오믹스를
추가로 개발하였고, 이것이 시장의 요구를 충족시킨 휴맥스의 첫
번째 작품으로 기록되었다.

이전에는 개발 가능한 제품 혹은 개발하고 싶은 제품을 생산했지
만 비디오믹스의 개발과 판매경험을 통해 휴맥스는 소비자와 시장
이 원하는 제품을 생산하기 시작하여 '디지털 가전'이라는 사업영
역에서 전략적 방향을 설정하게 된 것이다. 이후 휴맥스는 1991년
과 1992년에 걸쳐 영상자막 편집보드, 비디오 믹스, 가정용 영상 가
요반주기를 출하하기 시작하였다. 영상자막 편집보드와 비디오믹
스는 몇 개월이 지나자 뜻하지 않은 곳에서 대규모 수요가 발생하
기 시작했다. 당시 한국의 노래방 붐으로 노래방 기계의 수요가 급
증하였고, 노래방 기계에서 가사를 화면에 띄우는 데 필수적으로
쓰이는 부품인 비디오믹스의 수요가 폭발적으로 증가하기 시작했
다. 노래방이 획기적으로 인기를 얻기 시작하자 노래방 기계를 만
드는 기업들이 가사를 화면에 띄울 수 있는 기술인 휴맥스의 비디
오믹스 제품을 찾게 되었고, 이를 계기로 휴맥스는 초창기에 기반
을 다질 수 있었다.

비디오믹스가 양산단계로 접어들면서 휴맥스는 기존의 소규모

연구소 형태에서 벗어나 작지만 하나의 독립된 기업으로서의 면모를 갖추기 시작했다. 휴맥스는 가요반주기를 중국으로 수출을 하면서 처음으로 해외시장에 눈을 돌리기 시작했다. 그러나 처음 시도한 수출은 해외시장에 대한 이해 및 자원 부족으로 크게 성장하기에는 한계가 있었다.

디지털 MPEG2 비디오 기술에 집중하던 중 삼성물산과 협력관계를 계기로 디지털 셋톱박스 개발을 시작했다. 호주 방송국으로부터 디지털 셋톱박스에 대한 입찰 안내서를 받았지만 관련 기술과 지식이 없던 삼성물산은 뛰어난 기술력으로 평가받고 있던 휴맥스에게 협력을 제안했다. 삼성물산과 함께 디지털 셋톱박스 개발에 착수한 것은 1995년 초였다. 이 후 18개월에 걸쳐 매출액의 20%가 넘는 25억 원을 연구개발에 투입한 결과 이듬해 9월에 완제품을 출시할 수 있었다. 하지만 삼성물산은 12개월 내에 호주에 디지털 셋톱박스를 공급하기로 했고, 휴맥스의 제품개발 기간은 약 18개월이 소요되어 호주로의 진출은 무산되고 대신 유럽과 남아공으로 진출을 시도했다. 그 결과 1996년 10월부터 첫 선적을 하기 시작했고 3개월 동안 1,000만 달러를 수출하는 성과를 거두었다. 또한 같은 시기에 국산 신기술(KT)마크를 획득하기도 하였다. 첫해는 전량 삼성물산을 통해 주문자상표부착방식으로 수출하였고, 장은기술상 수상도 하게 되었다. 회사 출범 당시부터 디지털 분야로의 진출을 꿈꾸던 휴맥스는 삼성물산과의 협력을 계기로 사업영역을 디지털 가전 내에서도 디지털 방송 분야에 집중하여, 디지털 반주기에서 디지털 방송 장비인 수신기(셋톱박스) 개발 및 제조 사업으로 주력사업을 선택하였다. 영상 가요반주기 사업을 시작하면서 휴맥스는 본사를 이전하고 공장을 용인에 짓는 등 매출액 100억 원대의 중소기업으로 발돋움했고, 디지털 반주기의 중국 수출을 하였지만 본격적으로 디지털 기술 트렌드를 파악하고 특정 시장에서의 전문 분야에 집중하게 된 것은 디지털 영상 가요반주기에서 디지털 셋톱박스라는 제품으로 눈을 돌리기 시작할 무렵이다.

1.3 위기와 재도전

1996년 아시아 최초로 디지털 위성방송 셋톱박스 개발에 성공한 휴맥스는 본격적인 디지털 셋톱박스 시장에 진출하면서 아날로그 방송에서 디지털 방송으로 넘어가는 변환기에 제공된 기회를 엿보게 된다. 1997년 4월에 국무총리상[105]을 수상하고, 또한 코스닥 장외등록까지 하면서 탄탄대로를 걷던 휴맥스는 1997년 말에 예기치 못한 어려움을 겪게 된다.[106] 유럽 디지털 방송 규격의 DVB 위성방송 수신용 셋톱박스를 개발해 1,000만 달러어치를 수출한 기쁨이 가시기도 전에 주력 수출 거래대상이었던 판매업체가 파산하고 유럽 대형 방송사업자 간의 인수합병이 발생하여 기존 목표시장이 소멸하기 시작했다. 남아공과 이탈리아에 수출한 제품들 중 일부 결함이 발견되어 문제해결을 위해 연구개발부서 전원이 현지에 파견되어 수출 물량의 하자를 해결하기 위하여 현지에서 총력전을 펼치는 와중에, 유럽 방송사업자인 멀티초이스사가 프랑스의 카날플러스로 합병되면서 제품을 납품하기 직전 수출계약이 파기되자 모든 계약 이행이 중단되고 재검토에 들어갔다. 이로 인해 유럽 수출이 중단되면서 공장 가동이 중단되고 자금사정이 악화되었다. 한 해에 약 4,000만 달러 이상 팔 수 있을 것으로 판단해 자재 발주를 했으나 수출을 하지 못하는 위기에 봉착하자 재고가 쌓이고 현금이 바닥났다. 설상가상으로 국내에서도 외환위기가 닥쳐 거래선들이 흔들리고 휴맥스가 OEM으로 노래방 기기를 납품하던 해태전자가 부도 처리되면서 거래대금 피해까지 보게 되었다. 여기다가 외환위기 여파로 시중은행들이 자금 회수에 나서면서 부도 직전의 최악의 상황까지 도달하였다.

이 위기상황을 극복하기 위해 변대규 사장을 포함한 경영진들은 창사 이후 처음으로 임직원의 급여를 동결하고 전체 급여의 30%를 적립해 일단 회사의 유동성 위기를 막았다. 그리고 당시 본사 사옥으로 지었던 용인공장의 기계와 생산인력들의 관리를 위임하고, 평택과 안산공장 역시 본사와는 무관한 별도 조직으로 전환시켰다. 생산부문을 외주로 돌려 환경 변화에 탄력적으로 대응할 수 있도록 슬림화시키고 공장은 가능한 한 재고를 남기지 않도록 시스템을 개선하여 이러한 상황을 기회로 삼아 철저한 관리시스템을 갖춰나갔다. 이러한 시스템 개선 노력으로 위기상황을 극복하였고 현재 휴맥스의 경영관리 근간을 마련하였다.

휴맥스는 당시 이와 같은 위기를 발상의 전환으로 돌파했다. 허리띠를 졸라매고 직원 감봉을 하면서까지 비장한 각오로 디지털 셋톱박스에 회사의 미래를 걸었다. CD 반주기, 호출기 등 셋톱박스 이외의 실험적 사업들은 과감히 정리하고 부가사업인 디지털 방송의 핵심기술, 즉 CAS(Conditional Access System) 개발에 자원을 집중하면서 주력사업 탐험에 일단락을 맺는다. 당시 회사 전체의 44%를 연구인력으로 배치하고, 매출액의 8~9%를 연구개발에 투자했던 것이다. 아웃소싱을 최대한 활용하고 전형적인 벤처 조직으로 운영함으로써 경영 효율을 극대화했으며 생산을 아웃소싱하는 대신 첨단제품 개발과 시장개척에 주력하였다. 선택과 집중의 맥락에서 같은 해 휴맥스는 첫 해외 현지법인을 영국에 설립한다. 시장 다각화의 일환인 해외진출을 통해 직접 시장 개척과 재고를 처분할 수 있는 판로를 모색하기 위해 적극적으로 나선 것이다. 당시 업계는 유럽 대기업들이 장악하고 있었으며 주로 대형 방송국 위주로 직거래 비즈니스 모형을 구축하고 있어 휴맥스는 그들의 관심 밖이었던 일반 유통시장을 틈새로 보고 고객들을 파고들었다. 발로 직접 일반 위성 유통시장을 뛰어다니면서 몇몇 소량의 OEM 주문이 들어오게 되었고, 재고 부담이 줄어듦과 동시에 현금화가 이뤄지면서 조금씩 빛이 보였다.

휴맥스가 최초의 현지법인을 유럽, 그중에서도 영국 북아일랜드에 공장을 설립하기로 한 것에는 여러 가지 이유가 있었다. 우선 EU의 관세 장벽에 대응하는 한편 지역 방송시장 변화에 신속히 대응하기 위해서였다. 급변하는 디지털 환경에서 능동적으로 대응하기 위해 필수 조건인 현지 영업조직망도 구축하기 시작했다. 당시 디지털 셋톱박스의 주 시장인 서유럽 선진 국가들을 중심으로 하는 대륙 시장들이었으므로 유럽 지역에 공장을 설립하여 생산하고 공급하는 것이 비용절감 차원에서 많은 효용을 가져다줄 것으로 기대했다. 특히 당시 북아일랜드 지방정부가 매력적인 투자환경을 제안했다.[107] 북아일랜드 산업 개발청(IDB)은 공단 내에 600평 규모의 공장을 미리 지어놓고 2년 동안 무상으로 임대해주었다. 공장 설비에 대해서는 30%의 지원금을 지급하고, 연구개발이나 마케팅 비용도 별도로 지원했다. 당시 현지정부는 북아일랜드의 높은 실업률을 해결하기 위해 해외직접투자 유치에 적극적인 자세를 취했다. 또한 남유럽이나 동유럽 등 다른 지역에 비해 노동자들이 근면하고 노조의 힘이 상대적으로 약했다. 이와 같이 현지 조립공장을 설립한 휴맥스는 지역 시장에서 발 빠른 대응을 할 수 있었다. 이렇게 위기를 기회로 삼아 시장 다각화 전략을 실행에 옮긴 휴맥스는 유럽 지역과 시장환경을 더욱 빠르고 정확하게 소화할 수 있게 되었고, 유럽 디지털 방송 사업에 특화된 제품 연구개발에 몰두하게 되었다. 주력사업을 선정하여 진입 후 특화를 통한 기술 경쟁우위로 지역 틈새시장을 진입하게 된 것이다.

1.4 시장 다변화

유럽 역내에서 시장 다각화에 들어간 휴맥스는 1999년부터 보다 구체적이고 장기적인 시장전략을 구상하게 되었다. 부도 직전까지 경험한 후 기업전략으로 시장 다각화를 통해 유럽에서 셋톱박스 생산 및 판매에 집중한 휴맥스는 그때마다 시장상황에 대응하는 전술적인 위치에서부터 한발 나아가 세분시장별 제품의 중장기 전략의 필요성을 절실히 느끼게 되었다.

우선 제품개발 전략에 대해 휴맥스의 열정과 의욕은 남달랐다. 디지털 가전제품이라는 영역에 뛰어든 지도 대략 10년, 휴맥스는 다양한 경험을 토대로 제품의 핵심에 대해 심도 있는 분석을 하였다. 기술적인 전망을 보면서 동시에 디지털 제품의 설계, 그리고 완성도를 파헤치기 시작하여 모듈화를 실현하였다. 휴맥스는 다양한 맞춤 제작 요구 및 관련기술 업체들과의 상호 연관성이 높은 제품개발에 효율성과 성능을 제고하기 위해 하드웨어와 소프트웨어 설계 단계부터 모듈화 하여 개발기간을 단축시켰다. 특히 CPU나 수신 튜너와 같은 부품 선정은 전체 제품 개발 로드맵에 영향을 미치므로 장기적인 안목과 신중한 의사결정이 필요하다. 이러한 과정에서 지속적인 개발에 대한 투자도 벤처기업 중에서 뒤지지 않았다. 엔지니어들의 발품도 한몫했는데, 생생한 신호 수신을 위해 수신 가능 지역에서 개발환경을 마련하고 개발에 주력하는가 하면, 각 관련기술 협력업체들의 실험실 및 CAS 업체들이나 미들웨어 업체 인증실에서 진을 치고 개발에 전념한 것이다. 기초 표준기술이라는 기반에 방송사의 특수한 요구사항을 반영하고 동시에 관련 디지털 방송기술(hardware & software)[108] 전역에 관련된 노하우와 지식을 축적하는가 하면 핵심 부품업체들과의 협력관계가 강화되고 beta-test site와 전략적 파트너로서 기술 트렌드의 선두 위치에 동참할 수 있었다. 주요 실리콘 업체들과의 협력관계는 질적으로나 양적으로 심지어, 수적으로 증가했고 실제 납품에 지장이 없도록 제품수명이나 양산성의 최적화도 게을리 하지 않아 휴맥스는 점차 동종업계에서는 기술력을 인정받게 된다.

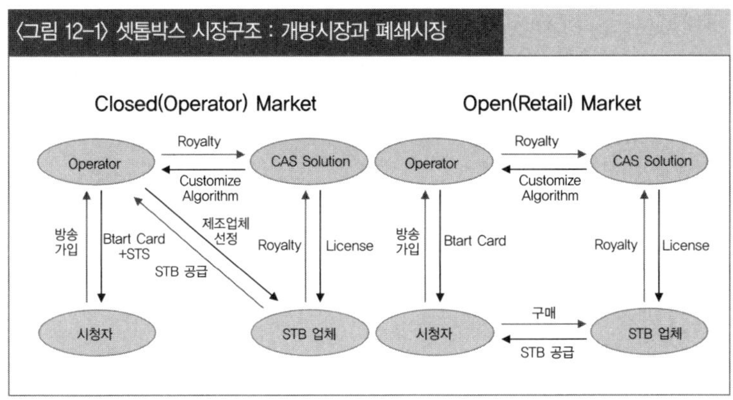

자료 : 휴맥스 기업 분석, 대우증권, 2007. 7.

■ 시장세분화 및 포지셔닝

디지털 방송업계는 크게 직거래시장(Operator Market)과 일반 유통시장(Retail Market)으로 나눌 수 있고, 두 시장은 시장의 성격이 사뭇 다르다. 소비자들이 원하는 제품을 직접 구입하는 일반 유통시장과는 달리 직거래시장은 방송사업자가 사전에 제조업체로부터 셋톱박스를 공급받아 가입자에게 콘텐츠 제공 서비스와 함께 셋톱박스를 판매 또는 대여하는 형태의 시장이다.

우선 일반 유통시장에 대한 접근방법으로 휴맥스는 마케팅 전략으로 상품 기획과 유통채널 형성에 집중한다. 디지털 위성방송의 특성상 셋톱박스와 위성 수신전용 접시 안테나(dish & LNB)[109]는 불가분의 관계다. 소비자가 직접 안테나를 설치하고 전체 디지털 방송 수신 환경을 최적화하기에는 한계가 있기 때문에 위성 솔루션 전문점들과의 협력관계 형성은 매우 중요한 유통전략이다. 휴맥스는 각 국가마다 주요 파트너와의 관계를 맺고 역내 유통망을 구축하게 되는데, 디지털 위성방송 확산으로 시장별 수요가 늘어나면서 다양한 제품/유통 방식에 대한 요구도 나타나게 된다. 휴맥스는 이때 중요한 의사결정으로 자체 브랜드 강화 정책을 선택한다. 브랜드 촉진이라는 정책 하에 휴맥스는 OEM 상표 주문형태의 사업을 대폭 축소하고 자체 브랜드 위주로 생산판매를 했다. 일반 유통시장에서는 일반 소비자의 브랜드 인지도 및 유통망에서의 산업 브랜드 인지도로 구별되는데, 첨단 디지털 기술이 가미된 셋톱박스는 교육적 마케팅(educational marketing)이 필수이므로 1차적으로 유통망을 통한 푸시(push) 마케팅은 물론 전반적으로 브랜드 인지도 제고에 주력하였다. 또한 유통망의 구축에 있어서 빠질 수 없는 것은 기술 지원이다. 고객 서비스 없이는 지속적이고 유기적인 성장이 어렵다는 점을 알게 된 휴맥스는 각 국가별 파트너와 기술 지원 및 밀접한 제품-시장 관계 분석을 하게 된다. 해당 지역과 제품의 필요, 그리고 최종 고객의 니즈를 가장 가까이에서 많이 알고 있는 현지 유통의 피드백은 기존 제품의 완성도에 크게 기여를 할 뿐 아니라 신상품 기획에도 많은 영향을 미친다. 이와 같이 일반 유통시장에서 휴맥스 인지도는 유통망 강화와 함께 제품 차별화로 기술력을 인정받게 되면서 주력 브랜드로 시장에 포지셔닝하게 되었다.

반면에 방송사 직거래시장은 규모가 크기 때문에 규모의 경제를 생각할 때 결코 소홀히 할 수 없는 시장이다. 직거래시장은 당시 전체 셋톱박스 시장의 약 90% 이상을 차지하고 있었다. 또한 직거래시장은 수익률은 높지 않으나, 방송사업자를 대상으로 대규모 물량을 공급하기 때문에 안정적인 매출과 제조업으로서의 중요한 요소인 규모의 경제 실현을 기대할 수 있다. 그러나 방송사업자에게 셋톱박스를 공급하기 위해서는 방송사업자가 선정한 CAS시스템(Conditional Access System), 미들웨어(middleware), 그리고 해당 지역 방송 사업에 입각한 비즈니스 모델에 맞춤형 솔루션을 제공해야 하기 때문에 이러한 네트워크형 폐쇄된 프로젝트별 시장에 후발업체가 신규로 진입하기는 상대적으로 어렵다.

직거래시장에서의 핵심역량은 협력업체들과의 전략적 파트너십이다. 방송사, 방송 장비, 소프트웨어 솔루션을 제공하는 CAS 그리고 미들웨어 업체, Main CPU를 포함한 핵심 부품업체, 기타 솔루션업체 등과의 관계는 폐쇄된 시장 진입의 열쇠이자 시장 영역을 확산시키는 매개체 역할을 한다고 해도 과언이 아니다. 휴맥스는 이 시기에 앞서 언급한 반도체 업체들과 긴밀한 협력관계를 형성했을 뿐아니라 모든 CAS나 미들웨어 업체들과 특허계약을 체결함과 동시에 협력 파트너로서 손을 잡고 턴키 혹은 턴키와 유사한 솔루션으로 방송사 대응전략을 구사하였다. 일반 유통시장에서의 기술개발 과정 및 제품 기획과는 달리 다각두의 기술 표준을 접하게 되고 단순 ODM에서 벗어나 새로운 기술 트렌드에 동참할 수 있는 기회를 얻을 수 있기 때문에 휴맥스 핵심경쟁우위 중 하나인 연구개발을 더욱 강화 발전시킬 수 있었다. 이렇게 각 유통시장과 직거래시장에서의 차별화된 접근방법을 설정하면서 각기 다른 마케팅 전략으로 시장을 공략한 휴맥스는 디지털 방송시장에서 앞서갈 수 있었고, 기술개발이라는 핵심우위를 더욱 강화할 수 있게 되었다.

■ 글로벌 다각화

일반 유통시장과 유럽 디지털 방송 규격인 DVB 기술에서의 축적된 노하우로 휴맥스는 역내뿐만 아니라 역외 시장을 공략하기 시작했다. 유럽 내 국가별 소매유통망을 구축한 휴맥스는 독일[110]을 비롯한 서유럽에서 북유럽, 동유럽까지도 유통시장을 확장시키는데 여념이 없었다. 2002년도에는 유럽 역내 기업들을 제치고 영국 최고 영예 상인 The Queen's Award for Enterprise : International Trade를 여왕으로부터 직접 시상 받기까지 한다. 휴맥스는 그간 쌓아온 시장분석 능력과 기술력으로 유럽 지역 진출에 이어 1999년 12월 중동 아랍에미리트 두바이에 Humax Gulf라는 현지법인을 설립했다. 당시 중동 지역에서 디지털 방송은 걸음마단계였으므로 선점효과를 노리는 많은 업체들의 목표시장이 되었다. 대체로 디지털 방송은 선진국에서 수요가 많지만, 중동 지역은 폐쇄적인 관습으로 실내 문화인 TV방송이 매우 중요한 생활의 일부로 발달되었다. 두바이 현지법인에는 공장을 설립하지 않고 한국 공장에서 물품을 공급하였으며 오직 마케팅과 영업 활동만을 전담하도록 하였다. 중동은 유럽이나 기타 지역과의 차이가 있었지만 유통시장 형태의 시장공략이 가능하여 2003년까지 중동은 휴맥스의 총매출액의 30~40%를 차지할 정도로 없어서는 안 될 주요 수요처로 자리 잡았다. 이와 같이 선발주자의 이점, 즉 현지시장에서 생산, 유통 및 기술 지원 등으로 마케팅 선점효과를 누릴 수 있었고, 기술력과 높은 품질로 현지인들로부터 많은 인기를 얻으면서 서서히 유통 커뮤니티에서 고객 커뮤니티까지 브랜드 인지도의 상승효과를 누리게 되었다.

진입장벽이 높은 직거래시장에서도 휴맥스의 영향력을 기타 지역에 확대한 경우가 유럽형 DVB 기술표준을 사용하는 동유럽과 동남아 진출 사례가 있다. 나아가 DVB 규격 외의 다른 디지털 방송기술 표준을 채택, 습득하여 시장을 확장한 지역은 북미 그리고 일본 시장 등을 들 수 있는데, 이러한 관련기술 강화 및 확장으로 성공적인 신규시장에 진출하게 된 휴맥스의 글로벌 다각화 전략은 상당히 성공적이었다. 직거래시장을 분석하면서 실제 관련업체들 간의 상호 교류는 진행 중인 프로젝트뿐만 아니라 새로운 사업기회를 창출하는 데 크게 공헌하게 됨을 알 수 있었다.

연구개발력 및 네트워크라는 직거래시장에서의 핵심경쟁우위를 바탕으로 휴맥스는 새로운 시장을 개척하게 되는데, 이때 세계 최대 규모의 디지털 방송 시장인 미국으로의 진출을 결심한다. 미국은 당시 전 세계 디지털 셋톱박스 시장의 50% 정도를 차지하는 대규모 시장으로 디지털 위성서비스의 경우 가입자 수는 1997년 520만, 1999년 1,100만, 그리고 2003년에는 3,350만까지 증가했다. 휴맥스는 유럽과 중동시장에서의 성공과 기술력에 대한 업계의 인정과 신뢰를 발판으로 미국시장 진입을 과감히 시도한다. 1994년 Direct TV 서비스를 시작으로 디지털 위성 셋톱박스 사업이 성장해 1999년부터 본격적으로 활성화되었고, 미국 FCC가 케이블 산업의 디지털화를 강력히 추진하고 있는 상황에서 2001년에는 케이블 방송의 디지털화도 본격적으로 추진되었다. 당시 셋톱박스는 미국의 케이블 시장인 경우 Motorola와 Scientific Atlanta라는 두 회사가

과점하고 있었고 위성 역시 Hughes, Echostar라는 자체 내부 공급
업체, Thomson과 같은 다국적기업 및 일본 대기업 위주로만 편성
된 과점시장이었다. 휴맥스와 같은 기술 경쟁력 위주로 성장하는
벤처기업들이 독자적인 진출을 하기에는 미국시장의 문턱은 매우
높았던 것이다. 이러한 상황에서 휴맥스는 미국 디지털 위성방송
DSS 규격 직거래시장에 진출하기 위하여 합작형태를 택한다. 2000
년 7월, 휴맥스와 삼성벤처투자가 합작으로 미국 실리콘밸리에 크
로스디지털(Cross Digital)[111]을 설립하여, 10월부터 본격적으로 디지
털 위성 셋톱박스의 미국 내 판매를 시작했다. 유럽 셋톱박스 시장
선점으로 특화된 휴맥스의 연구개발과 시장 적기 진출(Time to
Market), 경쟁력 있는 생산 시스템 그리고 삼성의 마케팅 자원과 유
통채널 등을 동원해 국제적 품질과 가격 조건에 만족할 수 있는 제
품으로 미국시장에 성공적으로 진입했다. 즉 유럽에서의 성과를 바
탕으로 얻은 브랜드 인지도와 기술우위 그리고 네트워크 경쟁력을
가지고 위성 셋톱박스로는 최대 규모의 시장으로 진출하게 된 것이
다. 더불어 한국 최고의 대기업 중 하나인 삼성과 전문 벤처기업인
휴맥스의 합작사 설립은 세계의 전자기기의 디지털화가 가속화되고
있는 상황에서 세계시장으로 진출하는 새로운 모델로 기록되었다.

　미국시장에 이어 직거래시장에서의 기술 다각화는 일본 디지털
방송 표준의 습득으로 시장을 확대하게 된다. 폐쇄적인 위성방송
시장 특히 일본시장 진입을 위해 높은 기술력, 품질, 현지 마케팅
능력과 높은 브랜드 인지도 등을 통해 일본 최대 위성방송 사업자
인 스카이 퍼펙 TV(Sky PerfecTV) 방송을 수신하는 셋톱박스 계약을

체결하였다. 또한 이와 같은 성과를 토대로 일본 최대 케이블 방송 사업자인 제이콤(Jupiter Telecommunication)에 고화질(HD) 케이블 셋톱박스를 자체 브랜드로 공급하는 계약도 체결했다. 일본 케이블 셋톱박스 시장의 경우 기술적 요구조건이 매우 까다롭기 때문에 소니, 마쓰시타 등 일본기업들의 독점이 계속되었으나 그 당시 계약으로 일본시장에서도 휴맥스의 기술력과 품질관리 시스템을 체계화 시킬 수 있는 계기를 마련하였다.

1.5 사업 다각화

■ 새로운 세분화

2003년도에 들어서면서 휴맥스는 다양한 시장 확장 전략을 실시한다. 위에서 논의된 디지털 방송 업계에서의 휴맥스 네트워크는 시너지효과를 발휘하여 유통시장과 직거래시장에서의 글로벌 사업 영역에 진입하면서 입지를 더욱 확실하게 다진다. 각 역내에서도 소매유통에만 치중했던 시장에서 방송사 직공급 수요를 찾아 공략하는가 하면, 반대로 직거래 위주로 진입했던 시장에서도 일반 유통수요를 겨냥한 다양한 부가기능 제품군을 선보일 수 있게 되었다. 각 세분시장에서의 휴맥스 경쟁력은 글로벌 산업 브랜드의 인지도를 한층 제고시키면서 직거래시장에서도 휴맥스가 직접 방송사와 중장기적인 협력관계를 맺게 되었다. 가장 눈에 띈 것은 삼성과 합작으로 설립한 미국법인 크로스디지털을 100% 휴맥스 자회사로 탈바꿈시키면서 기존의 업을 이어갔다.

구 분	2004년	2005년	2006년
매출액	387,479	618,195	655,850
매출총이익	77,505(20%)	147,064(24%)	137,786(21%)
당기순이익	4,956(1%)	43,228(7%)	35,902(5%)
R&D 투자비	25,953(7%)	40,093(6%)	38,075(6%)
자본금	13,627(4%)	14,006(2%)	14,006(2%)

주 : 괄호 안은 매출액 대비 비율
자료 : 휴맥스 기업 자료

같은 시기에 지역별로 대형 외에 신흥 중소형 방송사의 디지털 사업이 확대되는 가운데 적절한 대응전략을 선보이게 된다. 대형 방송사와는 달리 자금력이 부족한 중소형 신생 방송사들은 셋톱박스를 대량 직구매하는 데 한계를 느낀다. 여기서 휴맥스는 이미 각 시장별로 확보하고 있는 유통망을 적극 활용하여 일명 Beta-Segment라는 새로운 세분시장을 형성하게 된다. Beta-Segment란 일종의 수직적 시장 유형으로서 방송사의 인증 내지는 규격에 부합한 절차는 기존 직거래시장과 유사하나 실제 제품 유통 및 판매는 공급업체의 자체 판로를 통해 행해지는 복합된 비즈니스 모델이라 할 수 있다. 이렇게 휴맥스는 직거래와 일반 유통시장이라는 두 개의 세분시장 사이에서 새로운 Beta-Segment를 활성화 시키는 선두주자가 되었다. 즉 브랜드나 기술력뿐만 아니라 유통 체계를 경쟁우위로 내세우게 되면서 새로운 틈새시장을 발굴할 수 있었던 것이다.

휴맥스는 과감한 기술개발 투자로 표준 규격이 다른 방송 지역들을 공략해오면서 위성 외의 새로운 매개체들에도 눈을 돌린다. 아

날로그 방송 송출 중단이라는 범세계적인 조짐이 위성 사업자들뿐
만 아니라 일반 공중파, 케이블 유선 사업자, 심지어 통신업체들에
게도 급격히 확산하게 된다. 특히 각국의 정부 차원에서 지상파 방
송을 아날로그 방식에서 디지털 방식으로의 전환을 장려하는가 하
면, 2010년을 전후로 하여 아날로그 방송 송출을 중단할 예정임을
선언하게 되었다. 따라서 아날로그 방송 중단 시 아날로그 방식의
TV나 셋톱박스를 사용하던 사용자들은 신규로 셋톱박스 내장형 TV
나 디지털 셋톱박스를 구입해야 디지털 방송을 시청할 수 있게 된
다. 영국, 미국 등이 60~70%의 디지털 방송 보급률을 보일 뿐, 그
외 국가의 디지털 방송 보급률은 높지 않아 일반 아날로그 공중파
의 방송 중단은 대규모 교체 수요를 유발할 것이다.

이러한 맥락에서 봤을 때 위성 이외의 방송사업자 중 주로 유선
케이블이나 통신업자들의 디지털 전환은 직거래시장 형태로 진행되
는 경우가 대부분인 반면, 지상파일 경우에는 정부 정책적인 접근방
법에 의거 유통시장 형태로 확산하는 경우가 많다. 휴맥스는 단계별
사업영역에서도 그랬듯이 각 세분시장 진입 전략을 수립하여 구별
된 마케팅 활동을 하는데, 우선 직거래시장에서는 케이블 셋톱박스
와 IP(Internet Protocol) 셋톱박스 제품군을 확보하고 있었다. 직거래
시장은 개별 국가의 환경, 정부 규율에 신경을 곤두세워야 할 뿐만
아니라 차별화된 부가기능들을 탑재해야 했다. 한국이나 일본 케이
블 MSO나 KT의 IP TV 사업을 대표적인 예로 들 수 있다.

디지털 위성 시장에서 일반 유통시장의 선두주자 위치를 지켜왔
던 휴맥스는 디지털 지상파 방송 환경이라는 새로운 도전을 받게

된다. 디지털 지상파는 주로 범국가 차원에서 정부가 아날로그 방송 중단을 정책적으로 강행하는 과정에서 시장 특성에 따라 다양한 형태로 이루어지고 있다. 정부 차원의 보조금을 활용하는 이태리나 미국시장이 있는가 하면 지상파 규격 및 구체적인 사양을 통일하기 위해 영국과 같이 특정 비영리 단체들이 유통채널들과의 긴밀한 교류로 디지털 전환을 범사회적 활동으로 장려하는 경우도 있다. 지상파의 특성상 위성 수신과는 달리 접시 안테나(Dish & LNB)가 필요 없으므로 유통 경로에서는 기존 설치업자 위주의 소매상들과는 현저히 다른 판로를 동원해야 하는데, 바로 일반 가전제품 유통 경로를 공략하기 시작한다.

위성 설치업자 소매시장이나 방송사를 상대로 하는 직공급 시장에만 익숙한 휴맥스는 디지털 셋톱박스가 일반 가전제품으로 보급되기 시작하는 틈을 타 현지에서 신규 일반 가전제품 전문 유통채널들을 개척하였다. 이러한 과정에서 일반 소비자에게 알려지지 않은 휴맥스 브랜드는 고전을 하게 되는데, 돌파구는 기술 차별화와 다양한 현지 CE 유통상들과 전문 언론들을 대상으로 활발하게 마케팅 활동을 전개한다. 위성 유통시장이 범지역적으로 상품 기획이나 마케팅 전략을 추구하면서 확장해왔다면 지상파 유통시장에서

〈표 12-2〉 지상파 방송 디지털 전환 일정

구분	한국	영국	미국	일본	프랑스
디지털 방송 개시	2001. 1	1998. 9	1998. 11	2003. 12	2005. 3
아날로그 방송 중단	2012. 12	2008~2012	2009. 2	2011. 7	2011. 11

자료 : 방송위원회

는 각 국가별로 현지환경에 맞춰진 차별화된 접근방법을, 즉 국지전을 펼쳐야 했다. 휴맥스는 이렇게 각국 디지털 지상파 전환시기에 발맞춰 현지 일반 가전시장에 하나 둘 문을 두드리면서 영국, 독일, 이태리, 북유럽, 스페인, 프랑스 등 점차 현지 유통에 입각한 근본적인 판매전략을 적용하였다.

글로벌 디지털 방송 장비인 셋톱박스라는 사업영역에서 휴맥스는 기술우위를 바탕으로 시장 다각화를 추진하였다. 기술 표준 규격에 의한 방송기술 다각화는 새로운 시장을 개척할 수 있는 계기를 마련하였고 제품의 수신이나 매체방식의 다양화로 시장을 확대할 수 있었으며, 세분시장별로 적합한 마케팅 전략[112]을 통해 세계 곳곳에 주요 거점을 마련해가면서 목표시장에 따라 차별화 전략적 포지셔닝으로 세계 디지털 방송시장의 흐름을 제대로 읽고 입지를 확고히 다지게 되었다.

2003년을 기점으로 새로운 단계에 접어든 휴맥스는 가치사슬별

<표 12-3> 휴맥스의 시장 다각화 : 시장별 매출 분포

구 분	2006	1H07	07FY(E)
Europe	39%	30%	38%
Mid East	4%	6%	9%
USA	37%	40%	30%
Japan	10%	7%	9%
Korea	3%	5%	5%
Ap& etc.	7%	12%	9%

자료 : 휴맥스 기업 IR 자료

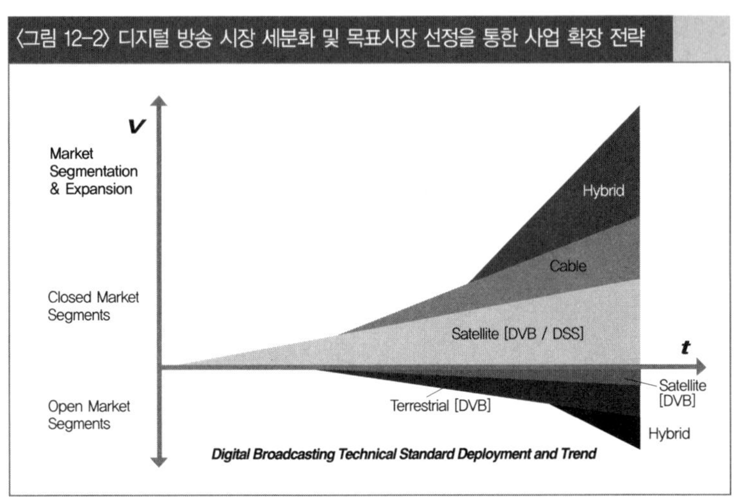

〈그림 12-2〉 디지털 방송 시장 세분화 및 목표시장 선정을 통한 사업 확장 전략

로 글로벌화를 실현하고 있다. 앞서 설명했듯이 방송시장의 디지털화에 힘입어 휴맥스는 각 지역에 영업법인을 설립하고 현지환경과 시장수요에 입각한 제품 및 마케팅 전략을 펼쳐왔다. 디지털 방송이 지역별로 여러 형태로 부각되면서 휴맥스는 글로벌 유목민(global nomad)처럼 세계 방송 및 데이터 송수신 기술 트렌드에 맞춰 제품개발에 몰입하면서 신흥 디지털로 전환하는 방송시장들을 쉴틈 없이 따라갔다. 여기에는 세계에 분포되어 있는 영업/마케팅법인 외에도, 기업기능 중에서 글로벌 공급사슬에 대한 국제화 활동도 한몫을 했다. 북아일랜드에 설립했던 유럽의 생산기지는 비용적인 측면으로 인해 동유럽으로 확장하고 있는 EU 지역 관세 울타리의 확장에 맞춰 대응하기 시작하였다. 휴맥스는 영국 북아일랜드 공장을 접고, 폴란드 베아토프에 부지를 마련하면서 새로운 유럽 생산기지를 설립하였으며, 곧이어 연구개발 역시 역내 시장 요구에

자료 : 휴맥스 홈페이지

빠른 대응을 위해 고객서비스나 필드 테스트 위주의 기술적인 기능에서 개발 기술로 변화한 폴란드 연구개발 센터를 설립하였다.

또한 한국에서만 자재구매와 생산활동을 해오던 휴맥스는 아시아시장에서 공급망 관리의 근간이 되는 국제구매조달(International Procurement Operation) 및 글로벌 물류 허브를 중국 광동성에 위치한 공장과 연계하여 심천과 홍콩에 각각 설립했다. 핵심 제조기지로 한국, 중국, 폴란드를 두고 있으나 각각 형태는 다르다. 한국은 공장 인력을 위주로 셋업하면서 생산기술을 축적해왔고, 폴란드는 다각화와 해외직접투자의 일환으로 지역 생산기지로서의 수직적 통합을 추진하였으며, 중국은 두 협력업체와 체계적인 외주(BPO : Business Process Outsourcing)를 실현하였다. 이외에도 방송사의 특수한 요구사항 그리고 관세 장벽으로 인도, 터키, 태국에서도 현지 파트너와 생산활동을 벌이고 있다. 이러한 제조 단위를 연결시켜주는 것이 바로 휴맥스 SCM 프로세스인데, 부품 공급자부터 해당 제조기지 그리고 궁극적으로 고객에게 도달하기까지 일률적인 SAP 시스템으로 통합관리 하고 있다.

현재 휴맥스는 13군데의 영업/마케팅 사무소[113]를 설립했고, 제조 활동이 이루어지는 곳은 총 6곳으로, 한국에 두 곳, 중국 광동성에 두 곳, 폴란드에 두 곳 생산기지가 분포해 있다. 또한 연구개발센터 두 곳은 각각 분당(한국)과 그당크스크(폴란드)에 위치해 있다.

■ 제품 및 사업 포트폴리오 다각화

같은 시기에 무엇보다도 주목되었던 것은 휴맥스의 제품 다각화 전략이다. 휴맥스는 경쟁우위인 기존의 셋톱박스 기술로 디지털 가전산업의 핵심인 TV 사업으로 사업 포트폴리오를 확장했다. 자체 브랜드로 디지털 TV(DTV)를 개발 생산하여 기존 가전제품 유통시장을 공략하는가 하면 동시에 B2B 사업으로는 대형 TV 업체와 개발 협력관계를 맺어 ODM 사업을 강화하였다. 휴맥스는 DTV라는 특화된 제품에 집중함으로써 TV 업체들과 정면충돌하지 않고 CRT TV가 아닌 Flat Panel TV(PDP & LCD) 중에서도 DTV 틈새시장을 공략한 것이다. 휴맥스의 기술력을 바탕으로 LCD TV에 디지털 셋톱박스 기능을 내장하게 되었는데, 일명 컨버전스 기술(convergence technology)의 일환이라고 볼 수 있다. 이미 휴맥스가 지역별 디지털 방송규격에 익숙해 있었고 전 세계 방송사들의 요구에 따라 다양한 기능들에 대한 노하우를 축적해왔으므로 DTV라는 상품기획 역시

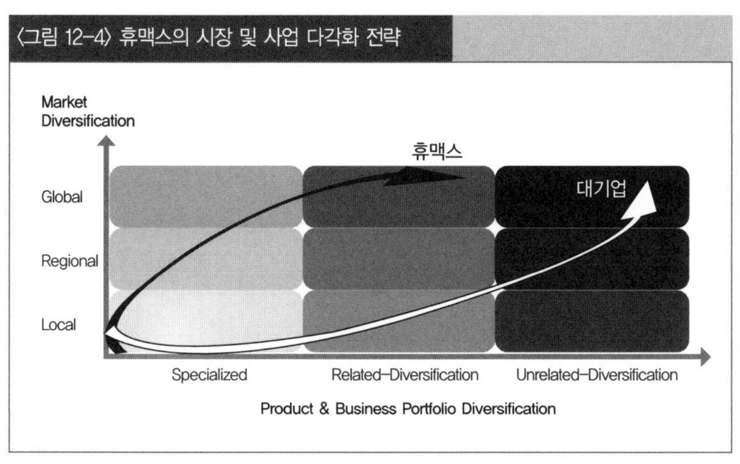

고부가가치 위주로의 제품 차별화에 주력하였다. 하드 디스크 내장형으로 개인 영상 녹화장치 기능인 PVR(Personal Video Recorder)을 이미 선보였고, 고화질 HD급 셋톱박스도 앞서 내놓은 바 있는 휴맥스는 위성, 케이블, 지상파 그리고 IP 수신기에 적용 가능한 부가기능들에 대한 기술력들을 바탕으로 디지털 TV라는 특화된 제품을 내놓았다. 바로 이렇게 다양한 셋톱박스 기술들을 최첨단 컨버전스 기술로 TV 엔진과 결합하여 디지털 TV 시장 내에서도 제품 차별화를 통한 시장진입을 추진하였던 것이다. 또한 2005년에는 미국의 위성 라디오 사업자인 Sirius사에 납품할 기회를 얻게 되어 본격적으로 디지털 라디오라는 제품도 개발 출시하면서 제품 다각화 영역을 확대하였다. 동 제품 역시 직거래시장에 대한 공급기회로 업계의 네트워크로부터 새로운 기회를 포착한 결과이고, 그간 보유한 연구개발이라는 핵심역량을 활용한 제품군 확장으로 다시 새로운 시장에 성공적으로 진출하게 되었다.

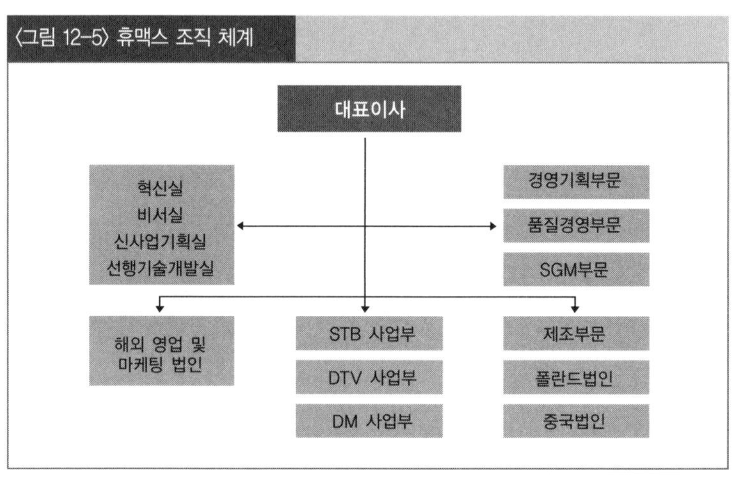

자료 : 휴맥스

2. 조직과 구조

컨버전스 가전시장은 메인 프레임과 퍼스널 컴퓨터에 이어 제3의 정보혁명인 '유비쿼터스 혁명'이라고 불리는, 새로운 시대에 걸맞은 신규시장으로서 응용기술과 소프트웨어 개발력이 우수한 한국 업체들에게는 잠재력이 뛰어난 시장이다. 단일 품목별로의 기술 도입뿐만 아니라 콘텐츠나 데이터 서비스 연계와 같은 컨버전스 트렌드도 끊임없이 발굴해나가기 위해 휴맥스는 기업구조도 사업부 체제인 셋톱박스, 디지털 TV 그리고 디지털 (홈)미디어 조직 형태로 운영하기 시작했다.

이러한 급격한 시장 확장과 환경 변화에 적응하기 위하여 휴맥스는 6개월 단위로 내부 구조 변화와 자원 재배치를 통한 조직 최적화

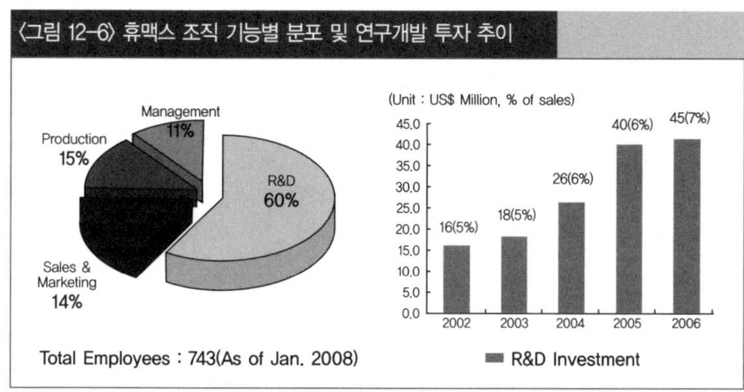

자료 : 휴맥스

를 실현하고 있다. 초창기 휴맥스의 직원들은 작은 조직에서 서로 얼굴을 잘 알고 가족 같은 회사 분위기로 아주 자유로운 문화였다. 1999년의 100명 직원에서 2000년의 182명, 2001년의 300명으로 급격히 증가함에 따라 인사조직 제도 관리의 변화는 불가피한 상황이었지만 휴맥스의 유연하고 신속한 변화와 적응력을 뒷받침하는 조직문화를 무시할 수 없었다. 따라서 인사 관련 업무를 아웃소싱 및 외부기관[114]과 협력하여 관리함과 동시에 유연한 조직문화를 유지하려는 노력과 새로운 변화를 빨리 정착시키는 것이 휴맥스의 장기목표 중 하나다. 현재 휴맥스에는 740명 정도의 직원이 근무하고 있으며 이 중 반 이상이 연구개발에 종사하고 있다. 기술 경쟁우위에 대한 중요성을 강조하여 매년 매출의 7%는 연구개발에 투자하고 타 벤처기업의 10배에 달하는 연구인력을 보유하면서 지속적인 제품 개발과 혁신에 투자하였다.

휴맥스 내부 조직을 분석하면 우선 경영진과 조직원들 간의 신뢰를 가장 중요한 이슈로 꼽을 수 있다. 1차 위기 당시에도 내외부적으로 어려운 상황이었음에도 불구하고 조직원들이 회사를 저버리지 않고 끝까지 신뢰를 가지고 함께 어려움을 극복해갈 수 있었다. 신규사업을 추진하는 과정에서도 CEO의 대안을 믿었을 뿐만 아니라 새로운 사업으로 진입함에 있어서도 CEO에 대한 신뢰가 큰 힘을 발휘했음을 알 수 있다. 즉, CEO의 기업가적 정신과 소규모 기업이었으면서도 '소니를 잡겠다'는 비전을 실천하기 위하여 끊임없이 신기술 개발과 더불어 조직원들에게 비전에 대한 공유와 도전정신의 실천을 요구했던 변대규 사장의 역할이 무엇보다 중요했다. "창업 이후 한 번도 적당한 규모의 중소기업을 만들어 편안하게 지내야지 하는 생각을 해본 적이 없어요. '못 먹어도 소니다!' 의사결정 할 때면 언제나 이렇게 오기를 부리며 고(go)를 외쳤습니다." 변 사장의 인터뷰 내용에서처럼 부에 대한 욕심과 유혹을 뿌리치고, 기술개발을 통하여 휴맥스를 업계 초우량기업으로 만들겠다는 욕심이 현재의 휴맥스를 이끌어왔다. CEO의 전략적 분석과 전략적 의사결정 능력 하에 신규사업에 대한 트렌드를 명확히 파악하고 자사가 가진 역량과 매치시키면서 조직의 열정을 이끌어내는 힘이 휴맥스의 원동력이었다.

둘째로 내부관리다. 브랜드 이미지를 높이는 것은 어렵지만 실추되는 것은 한순간이기 때문에 엄격한 품질관리와 끊임없이 강화해온 내부 프로세스로 휴맥스의 제품력과 품질을 세계에 입증시켰다. 이를 통하여 해외시장별 자체 브랜드를 가지고 톰슨, 노키아, 소니, 삼성전자 등의 글로벌 경쟁사들과 어깨를 나란히 하는 기술력 있는 기업으로 평가받았다. 또한 인력의 중요성을 강조하면서 우수한 인재를 확보하고 이들이 자신의 아이디어를 자유롭게 펼칠 수 있도록 하였다. 조직 규모가 커진 만큼 기술개발이나 영업 마케팅 활동뿐만 아니라 제조, 물류, 구매, 관리 등의 제조업으로서 갖춰야 할 기반들을 다져가고 있다. 기업의 총체적 경쟁력 향상을 위해 고객 중심의 개발 및 제조 프로세스, 시스템 구축이라는 혁신활동으로 주인의식, 책임감 등 기업문화를 세우는 데 주력하고 있다.

3. 전략적 과제

1989년에 설립하여 20년 가까이 성장해온 휴맥스는 디지털 가전제품 및 사업영역 다각화 전략을 토대로 현재 한국을 대표하는 벤처기업으로 우뚝 서게 되었다. 이제는 더 이상 '벤처'라는 단어를 사용하기가 어색할 정도의 세계적 기술 선도 글로벌 기업으로 자리를 잡아 가고 있다. 그렇다면 휴맥스가 당면하고 있는 과제들은 무엇이고 앞으로 전략적인 방향을 어떻게 설정할지, 그리고 기업 성장동력을 어떻게 유지하고 보완할지에 대한 관심이 집중되는 시점이다.

첫째로 규모의 경제 추구 및 실현 시급성을 들 수 있다. 즉 대형화를 통한 가격 경쟁력을 갖추는 것이 중요하다. 제조업으로서 이미 일정 규모에 도달한 휴맥스는 경쟁사의 추격에 대비하기 위해 대량 구매 및 생산을 통한 가격경쟁력의 확보뿐만 아니라 북미, 유럽, 나아가 기타 지역의 대형 방송사업자에게 적시의 필요한 공급을 하기 위해서 규모의 경제 실현이 필수조건인 셈이다. 휴맥스의 신시장 개척에 대한 노력은 그 자체가 핵심역량이었다. 지금까지 보아왔듯이 휴맥스는 새로운 기술 변화에 발맞추어 적기에 새로운 제품을 시장에 선보이며 성장해왔다. 하지만 이후 일정 규모의 매출을 달성하기 위해서는 신규 사업영역으로의 진출이 필요하다. 이를 실현하기 위한 방법으로 인수합병을 통한 확장을 고려할 필요가 있다.

둘째, 시장별 요구 물량들을 안정적으로 적기 적시에 공급할 수 있는 능력을 갖추는 것이 필요하다. 즉 글로벌 제조업체로서의 내부 SCM 역량 강화는 기본 중에서도 기본이다. 이미 SCM의 중요성을 뼈저리게 경험한 휴맥스는 보다 안정화된 공급사슬관리(SCM)를 구현해야 할 것이다. 자재부품조달(procurement & sourcing)을 기점으로 공급업체들과의 관계, 품질 안정화, 물류적인 낭비 제거, 전사 시스템적인 창고 관리 등은 유동성이 많은 시장수요에 적기 대응할 수 있는 경쟁우위임에 틀림없다. 이와 같이 내부나 외부 자원과 프로세스 정립에 한창인 휴맥스는 고객/시장으로부터 회사의 모든 프로세스를 거쳐 협력업체까지 연계하는 공급망을 혁신활동을 통해 무엇보다도 스피드를 높이는 데 주력해야 한다. 글로벌 경쟁이 심화됨에 따라 공급사슬 프로세스는 기업활동에 가장 중요한 요소로 자리 잡혀야 할 것이다. 여기에는 프로세스, 시스템, 조직/평가/인력의 전략적인 조화를 위해 휴맥스 고유의 프로세스 혁신(PI : Process Innovation) 방법들을 끊임없이 만들어 끈질기게 실행해야 한다.

셋째, 휴맥스의 미래 가능성은 제품 콘셉트와 사업 모델의 발굴이다. 이제는 단일품목으로 신제품을 선보여 시장을 장악할 수 있는 시기는 지났다. 기술 트렌드를 근간으로 업체들 간 사업기회를 창출하는 것으로 시장 움직임에 늘 민감하게 대응할 수 있는 준비를 해야 한다. 이러한 기회는 직거래시장뿐만 아니라 소매유통시장에서도 충분히 구현할 수 있다. 휴맥스가 주로 확보하고 있는 방송사 시장의 경우 안정적인 물량을 공급한다는 장점이 있으나, 다른 파트너로 교체 가능하다는 불안정한 사업구조를 가지고 있고, 기업 나름대로의 자체 브랜드와 제품개발 및 사업운영에 제한을 받게 된다. 이러한 배경으로 휴맥스는 보다 자유로운 소매 수준에서의 상품기획을 통해 제품을 출시하고, 직접 소비 고객과의 교류를 형성하는 방안에 대한 전략이 필요하다.

넷째, 휴맥스의 핵심경쟁우위인 기술력에 대한 보완 및 강화를 해야 한다. 이미 신기술에 대한 연구개발 활동을 별도 조직에서 운영하고 있으나 더 적극적인 투자로 관련기술과 개발 결과들을 부서별로 활용해나가야 한다. 기존 연구개발 활동에서는 조직이 비대해지면서 효율성이 떨어지지 않도록 체계적인 개발 프로세스를 빠른 기간 내에 장착시킬 필요가 있다. 중복된 개발 업무, 문서화나 시스템화가 미비한 부분들을 개선하기 위한 개발력 향상 방안들을 지속적으로 업그레이드하여 개발역량의 핵심 프로세스들을 보완해나가야 할 것이다. 또한 지금까지 100% 내부 설계로 자체 연구, 디자인, 설계, 개발을 해온 것과는 달리 정작 핵심 기술력을 키울 부분과 그렇지 않을 부분들을 구별하여 개발 프로세스 외주(DPO : Development Process Outsourcing) 방안도 체계적으로 도입해볼 만하다.

Appendix I. 기업연혁

- 1989년 1월 (주)건인시스템 설립 (납입자본금 5,000만 원)
- 1990년 5월 기업부설연구소 설립 (과학기술처)
- 1994년 12월 제4회 중소기업대상 수상 (통상산업부)
- 1996년 1월 디지털 위성방송수신기 100만 대 공급계약 (3억 $)
- 1996년 10월 국산 신기술 (KT)마크 획득 (한국 산업기술진흥협회)
- 1996년 11월 장은기술상 수상 (한국장기신용은행)
- 1997년 4월 장외등록 (KOSDAQ)
- 1997년 4월 국무총리상 수상 (정보통신사업 국가산업 발전기여 표창)
- 1997년 5월 북아일랜드 현지법인 설립
- 1997년 12월 본점 및 지점 이전 (경기도 용인시 유방동 212-1번지)
- 1997년 12월 상호 변경 (주)건인에서 (주)휴맥스
- 1999년 4월 주식액면분할 (주당액면금액 5,000원 → 주당액면금액 500원)
- 1999년 10월 철탑산업훈장수상 (행정자치부)
- 1999년 12월 무역의 날 2,000만 달러 수출탑수상 (산업자원부)
- 1999년 12월 무역의 날 수출유공자 대통령표창
- 2000년 2월 용인본사 생산기지화, 분당 연구소 휴맥스 벤처타워 설립 이전
- 2000년 7월 삼성벤처투자(주)와 미국 Joint Venture 회사 Cross Digital 설립
- 2000년 11월 수출 1억 달러 달성
- 2001년 11월 수출 1억불탑 수상 / 일본 현지법인 설립
- 2002년 2월 영국 여왕 최고 영예 The Queen's Award for Enterprise 수상
- 2003년 3월 제37회 조세의 날 우수납세자 재경부장관상 수상
- 2003년 8월 인도현지법인 설립
- 2003년 12월 이태리 밀라노 사무소 설립
- 2004년 7월 호주법인 설립
- 2005년 12월 홍콩법인 설립
- 2006년 3월 납세자의 날 우수납세자 부총리겸 재정경제부장관상 수상
- 2006년 5월 폴란드법인 설립
- 2006년 11월 5억불 수출탑 수상 및 금탑산업훈장 수훈 (무역의 날)

2부 · 글로벌 전략 및 시스템 구축 사례

(MN US $)	As of December 31, 2006	As of December 31, 2005
Total Assets	675.9	676.8
Cash(Cash & Cashable Accounts)	117.1	120.0
Total Liabilities	235.8	295.8
Total Shareholder's Equity	440.1	381.0
Current Ratio	242%	205%
Debt-to-Equity Ratio	54%	77%

2005 : 1US$ = 1,000KRW
2006 : 1US$ = 950KRW

103 설립 당시 회사명은 (주)建人시스템.

104 建人이라는 한자 이름도 있지만 영문으로는 'Conin'으로 상호 등록하였다. '제어계측'의 영문명 'Control & Instrumentation'에서 축약한 것이다.

105 정보통신사업 국가산업 발전기여 표창.

106 1997년 12월 (주)건인시스템에서 (주)휴맥스로 상호 변경.

107 동 기간에 영국은 북아일랜드를 비롯하여 스코틀랜드, 웨일즈에 적극적으로 외국 기업 투자를 장려하였다.

남아일랜드에서도 IT관련 많은 해외직접투자를 유치하였다.

108 MPEG2 송수신 장비뿐만 아니라 return path 기술, 저장 장치 기술, MPEG4 압축 기술, HD 및 H.264, 하드웨어 & 소프트웨어(OS, CAS & 미들웨어) security system.

109 위성 수신 접시와 Low Noise Block 수신 단자.

110 2000년 1월에 유럽 중에서도 가장 큰 시장인 독일의 마케팅 능력을 제고하고, 고객 서비스를 더욱 향상시키겠다는 취지에서 마케팅 및 Customer Services를 담당하도록 독일 프랑크푸르트에 현지법인을 설립하였다. 또한 비 EU권을 겨냥한 공급 안정화 및 신속한 대응을 실현하기 위해 일찌감치 보세 창고까지 운영하여 시장을 넓혀갔다.

111 휴맥스 : 삼성=51 : 49

112 직거래시장에서는 기술선점 우위와 업계 핵심 네트워크 제휴를 통해서. 일반 유통시장에서는 제품 차별화 및 유통전략을 통해서.

113 분당(Korea), Irvine(USA), 뉴욕(USA), 런던(UK), 프랑크푸르트(Germany), 밀라노(Italy), 두바이(UAE), 도쿄(Japan), 시드니(Australia), 뭄바이(India), 홍콩, 싱가폴, 태국.

114 휴맥스 본사는 독특하게 자체 생산 공장 인력을 가지고 있지 않고, 외주 관리하고 있으며 연구개발을 위주로 하는 기술연구 중심 기업이다. 즉 아웃소싱을 최대한 활용하는 전형적인 벤처조직으로 운영함으로써 경영효율을 극대화시키는 것이다. 1998년부터 급격한 규모의 성장으로 인해 효율적이고 과학적인 인사관리 시스템 도입이 요구되면서 현덕경영연구소에 인적자원개발 등의 활동들을 아웃소싱하고 있다.

삼광공업의 글로벌 경영전략 13

1. 휴대폰산업 및 부품시장 동향과 전망
   1.1 휴대폰산업의 개요
   1.2 부품산업의 현황
2. 경영 현황과 휴대폰 생산과정
   2.1 삼광의 경영 현황
   2.2 휴대폰 커버 생산과정
3. 최근의 산업 동향
   3.1 시장의 경쟁구도 변화
   3.2 분업화와 협업화
   3.3 새로운 차별화우위의 개발
   3.4 원가절감 노력
4. 삼광산업을 둘러싼 업계의 현황
   4.1 노키아의 주요 협력사
   4.2 노키아의 한국 자회사와 상황 변화
5. 글로벌화에 대한 삼광의 과제와 전략
   5.1 원스톱 솔루션 시스템 구축
   5.2 기술개발과 대응력 강화
   5.3 해외마케팅력 강화
   5.4 조직 혁신
   5.5 노키아와의 협상 강화

* 사례 작성 일자 : 2007년 9월

---

* 박종희 : 울산대학교 경영대학 교수
* 박성준 : 삼광공업 경영전략팀장

삼광공업은 플라스틱 사출기업이며, 노키아의 협력기업으로서 국내에 기반을 두고 기술과 생산력을 토대로 성장해왔다. 최근 국제 경쟁환경이 변화하면서 삼광도 글로벌 경영을 더욱 강화해오고 있다. 본 사례에서는 글로벌 기업의 협력기업이자 생산 중심의 중소기업이 글로벌 경영을 확대해가는 과정을 보여주고 있다. 여기에는 대기업과 협력사 간에 협력을 강화하고, 경쟁력을 높이기 위해 기술, 마케팅, 해외투자 등 경영 전반에 걸쳐 글로벌 관점에서 종합적인 전략을 개발, 실행하는 과정이 포함된다. 특히 수직적 통합, 핵심역량 강화, 조직개편, 인재 영입 및 양성, 협상력 강화, 자금조달 등의 과제를 풀어나가는 과정을 중심으로 다루었다.

1. 휴대폰산업 및 부품시장 동향과 전망

1.1 휴대폰산업의 개요

휴대폰산업은 그동안 폭발적으로 성장을 해왔으나 최근 성장률이 둔화되고 있다. 시장의 도입기에는 제품의 크기도 크고 단말기나 이동통신의 서비스 수준도 열악했지만 장소에 얽매이지 않고 언제 어디서든 통화가 가능하다는 사실만으로도 상당히 고가에 판매될 수 있었다. 이후 디지털 이동통신 표준이 확립되면서 모토로라와 노키아 등이 휴대폰 단말기를 대량생산함에 따라 단말기 가격이 하락하기 시작하였으며, 지멘스를 비롯한 독일 및 일본기업들은 뒤처지기 시작했다. 반면에 삼성전자는 단말기의 휴대성을 높이기 위

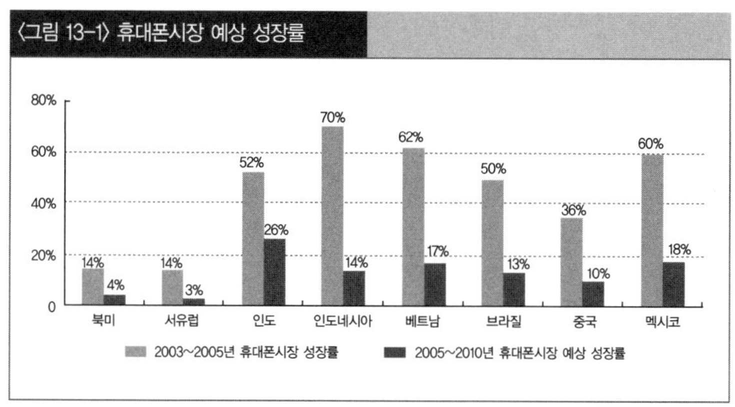

해 크기는 줄이면서 고화음 벨소리, 디지털 액정, 디지털 카메라, 뮤직 플레이어 등 여러 가지 기능을 추가하는 차별화 전략에 주력하여 단기간에 시장의 선두권에 진입할 수 있었다. 이후 선진국 시장이 포화되어 감에 따라 신규시장을 창출하기 위해서 개발도상국의 시장이 부각되기 시작하였다. 이러한 신흥시장에서는 단말기의 첨단기능보다 저렴한 가격이 가장 중요한 구매요인이었기 때문에 일찍부터 부가가치가 낮은 제조부문은 적극적으로 아웃소싱을 활용하고, 핵심기술을 보유함으로써 원가경쟁력에서 큰 우위를 가지고 있던 노키아가 시장의 40% 정도를 차지하게 되었다.

신흥시장의 성장에 대처하기 위해 휴대폰 제조사들은 제조 전문업체의 활용을 통하여 원가경쟁력을 제고하고 저가 제품라인을 확장하고 브랜드 파워 강화에 힘쓰는 등의 노력을 기울이고 있다. 특히 최근에 휴대폰 관련 기술들이 투자만큼의 성과를 거두지 못하자 휴대폰의 기능을 추가하는 것보다 디자인이나 편리한 인터페이스, 유용한 소프트웨어 등 다른 측면으로 차별화를 시도하고 있다. 특히 휴대폰 판매시점 이후에도 지속적인 수익을 확보하기 위해 각종 디지털 콘텐츠 등의 서비스에 적극적으로 참여하는 모습을 보이고 있다.

1.2 부품산업의 현황

휴대폰은 여러 가지 부품이 합하여 이루어진 복합체다. 휴대폰의 특성에 따라 들어가는 부품의 종류는 다르겠지만 일반적으로 분류해보면 크게 일곱 가지 정도로 나눌 수 있다. 첫 번째는 휴대폰을 움직이게 하는 핵심적인 칩과 그것이 휴대폰 내에서 다른 기능과 어울려 작동할 수 있도록 하는 기판이다. 베이스 밴드 칩 등은 제조단가도 높고, 휴대폰 제조사가 이를 활용하기 위해 높은 로열티를 내야 한다. 하지만 핵심 칩들이 아닌 기판은 기술적인 진입장벽이 낮으며 원가 또한 낮다. 두 번째는 디스플레이 부분으로 주로 LCD가 사용되며, 디스플레이의 선택이 휴대폰의 최종가격에 미치는 영향은 크다. 그리고 풀-브라우징(Full-browsing) 서비스[115] 등이 거론되고 있는 현시점에서 앞으로의 중요성은 더 커질 것으로 예상된다. 세 번째는 송수신기로서 현재는 인테나의 형태가 대부분이며, 최종 소비자의 요구에 따라 크기는 더욱 줄이고 송수신의 기능은 더욱 높이는 기술이 화두가 되고 있다. 단순히 안테나뿐만 아니라 블루투스, 적외선 통신 모듈과 음향 송수신기 등도 이러한 송수신기 영역에 포함되며, 전력은 적게 소비하면서 기능은 높이는 연구가 활발하다. 네 번째는 휴대폰 케이스로 대부분은 플라스틱이며, 최근에는 메탈이나 세라믹 등의 신소재 활용이 증가하고 있다. 휴대폰의 디스플레이를 보호하는 휴대폰 윈도우와 휴대폰 표면의 페인팅이나 도금, 증착 등의 데코레이션(Decoration)도 이 영역에 포함된다. 디자인에 대한 소비자의 요구가 다양해짐에 따라 현재 변화가 가장 활발한 사업영역 중 하나다. 다섯 번째는 입력장치로서 휴대폰 케이스의 일부로 볼 수도 있지만 메탈 등의 신소재를 활용한 키패드 외에 여러 가지 새로운 콘셉트의 입력장치가 등장하고 있으며, 역시 앞으로의 변화가 기대되는 시장이다. 여섯 번째는 배터리다. 휴대폰의 기능이 많아지고, 디스플레이나 통화의 품질이 향상될수록 전력소모는 늘어나고 있다. 대부분의 배터리 솔루션은 일본에서 개발되었으며, 산요를 비롯한 몇 개의 업체가 시장을 리드하고 있다. 일곱 번째는 휴대폰 운영체제(OS)를 비롯한 각종 소프트웨어이다. 하드웨어에 대한 차별화가 점점 한계에 다다를 시점에서 소프트웨어는 매우 중요한 차별화 포인트가 되고 있다. 심비안, 마이크로소프트에 이어 구글까지 진입하게 되어 향후 휴대폰 소프트웨어의 변화에 업계의 관심이 모아지고 있다.

이러한 휴대폰 부품시장의 두드러진 현상은 최근 저가폰 비중이 확대되고 가격이 급격히 하락하면서 원가가 싼 대만이나 중국으로 부품업체를 전환하는 기업이 늘고 있다. 특히 개도국 시장을 공략하기 위해 현지생산이나 대만의 ODM(Original Development Manufacturing) 업체를 활용하는 경우가 늘어나고 있다. 뿐만 아니라 국내 부품기업은 그동안 국내 휴대폰 기업의 프리미엄화 전략에 맞춰 고기능 부품에 집중해왔기 때문에 저가 부품의 라인업이나 경쟁력이 떨어지는 편이다. 이러한 추세 속에서 대형 B2B 전문업체들이 급성장하고 있다. 위에서 언급한 소프트웨어의 경우도 마찬가지이지만 특히 제조에 있어서 그러한 현상이 두드러지고 있다. 이것은 휴대폰을 만드는 데 있어 가치사슬상의 제조부문이 창출하는 가치가 점차 감소함에 따라 글로벌 휴대폰 기업들이 더욱 부가가치가 높은 연구개발이나 토털 서비스 쪽으로 역량을 집중하려는 추세에 기인한 것이다.

이에 따라 글로벌 휴대폰 제조사들은 필요한 부분에 대해 아웃소싱을 하던 방식에서 벗어나 제조에 관련해 설계의 해석부터 최종 조립까지 모든 것을 한 번에 해줄 수 있는 원스톱 솔루션(One-stop Solution)을 가진 B2B 기업을 선호하게 되었다. 제조 전문기업들도 고객사를 늘리고 더 많은 사업영역에 진출하기 위해 신규투자나 인수합병을 통해 생산능력을 확대하여 최종적으로 수직적으로 통합된 기업을 지향하고 있다. 이렇게 되면 고객 다변화나 사업 다각화에 유리할 뿐만 아니라 규모의 경제 효과로 원가절감이 가능하기 때문이다. 이에 따라 물류비 부담이 상대적으로 크거나 개발과정에

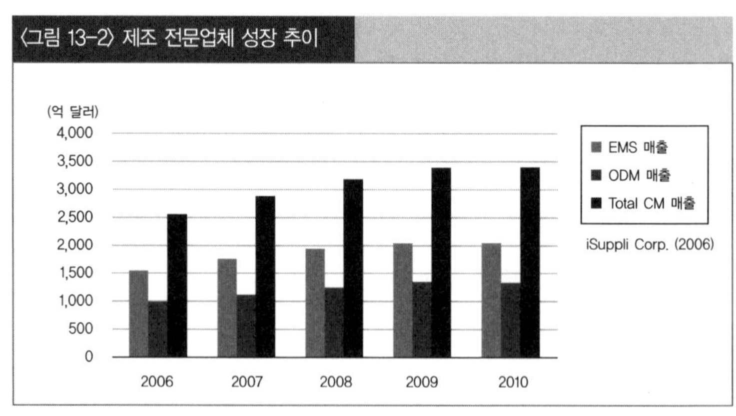

〈그림 13-2〉 제조 전문업체 성장 추이

서부터 세트와의 조화가 중요한 모듈 부품이나 회로기판 같은 부품들의 경우 현지에서 부품을 조달하는 경우가 많기 때문에 국내 부품산업에 부담이 가중되고 있다.

2. 경영 현황과 휴대폰 생산과정

2.1 삼광의 경영 현황

삼광공업은 고 김영포 회장에 의해 1974년 마산에서 전자부품 조립기업으로 출발하였다. 1984년 사업분야를 조립업체에서 플라스틱 사출성형으로 전환하고, 기술개발에 열정을 갖고 노력한 결과 1988년 노키아의 휴대폰 케이스 사출업체로 등록하게 되었다. 이후 지속적으로 성장을 하였으며, 끊임없이 기술개발에 매진하여 국내 휴대폰 제조업체 삼성전자에도 우수협력사로 등록되었다. 2000년 10월 별도의 법인을 설립하여 노키아와의 거래를 전담하는 삼광공업주식회사와 삼성전자와의 거래를 전담하는 (주)삼광으로 기업을 분리하여 각 고객에게 더 좋은 서비스를 제공할 수 있도록 각자의 역량을 집중하였다. 2007년 현재 이 두 회사를 합치면 연 매출액이 3,000억 원 이상에 1,000명이 넘는 직원과 네 개의 해외법인을 가진 중견기업이 되었다.

본 사례의 삼광공업주식회사는 노키아와의 거래를 전담하는 기업으로 2002년 해외기업과 직접 거래를 하면서 비약적으로 성장하는 계기를 맞았다. 노키아의 주요 납품업체인 Jabil, Foxconn,

Elcotec 가운데 Jabil과 협업하여 더 큰 규모의 노키아 비즈니스에 참여하게 된 것이다. 참여 초창기에는 핀란드의 사출업체인 Perlos와 경쟁하였으나 곧 품질 및 대응력에서 삼광이 우위를 보임으로써 더 많은 물량을 확보하게 되었다. 그 결과 매출액이 급속히 성장하여 2006년에는 1만 5,300만 달러를 기록하였다.

2006년부터 김동언 사장이 이 회사의 대표이사를 맡고 있다. 김동언 사장은 새로운 목표를 가지고 있는데, 로컬 공급사에서 벗어나 글로벌 협력사로 성장하는 것이다. 이에 기존의 제조방식에서 엔지니어링, 연구개발, 프로세스를 개선시키고, 우수한 생산 시스템을 갖추는 데 투자를 집중하였다. 또한 보다 많은 파트너와 협력하며 멕시코와 중국으로 사업영역을 넓히고 있다. 삼광공업의 핵심제품은 휴대폰의 외관을 구성하는 하드웨어다. 핵심역량은 플라스틱 정밀 사출성형이며, 이 부분에서는 세계에서도 최상의 품질을 가지고 있다. 뿐만 아니라 삼광은 세트기업의 제품개발 과정을 지원하는 ESI(Early Supplier Involvement)[116]를 시행하고 있다.

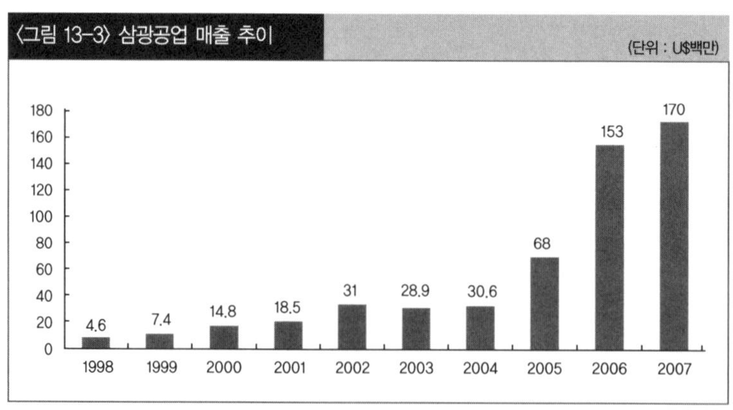

2부·글로벌 전략 및 시스템 구축 사례

2007년 현재 종업원은 514명이며, 창원에 본사를 두고 서울에 R&D 센터를 가지고 있으며, 멕시코와 중국에 해외법인을 가지고 있다. Laird Technology와 같은 전략적 파트너와 함께 중국의 베이징, 인도의 첸나이 등으로 사업을 확장하고 있다.

삼광공업의 장기적인 목표는 휴대폰의 디자인부터 데코레이션까지 고객에게 원스톱 솔루션을 제공하는 것이며, 더 많은 플라스틱 사업영역을 확보하여 세계 톱클래스의 B2B 업체가 되는 것이다. 이를 달성하기 위해 더욱 효과적인 경영관리 시스템을 도입하고, 프로세스를 지속 혁신해나가며, 더 많은 공정을 소화할 수 있도록 신규투자나 인수합병을 통해 투자를 늘릴 계획이다. 또한 다양한 기업과 전략적 제휴를 확대하고 무엇보다 인재양성과 역량개발을 위해 끊임없는 교육과 HR 시스템에 많은 투자를 하고 있다.

2.2 휴대폰 커버 생산과정

휴대폰 커버의 생산과정은 크게 일곱 단계로 나누어진다. 첫째, Concepting은 어떤 콘셉트의 핸드폰을 만들 것인지 설정하는 단계로 주로 최종 소비자의 트렌드가 반영되는 단계다. 기본적인 디자인과 기능 등 하나의 핸드폰을 만드는 데 가장 기본적인 고민을 하

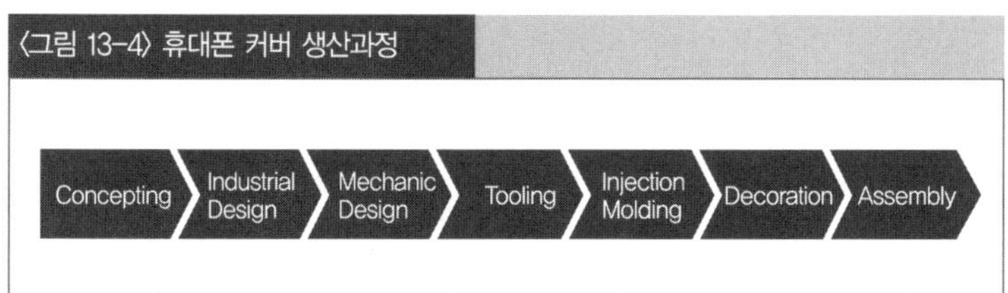

〈그림 13-4〉 휴대폰 커버 생산과정

는 단계다. 이 단계는 현재 노키아와 같은 글로벌 핸드폰 제조사에서 담당하고 있다. 두 번째 Industrial Design(ID) 단계는 콘셉트가 결정된 제품을 실질적으로 표현하는 단계다. 예전에는 휴대폰 제조사들이 대부분의 ID를 직접 했으나 현재는 일부 모델을 디자인이 가능한 협력사의 도움을 받아서 수행하는 경우도 많다. 삼광도 우수한 Industrial Designer를 자체 연구개발 센터에 보유하고 있다. 세 번째 단계는 Mechanic Design(MD)으로서 ID가 된 제품을 실제로 양산이 가능하도록 설계하는 단계다. 힌지(Hinge), 내부 배선, 안테나 규격, 표면처리의 두께, 공차 등 디자인된 제품이 생산장비에 의해서 양산되도록 하기 위해 하나하나의 규격과 표준을 정하는 것이다. MD의 경우 협력사들의 관여도가 더 커지거나 아예 협력사에 외주를 주는 경우도 많다. 여기에 합류하는 협력사의 수준은 모델의 난이도에 따라 달라진다. 저가폰 모델은 중국기업이 주로 담당하고, 고가폰은 한국, 일본, 독일 등의 협력사가 맡고 있다. 삼광은 우수한 Mechanic Designer들을 보유하고 있어 이 단계를 잘 소화해낼 수 있다. 네 번째는 Tooling 단계로 완성된 디자인대로 물건을 찍어내기 위한 금형을 만드는 단계다. 메이저 휴대폰 제조사들은 금형 제작을 대부분 아웃소싱하는 추세이며, 삼광에서도 금형 제작이 가능하다. 금형 제작은 MD와 같이 모델의 난이도에 따라 아웃소싱하는 기업이 달라지고 비용도 차이가 난다. 다섯 번째는 Injection Molding의 단계로서 완성된 금형에 액체 플라스틱을 넣어 굳혀 제품을 만드는 사출성형단계다. 삼광이 핵심역량을 갖고 있는 단계이기도 하다. 사출기업도 마찬가지로 고급과 저급의 차이가 있다. 사출단계의 문제를 해결하기 위해서는 최적의 플라스틱 배합이나 습도 및 온도의 통제 등 많은 요인들이 관리되어야 하는 데, 이러한 관리능력이나 기술력에 따라 제품수준은 확연히 차이가 난다. 따라서 같은 장비로 같은 모델을 사출해도 기업의 역량에 따라 양품률, 품질력, 생산량에 큰 차이를 보이게 된다. 또한 고객사가 원하는 성질의 플라스틱을 위해 끊임없이 새로운 플라스틱 소재를 연구해야 한다. 여섯 번째는 Decoration(Deco) 단계로 사출되어 나온 플라스틱을 꾸미는 단계다. 이는 다시 여러 공정으로 구분되는데, 기본적으로 도장(Painting), 도금(Plating), 물리적 증기 증착(PVD : Physical Vapor Deposition)으로 구분할 수 있다. 먼저 도장은 표면에 도료를 입히는 단계로 도료의 종류도 많고, 입히는 방법도 다양하다. 따라서 도장이란 어떠한 기법이 아니라 '도료에 의한 표면 처리'를 포괄하는 개념이다. 도금은 촉매제를 이용한 도금으로서 업계 역량은 금속성분이 플라스틱 표면에 잘 붙어 있어야 하며, 내구성·내마모성 등을 얼마나 갖추면서 고객이 요구한 색상이나 효과를 낼 수 있는가가 관건이다. 그러나 이 촉매제는 대부분 중금속 액체라 환경사업으로 분류되며, 이 부문의 규제가 강한 유럽 기업인 노키아를 상대하는 협력사들은 사용을 줄이고 있는 추세다. PVD도 역시 도금이라고 할 수 있으나 촉매제가 없이 진공 상태에서 원자의 이동을 이용한 공법이다. 현재 도금을 거의 대체하고 있으며, 현재 핸드폰 데코레이션의 화두다. 관건은 고객사가 원하는 디자인과 접착력, 내구성 등을 확보하고 안테나를 방해하지 않도록 비전도성을 띠도록 하는 것으로 삼광이 현재 개발 중이다. 현재 메탈룩 트렌드 때문에 PVD의 활용범위는 넓어지고 있다. 이외에도 PVD만의 독특한 시각효과를 낼 수 있는 반투명 증착, 부분 증착 등 많은 기술이 개발되고 있는 영역이다. 이렇듯 데코레이션은 굉장히 광범위한 영역을 포괄하는 분야다. 그 분류도 다양하며 계속해서 신공법이 개발되고 있는 상황이고 기술끼리의 병합도 굉장히 활발하다. 삼광은 이러한 데코레이션 공정을 공격적으로 내부화하고 있다. 앞으로 플라스틱 이상으로 부가가치를 창출할 것이라는 판단 때문이다.

마지막으로 Assembly는 제품을 조립하는 단계다. 제품을 조립하는 수준은 계약에 따라 달라진다. 커버만 조립할 수도 있고, LCD나 카메라 등의 기능도 조립할 수도 있고, 안테나와 기판, 칩까지 조립할 수도 있다. 삼광의 기술, 생산, R&D 등 핵심기술은 주로 플라스틱 사출에 관한 것으로 새로운 플라스틱의 배합, 최적의 배합, 온도 및 습도 통제, 금형의 수리 등이다. 그러나 삼광은 현재는 데코레이션 관련 기술개발에 더 집중하고 있다. 사출에 관련된 기술은 진입 장벽이 낮아 후진기업이 선진기업을 따라잡는 속도가 매우 빠르다. 게다가 현재는 휴대폰 데코레이션 영역의 개발이 활발하기 때문에 삼광은 다수의 데코레이션 공정들을 내부화하고 있는 상태다. 나아가서 연구소를 설립하면서 글로벌 휴대폰 제조사에서 디자인을 담당했던 고급인력들을 유치함에 따라 노키아와 Joint R&D도 추진하고 있다. 현재 기업의 전략 자체를 사출기업을 넘어서서 'Design to Decoration'라는 이미지를 강화하기로 설정하고 이를 달성하기 위해 많은 투자를 하고 있다.

3. 최근의 산업 동향

3.1 시장의 경쟁구도 변화

선진시장이 성숙기에 접어들면서 신흥시장이 차지하는 비중이 커지게 되었다. 이에 따라 시장의 반응이 검증된 제품을 완성도를 높이고 가격을 낮춰 판매하는 노키아의 전략이 위력을 발휘하고 있다. 고가 제품군에는 아이폰을 출시한 애플이나 블랙베리를 중심으로 PDA/스마트폰의 니치 마켓을 노리는 RIM 등 다른 경쟁자들이 들어오고 있다. KTF의 EVER처럼 보다폰 또한 ODM을 통해 단말기 시장에 진출하는 등 이동통신사업자들의 진입도 나타나고 있다. 또한 HTC, 레노버와 같은 중국기업들의 약진도 눈에 띤다.

이렇게 시장에 새로 진입한 경쟁자들은 휴대폰 단말기 제조업체들이 아니었지만 각자 자신의 영역에서 경쟁력을 가지고 있던 기업들이라 휴대폰시장에서도 경쟁력을 발휘하고 새로운 콘셉트를 도입할 가능성이 있다는 점에서 주목을 받고 있다. 이들이 기존의 휴대폰 기업들만큼 원가경쟁력을 갖추지는 못했지만 주로 니치 마켓을 타깃으로 하고 있어 소기의 성과를 거둘 수 있다. 반면에 기존의 대형 글로벌 휴대폰 제조사들은 계속해서 시장점유율을 늘려나가거나, 최소한 유지하지 못할 경우 타격을 입게 된다는 점에서 이들과 차이가 있다. 최근에는 휴대폰 단말기뿐만 아니라 관련업체들 간의 전략적 제휴나 인수합병 등도 매우 활발하다. 특히 구글의 휴대폰 OS시장 진입이 시장에 어떠한 변화를 줄지도 지켜봐야할 것이다.

3.2 분업화와 협업화

글로벌 휴대폰 제조사들이 제조 전문업체를 활용하는 비중이 늘고 있으며, 이에 따라 자신들은 휴대폰 단말기에 대한 연구개발이나 서비스에 역량을 더 집중할 수 있다. 하지만 연구개발이나 서비스 역시 단독으로 하는 경우보다 협업하는 경우가 많아지고 있다. 휴대폰이라는 제품의 카테고리가 뮤직 플레이어, 디지털 카메라, 네비게이션, 게임기 등 여러 가지 사업영역으로 확장 중이고, 연구개발도 전문 개발업체와 협력할 경우 더 참신한 아이디어와 다양한 콘셉트를 얻을 수 있으며, 더 완성도 높은 제품의 개발이

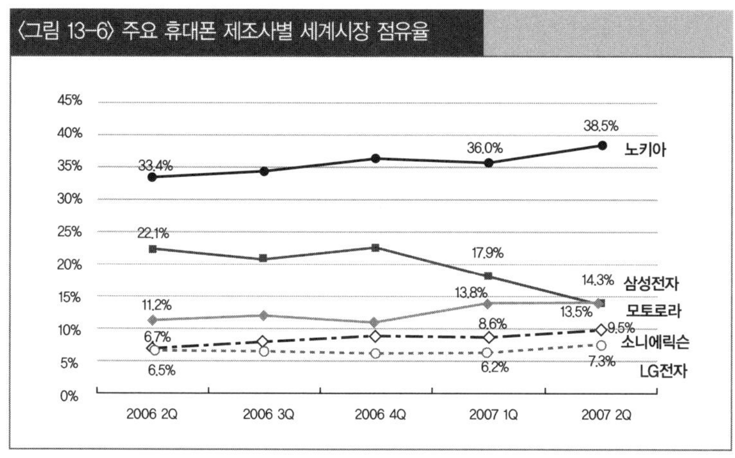

자료 : 각사 IR 자료(2006, 2007)

가능하다.

최근의 휴대폰 기업들은 단순한 휴대폰 단말기에서 오는 수익뿐만 아니라 판매시점 전후의 가치사슬에서 다양한 방법으로 수익 창출을 원하기 때문에 서로 경쟁관계에 있었던 기업들이 새롭게 협력관계를 구축하는 사례도 늘고 있다. 특히 노키아는 개발단계에서 원가를 절감하기 위해 개별 모델 단위로 개발하기보다 기본 플랫폼을 만들고 그 플랫폼에 기반한 변형을 만드는 방식으로 원가를 절감해왔는데, 이 과정에서 여러 제조 전문업체나 기술업체와 협력관계를 구축한 것이 큰 성공요인으로 꼽히고 있다. 이러한 방식을 벤치마킹한 다른 휴대폰 제조사들도 좋은 협력관계를 구축하기 위해 노력하고 있다.

서비스 역시 마찬가지다. 다양한 분야의 모바일 콘텐츠를 혼자 완벽하게 만들기는 힘들기 때문에 글로벌 휴대폰 제조사들은 전략

13. 삼광공업의 글로벌 경영전략

적 제휴를 통해 일종의 연합을 만들어 다양한 서비스 상품을 생산하고 있다. 예를 들어 노키아의 경우에는 SDK(Software Development Kit)라는 제3자들로 구성된 연합조직과 협업해 여러 가지 서비스 상품을 개발한다. 그동안 이러한 모바일 콘텐츠의 구동을 가능하게 하는 OS는 휴대폰 모델별로 채용되는 형태였다. 그러나 현재는 심비안, 리눅스, 윈도우 모바일 그리고 구글 등 OS 전문업체가 전담을 하기 때문에 OS의 발전 속도도 가속이 붙고 있다.

글로벌 휴대폰 제조사들과 OS 개발업체와의 협업은 이미 진행되고 있고, 이동통신사까지 협업에 동참하려는 움직임을 보이고 있다. 이렇게 되면 현재의 각 용도 별 PC 패키지처럼 모바일 패키지를 구성해 개별 모바일 콘텐츠보다 큰 수익을 창출하는 비즈니스 모델도 가능하다. 이렇듯 휴대폰 업계는 각자의 역량을 집중하여 한 분야에서 경쟁우위를 차지하기 위해 노력하는 한편 부족한 부분은 협업을 적극 활용하는 추세다.

3.3 새로운 차별화우위의 개발

휴대폰은 디지털 카메라, 음악 및 동영상 플레이어, 화상통화, 모바일 인터넷 등 여러 가지 기능을 흡수하며 급속하게 성장하고 있다. 하지만 하드웨어적인 기능의 경우 이미 한계점에 다다른 경우가 많다. 예를 들어 휴대폰 카메라의 경우 현재 수준으로도 충분히 좋은 사진을 찍을 수 있다. 만약 이보다 높은 품질의 사진을 원한다면 더 좋은 디지털 카메라가 달린 휴대폰보다는 DSLR을 구입할 것이다. 액정도 더 커져 버린다면 오히려 휴대성을 감소시키기 때문에 2~3인치 사이의 액정이 가질 수 있는 최고 화질을 구현한 현시점에서 이미 한계에 왔다고 볼 수 있다. 이와 같이 휴대폰의 여러 가지 하드웨어적인 기능이 한계에 다다르고 있기 때문에 하드웨어적인 기능 외에 더 편리하고 재미있는 휴대폰 소프트웨어나 더 참신한 입력장치, 매력적인 디자인 등 다른 여러 가지에서 차별화우위를 찾고 있는 것이다.

따라서 단말기 자체 수익 외에 수익을 창출하기 위해 네비게이션 서비스나 금융 서비스, 지역기반 광고, 연계 서비스, 멀티미디어 콘텐츠 및 게임 등 여러 가지 서비스 제공을 모색하고 있는데, 향후 이러한 경향은 더욱 확대될 전망이다. 특히 구글의 등장으로 모바일에도 심비안 계열, 마이크로소프트 계열, 안드로이드 계열 등 개별 콘텐츠끼리의 경쟁에서 더 나아가 소프트웨어 연합끼리의 경쟁 양상으로 전개될 가능성도 많다.

3.4 원가절감 노력

현재 휴대폰의 평균 판매가격은 지속 하락하고 있다. 선진시장이 빨리 성숙기에 접어들고 신흥 저가시장이 빠르게 성장하고 있는 것이 가장 큰 요인이 되겠지만, 고가 제품군의 가격도 그리 높지 않기 때문이다. 가격의 양극화 현상이 심해질 것으로 예상했지만 최고가 제품군의 라인업은 별로 늘지 않고 있으며, 고가 제품군의 판가도 하락하는 추세다.

이것은 휴대폰에 컬러 LCD나 디지털 카메라, 뮤직 플레이어 등 새로운 기능을 추가해 큰 프리미엄을 붙일 수 있었던 과거와 달리 특별히 참신한 아이템이 부족하기 때문이다. 게다가 기술의 진화 속도가 워낙 빨라 새로운 기술에 투자한 비용을 회수하기도 전에 훨씬 강력한 기술이 나오는 경우가 많아 신기술 수용에 대해 소극적인 경우도 있다. 즉 휴대폰에 새롭게 탑재할 수 있는 기술이나 기능은 많으나 이에 대한 시장의 반응을 예측하기 어렵다는 것이다. 게다가 휴대폰에 탑재될 수 있는 기능과 기술이 늘어나면 그에 대한 로열티 지급도 증가하게 된다. 특히 휴대폰 관련 기술의 분업화가 진행되면서 개발의 효율성은 증가했지만 그만큼 로열티를 많이 요구하는 경우도 늘어났다. 이동통신 표준의 경우도 2G보다 3G가 최소 2배 정도 높은 것으로 나타났고, 제조 전문기업도 제조와 관련된 신기술이나 노하우에 대해서 로열티나 다른 형태의 보상을 요구하기 시작했다.

휴대폰의 판매가격은 하락하는데 비용은 증가하고 있는 추세라 원가절감의 필요성이 더욱 커지고 있다. 글로벌 휴대폰 제조사들은 원가를 줄이기 위해 제조단계에서는 주로 아웃소싱의 비중을 늘리고 있다. 특히 ODM이나 EMS(Electronics Manufacturing Service) 등 주문자가 제품을 제조하는 데 필요한 부품의 수급이나 물류의 흐름 등에 신경을 쓰지 않아도 설계부터 포장까지 모든 것을 대행해줄 수 있는 대형 제조 전문업체를 선호하고 있다. 이렇게 제조를 외부에서 대행해주게 되면 생산활동뿐만 아니라 구매, 생산관리, 품질관리, 물류관리 등 여러 가지 관리 프로세스를 대폭 축소할 수 있고, 부가가치가 높은 연구개발이나 서비스에 더 많은 자원과 역량을 집중할 수 있기 때문이다.

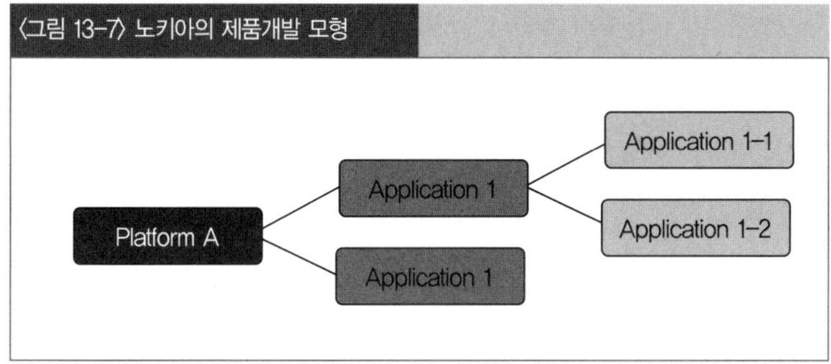

개발단계에서도 원가절감을 위해 개별 모델이 아니라 플랫폼 단위로 개발을 하는 경우가 많아졌다. 노키아는 특히 이러한 플랫폼 기반의 개발에 강한 면을 보이는데, 그것이 가지는 장점은 다음과 같다. 〈그림 13-7〉과 같이 플랫폼 A를 만든 경우 그것을 기반으로 해서 어플리케이션 1과 2를 개발하게 되면 모델 개발에 따른 시간과 비용을 단축할 수 있다. 특히 이 제품들이 시장에서 문제가 있을 경우에는 어플리케이션 1을 개선한 1-1, 1-2를 개발하는데 개별 모델을 개발할 경우보다 효율적이며 실패했을 경우에 대한 리스크가 낮고 대응이 빠르다는 장점이 있다.

4. 삼광산업을 둘러싼 업계의 현황

4.1 노키아의 주요 협력사

2007년 현재 노키아의 주요 협력사는 Foxconn, BYD, Jabil의 셋 정도로 볼 수 있다. 첫째, Foxconn은 중국/대만계 자본 기업으로 디자인부터 조립까지 모두 가능한 협력체다. 현재 노키아 전체 물량의 50% 이상을 담당하고 있으며, 매출액은 노키아보다 크다. 거대한 자본을 바탕으로 엄청난 생산량과 다양한 사업범위를 가진 기업으로 평가되고 있다. 그러나 이 거대기업이 베이징 올림픽 이후 지대와 인건비의 상승에 어떤 대응을 하게 될지 업계의 이목이 집중되고 있다. 둘째, BYD는 대부분 대만계 자본으로 운영되는 기업으로 Foxconn에 이어 두 번째로 많은 물량을 담당하는 협력사다. 현재 자신보다 규모가 큰 Foxconn과 힘들게 경쟁하고 있다. 셋째, Jabil은 미국계 자본으로 운영되는 기업으로 Jabil 역시 BYD와 마찬가지로 클러스터의 형식으로 시작되었으나 차츰 모든 공정을 내부화하기 시작했다. Jabil 역시 Foxconn에 비해 가격경쟁력 측면에서 불리한 상황에 놓여 있는 것으로 평가되고 있다.

4.2 노키아의 한국 자회사와 상황 변화

노키아는 한국에 노키아-TMC라는 자회사를 두어 한국의 협력기업들과 호혜적인 관계를 유지하면서 한국 수출의 주역을 담당해왔다. 그러나 노키아의 전략 변화에 따라 한국 협력사들이 직접 글로벌 영업을 추진해야 하는 상황에 놓이게 되었다. 노키아는 세계 각 지역에 소싱과 연구개발 등의 자회사를 가지고 있다. 최근 들어 이러한 자회사들을 Value Factory와 Volume Factory라는 두 가지 기준으로 구분을 하여 운영하게 되었는데, 아시아의 북경 노키아 R&D, 동경 노키아 R&D, 한국 노키아-TMC 등은 Value Factory에 속한다. 노키아는 더 활발한 아이디어의 교환과 개발의 효율성을 위해 이들을 노키아 APAC으로 통합하려는 움직임을 보이고 있다. 이에 따라 노키아-TMC와 거래를 하던 한국 협력사들은 더욱 치열한 글로벌 경쟁에 참여하게 되었다.

그러나 한국 협력사들은 중국 협력사들에게 원가에서 뒤지기 시작하고 기술에서도 추격당하는 입장이다. 또한 노키아로부터도 통합된 의사소통 채널을 권유받고 있었는데, 이러한 노키아의 요청에 대응하기 위하여 한국의 협력사들은 창구 역할을 하는 조직을 설립하여 이 조직이 한국의 각 협력사들을 대표하고 노키아와 의사소통하도록 하였다. 그러나 이러한 조직은 독립적인 기업의 모임에 따른 한계를 보이면서 노키아와의 창구 역할을 기대만큼 수행하지 못하였다.

한국의 협력사를 통합적으로 대표할 수 있는 조직이 제대로 기능하지 못하면서 한국 협력사들은 원스톱 솔루션을 갖추기 위해 고심하게 되었다. 노키아가 한국 협력사에게 요구한 것은 전후방 공정을 다 갖추는 것이다. 따라서 사출부문에 주력해왔던 삼광의 입장에서는 어떻게 전후방 공정을 통합하여 원스톱 솔루션을 갖출 것인가가 과제다.

또한 노키아와 직접 협상을 진행하면서 다른 글로벌사와의 계약도 모색해야 하는 과제도 안고 있다. 이러한 상황은 해외직접마케팅, 해외투자에 따른 많은 과제를 삼광에게 던져준다.

5. 글로벌화에 대한 삼광의 과제와 전략

환경의 변화에 따라 삼광은 앞으로 더욱 능동적인 대응을 해야 할 필요를 느끼고 있다. 이전에는 노키아가 주문(DV : Demand Volume)을 하면 요구하는 품질의 제품을 적기에 납품하는 것이 주요 과제였다. 그러나 현재는 한국과 중국의 비용구조 차이로 인해 원가경쟁력의 차이는 벌어지고, 휴대폰 물량 중에 저가폰의 비중이 높아지면서 한국 협력사들에게 어려운 상황이 전개되고 있다. 이러한 상황을 극복하기 위해서는 한국 협력사들은 중국 협력사들이 제공할 수 없는 메리트를 노키아에게 제공해야 한다. 그중에 가장 중요한 것이 바로 새로운 기술과 참신한 발상이다. 이러한 상황에서 삼광이 취한 전략은 다음과 같다.

5.1 원스톱 솔루션 시스템 구축

노키아는 지속 거래를 원하는 부품사에 대해 전후방 공정을 수직적 통합한 회사가 되거나 이러한 회사와 협업할 수 있는 원천기술을 갖출 것을 요구하고 있다. 이러한 상황에서 삼광은 보다 적극적으로 글로벌화하려는 계획을 세우고 노키아와의 거래를 성사시키기 위해 우선 원스톱 솔루션 체제를 갖추는 게 중요한 것으로 판단하였다. 노키아와 거래하는 창구를 단일화하고 공정을 추가함으로써 노키아와의 거래에 필요한 대응력을 높이는 것이다. 이를 위해 생산공정별로 기업들을 접촉하여 여건과 중요도에 따라 아웃소싱, 지분 공유, 완전 통합의 세 가지 형태로 네트워크를 확대하고 있다.

이러한 전략을 추진하기 위해서는 상당한 자금이 소요되는데 삼광은 그동안 축적된 자금과 신용을 바탕으로 비교적 투자자금을 원활히 조달할 수 있다.

5.2 기술개발과 대응력 강화

삼광은 사출부문에서 세계적인 수준의 제품력을 지니고 있으며, 제품개발 초기단계에서 고객사의 요구에 따라 대응하는 능력(ESI)이 우수하다. 따라서 이러한 장점을 활용하는 전략방안의 모색도 필요한 것으로 생각하고 있다. 즉 초기의 제품개발단계에서 디자인과 Tooling에 관여하는 ESI를 보다 적극적으로 수행할 수 있다면 노키아와의 거래가 좀더 확대될 것으로 예상되기 때문이다.

또한 독자적 기술을 바탕으로 노키아와 장기적으로 거래가 가능할 것으로 기대하고 있다. 이를 위해서는 조직의 역량을 키워야 하고, 특히 인재 육성과 창의성 개발이 중요한 것으로 인식하고 있다. 소비자에게 어필할 수 있는 휴대폰 디자인, 신기술, 신제품 아이디이 등을 개발하거나 삼광외 기술이나 생산능력을 이용하여 다른 사업분야로 확장해나가는 데 창의적인 발상이 필요하기 때문이다. 특히 휴대폰산업에서 살아남기 위해서는 기술이 무엇보다 중요하므로 기술개발을 위해 독자적인 연구소를 설립하였다. IT기술 개발인력 조달과 정보수집의 용이성을 고려하여 입지를 서울지역으로 결정하고, 업계에서 인정받는 인사를 CTO로 영입하였다. 삼광의 입장에서는 신제품 아이디어의 창출과 개발을 위해 유용한 기술을 탐색하고 이를 사용할 수 있는 계약권을 성사시키는 것도 중요하다.

이러한 업무도 서울의 연구소에서 담당하고 있다.

5.3 해외마케팅력 강화

사업영역이 글로벌화 함에 따라 기존의 생산 중심의 체제에서 벗어나 해외마케팅을 강화할 필요를 느끼고 있다. 노키아뿐만 아니라 다른 바이어들을 적극적으로 찾아야만 하기 때문이다. 이에 따라 새로운 인재를 영입하고 전략기획력과 해외마케팅력을 강화하고 있다. 이의 일환으로 해외에서 열리는 박람회에 참가하는 등 삼광의 기술을 알리고 관심을 보이는 기업과의 접촉을 시도하고 있다. 그 결과 삼광은 노키아의 협력사들과 협력관계를 맺는 것으로 시작하여, 중국에 소재한 Laird와의 비즈니스를 위해 중국에 공장을 신설하고, 이후에 인도 등에 공장을 더 증설할 계획에 있다. 또한 모토로라나 소니-에릭슨과 같은 글로벌 휴대폰 제조사나 카시오나 RIM 등의 기업과 비즈니스를 확대하기 위한 영업 활동에 많은 노력을 집중하고 있다.

5.4 조직 혁신

환경 변화에 대응하기 위해 삼광은 내부적으로도 많은 혁신이 필요했다. 가장 먼저 변화가 일어난 곳은 조직구조였다. 이전에는 품질과 납기준수 등이 가장 중요한 과제였기 때문에 생산팀을 비롯한 생산관리, 품질관리, 물류(영업)팀이 가장 중요한 역할을 수행하였다. 그러나 이제는 글로벌 기업과 직접 협상하는 등 보다 광범위한 경영활동을 수행해야 하기 때문에 생산 이외에 기술관리, 자금운영 등의 활동도 강화할 필요가 있었다. 이에 따라 경영기획부문, 기술관리부문, 해외영업부문 등에 인력을 강화하였다. 그리고 R&D센터를 설립하고 기구개발팀, ESI팀 등 엔지니어들로 구성된 팀이 각자 전문 분야에 대한 역량을 개발하고, 그 역할에 집중할 수 있도록 시스템을 갖추었다. 또한 임원진의 직무도 전문화하여 의사결정과 관리의 효율성을 증대하고, 성과에 기반한 보상시스템을 구축하였다. 이러한 조치들은 2005년부터 추진해오고 있는 ERP와 함께 조직의 혁신에 동력이 되고 있다.

그 외에도 대표이사 직속으로 경영전략팀을 신설하여 회사의 전략을 전문적으로 담당할 인력을 채용하였으며, SBI(Samkwang Business Infrastructure)팀을 구성해 삼광이 글로벌 회사로 거듭나기 위해 갖춰야 할 여러 가지 개선활동이나 교육, 시스템 구축 등 기반 인프라를 다지는 역할을 전담하게 하는 등 장기적인 성장을 위한 투자도 아끼지 않고 있다.

5.5 노키아와의 협상 강화

이러한 변화를 바탕으로 삼광은 새로운 방향으로 노키아와 협상을 진행하고 있다. 우선 품질, 가격, 납기 등을 넘어서서 삼광이 가지고 있는 대응력이라는 강점을 최대한 살리는 방안을 제안하였다. 삼광이 현재 유연성이나 대응력의 측면에서는 다른 협력사에 비해 우수함을 강조하고, 이러한 대응력을 더욱 강화하기 위하여 각 노키아의 사이트에 삼광의 서포트 오피스를 설립해서 그곳에 삼광의 엔지니어들을 파견해 최대한 빠른 대응을 해줄 계획을 제안하였다. 아울러 원스톱 솔루션을 제공하기 위해 다른 협력사의 인수합병이나 새로운 공장의 설립을 추진하는 등의 전략을 수립했음을 밝혔다.

또한 연구소 설립과 조직개편 등을 통해 노키아에게 어떠한 메리트를 줄 수 있는지에 대해 설득 노력을 하였다. 실질적으로 연구소에서 개발된 기술의 포트폴리오와 그것의 장단점, 시장성 등을 제시하였고, 삼광이 부품 공급사를 넘어서서 협력사로서 최종소비자의 욕구를 잘 파악하고 있으며, 글로벌 트렌드나 신기술 동향 등에 대해서도 많은 정보를 수집하고, 그중에 시장성이 있는 것을 노키아에게 제공할 수 있는 업체임을 강조하였다. 그리고 무엇보다 노키아의 비전과 미션에 대한 이해도가 아주 높으며, 그에 따라 움직이고 있는 기업임을 부각하였다. 이에 대한 노키아의 평가는 긍정적으로 나타나고 있으며, 이러한 피드백에 삼광은 더욱 확신을 가지고 기업혁신을 추진할 수 있게 되었다.

돌이켜 보면 급박하게 전개되는 기업환경의 변화에 숨 가쁘게 대처해온 삼광이었다. 현재까지는 당면한 변화를 기회로 전환하기 위한 노력이 어느 정도 효과를 거두고 있는 것으로 평가되고 있다. 그러나 앞으로 해결해야 할 과제도 많이 남아 있다. 특히 다음과 같은 과제가 삼광이 풀어나가야 할 핵심과제로 부각되고 있다. 첫째, 단기간에 구축한 원스톱 솔루션 시스템을 어떻게 보강하고, 효율적으로 운영할 것인가? 둘째, 글로벌 기업으로 거듭나기 위해 필요한 핵심역량을 어떻게 개발하고 강화해나갈 것인가? 셋째, 중소기업으로서 가지는 인력과 자원의 한계를 고려할 때 어느 정도까지 사업을 확장할 것인가?

115 유선인터넷에 '익스플로러'라는 브라우저가 있는 것처럼 휴대폰에도 무선인터넷에 접속하게 하는 '왑(WAP) 브라우저'가 있다. VM이 무선인터넷 서버에 있는 콘텐츠를 내려받고, 이용할 수 있는 환경을 구축한다면 브라우저는 무선인터넷 서버 접속을 가능하게 한다. 최근 유무선 통합 추세 속에서 '풀 브라우징' 기술이 각광받고 있다. 단말기 종류에 상관없이 동일한 화면을 보여주는 것으로, 특정 온라인 사이트를 휴대폰에서도 PC와 같은 상태로 볼 수 있게 해주는 것으로 이해하면 쉽다.

116 제조업체가 부품사와 신제품의 도면설계, 디자인, 소재 선택에서부터 함께 참여하는 제도.

Li & Fung의 글로벌 경쟁력

* 사례 작성 일자 : 2007년 11월

* 홍덕표 : LG경제연구원 수석연구위원
* 김창도 : 포스코경영연구소 연구위원
* 문선정 : 연세대학교 경영학 석사

100년 전 중국 남부의 광동지방 무역상으로 시작한 Li & Fung은 글로벌 공급망 관리 시스템을 성공적으로 구축함으로써 글로벌 경쟁력을 확보한 대표적인 기업이다. 이 기업은 경쟁사 인수를 통해 시장 지배력과 고객을 동시에 확보했다. 특히 글로벌 차원에서 소싱(Sourcing)업체들에 대한 인수합병을 통해 지역 다변화를 꾀하는 한편 인수한 기업들에 대한 성공적인 통합을 통해 수익성을 제고함으로써 글로벌 경쟁력을 강화해왔다. 또한 21세기 인터넷 비즈니스의 활성화로 기타 전통 중개 무역업체들이 곤경에 처하였을 때, Li & Fung은 오히려 위기를 기회로 삼아 비즈니스 프로세스에 IT를 성공적으로 접목시킴으로써 핵심역량을 더욱 강화시켰다. 본 사례는 Li & Fung이 글로벌 기업으로 성장하는 과정에서 어떻게 핵심역량을 구축하고 경쟁력을 확보하였는가를 살펴봄으로써 동일한 환경에 처해 있는 동아시아 기업들의 글로벌화에 주는 시사점을 제시했다.

1. Li & Fung의 현황과 성장과정

Li & Fung은 중국 자본에 의해 설립된 최초의 국제적인 교역기업으로, 1906년 Fung Pak-liu와 Li To-ming이 중국의 광조우(Guangzhou)에서 공동으로 설립한 기업을 모태로 한다. 이는 최초의 중국인 소유의 수출기업으로 외국업체(Jardine Matheson 등)가 독점했던 중국의 교역형태에 큰 변화를 초래했다. 현재 세계 7,500여 개 공급자와 300여 개의 글로벌 기업과 네트워크를 구축하고 있으

(단위 : 10억 HK$)

	1997	1998	1999	2000	2001	2002	2003	2004	2005	2006
매출	13.35	14.31	16.30	24.99	32.94	37.28	42.63	47.17	55.62	68.01
순이익	3.74	4.57	5.80	8.63	7.15	10.83	11.77	14.90	17.91	22.02

주 : 2006년 12월 31일 매매 기준율, 1U$=7.7HK$
자료 : Li & Fung Annual Report 2006

며, 40여 개 국가 출신의 2만 5,000여 명 스태프를 확보했다. 2006년 현재 매출액 680억 홍콩달러, 순이익 22억 홍콩달러를 기록하고 있으며, 이는 2000년 매출액과 순이익에 비해 연평균 각각 18.5%, 16.9% 증가했다.

또한 〈그림 14-1〉에서 보는 바와 같이 2006년도 수출시장별 매출액은 미국 72%, 유럽 18%, 기타 10%로, 2000년의 70%, 26%, 4%와 비교할 때, 미국시장은 여전히 절대적인 비중을 차지했다. 반면

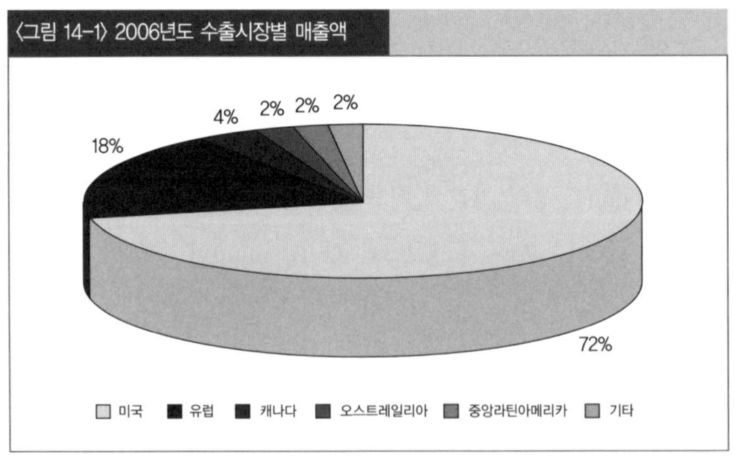

자료 : Li & Fung Annual Report 2006

2부 · 글로벌 전략 및 시스템 구축 사례

	미국	유럽	동아시아	동남아시아	남아시아	아프리카	계
지사	10	18	22	9	12	13	74

〈표 14-2〉 Li & Fung의 글로벌 네트워크 현황

자료 : Li & Fung Annual Report 2006

에 유럽시장의 규모는 크게 축소되었다.

Li & Fung은 2006년 현재 홍콩 본사 이외에 미국에 10개, 유럽에 18개, 동아시아에 22개 등 전 세계적으로 74개의 지사를 운영하고 있다.

Li & Fung의 성장은 크게 다섯 단계로 구분할 수 있다.

■ 제1단계 : 중국 광동지방의 무역상(1906~1949년)

Li & Fung의 초기 교역은 광동을 근거지로 도자기류, 골동품과 수공예품 위주로 진행되었으나 점차적으로 실크류, 대나무, 옥, 상아, 폭죽 등으로 확대되었다. 1937년 12월 28일에는 홍콩에 'Li & Fung 유한회사'를 설립하면서 국제적 기업으로의 성장한 발판을 마련했다. 하지만 제2차 세계대전 동안 Li & Fung의 교역업무는 잠시 중단되었다. 1943년 창업자 Fung Pak-liu의 죽음으로 그의 아들인 Fung Hon-Chu가 기업을 물려받았다. 제2차 세계대전이 끝날 무렵 Li To-ming은 일선에서 물러나면서 자신의 주식을 Fung가문에 양도했다. 이때부터 Fung Pak-liu 후손들이 단독으로 Li & Fung을 경영했다.

■ **제2단계 : 홍콩 기반의 수출상(1949~1979년)**

1949년 이후 창업자의 둘째 아들인 Fung Hon-chu가 경영권을 쥐게 되었다. 그 당시 홍콩은 망명자들의 대량 유입으로 노동집약적 소비재를 생산하는 제조업이 크게 발달했다. 이 시기에 Li & Fung은 의류, 장난감, 전자제품, 조화 등으로 교역 및 생산품목을 늘렸으며, 생산기지를 아시아와 태평양 인근으로 확대하였다. 또한 고객층을 전 세계로 확장함에 따라 Li & Fung은 홍콩의 대형 수출업체로 급성장했다.

1970년대 초 Fung가문의 제3세대인 Victor와 William이 미국 유학을 마치고 돌아와 경영에 참여했다. 두 형제는 부친을 도와 기업 선진화에 주력하여 계층별로 전문적인 관리체계를 도입하는 등 기업 조직구조와 운영체제를 전문화했다. 1973년 4월에는 홍콩 증권거래소에 상장했다.

■ **제3단계 : 지역 네트워크 무역회사(1979~1995년)**

1979년 중국의 개방으로, 다수의 홍콩 제조업체들이 중국의 남부지방으로 이전했다. 아시아 개발도상국들의 산업화도 급진전됨에 따라 새로운 공급기반도 생겼다. Li & Fung은 이러한 기회를 발 빠르게 포착해 지역 네트워크 구축에 과감한 투자를 단행했다. 이는 고객 서비스 제공에서 현재의 경쟁력을 확보하는 계기가 되었다.

1985년에는 미국의 Circle K와 유통 합작회사를 설립했고 1986년에는 50 : 50의 비율로 Toys R Us와 유통 합작회사를 설립해 대만에 진출했다. 1989년 Victor와 William은 가문의 기타 주식들을 매입해 Li & Fung에 대한 지배력을 더욱 강화했다. 또한 유통과 수출 두 분야로 구분하여 운영하는 구조조정을 단행했다. 1992년에는 홍콩 증시에 재상장하여 현재와 같은 기업 형태를 갖추었다.

■ 제4단계 : 다국적 무역회사(1995~2000년)

1995년 Li & Fung은 최대 경쟁업체인 영국의 IBS(Inchcape Buying Services)/Dodwell을 4억 5,000만 홍콩달러(5,800만 달러)에 인수했다. Victor Fung과 William Fung은 또한 벤처캐피탈 운영사인 LF International(LFI)의 지속성장에 공을 들였고, Li & Fung의 영업지역 확장도 적극 추진했다. 유럽시장을 공략하기 위해 1996년 상반기에 이집트, 1997년 하반기에 튀니지에 영업본부를 설립했다.

1999년 말에는 홍콩 최대 경쟁업체들인 Swire & Maclaine Limited와 Camberley Enterprise를 인수했다. 2000년 12월에는 홍콩의 경쟁업체인 Colby Group Holdings 인수에 성공했다. 이와 같이 경영 3세대에 이르러 Li & Fung은 드디어 홍콩에서의 입지를 굳히고 다국적 무역회사로 성장했다.

■ 제5단계 : IT기술을 활용한 글로벌 공급망 관리자(2000년~현재)

2000년 3월에 Li & Fung은 인터넷 기술 사업기회를 잡기 위해 Studio Direct라는 전자상거래(e-commerce) 자회사를 설립하였다. 이 자회사는 해외의 중소형 고객들에게 저비용 및 효율성을 제공하기 위한 것이다.

2000년 8월, 새로운 B2B e-commerce 포털의 론칭을 앞두고, Li

& Fung 관리자들은 그룹의 성과와 lifung.com의 전망에 자신만만해 있었다. 이는 3년 전인 1997년에 Li & Fung의 최고경영자들이 인터넷 확산에 대해 방어적인 태도를 보였던 것에 비하면 큰 변화다.

결과적으로 IT기술은 고부가가치 서비스 제공 및 고객과의 커뮤니케이션에 있어서 크게 유용한 것으로 확인되어 Li & Fung의 경쟁력을 더욱 강화했다. IT기술을 활용한 Li & Fung은 날개를 단 호랑이가 되어 급성장을 거듭했으며 드디어 글로벌 공급 체인 관리자로 우뚝 서게 되었다.

2. 글로벌 성장전략

Li & Fung의 글로벌 성장전략의 핵심은 가능한 공장 없이 그리고 최소한의 자산으로 글로벌 비즈니스를 운영하는 'Asset-light Strategy'를 추구했다는 점이다. 그러나 고객을 확보하기 위해서나 글로벌 핵심역량을 획득하기 위해서는 인수합병을 적극적으로 추진했다. 특히 인수합병을 성장의 보완 수단으로 활용했다. 즉, 적극적인 인수합병을 통해 글로벌 규모의 경제에 입각한 조달 능력을 확대하고 고객기반을 확충하며, 지역 다변화를 꾀하는 등 다수의 효과를 노렸다. 특히 인수합병 후 통합을 잘 수행함으로써 더 큰 수익을 얻을 수 있었다.

2.1 경쟁사 인수를 통한 급성장

Li & Fung이 구사한 성장전략은 경쟁사를 인수함으로써 고객을 추가로 확보하고 경쟁을 줄이는 것이다. 또한 피인수 기업의 수익률을 Li & Fung 수준으로 끌어올리는 것을 목표로 한다.

■ Inchcape Buying Services/Dodwell 인수

1995년, Li & Fung은 100년의 역사를 가진 Inchcape Buying Services/Dodwell을 인수하였다. Dodwell은 Li & Fung과 비슷한 규모의 영국기업으로, Li & Fung의 최대 라이벌이었다. 인수 후 Li & Fung의 규모는 두 배로 껑충 뛰었으며, 이익도 1995년 90억 홍콩달러에서 약 50%가 급증했다.

Dodwell의 인수로 Li & Fung은 남아시아, 인도, 카리브해, 지중해의 하청시장을 새로 개발할 수 있었고, 유럽까지 수출시장을 확장할 수 있었다. 이는 Dodwell의 이스탄불, 터키, 포르투갈 사무소들을 활용해 고객의 요구를 만족할 수 있기에 가능했다. 유럽의 고객들은 20~30%의 비용을 더 지불하더라두 터키에서 빨리 물품을 조달받는 것을 선호했다. 중국에서 주문하면 6~9개월 지연되었다.

Dodwell 인수는 제품범위를 늘리는 효과도 가져왔다. 즉 Li & Fung은 신제품 전문지식을 갖고 있는 IBS 매니저들을 얻게 된 것이다.

Li & Fung이 Dodwell을 인수하고 통합하여 동일한 수준의 수익률을 달성하는데 3년 이상 소요되었다.

Dodwell은 Li & Fung과의 합병 전에는 제조업체로부터 상품을

지역별 고객기반	합병 전 1994	합병 후 1997
미국	84%	64%
유럽	13%	31%
기타	3%	5%

자료 : Li & Fung Annual Report 2006

지역별 고객기반	합병 전 1994	합병 후 1997
미국 섬유고객	68%	48%
기타 섬유고객	10%	30%
내구 소비재(가구, 자동차 등)	22%	22%

자료 : Li & Fung Annual Report 2006

소개받아 고객에게 공급하는 전통적인 무역회사였다. 이러한 유형의 비즈니스는 고부가가치를 창출하기 어렵기 때문에 마진은 통상 1% 이하였다. 하지만 Li & Fung의 지역통합 서비스를 통하여 Dodwell의 마진은 0.8%에서 2년 만에 2.2% 증대했으며, 1997년 통합이 완성될 때에는 3.1%대로 되었다. 이는 Dodwell이 Li & Fung의 제품 소싱 매트릭스를 성공적으로 도입한 결과이다.

초기에 Dodwell의 몇몇 지역관리자들은 소싱 방법을 바꾸는 데 거부감을 갖고 관장하고 있는 지역의 소싱과 제조 등 전 과정을 직접 통제하고자 했다. 하지만 Li & Fung은 이들에게 지역보다는 제품에 초점을 두게 했다. 즉 개별 국가에 국한되지 말고 담당 지역 전체에서 소싱하도록 Li & Fung의 네트워크를 활용하게 했다. 따라서 관리자들에게는 국가별이 아닌 제품별 고객을 할당했다. 결과적으로 Dodwell의 최고경영층은 인수 후에도 회사를 떠나지 않았으며 예상되었던 20~30% 고객 이탈은 실제로는 발생하지 않았다.

1994년 합병이 발표되었을 때 분석가들은 Li & Fung과 Dodwell의 기업문화 차이가 큰 문제가 될 것이라고 했다. 당시 Li & Fung은 중국식 가족기업이고 Dodwell은 이러한 경영에는 전혀 경험이 없는 영국기업이었다. Dodwell는 Li & Fung의 인사 관행 및 비용구조와는 전혀 다른 기대와 생활양식을 갖춘 영국 출신들에 의해 주로 경영되었다. 물론 의사소통 방법과 관리 스타일도 많이 달랐다. 그러나 이러한 차이는 큰 문제를 야기하지 않았고, 오히려 Li & Fung의 관리자들이 Dodwell의 관리자들로부터 적극적이며 개방적인 면을 배우게 되었다.

중국어를 못하는 인원이 회사에 대거 참여하면서, Victor와 William은 의사소통을 용이하게 하기 위해 한 달에 한 번씩 영어로만 진행되는 경영회의를 가졌다. 이 회의에는 CEO, 중역들 및 지역별·제품별 매니저들이 참석하여 가구의 제품 매출 관련 자료를 발표하고 전략에 대해 열띤 토론을 진행했다. 또한 2년에 한 번씩 당면 과제 대응을 위한 글로벌 전략 수립 미팅을 가졌다. 이는 Victor와 William이 중국의 상-하식 가족경영과는 달리 관리자들의 견해를 발표하고 공유하는 것을 중요시했기 때문이다. 특히 Dodwell 글로벌 인력은 Li & Fung의 경쟁력을 크게 강화했다. 홍콩의 관리자들과는 달리 Dodwell의 관리자들은 해외 주재에 익숙해 회사가 원하는 곳이라면 세계 어디라도 달려갈 준비가 되었다.

■ Swire & Maclaine and Camberley 인수

1999년 12월 Li & Fung은 Swire 그룹의 수출부문인 Swire & Maclaine과 Camberley사를 인수했다. 이 회사들은 Li & Fung의 홍콩 최대 라이벌이었다. 이번 인수를 통해 Li & Fung은 홍콩에서 공급망 관리를 독점하게 되었다. 기존의 Camberly사는 Li & Fung과 마찬가지로 공장이 없다. 다만 디자인, 샘플 제작, 원자재 소싱 형태로 구성된 가상의 공장으로 실제 생산은 중국에 아웃소싱했다. Camberly사 인수로 Li & Fung은 디자인 분야에도 진출하게 되었다. 뿐만 아니라 Laura Ashley의 아시아 구매부 및 Ann Tayler 같은 고객들도 새로 확보하게 되었다. Dodwell의 경우와 같이 Li & Fung은 이 두 회사의 마진을 끌어올리는 데 주력했다. 이와 같이 Li & Fung의 인수를 통한 성장은 지속되고 있었다. 2000년 8월, Li & Fung은 기존의 홍콩 최대 경쟁자였던 William E. Connor와 Colby International의 다섯 배로 급성장했다.

■ Colby 인수

1975년에 설립된 Colby는 백화점 고객 사이에서 강한 브랜드 파워를 가졌다. 또한 소비재 소싱 전문기업으로 전 세계에 35개의 지점을 갖고 있었다. Colby사의 고객기반은 미국이 83%, 남미와 기타 지역이 17%였다. 제품 구성은 직물류가 80%, 내구재가 20%였다. 1999년의 매출액은 35억 2,000만 홍콩달러, 순이익은 7,550만 홍콩달러였으며, 2000년 예상 매출액은 전년 대비 69% 상승한 59.6억 홍콩달러, 순이익은 전년 대비 78% 상승한 1.3억 홍콩달러였다.

Colby 인수로 Li & Fung은 기존의 고객층과 Colby의 백화점 분야의 강점을 결합하는 시너지효과를 얻었고 규모의 경제 이점을 갖게 되었다. 이로 인해 2000년 Li & Fung 매출은 1999년에 비해 22% 상승했고, 순이익은 13% 증가했다.

■ 기타 주요 인수합병

Li & Fung은 2002년 7월 홍콩에 기반을 둔 구매 대행사인 Janco Overseas Limited(Janco)를 2억 5,000만 홍콩달러에 인수했다. 이 회사는 미국, 캐나다 등지의 슈퍼마켓이나 대형마트를 주 고객으로 했다. 이번 인수를 통해 유통채널을 확보한 Li & Fung은 이 지역 시장 지배력을 확장할 수 있었다.

2003년 12월에는 International Sources사를 2,700만 달러를 주고 인수했다. 의류 무역을 하는 International Sources는 멕시코에서 경쟁력 있는 유통업체들을 고객으로 확보하고 있었다. 인수를 통해 Li & Fung은 급성장하는 멕시코에서 시장을 개척하고 점유율을 끌이올 수 있었디.

2005년에는 총 5건의 인수합병을 단행했다. 독일 Comet Feuerwerk GmbH사의 잔여 지분 55%를 인수해 100% 지분을 확보했고, 유럽에서 판촉물을 공급하는 네덜란드 PromOcean The Netherlands BV사를 인수했다. 미국에서는 의류회사 Briefly Stated Holdings, Inc를 인수했다. 이 회사는 40여 개의 캐릭터 브랜드 라이선스를 갖고 있었다. 월마트나 타깃 같은 대형 유통업체에 유통업자 상표 부착(Private label) 의류제품을 공급하는 Young Stuff

Apparel도 인수했다. 마지막으로 인도네시아에 기반을 둔 가구회사를 인수했는데 이는 동 지역에서 사업영역을 확대하는 도움이 되었다.

2006년에는 중소기업과 대기업을 불문하고 사들였다. 미국시장에서 섬유사업영역을 확대하기 위해 Homestead사 등 중소기업을 인수했고, Oxford Womenswear Group과 Rosetti Handbag Business 등 대규모 기업들도 인수했다. 또한 독일에서 KarstadtQuelle의 구매부문을 인수함으로써 동유럽과 이탈리아의 생산업체들에 대한 접근도 가능해졌다.

2.2 벤처캐피탈 설립으로 고수익 실현

교역활동 외에 Li & Fung은 1986년 Li & Fung International(LFI)라는 벤처캐피탈 기업을 설립하였다. 이 회사는 하버드 MBA를 졸업한 Mike Hseieh가 맡았다. 그때에는 대부분 벤처 자본가들은 섬유나 장난감과 같은 내구재의 성장 잠재력을 간과했다. 이러한 상황은 LFI에게는 큰 기회로 다가왔다. LFI는 Li & Fung이 아웃소싱하는 기업들에 재빨리 투자해 큰 수익을 거두었다.

LFI는 1980년대 중반 및 1995년 두 번에 걸쳐 벤처캐피탈 펀드를 설립했다. 초기에 1,100만 달러를 12개 미국기업에 투자했고, 1995년에는 1,500만 달러를 들여 Li & Fung과 이해관계가 있던 유럽의 Minorco사와 합작투자를 했다. LFI는 1997년까지 400만 달러 이상을 미국과 유럽에 투자했다. 투자대상은 300만 달러 이상의 수익을 올리며, 해외 소싱을 필요로 하는 기업 및 소유주가 지속적으로 경영권을 행사하려는 기업에 투자했다. LFI의 투자전략은 큰 성공을 거두었다. 미국 벤처캐피탈 투자가 평균 30% 정도의 수익에 그쳤던 반면, LFI는 1986년 이후 평균 128%의 수익률을 유지했다.

LFI에서 경이로운 투자성과를 낸 것은 1990년 20만 달러를 홍보회사인 Cyrk Inc.에 투자한 것이다. Cyrk는 3년간 Philip Morris, Mars 및 National Bank 등 기업홍보 프로그램을 제작함으로써 매출액이 2,000만 달러에서 4억 달러로 크게 증대되었다. 1994년 LFI는 Cyrk 지분을 6,500만 달러 이상을 받고 매각했다.

2.3 제로베이스 3개년 계획 실시

Li & Fung은 회사의 발전을 위한 3개년 계획을 실시했다. 이는 미래를 내다보기 위한 것으로, 1992년 3월에 시작되었다. 처음 3년 (1993~1995년) 계획의 타이틀은 'Filling in the Mosaic'로, 새로운 하청시장을 커버하기 위한 사무소 네트워크의 갭을 메우는 것을 목표로 하였다. 두 번째인 1995~1998년에는 타이틀을 'Margin Expansion'으로 정히였다. 이는 Dodwell 인수 후 이익을 증대하려는 목표를 반영한 것이다. 세 번째인 1999~2001년 계획의 타이틀은 Doubling Profits으로, 연매출 30억 달러를 목표로 정한 것이다.

다수의 기업들과 달리 Li & Fung의 3개년 계획은 모두 백지상태에서 수립된다. 경영진은 계획 수립단계에서 현재의 사업모델이 향후 3년간 지속될 수 있는지를 판단하기 위해 사업 자체의 기본에 대해 재검토해야 한다.

3개년 계획의 시작점은 향후 3년을 상상하는 기업환경 시나리오의 작성이다. 다음은 3년 후에 도달해야 할 확장 목표(예를 들어 향후 3년간 매출을 2배로 증가)를 설정한 후 현재와의 갭을 확인하고, 이러한 갭을 메울 전략을 개발하고 조직구조를 설계한다. 이러한 제로베이스 계획은 많은 시간과 비용이 초래되지만, 기업이 과거의 성과에 집착하지 않고 새로운 성장기회를 발굴하는 데 있어 유용한 것으로 나타났다.

2.4 중소형 고객에게로 다가간 E-commerce

인터넷 보급 초기에 Li & Fung의 경영자들은 IT기술이 그들의 사업에 별로 영향을 미치지 못할 것이라 판단했다. 따라서 내부에서 IT기술을 소화할 것을 선호했고, 모기업과 별도로 신사업을 벌이는 것은 고려하지 않았다.

하지만 신기술에 대한 모니터링에는 게을리 하지 않았다. 1995년부터 인트라넷을 구축한 데 이어 1997년부터는 엑스트라넷을 활용하기 시작했다. 이때까지도 인터넷을 통한 사업이 Li & Fung의 주력분야는 아니지만 2000년 이후 인터넷에 대한 대중의 관심이 늘고, 일단 Li & Fung 경영자들이 이 분야에 손을 대기 시작한 이상 e-commerce 전략이 어떻게 어떠한 형태로 추진되어야 할지에 대해 진지하게 검토하기 시작했다.

사실 1999년에 Li & Fung 벤처캐피탈 회사인 LFI는 이미 신설 인터넷 기업인 Castling Group에 투자한 적이 있다. 이들은 lifung.com의 설립 시 공동투자자이기도 하다. lifung.com은 실리콘밸리에 위치했으며 Li & Fung의 IT 사업부와는 독립적으로 운영되었다.

lifung.com의 설립은 인터넷 확산에 대응하는 방어전략의 일환으로 지역 온라인 소싱 회사들로부터 Li & Fung의 전통시장을 보호하는 데 목적을 두었다.

이제 Li & Fung은 lifung.com을 통하여 그들의 전통적인 오프라인 사업들을 확장하는 다각화 전략의 필수요소로 e-commerce를 발전시키려 했다. Li & Fung은 e-commerce 거래에서 기존의 네트워크, 브랜드, 명성을 활용하여 가치를 높이는 것에 주력했다. lifung.com을 통하여 고객들은 드디어 맞춤 시스템을 적시에 활용할 수 있었고, 선호하는 상품은 바로 주문이 가능했다.

Lifung.com은 2000년 8월 Studio Direct라는 기업으로 거듭났다. Li & Fung이 지분의 57%를 가지고 있으며 주로 중소형 소매업자들을 고객으로 했다. 그 이유는 소형 수요자들도 대형 수요자들과 같이 좋은 가격에서 차별화된 상품을 원한다는 것을 파악했기 때문이다. 이전에는 중소형 고객들과의 거래에서 차별화를 만족시키는 것은 고비용과 비효율의 문제를 초래했다. 하지만 B2B 포털을 통하여 소규모의 주문을 집약함으로써 이 문제는 간단히 해결되었다. 즉 Li & Fung은 중소형 고객들의 소량 주문에도 대량 주문 시 적용되는 선택권을 적용해 차별화된 상품을 제공할 수 있었다. 이에 Studio Direct는 중소형 고객에게도 최소 주문량의 제한 없이 대규모 유통업자들에게 적용되는 가격을 그대로 유지했다.

이러한 방식으로 Li & Fung은 중소형 고객들이 기존에 지불했던 비용을 크게 줄여주는 방법으로 10~15%의 커미션을 제공하려 했다. 이는 경쟁사들이 도저히 따라 할 수 없는 전략이 되었다. 또한 신원이 확실한 고객은 온라인상에서 간편하게 각자 요구에 맞게 상품을 고르고 가격을 산정하며 배달방식을 정할 뿐만 아니라 최근의 상품시장 등에서의 트렌드 정보를 쉽게 얻을 수 있게 했다.

3. 핵심역량

3.1 공급망 관리(Supply Chain Management)

Li & Fung이 소싱 대행업체에서 글로벌 공급망 관리 기업으로 도약한 데는 아래와 같은 일곱 가지 원칙이 있었다. ①고객중심 마인드로 시장요구에 대응한다. ②핵심역량에 초점을 두고, 기타 부분은 아웃소싱한다. ③협력업체와 위험과 이익을 공유하는 공생관계를 구축한다. ④공급사슬 내의 업무, 활동, 정보 및 현금의 흐름을 설계, 실행, 평가 및 조정한다. ⑤정보기술을 공급사슬 관리에 접목하여 효율을 극대화한다. ⑥제품의 리드타임과 납기를 최대한 줄인다. ⑦소싱, 보관, 물류비용을 줄인다.

특히 시간에 민감한 대규모의 소비재들을 제공하는 Li & Fung은 비용, 품질, 적시 납품에서 경쟁력을 요구하는 고객을 위해 종합가치 패키지를 제공하는 점이 특징이다. Li & Fung은 제품 개발에서 원자재 개발, 생산계획과 관리, 품질관리, 수출관련 업무, 선적까지의 모든 과정을 고객들에게 원스톱 구매로 제공한다. 어떠한 생산시설도 없는 Li & Fung은 글로벌 공급망 관리를 통해 적시 납기 · 고품질 · 저비용 경쟁력을 가진 생산자를 끝까지 찾아 고객의 어떠

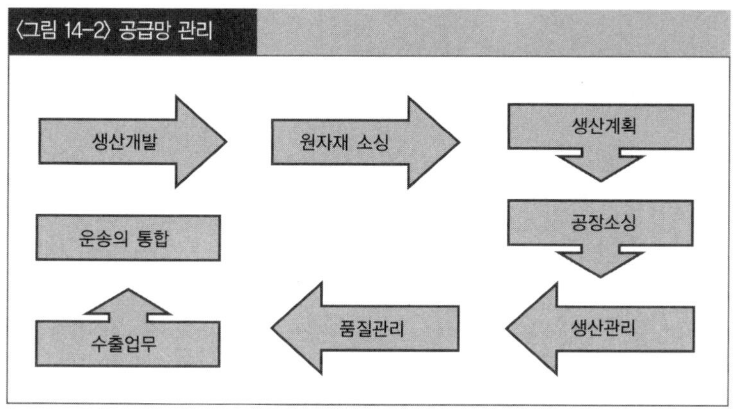

한 요구도 수용할 수 있는 능력과 유연성을 구비했다.

Li & Fung은 전 세계에 걸쳐 있는 7,500여 개의 공급자들과의 네트워크를 통해 〈그림 14-2〉의 각 단계들을 추진한다. 이 중 2,500여 개의 공급자는 언제라도 활용할 수 있도록 네트워크를 구축했다. Li & Fung의 공급망 관리는 분산 제조를 수행하는데, 이는 제조과정을 분해하여 각 단계에서 최선의 해결책을 찾아내는 식으로 진행된다. 어느 지역이 종합적으로 가장 잘 해낼 수 있는가를 찾는 것이 아니라 가치사슬 각 단계를 어느 지역에서 맡는 것이 최적인가를 글로벌 차원에서 찾고 수행한다. 이로 인한 이점은 물류 및 수송비용 절감에 있을 뿐만 아니라 고품질로 인한 부가가치창출 및 Li & Fung 수익 증대로 이어진다.

〈그림 14-3〉은 공급망 관리 과정에서의 부가가치 창출과정을 자세히 보여준다. 점퍼를 주문 받았다면 점퍼의 속은 중국에서, 겉감은 한국으로부터, 지퍼는 일본, 안감은 대만 그리고 상표와 실 등은 홍콩에서 제조한 것이다. 직물은 남아시아에서 염색이 되고, 중국

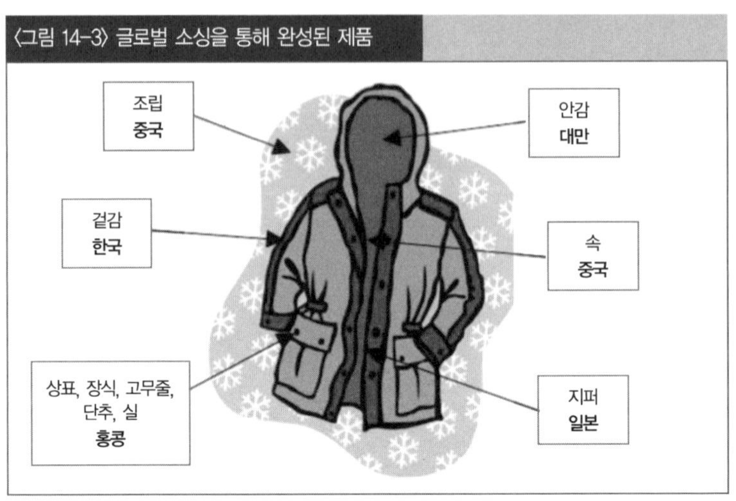

에서 바느질되며, 품질 검사와 마지막 포장을 위해 홍콩으로 보내진다. 만약 유럽 소매업자로부터 1만 벌의 옷을 주문 받았다고 하면, 할당량과 노동 상황을 고려하여 태국에서 생산한다. 구매자가 빠른 납품을 원하면 태국에서 여러 공장을 이용한다. 그러나 제품들은 모두 한 공장에서 나온 것처럼 똑같다.

Li & Fung은 공급망의 대부분을 해외의 하청시장을 통해서 해결한다. 하지만 현금흐름은 홍콩에서 집중적으로 관리한다. 모든 L/C의 승인은 홍콩에서 이루어진다. 또한 고부가가치의 전후방 부문의 업무는 대부분 홍콩본사가 담당한다.

3.2 서구와 중국 문화에 정통한 능력 있는 경영진

현재 Li & Fung은 창업자의 손자인 Victor와 William의 손에서 움직이고 있다. 큰 손자인 Victor는 하버드 대학에서 박사학위를 받고 교수로 재직했었으며, William은 프린스턴 대학을 졸업하고, 하버드에서 MBA를 마쳤다. 서구에서 교육받은 Victor와 William은 선진 경영기법을 잘 알고 있으며, 이를 중국식 가족경영에 어떻게 접목시키는지도 잘 알고 있다. 이들은 서구와 중국 문화에 정통한 경영자들이다.

이들의 경영능력은 이미 정평이 나 있다. 1995년 Victor는 Prudential Asia Investment Limited, the Hong Kong Trade Development Council과 Li & Fung의 회장직을 수행하였다. 또한 그해에 DHL/SCMP Hong Kong Business Awards의 '올해의 경영인 상'을 수상했다. William은 the Hong Kong General Chamber of Commerce의 회장으로 지명되었으며, 1996년에는 the HBS Alumni Association에서 수여하는 상을 받았다. 1996년 두 형제는 Business Week에 의해 세계의 최고경영인 25인에 뽑히기도 했다. Victor와 William은 서로 보완적인 역할을 하고 있다. Victor는 주로 미래에 대한 통찰력을 가진 전략가로서, William은 전략에 대한 실행자로서 재능을 발휘하고 있다.

3.3 기술발전에 대한 통찰력

전통적 무역회사와는 달리 Li & Fung은 항상 기술에 대한 남다른 통찰력을 갖고 있었다. 많은 무역 중간상들이 IT기술 발전과 인터넷 보급에 속수무책이 되었지만 Li & Fung은 오히려 이를 새로운 도약의 기회로 잡고 IT기술을 과감히 기업운영에 도입하기 시작했다.

초기에 Li & Fung도 IT기술에 대해서는 모니터링만 했지 별다른 조치를 취하지 않았다. 하지만 신기술의 동향을 재빨리 파악한 후에는 과감히 실행에 들어갔다. 1995년에 Li & Fung은 전 세계적으로 그룹의 사무실들을 연결하는 인트라넷을 구축했다. 이로써 내부 의사소통이 단순화되고 빨라졌다. 주문의 진행상황과 선적 등을 실시간으로 추적할 수 있게 되었고, 온라인 감시와 문제 발견이 용이하게 되었다. 예를 들어 과거에는 방글라데시의 생산 품질에 문제가 있을 경우 Li & Fung의 관리자가 익스프레스 메일로 홍콩에 샘플을 보내야 했다. 그러나 인트라넷을 통하면 높은 해상도의 디지털 사진을 검토함으로써 적시에 해결책을 제시할 수 있다.

1997년부터는 엑스트라넷을 사용하기 시작했다. 이는 주요 고객들과 직접적으로 연결되어 있어서 개별 고객의 니즈에 맞추기 위한 것이다. 엑스트라넷을 통해 디자인에서부터 테스트까지 소요되는 시간이 크게 줄어들었을 뿐만 아니라 주문 인식, 문서의 사본을 보내는 데에 걸리는 시간과 비용도 절약되었다. 이 엑스트라넷을 통하여 UPS 배달을 추적하듯 고객들은 온라인상으로 주문을 추적할 수 있다. 이와 같이 생산과정에 대한 실시간 감시는 제조공정에서 빠른 피드백이 가능해졌다. 예를 들어 고객들은 옷감이 염색되기 전까지는 색상을 바꿀 수가 있고, 옷감이 절단되기 전까지는 스타일이나 사이즈를 바꿀 수 있었으며, 주머니 혹은 소매의 추가 등도 가능하다. 결과적으로 인트라넷과 엑스트라넷을 통하여 Li & Fung은 내부효율성을 높였고 본사 사업부들과 고객들의 의사소통을 증진시켰다.

이와 같이 기술발전에 대한 통찰력은 Li & Fung의 핵심역량으로 되었으며, Li & Fung은 특히 IT기술과의 운명적 만남을 통해 급성장을 거듭하게 되었다. 2000년 이후 주변에서 많은 우려를 했던 e-commerce 사업도 번창하여 2006년에는 그룹 매출액과 순이익이 약 3배로 되었다.

3.4 다양한 네트워크

Li & Fung이 지역의 중개무역상에서 글로벌 공급망 관리자로 부상한 데는 공급자와 수요자와의 광범위한 네트워크가 형성되었기 때문에 가능했다. 이외에 Li & Fung은 각국 정부와의 네트워크도 잘 구축해 놓았기에 비즈니스에 있어서 다양한 네트워크를 적재적소에 활용한다. 특히 Victor와 William 형제는 홍콩과 베이징 정부와 긴밀한 관계를 유지하며 회사를 운영한다. 홍콩과 베이징 정부와의 끈끈한 네트워크는 현재 Li & Fung으로 하여금 급변하는 주변 경영환경에 빠른 대응이 가능토록 했다.

예를 들어 중국과 홍콩에서는 엄격한 수출쿼터 제한이 있는데, Li & Fung은 이를 네트워크를 활용해서 잘 풀어갔다. 중국의 경우 전체 쿼터의 60% 정도는 중앙정부가 소유한 중국 섬유 수출입공사(China Textile Import Export Corporation)에 의해서 지방 공장에 할당되었다. 그리고 40% 정도는 높은 가격의 입찰자에게 넘겨진다. 따라서 쿼터를 확보하기 위해 어떤 에이전트는 질보다는 쿼터 할당을 확보한 공장을 선택했다. Li & Fung도 쿼터 할당을 확보한 공장을 재무적으로 후원함으로써 쿼터문제를 간단히 해결했다.

홍콩에서는 쿼터 시스템이 덜 까다로웠다. 쿼터 할당 시 관계당국은 쿼터 할당을 바로 Li & Fung으로 넘김으로써 어떤 공장이 선택되든 간에 쿼터를 사용할 수 있게 했다.

4. 조직과 인력

Li & Fung은 90여 개의 작은 경영 팀을 가지고 있는데, 각각을 관리자들로 하여금 하나의 회사처럼 경영하게 한다. 이와 같이 Li & Fung의 기본적인 운영단위는 경영팀이며 매 경영팀은 한 고객의 서비스에만 집중한다. 이들은 유사한 욕구를 가진 고객집단을 중심으로 보다 규모가 작은 고객들에게도 서비스를 제공한다. 예를 들어 Warner Brothers, Rainforest 카페 등과 같은 소수의 고객들에게 서비스를 제공하는 테마점포 경영팀이 있다. Li & Fung이 중점을 두는 것이 모든 고객 주문에 대한 맞춤 생산 가치체인을 만들어내는 것이므로 고객 중심의 조직구조화는 매우 중요하다. 이렇게 나누어진 생산부문 전문가들은 특정 고객들의 니즈에 초점을 맞추고 있으며, Li & Fung 홍콩 본사의 중앙 집권화된 IT, 재무, 경영 측면에서의 지원을 받는다.

Li & Fung의 인력관리 메커니즘은 특별한 데가 있다. 앞에서 언급되었듯이 Li & Fung은 관리자들에게 자유롭게 일할 수 있는 공간을 준다. 즉 관리자들이 의사결정에 처음부터 참여해서 끝까지 책임지는 것이다. 이는 관리자들이 기타 업무에 시달리지 않고 능력과 시간을 최대한 자기 업무에 집중시키기 위한 것이다. Li & Fung

은 이러한 방식으로 관리자들에게 막대한 조직적·관리적 지원을 제공하고 많은 자율권을 부여한다. 고객을 위한 생산 프로그램을 통합하는 의사결정들은 모두 경영팀 관리자 차원에서 이루어진다. 이와 같이 Li & Fung은 창조적으로 사업을 운영하기 위해 관리자들이 스스로 기업가적 행동을 하게끔 한다.

Li & Fung은 중국의 전통적인 가족 중심형 기업이지만 중국 이외의 지역에서는 중국식 가치관을 강요하지 않는다. 각 지역의 실정에 맞게 현지화를 한다. 즉 현지국 관리자들을 위해 현지국의 관행을 존중한다. 그러나 보상제도 등 기본적인 운영제도는 전 세계적으로 통일한다.

Li & Fung이 찾고자 하는 이상적인 직원은 개인회사를 경영하려고 하는 기업가들이다. 따라서 직원들에게 자원과 기회를 제공하면서 회사를 위해 일하는 것에 큰 매력을 갖게 한다. 회사에 대한 충성과 근면함에 대해서는 잘 구축된 보상제도에 따라 철저하게 보상한다. 특히 관리자들의 단기 성과에 집착하는 것보다는 중장기적인 시가을 요구하며 팀의 성과에 직결시킨다. 이처럼 Li & Fung은 직원에 대한 인센티브을 잘 활용하는 기업으로 보수에 대한 평가요소를 많이 만들고, 그러한 원칙을 가능한 한 조직의 하부 쪽으로 확대시키고자 한다. 특징적인 것은 보너스에 대한 제한이 없다. 어쩌면 안정성을 요구하는 분야에서는 이런 종류의 보상이 바람직하지 않을 수 있다. 하지만 관리자가 단기적으로 성과를 못 내더라도 당장 해고하지는 않는다. 사업의 특성상 그리고 시기상 관리자가 몇 년은 실수할 수 있다는 것을 용인한다. 따라서 실적부진 이유가 어쩔

수 없는 외부 요인에서 기인했다면 더더욱 그 관리자에게 처벌은 주어지지 않는다.

5. 시사점

Li & Fung은 글로벌 차원에서의 공급망 관리체제를 성공적으로 구축함으로써 글로벌 기업으로 성장한 대표적인 기업이다. 이러한 Li & Fung이 동아시아 기업으로서 글로벌화를 지향하는 기업들에게 주는 시사점을 다음의 몇 가지로 요약해볼 수 있다.

첫째, Li & Fung은 공장과 같은 자산의 보유로 인해 기업이 유연성을 상실할 수 있다는 점을 철저히 인식하고 직접 공장을 보유하는 대신 인수합병 및 전략적 제휴 등을 통하여 글로벌 네트워크를 구축함으로써 경쟁력을 확보할 수 있었다. 특히 홍콩에서 경쟁사의 인수를 통해 시장과 고객을 동시에 확보했고 나아가 국가에서의 인수합병을 통해 글로벌 지배력을 증대할 수 있었다.

둘째, 인수한 기업에 대한 성공적인 사후통합을 통해 피인수기업의 수익성을 제고시킴으로써 글로벌 경쟁력을 더욱 강화시켜 왔다. 이 과정에서 Li & Fung은 중국식 가족경영과 서구식 경영기법을 잘 결합시킴으로써 독특한 조직문화를 구축할 수 있었다.

셋째, Li & Fung은 2000년대 들어 인터넷 비즈니스의 활성화로 전통적인 중개 무역업체들이 곤경에 처하였을 때, 이 위기를 기회로 삼아 자신들의 비즈니스 프로세스에 IT를 성공적으로 접목시킴으로써 핵심역량을 더욱 강화할 수 있었다.

마지막으로, 유능한 경영진이 기업을 이끈다는 점이 중국식 가족 기업으로서의 한계를 극복할 수 있게 해주었다. 통상 동아시아 기업들이 안고 있는 문제점으로 가족경영에 의한 문화적 폐쇄성과 경영능력의 한계가 지적되는데, Li & Fung의 3세대 경영진은 서구에서 선진 경영수업을 받은 인물들로서, 자신들의 경영능력과 조직문화를 적절히 조화시킴으로써 다양한 시너지를 창출할 수 있었다.

Li & Fung의 경영자들이 전망하는 기업의 향후 방향은 효율성 제고를 위한 IT 분야에 대한 지속적인 투자 그리고 그룹 내 다양한 경영팀 간의 협력 활성화, 성공 가능성 있는 인수 기회의 지속적인 모색 및 소싱과 소비자 기반으로서의 광대한 중국시장 활용 등이다.

IT 분야에 대한 투자를 통해 Li & Fung은 이미 큰 성공을 거두었다. 기업문화로 볼 때 경영팀 간의 협력 활성화도 향후 잘 진행될 것으로 예상된다. Li & Fung은 그동안 성공적인 인수를 통해 빠른 성장을 해온 동시에 풍부한 경험을 구축하였고, 또한 동서양 기업문화를 모두 받아들일 수 있는 준비가 되어 있어 추가 인수합병에도 별 문제가 없을 것이다.

다만 Li & Fung의 향후 성장은 중국시장을 어떻게 활용하는가에 따라 판가름이 날 것이다. 중국요인은 상반되는 두 가지 측면에서 Li & Fung의 성장에 영향을 미칠 것으로 본다.

부정적인 측면으로는 Li & Fung이 기반으로 하고 있는 홍콩의 미래가 중국의 발전에 직접 영향을 받고 있다는 점이다. 중국의 남부 연해도시들이 발전할수록 무역 중심지로서의 홍콩의 위상은 줄어들 수밖에 없는 상황이다. 특히 Li & Fung은 동종의 중국 무역회사들의 강력한 도전에 직면할 것이다.

긍정적인 측면에서 보면, 중국기업들이 성장하고 글로벌화 될수록 Li & Fung의 사업기회는 더욱 많아질 수 있다. 중국기업들의 해외기업 인수합병 등 추진과정에서 경험이 없는 기업들은 Li & Fung과 같은 회사의 도움이 필요할 것이다.

과연 Li & Fung의 향후 발전에 있어서 중국은 어떻게 다가올 것인가?

1. 글로벌화의 숙명

2. 글로벌화의 과정

3. 글로벌 경쟁과 좌절

4. 글로벌 운영

* 사례 작성 일자 : 2007년 12월

---

* 감덕식 : LG경제연구원 책임연구원

기업경쟁력이 세계적인 수준을 뛰어넘어 하나의 문화로까지 인식되는 기업이 있다. 이 기업은 한 해 72조 원(2007년 기준)의 매출을 올리고, 순이익은 7조 3,000억 원, 투하자본수익률이 42.6%에 이른다. 성장성이 높은 다양한 산업에 포진한 기업일까? 그렇지 않다. 단일 비즈니스로 대부분의 성과를 창출하고 있다. 그렇다면 내수시장이 방대한 미국이나 일본기업일까? 아니다. 해당 기업의 모국은 인구가 서울의 반에도 미치지 못한다. 도대체 어떤 기업일까? 바로 전 세계 휴대폰시장을 호령하는 노키아(Nokia)다.

북유럽의 한 변방에서 목재나 가공하고 펄프를 만들던 회사가 어떻게 이처럼 화려하게 변신하고 세계적으로 눈부신 성공을 거둘 수 있었을까? 노키아의 글로벌화 과정의 성공은 워낙 찬란했기에 많은 사람들은 여기에 대해 이미 모범답안을 가지고 있는 듯하다. '올릴라라는 뛰어난 CEO가 있었다' 'GSM의 원천기술을 가지고 있고 유럽시장의 표준을 잡았기 때문이다' '뛰어난 브랜드를 가지고 있기 때문이다' 등은 흔히 접할 수 있는 답변들이다. 노키아의 글로벌 성공을 정말 이것들만으로 설명할 수 있을까? 노키아 글로벌 성공에 대한 숨겨진 진실을 살펴보자.

1. 글로벌화의 숙명

노키아는 한국의 글로벌 기업들과 마찬가지로 모국인 핀란드의 작은 경제규모로 인해 글로벌화를 할 수밖에 없는 처지에 놓여 있

2부·글로벌 전략 및 시스템 구축 사례

었다. 핀란드는 내수시장(전체 인구 524만 명, 2007년 기준)이 협소했고, 자본이나 인력과 같은 생산요소의 공급도 한계를 지닐 수밖에 없었다. 그 결과 일정 수준의 성장을 이루고 나서는 필연적으로 해외에서 시장을 찾을 수밖에 없었다. 이러한 일은 노키아의 오랜 성장역사 속에도 마찬가지였다.

노키아의 창립자였던 핀란드의 페레드릭 이데스탐은 헝겊을 사용한 종이 생산방식 대신 목재를 이용한 종이 생산이 보다 효과적이라는 사실에 착안, 26살의 나이에 1865년 목재 펄프 공장을 세웠다. 하지만 기술적 혁신에도 불구하고 노키아는 핀란드 내에서는 고객을 찾지 못해 위기에 봉착하고 만다. 그러나 이데스탐은 파리 세계박람회에서 동메달을 딴 후 덴마크, 독일, 영국, 러시아에서 새로운 고객을 확보함으로써 위기를 돌파할 수 있었다.

TV나 휴대폰 사업에 있어서도 노키아의 이런 특성은 잘 나타난다. 1977년 최고경영자에 오른 카이라모는 세계적인 기업으로 성장을 위해 임업보다는 하이테크 분야를 새로운 성장 축으로 설정하고 내수시장보다는 유럽시장 전체를 겨냥하여 사업을 전개하였다. 카이라모는 1980년대 초 TV 제조업체인 살로라를 인수하고, 얼마 후에는 스웨덴의 텔레비전 생산업체인 룩소르를 합병한 바 있다. 그 이후 서유럽으로의 진출을 위해 1988년 슈라우프-로렌츠, ITT, 그래츠를 인수한 바 있다. 이를 통해 순식간에 노키아는 필립스와 톰슨에 이어 시장점유율 14%를 차지하는 유럽 세 번째의 TV회사로 발돋움할 수 있었다. 이는 노키아가 빠른 성장을 추구하기 위해 의도적으로 선택한 결과라기보다는 협소한 내수시장의 한계를 극복

		시장구성비	노키아	모토로라	삼성	소니에릭슨	LG
선진국	서유럽	17%	43%	5%	21%	15%	6%
	북미	16%	10%	31%	15%	4%	8%
	한국 및 일본	6%	3%	6%	15%	8%	13%
	소계	38%	23%	16%	18%	9%	8%
개발도상국	중국	14%	39%	17%	9%	6%	2%
	인도	9%	68%	5%	6%	6%	6%
	기타 아시아	10%	41%	8%	17%	8%	16%
	남미	11%	33%	30%	13%	11%	12%
	중동 및 아프리카	18%	55%	8%	12%	14%	2%
	소계	62%	47%	14%	12%	9%	6%
	총계	100%	38%	14%	14%	9%	7%

자료 : Credit Suisse, 2007. 9.

하기 위한 불가피한 선택의 결과라고 보는 편이 타당하다.

이런 현상은 현재 노키아가 핵심사업으로 전개하고 있는 휴대폰 사업의 글로벌 경쟁구도나 생산기지 분포에서도 드러난다. 노키아는 세계 각국 시장에서 고른 시장점유율을 보이며 해외매출 비중을 99%까지 높이고 있다. 반면에 풍부한 내수시장을 지닌 모토로라나 일본기업들은 상대적으로 자국 이외의 시장에서는 취약한 모습을 보이고 있다. 노키아는 글로벌화를 추진하기 위한 자본을 조달하기 위해 1994년 자사의 주식을 뉴욕증권시장에 상장하기도 했다.

〈표 15-2〉 노키아의 글로벌 생산기지 (2006년 기준, 15개)

국가		지역	휴대폰	베이스 스테이션 및 컨트롤러	스위칭 시스템 및 모바일 스위칭 센터	트랜스 코더	라디오 엑세스 장비	네트 워크 전송 장비	홈 로케이션 레지스터	배터리
본국	핀란드	Salo	●							
		Rusko		●						
		Espoo		●	●	●	●			
		Limingantull		●						
유럽	독일	Bochum	●							
	영국	Fleet	●							
	헝가리	Komarom	●							
아시아	한국	Masan	●							
	중국	Beijing 1	●							
		Beijing 2	●	●	●				●	
		Dongguan	●							
		Suzhou	●	●				●		
	인도	Chennai	●	●						
남미	멕시코	Reynosa	●							●
	브라질	Manaus	●							

자료 : 노키아

2. 글로벌화의 과정

노키아는 조율되지 못한 글로벌화 전략으로 인해 많은 실패를 경험한 회사다. 노키아는 앞서 언급한 바와 마찬가지로 높은 성장을 위해 적극적으로 글로벌화를 추진하였다. 이를 통해 노키아는 핀란드의 목재회사에서 글로벌 하이테크 기업으로 변신에 성공하는 듯했다. 그러나 1980년대 후반이 되면서 인수했던 많은 회사들이 대규모 적자를 내기 시작했고, 대부분의 사업들이 구조조정의 대상으로 전락하고 있었다. 1991년에는 심한 적자에 허덕이던 컴퓨터 사업을 매각해야만 했으며 TV, 비디오, 오디오 관련 사업도 마쓰시타에 매각하고 말았다. 불행은 홀로 오지 않는다고 했던가. 핀란드의 주요 수출국이었던 소련의 연방체제가 무너지면서 핀란드 경제가 전반적인 경기하강국면에 진입했으며 실업률은 20%까지 치솟았다. 노키아는 외우내환 속에서 새로운 선택을 할 수밖에 없는 처지로 내몰리고 있었다.

노키아는 1992년 사장단 회의에서 세대교체를 결정하고 42살의 요르마 올릴라를 새로운 CEO로 임명하였다. 이 당시 노키아는 본업이었던 종이와 목재 생산에서는 대부분 철수한 상황이었으나 TV, 기계, 카폰, 자동차 타이어, 고무장화와 같이 다방면에 걸친 사업을 추진 중이었다. 주력사업인 TV 부분은 엄청난 손실을 내고 있었고 케이블 사업은 겨우 흑자를 내는 수준이었다. 다행히 텔레커뮤니케이션 사업의 매출은 전체 매출의 10%에 불과했지만 상당한 수익을 창출하고 있었다. 올릴라는 업무 파악 후 기존의 '하이테크 사업을 통한 글로벌화' 전략에 대대적인 수정을 가했다. 고무, 종이, 케이블, TV, 셋톱박스 등의 사업에서 철수하는 대신 휴대전화와 이동통신 네트워크 사업에 '올인' 하기로 한 것이다.

때마침 통신시장에서 노키아의 강력한 전략대안이었던 GSM 표준이 유럽의 표준으로 자리 잡게 되면서 노키아는 큰 행운을 맞게 된다. 아직 미국이나 일본기업의 유럽시장 참여가 이루어지지 않은

2부 · 글로벌 전략 및 시스템 구축 사례

상황에서 노키아는 불과 5년 만에 지멘스와 선두를 다툴 수 있는 위치에까지 이를 수 있었다. 당시 미국 및 일본시장은 GSM과는 다른 통신표준을 선택하고 있어 모토로라나 마쓰시타, NEC 등 세계적 통신업체들이 각기 자국시장에서 차지하는 우위에 안주하고 있었다.

이상에서 알 수 있듯이 노키아는 글로벌화를 추진하는 과정에서 많은 시행착오를 겪었으며 기업의 정체성이 바뀔 정도의 변신을 선택해야 했다. 다행히 그 과정에서 CEO의 전략적 선택이 시장환경 변화와 맞아떨어졌고, 경쟁자들이 안정적인 내수시장에서 안주했던 것은 노키아에게 큰 행운으로 작용했다.

3. 글로벌 경쟁과 좌절

휴대폰 사업에 있어 세계적인 경쟁력을 가지고 있는 노키아도 경쟁자들의 안방시장에서는 상대적으로 취약한 모습을 보이고 있다. 노키아는 1995년 한국시장에 진출했으나 큰 성공을 거두지 못한 채 2003년 초 철수하고 말았다. 노키아가 한국시장에서 실패할 수밖에 없었던 원인으로는 한국의 기술표준(CDMA)이 달랐다는 점, 그리고 삼성전자나 LG전자와 같은 뛰어난 경쟁자들이 버티고 있었다는 점이 흔히 지적된다. 하지만 노키아의 실패는 근본적으로 전략적 선택의 실패였다. 즉 글로벌 경영 차원에서 한국시장은 규모가 작고 고객이 까다로워 그다지 매력 있는 시장이 아니었음에도 여기에 집착했던 것이다.

국내 휴대폰시장 규모는 약 연간 1,600만 대로 한 해 3억 5,000대(2006년 기준)의 휴대폰을 생산하는 노키아 입장에서는 그다지 큰 시장이라고 볼 수 없다. 반면에 한국시장은 언어가 달라 한국식 유저 인터페이스로 전환이 필수적이며, 국내 이동통신업체 간 경쟁이 치열해 고객의 기대수준도 높다. 프리미엄 전략을 추구하는 LG전자나 삼성전자가 하루가 멀다 하고 새로운 휴대폰을 출시하고 있으며 휴대폰의 Test Bed로 불릴 만큼 고객들의 요구는 까다롭다. 더욱이 유럽시장과 달리 유통구조가 이동통신사를 통해서만 휴대폰을 구입할 수 있는 폐쇄적 유통 채널이었기 때문에 노키아는 자신의 브랜드를 활용해볼 기회를 갖기도 어려웠다. 제품 판매 이후 사후관리 측면에서도 노키아는 열세에 놓일 수밖에 없었다. 종합 전자기업으로서 국내 구석구석에 애프터서비스망을 확보한 LG전자나 삼성전자에 비해 휴대폰 사업 하나만 수행하는 노키아는 이런 애프터서비스망 구축을 시도조차 할 수 없었다. 이것은 비단 노키아만이 겪는 어려움은 아니다. 세계 2위 사업자인 모토로라도 한국시장에서 고전을 면치 못하고 있으며, 4위 사업자인 소니에릭슨은 진출조차 하지 못하고 있다.

일본에서도 노키아는 한국에서와 유사한 실패를 맛보았다. 노키아는 1989년 일본에서 휴대폰에 필요한 부품을 원활히 소싱하기 위해 노키아 저팬을 설립하였다. 이어 1993년에는 모토로라에 이어 두 번째 해외기업으로 현지 통신시장에 진입하였다. 1996년까지 선두기업이 되겠다는 계획 하에 노키아 2110 모델을 대표 제품으로 삼아 적극적으로 시장을 공략한 결과 2년간 200만 대의 휴대폰을 판매하는 성과를 거두었다. 일본시장은 크기도 하거니와 세계 최초로 3세대 휴대폰이 상용화되고 있었기 때문에 노키아로서는 글로벌 전략 차원에서 전략적 교두보를 확보해야만 했기 때문이다. 하지만 노키아의 노력에도 불구하고 1997년부터는 오히려 매출이 역신장하면서 현지 시장점유율은 5%대를 벗어나지 못했다. 이는 노키아가 현지고객이나 유통시장의 특성을 이해하지 못한데다 일본기업들과의 '경박단소(輕薄短小)'화 경쟁에서 뒤졌기 때문이다. 노키아는 일본시장에서 신규수요를 창출하는 주고객인 여고생들을 잘 이해하지 못했다. 이들은 매우 변덕스럽고 새로운 것에 열광하며 6개월마다 휴대폰을 교체하곤 했으나 노키아는 이 점에 제대로 대응하지 못했다. 유럽에서는 단순하고 편리한 스타일의 휴대폰이 2~3년씩 사용되는 것이 일반적이었기 때문이다. 또한 일본에서는 경박단소화 경쟁이 노키아의 예상을 뛰어넘어 훨씬 지속적으로 전개되었다. 이러한 것들은 종래 노키아가 휴대폰 사업을 추진해왔던 방식과는 너무나 다른 것이었다. 그 결과 일본시장의 고객들은 점차 노키아로부터 멀어져 갔고 노키아는 브랜드 잠재력을 살려볼 기회도 제대로 잡지 못했다.

4. 글로벌 운영

오늘날 노키아는 한국, 일본 등 소수의 예외적인 시장을 제외하

고는 대부분의 시장에서 성공을 거두고 있는데, 노키아의 핵심경쟁
력은 원천기술, 플랫폼화, 글로벌 공급망 관리에 있다. 삼성전자나
LG전자는 매년 휴대폰 매출액의 약 5%를 로열티로서 퀄컴에 지불
하여 지난 10년간 퀄컴에 지급한 로열티가 무려 3조 4,000억 원에
이른다고 한다. 반면에 노키아는 GSM[117]에 대한 원천기술을 확보하
고 있어 영업이익률 측면에서 기본적으로 5~7% 정도의 차이가 날
수밖에 없다.

동시에 제품전략에 있어서도 노키아는 플랫폼을 중심으로 모델
을 양산하는 반면, 국내기업들은 후발주자로서 현지 이동통신사들
의 니즈에 최대한 대응해주는 방식의 차별화, 프리미엄화 전략을
추구한 결과 연구개발이나 부품구성, 설비투자 측면에서 효율성이
떨어질 수밖에 없다.

그러나 노키아의 원가경쟁력은 상당 부분 글로벌 SCM에서 비롯
되고 있다. 노키아는 초기부터 라이프사이클이 짧은 휴대폰시장에
서 성공하기 위해 전 세계를 대상으로 사업을 전개했다. 그러나 개

〈표 15-3〉 기업 간 로열티 비용 비교

업체 명	2008년 휴대폰산업 내 로열티율 시나리오		
	a : 7.5%	b : 10%	c : 12.5%
노키아	2.1%	2.8%	3.5%
모토로라	5.0%	6.7%	8.4%
삼성	5.9%	7.9%	9.9%
소니에릭슨	5.9%	7.8%	9.8%
LG	7.5%	10.0%	12.5%

자료 : Credit Suisse, 2007. 9.

2부·글로벌 전략 및 시스템 구축 사례

별 기능들의 글로벌화가 불균형 상태에 빠지면서 성장통(Growing Pains)을 겪어야만 했다. 1995년 말 휴대폰 수요가 폭증한 가운데 마이크로 칩의 공급이 지체되자 조립라인은 멈추게 되었고, 몇 주 동안 노키아는 제품을 공급할 수 없는 상황에 빠지고 말았다. 더욱이 미국시장에서는 휴대폰시장이 급속히 디지털로 전환되리라는 예상 아래 대량의 신형 디지털 휴대폰들을 준비하고 있었으나 모토로라가 아날로그 시장 유지 전략을 펼치는 바람에 막대한 재고가 쌓이게 되었다. 노키아는 제품을 공장과 창고 그리고 전 세계 수백 곳에 이르는 영업채널로 공급하는 과정에서 심각한 결함을 노출하고 말았다. 그 결과 실적은 가파르게 하락했으며 노키아의 시장가치는 50% 이하로 폭락하고 말았다.

이런 시련을 겪으면서 노키아는 납품기간을 단축하고 유연한 대처능력을 키우기 위해 SCM 전반을 개혁하였다. 협력업체와 IT업체 그리고 노키아가 머리를 맞대며 SCM을 4단계에 걸쳐 도입하였는데, 1997년 최종 SCM이 도입되면서 3~4개월에 이르던 부품재고 기간이 9일로 줄었으며, 노키아의 주요 부품업체인 일본의 롬 일렉트로닉스사의 경우 보유재고 수량이 50% 이하로 감축되었다고 한다. 이상과 같은 노력을 통해 노키아는 다른 경쟁사들보다 일찍 글로벌 운영에 강점을 확보할 수 있었으며, 현재는 적은 재고와 운전자본으로 높은 수익을 창출하고 있다. 지금까지 노키아의 글로벌화 과정에서 널리 알려진 성공 스토리와 그 이면에 숨겨진 사실에 대해 살펴보았다. 한국기업과 노키아는 일맥상통하는 측면이 있다. 협소한 내수시장, 풍부하지 못한 경영자원의 공급, 성장을 위한 필

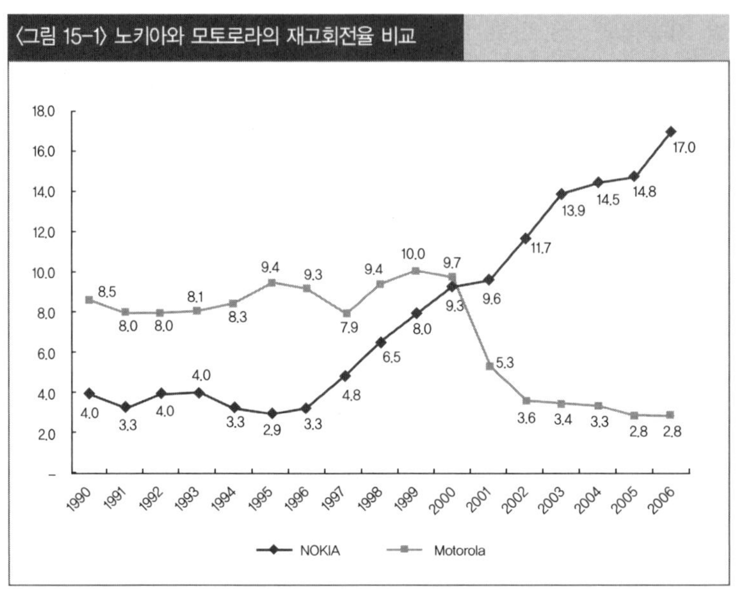

주 : 재고회전율=매출/재고자산
자료 : Thompson Financial

사의 움직임으로 글로벌화를 통해 해외를 지향해왔다는 점, 그리고 세계적으로 인정받는 성공을 거두고 있다는 점은 서로 통한다고 할 수 있다.

노키아의 성공 스토리에서 가장 주목할 부분은 글로벌화의 과정에서 외형 확장과 더불어 경쟁력의 저변을 강화하기 위해 근본적인 접근을 잊지 않았다는 점, 그리고 이러한 사고와 행동이 실패를 두려워하지 않고 항상 도전하며 실패로부터 꾸준히 배울 수 있다는 높은 경영능력이다. 노키아는 이미 휴대폰시장의 글로벌 톱 기업이지만 여기에 멈추지 않고 휴대폰 사업의 경쟁력을 강화하기 위해 지난 2007년 10월 지도업체 나브텍을 81억 달러에 인수한 바 있으

며, 'OVI' 라는 브랜드로 모바일 콘텐츠 기업으로 변신을 시도하고
있다. 노키아는 지금도 끊임없는 자기부정을 통해 스스로를 혁신하
고 실패에서 배우고 있다.

15. 노키아 : 글로벌 성공 스토리의 진실

117 Global System for Mobile Communications.

1. 글로벌 기업의 판단 기준

2. 글로벌화 유형

3. 애플의 글로벌화 단계

4. 글로벌 제품전략의 전개

5. 향후 과제

* 사례 작성 일자 : 2007년 11월

* 손민선 : LG경제연구원 선임연구원

우리는 흔히 글로벌 기업은 많은 해외시장에 진출하여, 지역 시장의 특성에 따라 제품을 차별화하는 기업이라고 생각하곤 한다. 그렇다면 매출의 절반 이상을 여전히 미국에 의존하고 있고, 단 한 가지 제품으로 세계시장을 대응하려 하는 애플은 어떤가? 우리는 애플을 글로벌 기업이라고 말할 수 있을 것인가?

1. 글로벌 기업의 판단 기준

한 가지 질문에서 시작해보자. 〈그림 16-1〉은 세계 전자업체들의 글로벌화 관련 지표들이다. 만약 여러분이 이 중에서 가장 글로벌화된 기업을 골라야 한다면, 어떤 기업을 고르겠는가? 관점에 따라 다양한 답변이 가능할 것이다. 해외매출 비중이 가장 높은 노키아를 고를 수도 있고, 사업규모에 비해 해외진출 비중이 높은 LG전자를 선택할 수도 있을 것이다. 판단 근거가 부족하다고 한다면, 그 역시 좋은 의견이다. 해외진출 시점이라든가, 해외 조직의 변화 추이, 법인과 본사와의 관계 등을 감안하지 않고서는 판단하기 어렵다는 것은 정확한 지적이다. 어찌 보면 처음부터 정답을 기대한 질문이 아니었는지도 모르겠다.

하지만 적어도 한 가지는 분명해 보인다. 여러분이 어떤 답을 골랐든지 간에, 〈그림 16-1〉을 보고 답을 내놓았다면, 애플이라고 대답하지는 않았을 것이라는 점이다. 최소 70% 이상의 매출을 해외시장에서 올리고 있는 다른 기업에 비해 애플의 해외시장 매출은 전

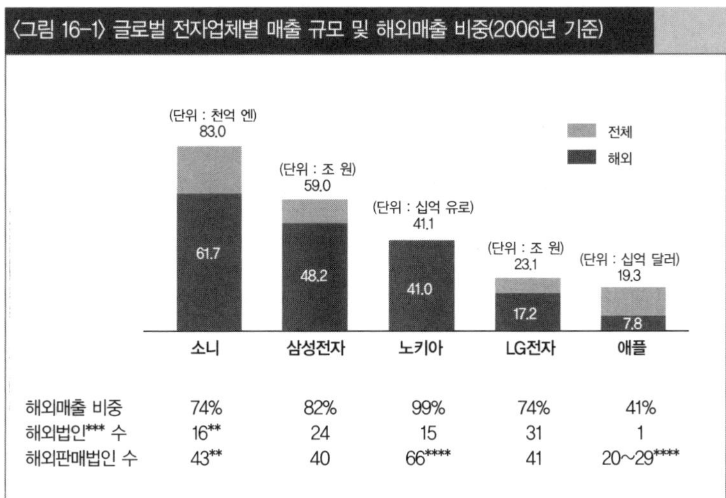

	소니	삼성전자	노키아	LG전자	애플
해외매출 비중	74%	82%	99%	74%	41%
해외법인*** 수	16**	24	15	31	1
해외판매법인 수	43**	40	66****	41	20~29****

* 성과는 각 사 회계연도 기준(소니는 차년도 3월 결산, 애플은 당해 9월 결산), 삼성, LG(본사 기준)를 제외한 타 기업은 글로벌 기준
** 법인 소재 국가 수(소니는 사업 본부별로 법인을 운영하므로 동일 국가 내 다수 법인이 존재함), 2004년 3월 자료
*** 판매법인, 생산법인, 제판법인(제조와 판매를 동시에 담당하는 법인) 기준
**** 지사 포함 추정치

자료 : 각 사 IR 및 홈페이지

세의 40% 수준에 불과하다. 생산법인이나 판매법인의 수도 다른 기업에 비하면 단출한 규모다. 그러니 제시된 자료만 본다면 애플은 정답권에서 일찍부터 멀어진 셈이다.

그러나 다시 한 번 생각해보자. 정말 애플은 소니, 삼성, 노키아, LG에 비해 글로벌화가 덜 된 기업일까?

2. 글로벌화 유형

우리는 종종 글로벌화를 '시장'의 기준에서 생각한다. 얼마나 많은 나라에 진출했는가, 그리고 그 지역의 특성에 얼마나 적응했는가 등등. 때문에 해외매출 비중, 법인의 수 그리고 법인의 의사결정 자율성의 정도는 기업의 글로벌화 수준을 평가하는 데 있어 매우 중요한 기준이 된다. 그러나 이러한 관점에도 예외는 있다. 글로벌 시장 진출보다 글로벌 스타일을 정립하는 것을 더 중시하는 기업들이 있기 때문이다. 프리미엄 제품 정책을 고수하는 기업이 대표적이다. 루이비통(Louis Vuitton)이나 뱅앤울룹슨(Bang & Olufsen) 같은 고가의 명품 브랜드를 생각해보라. 이들의 제품은 누구나 한 번쯤 써보고 싶은 제품이지만 유통망이 전 세계적으로 뻗어 있진 않다. 시장에 따라 제품 디자인이 달라지는 것도 아니다. 이들 기업에 있어 중요한 것은 글로벌 시장 진출이 아니라 글로벌 스타일의 표준, 즉 누구든지 갖고 싶은 아이콘으로서의 가치를 확보하는 것이기 때문이다.

애플의 해외매출 비중이 적고 해외법인의 규모나 활동이 제한적인 것은 사실이나 그보다 더 중요한 것은 애플이 글로벌 표준이라 할 만한 제품과 서비스를 보유하고 있다는 점이다. MP3 플레이어라고 하면 누구든지 애플의 아이팟(iPod)을 떠올리고 애플의 아이튠스(iTunes)는 온라인 뮤직 서비스의 대명사가 되었다. 애플은 모든 소비자들이 애플의 제품을 사용할 수 있도록 제품과 서비스를 보완하는 것보다는, 변형되지 않은 그대로의 제품으로도 쓰는 기쁨을 느낄 수 있게 하는 제품을 만들려고 한다. 때문에 애플의 글로벌화에 대해 말하기 위해서는 얼마나 많은 시장에 진출하였으며, 법인은 몇 개이고, 그 역할이 무엇인지와 같은 시장 관점의 판단 기준을 다소 유보할 필요가 있다. 글로벌 시장 진출과 글로벌 스타일의 정립 중에서 후자를 중시하는 애플의 글로벌 전략은 시장 관점만으로는 설명되지 않기 때문이다.

3. 애플의 글로벌화 단계

애플은 한때 해외시장 진출과 제품 현지화를 성장의 최우선 과제로 추진한 적이 있었지만, 그 후 제품라인을 단순화하고 해외 생산시설을 매각하면서 글로벌 통합으로 되돌아가게 된다.

재미있는 것은 CEO의 성향에 따라 애플의 글로벌 전략이 달라진다는 점이다. 1976년 창업에서 현재에 이르기까지 애플의 사업과 글로벌 전략을 지휘한 CEO들은 총 4명으로 스티브 잡스, 존 스컬리, 마이클 스핀들러, 길버트 아멜리오 그리고 다시 스티브 잡스로 그 계보가 이어진다. 스컬리와 스핀들러는 각 지역 시장에 특화한 시장적응 전략에 힘을 쏟았다면 엔지니어 출신인 잡스와 아멜리오가 제품을 중심으로 한 글로벌 통합 전략에 힘을 쏟았다.

■ 제1기 : 국제화기(1979~1988년)

1979년부터 1988년까지, 애플이 해외수출을 시작하여 미국, 유

럽, 아시아를 축으로 한 해외조직 관리체계를 구축하는 시기를 제 1
기 국제화기로 구분할 수 있겠다.

유럽시장에서의 제품 출시를 위한 아일랜드 공장 준공(1980년),
파리와 영국법인 설립(1981년), 아시아시장을 위한 싱가포르 공장
준공(1981년) 등을 비롯한 해외 생산 및 판매법인 설립이 계속되었
으며, 일본어 버전의 매킨토시 출시(1986년) 등 소프트웨어의 현지
화 노력에도 힘을 쏟았다. 그리고 1988년 4월에 USA, Europe,
Pacific으로 시장을 나누고, 각 지역을 영업 단위(Operating Segment)
로 하는 조직 체계가 완성되었다. 이 당시 애플의 글로벌 전략은 수
출과 시장 진입에 집중되어 있었으므로 각 법인을 중심으로 한 유
통망 확대가 계속되었다.

■ 제2기 : 시장 적응기(1988~1996년)

1980년대 후반 스티브 잡스가 개발한 리사와 맥킨토시 시리즈는
여러 시장에서 '실패' 판정을 받았다. 특히 그 당시 전 세계 PC시장
에서 두 번째로 큰 시장인 일본에서 참담한 실패를 경험했다. 일본
시장에 대한 이해가 부족했던 애플은 제대로 된 유통망을 확보하지
못했고, 제품은 일본 소비자들이 구매하기에 턱없이 비쌌다. 이 당
시 애플의 일본 진출 사례는 미 상무성에서 펴낸 해외시장 진출 백
서에 대표적인 실패 사례로 실렸다는 이야기가 있을 정도다.

1985년도부터 애플의 CEO를 맡게 된 스컬리와 스핀들러는 마케
팅 출신다운 감각을 발휘하여 각 법인의 시장조사 기능을 강화하
고, 지역 소비자들의 니즈에 따라 세분화된 제품을 출시하면서 애

플의 새로운 도약기를 이끌어낸다. 애플 제품 중에서 가장 저가에 속하는 보급형 퍼포마(Performa), 비즈니스와 가정용 컴퓨터의 중간 단계인 센트리스(Centris), 쿼드라(Quadra) 등을 중심으로 애플의 제품라인이 다양화 되었다.

이를 통해 애플은 일본시장 재공략에 성공한다. 애플의 일본시장 점유율은 1992년 8.8%에서 1993년 13.4%, 그리고 1997년에는 18%까지 상승했으니 말이다. 비결은 퍼포마 등 현지고객의 눈높이에 맞춘 제품의 출시, 현지화에 대한 전폭적인 기술 지원에 있었다. 미국에서 출시된 파워맥의 모든 기능과 소프트웨어가 완전히 현지화되어 일본에서 출시되기까지는 2주 정도밖에 걸리지 않았을 정도다.[118]

이 시기에 애플의 해외법인이 갖는 자율성과 역할 범위는 최고조에 이른다. CEO인 마이클 스핀들러는 제품개발 조직을 지역별로 나누고 가격을 제외한 마케팅 및 상품기획까지도 법인 자율에 맡기려 했다.[119]

그러나 우리는 이 시기의 애플의 실적을 눈여겨볼 필요가 있는데, 매출이 큰 폭으로 상승하고 있음에도 불구하고 이익은 계속 답보상태에 머무르고 있었던 것이다(〈그림 16-2〉 참조). 시장 다변화를 동력으로 한 성장 이면에는 이익률 감소라는 문제가 도사리고 있었다.

■ 제3기 : 조정기(1996~1998년)

애플의 고비용 구조가 본격적으로 문제시되기 시작한 것은 1995년 후반이었다. 당시 CEO인 스핀들러는 애플에서 가장 잘 팔리는 제품으로 알려졌던 퍼포마의 유통재고가 10억 달러가 넘는다는 것을 고백하기에 이른다.

소비자 니즈에 따라 제품을 다변화하는 것은 시장 친화적인 전략이지만 이를 제대로 운영하기 위해서는 철저하고 체계적인 관리능력이 필수적이다. 각 제품별로 정확한 수요 예측, 구매 및 재고 관리는 물론, 생산과 기술 지원 능력도 중요하다. 시장 예측이 잘못되었거나, 생산이 지연되거나, 혹은 지역별 제품 현지화 작업이 제시간에 이루어지지 못하면 제품재고와 부품재고가 눈덩이처럼 불어난다.

1990년대 초반, 애플의 사업규모가 커지면서 복잡성은 점점 증가했지만 애플은 이것을 제대로 관리하지 못했다. 그리고 애플이 유통에 밀어냈던 제품들이 사업의 존망을 위협하는 비용부담이 되어 나타난 것이다. 이 당시 애플의 상황을 두고 델의 창업자 마이클 델은 '기업을 분할해서 주식 소유자들에게 나눠주는 게 최선의 해결책'이라는 비아냥을 던졌다는 일화도 있다.

1996년 스핀들러에 이어 애플 4대 CEO로 취임한 길버트 아멜리오는 대대적인 구조조정 작업에 나선다. 퍼포마, 센트리스, 쿼드라 등의 제품은 정리되었고, 영국, 싱가포르 등지의 해외 생산시설은 매각되었다. 한국, 대만, 중국 등지의 기업에 제품 생산을 위탁하기 시작했고, 이 당시 컴퓨터 업계 최대의 화두였던 주문형 생산을 위한 직영 유통점의 필요성이 거론되었다. 직영 유통은 애플 브랜드의 확산이라는 상징적 의미와 함께 재고와 생산 관리의 기본인 수요 예측 거점으로서도 중요했다.

아멜리오는 애플의 구조조정 작업을 추진하는 한편 스티브 잡스

2부 · 글로벌 전략 및 시스템 구축 사례

의 애플 복귀를 지원하고, 1997년 사임한다. 임시 CEO로 애플에 복귀한 스티브 잡스는 아멜리오의 구조조정, 재고관리나 직영유통에 대한 전략 방향을 계승하였고, 1998년에 애플의 직영유통 채널인 애플 스토어도 문을 열었다. 직영유통 전략의 성공에 힘입어 애플의 재고 회전일수를 비롯한 비용구조는 극적으로 회복되었다. 1998년 애플은 드디어 흑자기업으로 되돌아갈 수 있었다.

■ 제4기 : 통합기(1998~2006년)

애플로 돌아온 후 스티브 잡스의 가장 큰 업적은 전 세계 소비자의 마음을 흔드는 혁신적인 신제품을 개발했다는 점이다. 잡스는 매킨토시의 가장 큰 문제점으로 지적되었던 운영체제(OS)의 한계를 마이크로소프트의 지원을 얻어 개선했다. 그리고 뒤이어 혁신적인 디자인과 편리한 인터넷 사용을 강점으로 한 아이맥(iMac)을 출시한다. 아이팟(iPod)과 후속 시리즈인 아이팟 미니, 아이팟 셔플, 아이팟 나노까지, 세계적인 히트상품이 연달아 쏟아졌다.

스티브 잡스는 시장조사를 하지 않는 것으로 유명하다. 아이맥도, 아이팟도 시장조사를 통해 얻어진 제품이 아니다. 그저 '거울을 보며 자문자답하면서 소비자의 마음을 읽는 방식'으로 제품을 다듬었을 뿐이다.[120] 대신 영국 출신의 디자이너 조너선 아이브가 매끈하고 세련된 유럽식 디자인 감각을 애플에 이식해주었다.

스티브 잡스의 귀환 이후 애플은 강력한 본사 중심 체제로 되돌아갔다. 가장 혁신적인 것이 가장 글로벌하다는 소신이 강해진 결과인지도 모른다. 애플의 모든 상품기획과 신사업은 본사에 일임되

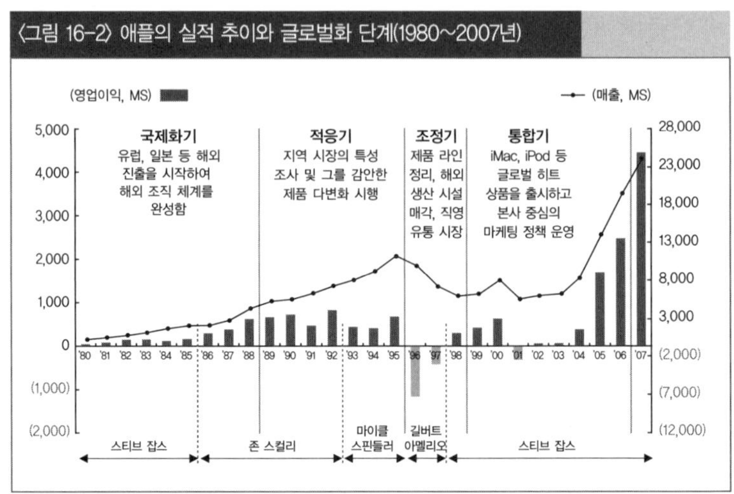

주 : 애플 회계연도 기준(당해 9월 결산)
자료 : Thomson Financial, Apple IR

었다. 그 뿐인가. 광고와 선전 역시 본사의 제품 마케팅 팀에서 내려준 규정 그대로 따라야 했다. 유럽 소비자들의 취향에 맞지 않는 광고에 대해 유럽의 마케팅 담당자들은 불만을 토로했지만 브랜드 일관성과 정체성을 중시하는 본사 규정이 우선시되었다.[121]

4. 글로벌 제품전략의 전개

확고한 본사 중심 체제를 갖춘 애플은 글로벌 기업으로서의 진가를 본격적으로 발휘하기 시작한다. 애플의 글로벌 전략의 핵심은 시장전략이 아니라 제품개발과 부품구매에 이르는 제품전략에 있기 때문이다.

어떤 의미에서 애플은 불친절한 기업이다. 해외에서 애플의 신제품은 늦게 출시되고, 서비스는 이용하기 힘들며, 애프터서비스는 고압적이기 짝이 없다는 불만의 목소리도 높다. 그럼에도 불구하고 애플의 신제품이 나올 때마다 소비자들은 열광하고, 애플의 매출과 수익은 창사 이래 최대 기록을 경신하고 있다. 이러한 현상의 배경에는 애플의 브랜드 이미지, 창의적인 광고전략 등을 들 수도 있겠지만, 가장 중요한 동력은 소비자의 마음을 사로잡는 강력한 제품력에 있다.

애플의 제품 경쟁력의 두 축은 1990년대 후반 사업 모델 혁신을 통해 구축하게 된 글로벌 네트워크, 그리고 컴퓨터 제조 기업으로서 애플 컴퓨터가 보유하고 있는 기술력, 이 두 가지로 요약할 수 있겠다.

우선 애플의 글로벌 네트워크부터 살펴보자. 애플에 복귀한 후 스티브 잡스는 재조합에 비상한 능력을 보이게 되었다. 1987년 애플을 떠날 때까지 잡스는 모든 것을 자기 손으로 만들어야 직성이 풀리는 고집쟁이 엔지니어였지만, 10년 뒤의 그는 여러 부품회사와 제조 전문회사로 이루어진 글로벌 네트워크의 지휘자로서의 면모를 유감없이 발휘하기 시작한다. 아이팟에 담긴 400여 종에 이르는 부품들은 일본(도시바, 마쓰시다), 독일(인피니온), 한국(삼성, 하이닉스) 업체가 만들며, 금형과 조립은 폭스콘, 오스텍과 같은 대만/중국계 전문 생산업체에서 이루어진다. 이러한 공급 네트워크를 관리하기 위해 애플의 구매팀은 일본, 한국, 중국 등 주요 협력업체가 소재한 지역에 상주하며 파트너들의 신제품 개발 현황과 제품 개발 로드맵을 수시로 체크하여 본사로 보고한다. 아이팟 나노는 애플의 협력 네트워크가 가장 빛을 발한 사례로서 MP3 부품비 중 가장 큰 부분을 차지하는 플래시 메모리를 삼성과 독점계약을 맺고 대량구매하면서 2GB 199달러, 4GB 249달러라는 혁신적인 저가격 제품을 구현해냈다.[122]

그러나 애플이 이러한 글로벌 네트워크의 정점에 설 수 있었던 것이 단순히 업체들과의 관계에서 오는 것만은 아니다. 아마도 가장 큰 원동력은 애플의 제품력일 것이다. 애플이 뛰어난 제품으로 전 세계 소비자의 마음을 흔들지 못했다면, 협력사 역시 그 네트워크에 협력할 인센티브가 크지 않기 때문이다. 애플의 제품력은 애플의 기술력과 직결된다. 우리는 흔히 애플 제품의 디자인이 좋다고 말하지만 그 아름다운 디자인 역시 애플의 기술력에서 온 것임은 알지 못한다. 애플의 제품을 분해해본 전문가들은 엄청난 수의 부품을 최소한의 공간에, 최적의 성능을 낼 수 있도록 배치하는 애플의 하드웨어 아키텍처 설계 능력과 내장 기술에 감탄을 금치 못한다. 아름다운 케이스 속에 최고의 하드웨어를 집어넣기 위해서, 실리콘밸리 주변의 우수한 대학을 졸업한 천재 기술자들은 부품과 배선의 위치를 수없이 조정하고 예상되는 성능과 문제점을 테스트하면서 완제품을 개발해낸다. 아웃소싱이 일반화된 컴퓨터 업계에서 가장 늦게까지 제조 설비를 보유하고 있던 고루한 기업이라고 비난받던 애플의 제조 경쟁력이 드디어 빛을 발하는 것인지도 모른다.

글로벌 네트워크의 지휘자로 떠오르면서 애플은 단순한 제품 메이커 이상의 지위를 갖기 시작했다. 애플은 전 세계에 퍼진 부품제조 아웃소싱 업체들의 분업과 협력을 주도하며 애플의 실적에 따라 이들 업체의 실적과 주가가 같이 움직인다. 애플이 만드는 아이팟 안에는 세계경제의 글로벌화가 고스란히 담겨 있는 셈이다.

5. 향후 과제

다시 처음의 질문으로 되돌아가 보자. 해외매출 비중이 턱없이 작고, 법인 규모와 각 법인이 수행하는 역할도 제한적인 애플은 얼마나 글로벌화된 기업인가?

지금까지 밟아온 이야기에 따르자면 우리의 결론은 이런 것이다. 애플의 제품은 모든 지역, 모든 소비자를 대상으로 하는 것이 아니라 애플이 제공하고자 하는 독특한 가치, 즉 디자인과 젊음의 상징으로서 그 가치에 동조하는 소수의 소비자를 대상으로 한 것인 만큼 시장 다변화나 제품 다변화 수준, 법인의 역할만 가지고 애플의 글로벌화를 평가하는 것은 무리다. 게다가 애플의 시장적응 전략은 운영상의 복잡성을 증가시켜 영업비용의 상승을 높인다는 문제점도 있었다.

오히려 글로벌 기업으로서 애플의 가치는 세계 각지에 퍼진 공급 네트워크와 그를 통해 만들어지는 최고의 제품에서 찾는 것이 옳다. 뛰어난 고객가치를 통해 글로벌 협력 네트워크를 주도하는 애플은 매우 고도화된 글로벌 기업이라는 것이 우리의 결론이 될 것이다. 시장 진출과 지역 시장에 적응하는 것만을 글로벌화의 최우선 과제로 생각하는 기업이 있다면 애플의 사례를 눈여겨볼 필요가 있다. 사실 많은 시장에 제품을 파는 것은 어찌 보면 '수단'에 불과할지도 모른다. 그보다 더 중요한 것은 기업이윤과 고객가치가 아닌가? 진짜 고객이 원하는 가치란 시장에 따라 제품을 차별화하지 않고도, 단지 글로벌하게 존재하는 원재료들을 솜씨 있게 결합하는 것만으로도 만들어낼 수 있다는 것을 애플이 보여주고 있다 해도 과언이 아닐 것이다.

그러나 이것은 어디까지나 애플의 지금 모습일 뿐, 애플의 글로벌화가 끝난 것은 아니다. 우리는 30년 역사 속에서 애플의 글로벌 전략이 조금씩 변화하는 모습을 보지 않았던가? 최근 들어 애플의 전략은 또다시 변화하고 있다.

일단 유럽에서 최초로 '유럽화된 마케팅 캠페인'이 시작되었다. 애플의 미국 TV광고는 유럽 사람들이 좋아하는 영국인 코미디언, 로버트 웹과 데이비드 미첼을 주연으로 하여 다시 제작되기 시작했다.[123] 애플의 유럽법인에서 유럽형 마케팅 캠페인을 기획할 인력을 채용하기 시작했다는 소문도 들린다. 애플이 시장의 목소리에 귀 기울이기 시작하는 것이다.

최근 애플이 휴대폰시장에 진출했다는 점도 눈여겨보아야 할 사항이다. 아이팟과 같은 글로벌 단일 모델 전략은 아이폰에서는 통하기 어려울 것이라는 관측이 지배적이다. 모바일 시장은 지역마다 서비스 사업자와 유통구조가 완전히 다르기 때문에 지역 시장에 따른 차별화가 필수적인 시장이기 때문이다. 애플이 공언대로 아이폰이 천만 대 이상의 매출을 올리려면 시장별로 다른 마케팅 전략과 제품의 현지화가 필수적이다. 실제로 3G 중심으로 돌아가고 있는 유럽시장의 사정에 맞지 않게 2G만을 지원하는 아이폰은 미국과 달리 유럽시장에서는 고전을 면치 못하고 있다.

게다가 지금까지 애플이 독점하다시피 한 온라인 음악 시장도 변화의 국면이 예상된다. 모바일 통신사업자나 노키아 등의 휴대폰 업체가 음원 서비스를 제공하기 위해 만반의 준비를 하고 있기 때문이다. 더구나 경쟁자는 노키아다. 노키아가 누구인가? 제품이 팔리는 시장만 해도 150여 개가 넘을 뿐 아니라 1,000달러에 달하는 초고가 제품에서 50달러짜리 초저가 제품까지 생산해내는 공격적 시장 적응 전략의 대표 주자가 아닌가.

애플이 어떤 전략으로 대응할지는 아직 미지수이다. 마케팅 현지화를 통해 글로벌 통합 전략을 조금씩 보완해나갈 수도 있고, 휴대폰 사업의 빠른 확대를 위해 지역별 개발 팀을 가동할 수도 있다. 아마 후자라면 꽤 큰 변화가 예고될 수도 있을 것이다. 아니면 컴퓨터에서 음악 부분으로 사업영역을 옮겼듯, 또 다른 블루오션을 찾아갈 수도 있겠다. 얼마 안 있어, 애플의 글로벌화 제5기에 해당하는 새로운 변화가 오게 될까? 21세기 가장 혁신적인 기업 중 하나라는 애플의 흥미로운 도전은 앞으로도 계속될 것 같다.

118 참조 : *Apple in Japan : Lessons Well Learned*, Computing Japan, July 1994.

http : //www.japaninc.com/cpj/magazine/issues/1994/jul94/07apple.html

119 참조 : *Michael Spindler : The Peter Principle at Apple*, Tom Hormby, Apirl 2006.

http : //kmug.co.kr/board/zboard.php?desc=asc&id=column&no=836&sc=
on&select_arrange=headnum&sn=off&sn1=&ss=on

120 제프리 영 & 윌리엄 사이먼, 《iCon 스티브 잡스》, 민음사, 2006.

121 관련기사 : "Apple's European Culture Clash", ZDNet, May 2006.

http : //blogs. zdnet.com/Apple/?p=208

122 관련기사 : Andrew Leonard, "The World in the iPod", August 2005.

http : // www.spiegel.de/international/0,1518,368763,00.html

Donald A. DePalma, "Globalization : Tracking an iPod's Journey",
November 2005.

http : //globalwatchtower.com/?p=209

123 관련기사 : MacUser, "Mitchell and Webb star in UK Apple", January, 2007.

http : //www.pcpro.co.uk/macuser/news/103254/mitchell-and-webb-star-
in-uk-apple-ads.html

1장

정구현 외, 《글로벌화와 한국경제의 선택》, 자유기업원, 2002.

Barry Chiswick and Timothy Hatton, "International Migration and the Integration of Labor Markets", in Michael Bordo, et al(ed.), *Globalization in Historical Perspective*, University of Chicago Press, 2003, pp. 65-120.

Charles Kindleberger, *Manias, Panics and Crashes*, New York : Wiley, 1996, p. 203.

Friedman, Thomas, L., *The Lexus and the Olive Tree : Understanding Globalization*, Farrar Straus and Giroux, 1999, p. 308.

Held, D., McGrew, A., Goldblatt, D. and Perraton, J., *Global Transformations-Politics, Economics and Culture*, Cambridge : Polity Press, 1999.

Hill, Charles W. L., *Global Business Today*, McGraw-Hill, 2000, p. 11.

Martin, Hans-Peter and Harald Schuman, 《세계화의 덫》, 영림카디널, 1997, p. 107.

Richard E. Baldwin and Philippe Martin, "Two Waves of Globalization : Superficial Similarities, Fundamental Differences", NBER Working Paper 6904, January 1999.

Scholte, J. A., *Globalization : a Critical Introduction*, Palgrave Macmillan, 2000.

2장

김익수, "중국기업의 국제화전략 : 추진배경, 기대효과 및 한계", 2006. pp. 18.

박번순, 《동남아기업의 위기와 구조조정》, 삼성경제연구소, 2000.

블라디미르 앙드레프, 우석훈 옮김, 《세계화시대의 다국적기업》, 문원출판, 1999.

서동혁 외, 《한국 전자산업의 글로벌화 영향분석과 대응전략》, 산업연구원, 2004.

쉬중멍 · 장서우웨이 · 쉬홍타오, 백은영 옮김, 《차이나마케팅》, 은행나무, 2001.

왕윤종, 《한국의 해외직접투자 현황과 성과》, 대외경제정책연구원, 1997.

이항구, 《한국 자동차산업의 글로벌화 효과와 정책과제》, 산업연구원, 2006.

정구현 · 김동재, "동아시아 기업의 글로벌화 발전과정", 〈연세경영연구〉 제41권 제2호

정구현 외, 《한국의 기업경영 20년 : 개방의 파고를 넘어 세계로》, 삼성경제연구소, 2008.

Jane Duckett, *The Open Economy and its Enemies*, Kindle Book, 2007.

James B. Lewis, *Korea and Globalization : Politics, Economics and Culture*, RoutledgeCurzon, 2002.

Lee-Jay Cho, *Industrial Globalization in the Twenty-First Century : Impact and Consequences for East Asia and Korea.*, University of Hawaii Press, 2002.

Warwick E. Murray, *Geographies of Globalization*, Taylor & Francis, 2007.

John J. Wild and Kenneth L. Wild, *International Business : The Challenges of Globalization*, Prentice Hall, 2007.

Jan Nederveen Pieterse, *Globalization and Culture : Global Melange*, Rowman & Littlefield Publishers, Inc., 2003.

Steven Brakman, Harry Garretsen, Charles Van Marrewijk, and Arjen Van Witteloostuijn, *Nations and Firms in the Global Economy : An Introduction to International Economics and Business*, Cambridge University Press. 2006.

3장

김은환, "핵심인재 확보 · 양성 전략", 〈CEO 인포메이션〉, 제353호, 삼성경제연구소, 2002.

김현기, "기업 인력 다양화 시대의 인사관리 성공 포인트", 〈LG주간경제〉, 2007. 1.

17, pp. 21-25.

_____, "글로벌 HR 관리의 실행 포인트", 〈LG주간경제〉, 2002. 4. 3, pp. 45-51.

류지성, "두뇌강국으로 가는 길", 〈CEO 인포메이션〉, 제623호, 삼성경제연구소, 2007.

문지원, "2007년 글로벌 기업 동향", 〈CEO 인포메이션〉, 제587호, 삼성경제연구소, 2007.

성상현, "인력다양성 확대와 기업의 대응 : 여성, 외국인, 장애인, 핵심인력을 중심으로", 〈CEO 인포메이션〉, 제492호, 삼성경제연구소, 2005.

_____, "격동기, 사람이 경쟁력이다 : 글로벌 인사 7대 트렌드", 〈CEO 인포메이션〉, 제460호, 삼성경제연구소, 2004.

안종석 · 백권호, "중국진출 한국기업의 경영현지화, 어떻게 할 것인가", 〈국제경영리뷰〉, 제10권 제2호, pp. 213-243, 2006.

윤언철, "성공하는 글로벌 경영시스템의 조건", 〈LG주간경제〉, 2005. 8. 24, pp. 15-20, 2005.

장영일 · 이주일 · 구자숙, "선진국 기업들의 핵심인재 육성", 〈경영교육연구〉, 제2권 제2호, 1998, pp. 147-171.

정재훈, 〈인적자원관리〉, 학현사, 2005.

한국무역협회 무역연구소, 《글로벌 인재의 이농현황과 4국의 유지 진략》, 한국무역협회, 2006. 10.

한국수출입은행, 《2005 회계연도 해외직접투자 경영분석》, 한국수출입은행, 2006. 10.

Abella, Manolo, "Global Competition for Skilled Workers and Consequencies", in Kuptsch, Christiane and E. F. Pang(ed.), *Competing for Global Talent*, International Institute for Labor Studies, Singapore Management University, 2006, pp. 11-32.

Accenture, *Global Survey of Management Issues*, July, 2005.

Bartlett, Christopher A. and S. Ghoshal, *Managing Across Borders : The Transnational Solutions*, Harvard Business School Press, Boston, MA, 1998.

Chaisson, John and A. Schweyer, *Global Talent Management : Fostering Global Workforce Practices That Are Scalable, Sustainable and Ethical*, Human Capital Institute, 2004.

Kamoche, K., "The Integration-Differentiation Puzzle : Resource-Capability Perspective in International Human Resource Management", *The International Journal of Human Resource Management*, Vol. 7, No. 1, 1996, pp. 230-244.

Kuptsch, Christiane and E. F. Pang, *Competing for Global Talent*, International Institute for Labor Studies, Singapore Management University, 2006.

National Science Foundation, *Asia's Rising Science and Technology Strength*, NSF, 2007.

Vance, Charles M. and Yongsun, Paik, *Managing a Global Workforce : Challenges and Opportunities in International Human Resource Management*, M.E Sharpe, Armonk, New York, 2006.

Watson Wyatt, "Talent Attraction and Retention in Asia Pacific", Seoul Global HR Forum, 2007.

4장

산업자원부, "기업 및 조직의 사회적 책임", 2005; 전국경제인연합, 《기업의 사회적 책임(CSR) 논의 동향》, 2006.

삼성지구환경연구소, "브랜드 가치를 높이는 8가지 환경 커뮤니케이션 전략", 2006.

조희재 · 문지원 · 정호상, "지속성장기업의 조건 : CSR", 〈CEO 인포메이션〉, 삼성경제연구소, 2007.

"세계적 우수 CSR 기업의 전략", 〈뉴스위크〉(일본판), 2007. 7. 4.

영국 BBC 방송, 2007. 3. 31.

Bruch, H. & F. Walter, "The Keys to Rethinking Corporate Philanthropy", *MIT Sloan Management Review*, Vol. 47, No. 1, 2006, pp. 49-55.

Carroll, A. B., "Corporate social responsibility : Evolution of a definitional construct", *Business & Society*, Vol. 38, No. 3, 1999, pp. 268-295.

Friedman, M., "The Social Responsibility of Business is to Increase Its Profits", *The New York Times Magazine*, September 13, 1970.

Hanson, M, "Pure Water", *World Business*, April 1, 2007.

Luo, X. & C.B. Bhattacharya, "Corporate Social Responsibility, Customer Satisfaction, and Market Value", *Journal of Marketing*, Vol. 70, Issue 4, 2006, pp. 1-18.

Porter, M. & M. Kramer, "The Competitive Advantage of Corporate Philanthropy", *Harvard Business Review*, Vol. 80, Issue 12, 2002, pp. 56-69.

Porter, M. & M. Kramer, "Strategy and Society : The Link Between Competitive Advantage and Corporate Social Responsibility", *Harvard Business Review*, Vol. 84, Issue 12, 2006, pp. 78-92.

"The McKinsey Global Survey of Business Executives : Business and Society", *McKinsey Quarterly*, Issue 2, 2006, pp. 33-39.

Windsor, D., "Corporate Social Responsibility : Three Key Approaches", *Journal of Management Studies*, Vol. 43, No. 1, 2006, pp. 93-114.

UN Global Compact. http : //www.unglobalcompact.org/ParticipantsAndStakeholders/index.html

Social Investment Forum Foundation. www.socialfunds.com/news/article.cgi/article1913.html

http : //www.globalreporting.org/ReportsDatabase/

GE 2006 Citizenship Report, p. 33.

Microsoft Citizenship Report 2005, p. 3.

5장

《삼성 60년사》, 삼성, 1998.

《삼성경영학》, 삼성경제연구소, 2005.

《삼성의 역사와 핵심가치》, 삼성인력개발원, 2005.

Perlmutter, Howard, V., "The Tortuous Evolution of the Multinational Corporation", *Academy of Management Journal*, Vol. 41, No. 1, 1998, pp. 7-26.

6장

박성칠, 《SCM 경쟁력 향상을 위한 SUPPLY CHAIN 프로세스 혁신》, 시그마인사이트컴, 2007.

정구현 외, 《한국기업의 국제경영전략》, 법문사, 2000.

편집부, 《SCM의 중심 S&OP 판매&운영계획》, 엠플래닝, 2003

Blanchard, David. *Supply Chain Management Best Practices*, Wiley, 2006.

Chopra, Sunil and Peter Meindl, *Supply Chain Management(3rd Edition)*, Prentice Hall, 2006.

Holland, Christopher P., "Cooperative supply chain management : the impact of interorganizational information systems", *The Journal of Strategic Information Systems*, Volume 4, Issue 2, 1995, pp. 117-133.

Humphreys, P. K., M. K. Lai and D. Sculli, "An inter-organizational information system for supply chain management", *International Journal of Production Economics*, Volume 70, Issue 3, 2001, pp. 245-255.

Tomas, G. and M. Hult, "Global supply chain management : An integration of scholarly thoughts", *Industrial Marketing Management*, Volume 33, Issue 1, 2004, pp. 3-5.

7장

이동기 · 조영곤, "현대자동차의 대중국시장 현지화 전략", 〈국제경영리뷰〉, 제9권 제1호, 2005. 6, pp. 199-232.

이장로 외 4명, 《현대 · 기아자동차 중국 마케팅 사례》, 무역경영사, 2007.

이중우, 《글로벌 경쟁시대의 네트워크 전략》, 두양사, 2006.

이중우 · 안영갑, 〈한국기업의 전략적 네트워크 구축에 관한 연구 : 대우자동차의 폴란드시장 진입사례〉, 국제경영연구, 제13권 제2호, 2002. 12, pp. 57-97.

현대자동차 연차보고서, 2003~2006.

현대자동차 홈페이지(http : //www.hyundai-motor.com/)

〈매일경제〉, 〈한국경제〉, 2000~2007년 현대자동차 관련기사.

Amjad Hadjikhani, Joong-Woo Lee and Jan Johanson, *Business Network and International Marketing*, Doo yang sa, 2007.

8장

김경찬, "산업유형별 국제화 전략에 관한 이론과 실증적 연구", 연세대학교 석사논문, 1994. 2.

———, "POSCO의 Globalization 전략과 전망", 한국국제경영관리학회 춘계세미나, 2006. 5.

———, "A Model for Effective Alliance Strategy of Steel Company", 포스코경영연구소 연구보고서, 2006. 12.

———, "포스코의 글로벌 생산판매체제 최적화를 통한 시너지 극대화 방안", 포스코경영연구소 연구보고서, 2007. 6.

나병철, "세계 철강업계의 통합화 전개방향 및 경쟁구도 변화 가능성에 관한 분석",

POSRI 경영연구, 2003. 1.

심상형, "중국 철강산업, 유통시장 불안정과 인수합병 열풍", 〈친디아저널〉, 포스코 경영연구소, 2007. 5.

임정성 외, "세계 철강산업의 통합 전망" 포스코경영연구소 연구보고서, 2004. 12.

"336억달러 세기의 도박 통했다", 매일경제신문, 2008. 2. 15.

Boston Consulting Group, "Breaking the Stalemate : Value Creation Strategies for the Global Steel Industry", *BCG Report*, 2002.

──────────────────, "The future of Global Steel Industry", *BCG Report*, 2008.

"Mittal Fact Book", *Credit Suissue*, Jan. 2006.

Financial Times, 2007. 11. 22.

"World Car Industry Forecast Report", *Global Insight*, 2007. 9.

Goldman Sachs, "M&A by Asian steel players? Timely opportunity but few signs yet", *Asia Pacific : Steel*, Goldman Sachs Global Investment Research, 2007.11.

IISI, Annual Report 각 연호.

The Economist, Steel Industry, Dec. 8, 2005.

9장

고승희, "두산그룹의 기업문화", 한국경영사학회 연구총서 3 《매헌 박승직 연강 박 두병 연구》, 2002, pp. 303-373.

《배오개에서 세계로 : 두산 100년 이야기》, 두산그룹 기획조정실, 1996.

(주)두산, 두산중공업, 두산인프라코어의 각 연도 사업보고서.

이건희, "두산그룹의 기업활동과 경영전략", 한국경영사학회 연구총서 3 《매헌 박승 직 연강 박두병 연구》, 2002, pp. 129-191.

이종곤, 《말(斗)로 산(山)을 쌓아라 1 · 2 · 3》, 제3문학사, 1996.

이한구, 《한국재벌형성사》, 비봉출판사, 1997.

정남구, "두산의 꿩먹고 알먹기", 〈한겨레21〉, 2003. 10. 30.

정용택 · 이승현 · 송태경 · 곽노현, "한국중공업 민영화에 관한 연구", 2000.

"두산 중공업사태 타결", 월간 〈경영계〉, 한국경영자총협회, 2003.4. pp. 59-61.

Cho, Jin-Seo, "New CEO Set to Retool Doosan", *Korea Times*, 2006. 11. 1.

Decree on the Yearly Designation of Korean Big Business Groups, Yearly, The Korean Fair Trade Commission.

Financial Analysis on Big Business Groups with Assets Greater than 5 Trillion Won, Financial Supervisory Service, 2003.

Korean Business Analysis, Yearly, Bank of Korea.

Ownership Structure of Korean Big Business Groups, The Korean Fair Trade Commission, 2003.

White Paper on Economics, Yearly, Ministry of Finance and Economy, Republic of Korea.

10장

전인수 · 김은화, "브랜드 명품화의 3단계 모델 : PPCA모델", 〈소비자학연구〉, 제16권 제1호, 2005, pp. 209-227.

김주헌, "(주)태평양의 글로벌 전략 : 프랑스 진출전략을 중심으로", 〈국제경영연구〉, 제14권 제2호, 2003. pp. 55-82.

Ghemawat, Pankaj, Carin-Isabel Knop, and David Kiron, "AmorePacific : From Local to Global Beauty", *Harvard Business Review*, November 21, 2006, Case #9-706-411.

http : //www.amorepacific.co. kr

11장

강영문, "중국의 유통환경 변화와 유통시장 진출전략", 〈유통정보학회지〉 제8권 제1호, 2005, pp. 5-26.

송은숙, "중국 소비시장의 특성과 이마트의 포지셔닝 전략", 〈한국유통과학회 동계학술대회 발표논문집〉, 2006, pp. 313-325.

오세조 역(ビッグペン 원저), 《손에 잡히는 유통 마케팅》, 중앙경제평론사, 2006.

정기한·허미옥·신재익, "기업의 사회적 책임, 이미지, 신뢰, 몰입, 고객충성도 간의 관계에 관한 연구", 〈한국경영학회 통합학술대회〉, 2007, 제2호, pp. 1-14.

"중국의 유통업 진출 가이드 : 지역별 유통시장 및 신흥 유통업 중심으로", KOTRA, 2005.

Ali Farhoomand, *Wal-Mart Stories : Every Day Low Prices in China*, Asia Case Research Centre, The University of Hong Kong, HKU599, 2006.

"롯데마트-이마트, 中 대륙서 '빅매치'", 동아일보, 2007. 11. 10.

"이마트 '중국, 더 깊숙이'", 동아일보, 2007. 12. 5.

"'유통·소비재산업 경쟁을 넘어 최고로' 중국 진출 10년 맞은 이마트", 〈파이낸셜 뉴스〉, 2007. 11. 14.

신세계 이마트 홈페이지http : //about.shinsegae.com, http : //www.emart.co.kr

상하이 상무법인 홈페이지http : //www.swzx.com.cn

12장

"글로벌 셋톱박스 시장 동향", 2006.12.

"디지털방송 활성화를 위한 추진과제", 정보통신부, 2006.

송경태·최용묵, "디지털 셋톱박스", 한국특허정보원.

"휴맥스 기업 분석", 대우증권, 2007. 7.

"휴맥스 기업 분석", 신영증권, 2007. 4.

Ansoff, H. I, *Corporate Strategy*, New York : McGraw-Hill, 1965.

Anderson, O., "On the internationalization process of firms : A critical analysis", *Journal of International Business Studies*, 1993.

Chandler, A. D., *Strategy and Structure*, Boston, MA : MIT Press, 1962.

Chandler, A. D., "The evolution of modern global competition", M. E. Porter (ed.). *Competitionin Global Industries*, Boston, MA : Harvard Business School Press. 1986.

Chung K., Lee H., & Jung K. *Korean Management : Global Strategy and Cultural Transformation*, Walterde Gruyter, 1997.

Douglas & Craig, *Evolution of Global Marketing Strategy : Scale, Scope and Synergy*, 1989.

Ghoshal, S., "Global Strategy : An organizing framework", *Strategic Management Journal*, Vol. 8. No. 5, 1987.

Hedlund, G., "The hypermodern MNC : A hierarchy-Human Resource Management", 1986.

Hedlund, G. & Rolander, D., "Action in hierarchies-New approaches to managing the MNC", 1990.

Bartlett, C. A., Doz, Y. & Hedlund, G.(eds.), *Managing the Global Firm*, London : Routledge.

Jung, K. H., *Diversification and International Competitiveness of Korean Business*, Seoul : Korea Economic Research Institute, 1991.

Johanson, J. & Vahlne, J. E., "Internationalization process of the firm-A model of knowledge development and increasing foreign market commitment", *Journal of Internationa lBusiness Studies*, 1997.

Johanson & Vahlne, *The Mechanism of Internationalisation*. 1990,

Malnight, T., "Globalization of an ethnocentric firm : An evolutionary perspective," *Strategic Management Journal*, 1995.

Melin, L., "Internationalization as a strategy process", *Strategic-Management Journal*, 1992.

Nehrt, L. C., Truitt, J. F., & Wright, R. W., *International business research : Past, present and future*. Bloomington, Ind. : Indiana University Bureau of Business Research, 1970.

Porter, M. E., "Competition in global industries : A conceptual framework", *Competition in Global Industries*, Boston, MA : Harvard Business School Press.

Prahalad, C. K., *The strategic process in a multinational corporation*, Boston, MA : Harvard Business School Press, 1976.

Welch, L.S. & Luostarinen, R., "Internationalization : Evolution of a concept", *Journal of General Management*, Vol. 14, No. 2, 1988.

Wright, R. W. & Ricks, D. A., "Trends in international business research : Twenty-five years later", *Journal of Internationa lBusiness Studies*, 1994.

디지털타임즈 http : //www.dt.co.kr

방송위원회 http : //www.kbc.go.kr

전자신문 http : //www.etnews.co.kr

정보통신부 홈페이지

휴맥스 홈페이지 http : //www.humaxdigital.com

MRG http : //www.mrg.com

IDC http : //www.idc.com

IMS Research http : //www.imsresearch.com

13장

"국내휴대폰 부품산업의 위기와 해법", 〈LG 주간경제〉, 2007. 3. 28.

"휴대폰의 승부처 플랫폼의 경쟁", 〈LG 주간경제〉, 2007. 5. 16.

"휴대폰 제4의 물결에 대비하라", 〈LG 주간경제〉, 2007. 6. 20.

"2007년 1사분기 전 세계 휴대폰시장 분석", 전자부품연구원 전자정보센터, 2007. 5.

"휴대폰산업 및 부품시장동향과 전망", 전자부품연구원 전자정보센터, 2007. 8.

"2006년도 전세계 핸드폰시장분석", 전자부품연구원 전자정보센터, 2007.1.

"성숙기에 접어든 휴대폰산업", 〈하나산업정보〉, 하나금융경제연구소, 2006. 2. 28.

14장

Joan Margretta, 1998, "Fast, Global, and Entrepreneurial : Supply Chain Management, Hong Kong style", *Harvard Business Review*.

Fred Young, *Li & Fung Harvard Business School*, 2000.

Anthony St. George, "Li & Fung : Beyond Filling in the Mosaic, 1995~1998", *Harvard Business School*, 1998.

Joan Slater, "Masters of the Trade *Far Eastern Economic Review*, 1999.

Joan Slater, "One-Stop Shop *Far Eastern Economic Review*, 1999.

Rahul Jacob, "INSIDE TRACK : Traditional values at the click of a mouse : MANAGEMENT SUPPLY CHAIN", *Financial Times*, 2000.

Gren Manuel, "technology Journal : Historic Trader Keeps Its Cool-Li & Fung Says Its Found a Place in the Internet Economy," *The Asian Wall Street Journal*, 2000.

Louis Kraar, "The New Net Tigers", *Fortune Magazine*, 2000.

Joanna Slater, "Corporate Culture", *Far Eastern Economic Review*, 1999.

L. R. Scott, "Chess and the Wired Age", *Global Partnerships*, vol. 5.

www.lifung.com

www.irasia.com

15장

장 마크 괴테르트(장혜경 옮김), 《성공 기술-변화의 방법 노키아》, 룩스북, 2003.

이상규, "초우량 전자기업의 성공 포인트", LG경제연구원 주간경제, 2007.

이승일, "일본 전자 업체를 통해 본 디지털 경쟁력의 본질", LG경제연구원 주간경제, 2007.

"Nokia Corporation : Innovation and Efficiency in a High-Growth Global Firm", *Graduate School of Busienss Stanford University*, Case Number : S-IB-23 February 2001.

Takesue Takahiro, "Naze Nokia Wa Keitai Denwa De Sekai Ichi Ni Nari Etaka", *Diamond*, Inc., 2000.

노키아 Home page 및 증권사 Analyst Report.

16장

제프리 영 & 윌리엄 사이먼, 《iCon 스티브 잡스》, 민음사, 2006.

Apple in Japan : Lessons Well Learned, Computing Japan, July 1994.

Michael Spindler : The Peter Principle at Apple, Tom Hormby, Apirl 2006.

한국기업의 글로벌 경영

초판 1쇄 인쇄 2008년 4월 21일
초판 1쇄 발행 2008년 4월 25일

글 정구현 외 지음   펴낸이 김태영

비즈니스 1파트장 신민식
기획편집 3분사_ 분사장 노창현   **편집장** 최수진   **교정교열** 네오북(주)
1팀 김영혜   **2팀** 송상미 강재인   **3팀** 김남중   **디자인** 이세호
마케팅분사_ 곽철식 이귀애

상무 신화섭   **감사** 김영진
신규사업 노진선미 이화진 오유미 황현주   **외서기획** 이영지
인터넷사업 정은선 왕인정 김미애 정진   **홍보** 허형식 임태순
광고 정소연 이세윤 허윤경 김혜선 이둘숙
영업분사_ 영업 권대관 김형준   **특수판촉** 최진   **영업관리** 이재희 김은실
본사_ 본사장 하인숙   **광고** 정소연 김혜선 이세윤 이둘숙
본사_ 본사장 하인숙   **경영혁신** 김성자   **재무** 김도환 고은미 봉소아 최준용
제작 이재승 송현주   **HR기획** 송진혁 양세진
교육사업파트 이채우 김현종 이선지 우규휘

펴낸곳 (주)위즈덤하우스   **출판등록** 2000년 5월 23일 제13-1071호
주소 서울시 마포구 도화동 22번지 창강빌딩 15층   **전화** 704-3861   **팩스** 704-3891
홈페이지 www.wisdomhouse.co.kr
출력 경운출력   **종이** 화인페이퍼   **인쇄** 미광원색사   **제본** 신안제책

값 25,000원   ⓒ정구현 외, 2008   ISBN 978-89-6086-101-5 03320

* 잘못된 책은 바꿔드립니다.
* 이 책의 전부 또는 일부 내용을 재사용하려면 사전에
  저작권자와 (주)위즈덤하우스의 동의를 받아야 합니다.
* 이 도서의 국립중앙도서관 출판시도서목록(CIP)은 e-CIP 홈페이지(http://www.nl.go.kr/cip.php)에서
  이용하실 수 있습니다. (CIP제어번호: CIP 2008001116)